Hacker's Gu

5e édition

Éric Charton

PEARSON

Publié par Pearson France
Immeuble Terra Nova II
74, rue de Lagny
83100 Montreuil
Tél : +33 (01) 43 62 31 00

Réalisation PAO : TyPAO

ISBN : 978-2-7440-2596-9

Table des matières

Annexes

Avant-propos

Internet a au cours du temps considérablement transformé la question de la sécurité informatique. Son émergence et son développement semblent se confondre avec le développement dans le temps du phénomène du piratage et des atteintes à la sécurité des systèmes d'information. C'est ainsi qu'à la fin des années 1990, par l'entremise d'Internet, les ordinateurs reliés en réseau, et donc potentiellement piratables, passent de quelques milliers à plusieurs millions. À cette époque, pourtant si récente, en quelques jours des virus aussi rudimentaires que I Love YOU ou Melissa pouvaient saturer le réseau de serveurs de messagerie de l'Internet mondial. Pourtant, si beaucoup ont jeté l'opprobre sur ces "bestioles" et sur leurs auteurs, peu se sont demandé – à l'époque – comment quelques lignes de code, probablement bricolées par un individu seul, pouvaient aussi facilement mettre à genoux un réseau planétaire devenu stratégique pour la société moderne. Il y avait dans ces pandémies électroniques un message important : celui que l'univers des ordinateurs interconnectés ne pouvait laisser plus longtemps sa sécurité dans un état aussi rudimentaire.

Quelques chiffres pour cette période sont fournis par le CERT (l'institut d'ingénierie sur la sécurité de l'université de Carnegie Mellon, **www.cert.org/stats/cert_stats.html**) qui illustrent ce propos :

- En 1990, le CERT recensait **252** incidents liés à la sécurité des réseaux.
- En 1995, **2 142** incidents.
- En 1999, près de **10 000** incidents.
- En 2000, **21 756** incidents, et leur nombre a progressé jusqu'à atteindre **82 904** incidents en 2002.
- En 2004, **137 529** incidents ont été enregistrés (82 000 en 2002).

En 2004, le CERT a cessé de répertorier les communications sur les incidents, considérant que cet inventaire n'avait plus de signification en regard du nombre de PC connectés. Ensuite, entre 2004 et 2008, une évolution intéressante du phénomène de piratage s'est produite : on est progressivement passé d'incidents de type "vandalisme", c'est-à-dire atteinte à la sécurité des systèmes sans but pécuniaire (un peu comme le "tag" des murs à la bombe de peinture), à des attaques beaucoup plus structurées et dont la finalité était fréquemment le gain financier.

Des bandes organisées ont mis au point des stratégies et des systèmes dont la finalité est de réussir des escroqueries financières de grande envergure ou de générer du profit publicitaire : cette vague s'est traduite pour l'utilisateur par une multiplication des "malwares" et des "spywares".

Elle s'est aussi traduite pour des entreprises telles que Microsoft par un effort soutenu pour rendre les systèmes et les logiciels moins vulnérables, et par des gains de marché pour des organisations comme Mozilla, qui diffuse le logiciel de navigation Firefox, ou Google avec Chrome. Ces derniers, moins ciblés qu'Internet Explorer par les logiciels malveillants et mieux sécurisés, ont logiquement séduit de très nombreux utilisateurs exaspérés par la multiplication des infections de leurs ordinateurs par l'entremise d'Internet Explorer 6 et ses prédécesseurs.

Les statistiques du CERT pour les années 2005 à 2008 traduisent bien cette évolution. Elles nous indiquent que :

- Entre 2004 et 2007, nous sommes passés de 3 780 vulnérabilités recensées à 8 064 (2 176 pour le premier trimestre 2007).
- Si les notes de vulnérabilités critiques avaient baissé entre 2004 et 2005 (341 contre 285), elles ont à nouveau explosé en 2006 (422).
- Si en 2002 environ 200 000 e-mails spams (importants vecteurs de logiciels malveillants et d'attaques virales) étaient répertoriés, il y en avait plus de 700 000 en 2004 (et finalement "seulement" 674 000 en 2006).

On voit bien que la progression de la délinquance et des atteintes aux systèmes d'information s'est poursuivie, et qu'elle ne s'est pas circonscrite aux gros systèmes, bien au contraire : ce sont les postes individuels qui sont surtout ciblés.

La nouvelle décennie ne laisse guère espérer de ralentissement. En 2011, le rapport Internet Security Threat de Symantec (volume 17 paru en avril 2011) nous dressait un portrait toujours préoccupant du paysage de la sécurité informatique : le polymorphisme et les nouveaux mécanismes de diffusion des logiciels malicieux, notait Symantec, avaient conduit à la découverte de 286 millions de variantes de ces malwares. Les kits "clé en main" d'infection et d'attaque en ligne ont progressé de 93 % entre 2009 et 2010. Les données *noires,* c'est-à-dire les bases d'informations personnelles volées et revendues en vue d'une utilisation frauduleuse, seraient en moyenne composées de plus de 250 000 identités numériques.

Dans son volume 18 (2012), ce même rapport, s'il constate des évolutions d'un côté (baisse du volume des spams, par exemple), dresse l'inventaire d'un ensemble de nouvelles techniques de piratage adaptées aux actuelles réalités du marché de l'informatique : augmentation de 125 % du nombre de sites visant les comptes réseaux sociaux ; attaques en ligne progressant de 30 % ; 5 291 failles découvertes en 2012, dont 415 sur les systèmes d'exploitation mobiles.

Nous pouvons donc encore dire aujourd'hui que, quelle que soit sa forme, le piratage progresse toujours et que c'est en présentant sans fard et sans détour la technologie et les astuces des pirates que l'on peut se prémunir contre leurs actions. Mais nous devons ajouter que le piratage qui, hier, était du ressort de la nuisance (atteinte au système) relève aujourd'hui, et c'est pire, du vol (atteinte financière) et de la criminalité organisée. Ce qui hier vous atteignait le plus souvent techniquement (le virus rendait votre ordinateur incontrôlable) vous atteint aujourd'hui aussi personnellement.

On pirate aujourd'hui des données personnelles, de la puissance machine, depuis tous les recoins du Net (réseaux sociaux, sites de vente en ligne, mail), en utilisant tout type de périphériques (ordinateurs, smartphones, tablettes) et on revend absolument tout le produit de ces actions délictueuses, sur un marché noir (identités, puissance machine, références bancaires). Ce marché noir est composé de délinquants moins doués techniquement, mais suffisamment doués pour mener de nouvelles actions. Il existe bel et bien désormais un milieu sur Internet, comme dans le monde réel, avec des acheteurs, des vendeurs, des escrocs, des voleurs, des receleurs, et des génies.

Pendant longtemps, l'absence d'informations précises sur le sujet a eu des effets très pervers : on en restait à l'idée romantique d'un hacker qui violait rarement la vie privée ou l'intimité d'un utilisateur. Il était même plutôt discret ou blagueur (lorsqu'il se contentait de changer la page d'accueil d'un site web, par exemple, ou de pirater le compte Twitter des présidents de la République). Ce pirate-là existe encore, mais son action est marginale (ou à visée politique spectaculaire mais ponctuelle, comme dans le cas de la fausse annonce d'attaque de la Maison Blanche sur le compte Twitter piraté de l'Associate Press). Aujourd'hui, la cybercriminalité est faite de racket, de vol, d'attaque au bélier ou en douceur, de recel, de revente, de trafic. Plus rien de romantique, n'est-ce pas ?

Les "mafias du Net" se sont durablement installées, dans une relative discrétion : les banques, par exemple, ont mis des années avant d'avoir le courage de prévenir leurs clients de l'existence d'attaque par *phishing* (nous reviendrons sur ce terme), alors qu'en ce domaine la seule véritable protection est bel et bien l'information.

Des entreprises telles que Paypal et eBay ont longuement hésité avant d'informer clairement leurs clients que certains des e-mails qui portaient leurs en-têtes étaient en réalité des faux de qualité, destinés à soutirer aux utilisateurs leurs numéros de carte de crédit. Encore aujourd'hui, il est possible de recevoir des e-mails de Paypal avec des liens à cliquer (alors que plus aucune banque française ou canadienne ne se risque à ce type de pratique qui favorise la technique du *phishing*). Twitter, Facebook, LinkedIn persistent à envoyer des mails de notifications divers et variés incluant des liens vers des comptes qui sont autant d'occasions pour des pirates de créer des messages de *phishing*. Ces entreprises hésitent à se priver d'un moyen publicitaire performant (le publipostage, qui rapporte beaucoup d'argent) et préfèrent exposer leurs clients à des tentatives de piratage.

La solution serait pourtant simple dans le cas précis du *phishing* : que ces entreprises cessent d'utiliser le publipostage, et soient ainsi en mesure d'affirmer que "tout e-mail provenant de leurs services est probablement un faux", surtout si il intègre un lien.

Plus que jamais, pour l'utilisateur, l'approche de la sécurité doit passer par la compréhension du phénomène plus que par sa répression ou sa négation. Pour apporter de l'eau à notre moulin, nous allons prendre un exemple concret qui date de la première édition de cet ouvrage.

C'est Tiscali (depuis racheté par le groupe Illiad), mon fournisseur d'accès à Internet de l'époque, qui allait me le donner. La première édition était à peine achevée que je recevais un étonnant message, dont voici le fac-similé :

> *8 janvier 2003*
>
> *Bonjour,*
>
> *Nous avons enregistré une plainte à votre encontre concernant une tentative de piratage sur un ordinateur distant.*
>
> *Nous vous rappelons que ce genre de procédé est strictement interdit en France : une disposition légale régit et sanctionne ces agissements : articles 323-1 à 323-7 du Code pénal relatif à la fraude informatique.*
>
> *Si de tels agissements devaient se reproduire, et ce en accord avec nos Conditions Générales d'Utilisation, nous nous verrions dans l'obligation de suspendre votre accès à Internet pour une durée indéterminée.*
>
> *Si toutefois vous estimez ne pas être responsable des faits qui vous sont reprochés, n'hésitez pas à nous contacter afin de vérifier l'utilisation de votre compte.*
>
> *Nous vous conseillons également de vérifier vos applications courantes, et d'éviter toute utilisation de programmes récupérés sur Internet susceptibles d'être infectés pouvant engendrer de tels agissements.*
>
> *Nous attendons votre réponse sous trois jours, passé ce délai, nous inactiverons votre compte.*
>
> *Nous restons à votre disposition pour toute question ou suggestion.*
>
> *Cordialement,*
>
> *S. A.*

Ce message appelle plusieurs précisions de ma part : d'abord, il est absolument évident que pour écrire cet ouvrage, nous (l'auteur, et quelques spécialistes consultés sur le sujet) n'avons réalisé aucune manipulation susceptible de porter atteinte à l'ordinateur d'autrui (par éthique), et encore moins susceptible d'être considérée comme délictueuse (par respect de la loi). En ce qui concerne la pratique, sachez que pour tous les exemples démontrés ici :

- Les observations et recherches des failles de sécurité des machines distantes ont été réalisées exclusivement sur mes propres ordinateurs et, à l'époque de la première édition (pour certaines expériences de celle-ci), sur ceux d'un confrère habitant Nice.
- Des tentatives d'intrusions réelles ont été effectuées… mais sur le réseau informatique de l'éditeur de cet ouvrage (qui était prévenu), sur mon propre réseau (y compris pour le sans-fil), ainsi que sur un serveur (que j'entretiens pour les besoins de la cause à grands frais…) hébergé à Lille, équipé de Linux et d'un ensemble d'applications client-serveur.

- Certaines tentatives d'intrusions ont également été menées avec les stagiaires du séminaire pour la sécurité des systèmes d'informations que j'ai réalisé pour le CERD de Djibouti avec le Dr Nimaan Abdillahi en 2009. Ces expériences d'attaques (toutes en direction de mes serveurs) en provenance d'Afrique ont d'ailleurs été très riches d'enseignements.
- Les essais de manipulation IP (reniflage, paquets ICMP, détournement de session) ont été effectués sur mon intranet, totalement coupé du réseau Internet, ou sur des réseaux internes d'entreprises qui m'avaient invité à réaliser des essais.

Néanmoins, et ce message s'adresse à ceux de mes lecteurs qui seraient tentés de "procéder à quelques expériences pratiques en ligne", il convient de considérer, ce que prouve si besoin cet e-mail, que les fournisseurs d'accès à Internet acceptent depuis toujours de recevoir les plaintes et d'en vérifier la véracité (ce qui est un bien). Sachez-le donc, les expériences illégales vous vaudront des ennuis.

Du droit et du piratage en 2013...

Venons-en maintenant à quelques remarques purement juridiques sur le contenu de ce message et sur sa forme, très conviviale : Monsieur S.A. de la société Tiscali m'a indiqué que la plainte provenait d'"un utilisateur [...] victime d'un scan" (pour avoir des informations sur le scan, reportez-vous au Chapitre 3).

Bien évidemment, aucun scan n'a été effectué lors de la rédaction de cet ouvrage contre cet utilisateur ou un autre (il pourrait éventuellement s'agir d'une fausse manipulation, ou de l'utilisation à mon insu de certains troyens installés sur mon serveur de réseau [lire Chapitre 4 à ce propos]).

Ceci étant posé, tous les juristes consultés sur ce sujet – et quoi qu'en disent certains "experts en sécurité" – sont d'accord sur un point : il est juridiquement impossible de considérer un scan de port comme une tentative de "se maintenir frauduleusement dans un système" (lire encadré article 323-1 du Code pénal, de l'Annexe C), encore moins s'il n'en résulte pas de "suppressions ou modifications de données". Un scan de port est une exploration des données publiques du réseau Internet : les adresses IP sont publiques, les noms de domaines sont publics, les ports sont ouverts et publics, les applications client-serveur sont publiques, même les tables de routage sont en grande partie publiques. Seule l'entrée dans les applications est protégée par un mot de passe. Le scan n'altère pas les données, est inoffensif, ne provoque pas de dysfonctionnement sur le système distant et ne permet aucune intrusion. Il n'est qu'une analyse réseau prévue par la norme d'Internet. Accessoirement, le scan est utilisé partout dans le monde par des services marketing, des journalistes, des techniciens ou des juristes pour créer des mesures statistiques : par exemple, évaluer le taux d'implantation d'un logiciel ou cartographier le réseau.

La société Trident Media Guard (qui chasse le "pirate" pour Hadopi en France) a probablement recours au scan (ou à des méthodes proches) pour détecter la présence de logiciels d'échange Bit Torent.

En d'autres termes, affirmer que le scan est interdit par le Code pénal en France est à peu près aussi crédible que d'interdire à des utilisateurs de regarder passer des voitures depuis un point : ils peuvent pourtant lire votre plaque d'immatriculation (donnée confidentielle), reconnaître un visage (droit à l'image), connaître le modèle de votre voiture (qui révèle votre train de vie).

Un scan de port, c'est la même chose : on voit ce qui est là, sur le réseau, et c'est tout !

Il existe également des régulations sur certains domaines, tels que la cryptologie, qui peuvent produire un effet sur des techniques de hack : ainsi, bien que la Loi de confiance en l'économie numérique (n° 2004-575 du 21 juin 2004, abrégée sous le sigle LCEN) abroge la plupart des régulations et interdictions concernant la cryptographie, l'article 132-79 du code pénal prévoit que, lorsqu'un moyen de cryptologie est exploité pour commettre un crime ou un délit, les peines de privation de liberté encourues sont aggravées. Ce qui signifie que la plupart des techniques de surf anonyme et de dissimulation de traces présentées dans la section 13, qui recourent souvent à un dispositif de cryptographie (un tunnel sécurisé), peuvent être considérées comme délictueuses si elles sont utilisées pour briser un compte.

Cela étant dit, le corpus législatif a régulièrement évolué ces dernières années, tout comme la jurisprudence, et il convient d'être très prudent sur l'interprétation qui peut être faite par un tribunal d'une technique de hack. Si, dans les grandes lignes, la loi LCEN n'a pas changé grand-chose au corpus législatif, qui était déjà très bien adapté à la poursuite des actes délictueux, elle a en revanche introduit un nouvel article très ennuyeux dans le Code pénal (le 323-3-1) visant directement la détention et la mise à disposition d'équipements conçus pour commettre les faits d'intrusion dans un système ou d'entrave au fonctionnement de ce système.

Cet article a été critiqué, car il conduit théoriquement à la criminalisation d'auteurs ou d'organisations travaillant sur la sécurité informatique et qui détiendraient, à ces fins, des outils (virus, troyens, kits de piratage). La loi indique que, désormais, pour détenir ces outils il faut un "motif légitime", dont pour le moment la définition ne concernerait que le milieu académique. En clair, les laboratoires publics. Ce chapitre de la loi qui visait principalement les outils de décodage de DVD a donc eu une portée extrêmement inquiétante, dont seule la jurisprudence permettra de déterminer exactement l'étendue. Je ne vois pas ce qui pourrait justifier d'insérer par exemple un scanner dans la catégorie de ces outils interdits (sinon pourquoi pas le tournevis, tant qu'on y est, qui est un outil et qui peut servir à ouvrir le capot de l'ordinateur pour réinitialiser sa CMOS – et effacer les mots de passe système – ou extraire son disque dur afin de l'explorer).

Pour en revenir à mon affaire, et pour ce qui est de l'utilisateur scanné, il aurait probablement été avisé de la part de l'opérateur de lui répondre par cette délicieuse phrase trouvée sur une page dédiée aux scans de ports :

> *"Je suis vraiment désolé de te décevoir, Petit Scarabée, mais tu es tellement inconnu que personne ne t'en veut au point de te tourmenter jusque sur Internet."*

Mais mes expériences de l'existence d'une frontière ténue entre légalité et illégalité n'en sont pas restées là ! À l'occasion de la première édition Deluxe, il est amusant de souligner un autre point de droit auquel j'ai été confronté. Pour l'illustrer, je vais faire l'écho d'un second événement, survenu avant la publication de l'édition précédente.

Un de mes lecteurs m'a tout simplement proposé, par e-mail, de me rémunérer pour pirater !

Voici la retranscription de ce curieux échange de courrier :

> *Merci pour votre réponse rapide [N.D.A. : J'avais répondu à une question technique].*
>
> *Je voudrais en profiter pour vous soumettre l'analyse d'un petit problème :*
>
> *Une société avec laquelle je travaillais m'a volé un logiciel il y a 4 ans. Cette société a été condamnée mais a déposé son bilan avant de me payer. Par ailleurs, elle a vendu sous le manteau le logiciel à une autre entreprise basée en Suisse, qui l'exploite dans trente-cinq pays par le biais d'un site Internet. Je soupçonne ces deux sociétés de correspondre par courriel. Le contenu de ces e-mails pourrait me fournir la preuve de leur connivence.*
>
> *1re question :*
>
> *Croyez-vous qu'il soit possible de trouver des preuves de leur turpitude ?*
>
> *2e question :*
>
> *Comment trouver quelqu'un capable de m'aider dans cette démarche (moyennant une modeste rétribution) ?*
>
> *Si cet e-mail vous embarrasse, veuillez m'en excuser. Vous pouvez bien sûr choisir de ne pas me répondre !*
>
> *Dans tous les cas, je vous remercie de votre attention.*
>
> *Bien à vous.*

Les lecteurs qui ont déjà lu certains de mes ouvrages savent que peu de questions m'embarrassent. En général, elles ont plutôt tendance à m'amuser, par leur naïveté. Les deux précédentes sont sans aucun doute à classer dans la catégorie "naïve". Je remercie d'ailleurs chaleureusement cette personne de m'autoriser à "choisir de ne pas répondre" !

Toutefois, voici quand même un fac-similé de la réponse que j'ai transmise :

> *Re-bonjour,*
>
> *>>Si cet e-mail vous embarrasse, veuillez m'en excuser. Vous pouvez bien sûr choisir de ne pas me répondre !*
>
> *Ma réponse va probablement vous décevoir : l'écoute téléphonique ou numérique (pour les courriels) est un délit puni par la loi. Il s'agit d'un viol de correspondance privée.*

Seuls des officiers de police judiciaire peuvent mettre en œuvre ce type de dispositif, sur requête d'un juge d'instruction.

>>Comment trouver quelqu'un capable de m'aider dans cette démarche (moyennant une modeste rétribution) ?

La seule personne capable de vous aider dans cette démarche est un fonctionnaire de police agissant après dépôt d'une plainte en bonne et due forme. Par ailleurs, vous n'aurez pas à le rémunérer !

Je suis un journaliste, un auteur, pas un délinquant. Quand j'ai un problème de droit, je demande à l'État de le régler, je ne me fais pas justice moi-même. Pour ce qui est de la résolution de votre problème, il existe certainement des moyens légaux de prouver votre bon droit.

J'espère avoir répondu à votre attente et vous souhaite une bonne journée.

Évidemment, ce lecteur, qui ne m'a plus donné signe de vie, ne risque rien. Son intention de délit ne me regarde pas. En outre, son adresse e-mail yahoo.com (adresse anonyme) en dit long sur son courage.

Mais sa requête, qui n'est pas unique en son genre, me coupe le souffle ! On nage vraiment en plein délire. Il est vrai qu'en matière de sécurité informatique, plus personne n'a de limite !

Dans le domaine du piratage, de nombreux utilisateurs, prestataires et administrateurs semblent vivre dans un monde imaginaire. Pour certains, en l'occurrence les victimes, la loi et le dépôt de plainte résolvent tous les problèmes ; il n'est pas besoin de se protéger.

Pour d'autres, le piratage est une activité tout à fait normale, qui justifie une rémunération. Violer des contenus ou visiter les boîtes aux lettres de salariés ou d'ennemis potentiels ne les choque pas.

Quel drôle de monde ! On encombre sa machine de détecteurs de scan, mais on laisse des trous béants de sécurité dans le système. On se protège frénétiquement, mais on ne respecte pas les droits d'autrui.

Dans ce contexte, il me paraît important de vous exposer quelques techniques utilisées par les pirates, afin que vous sachiez prendre des mesures pour vous en protéger. Cette démarche est la meilleure éducation qui soit !

En tout cas, bonne lecture et merci aux lecteurs qui ont acquis l'une des multiples éditions de ce livre depuis huit ans maintenant, un record en matière d'édition de ce type !

www.echarton.com

twitter.com/ericcharton

Introduction

Le piratage, technologique en général et informatique en particulier, est devenu en quelques années un phénomène de société en constante évolution. On ne compte plus les gros titres des journaux sur telle tentative d'intrusion ou tel botnet infectant des millions d'ordinateurs. On parle moins des petits piratages du quotidien, ceux qui ont pour cible un ordinateur isolé, relié à Internet *via* l'ADSL, ou encore installé sur un intranet d'entreprise. On ne parle pas non plus de toutes ces petites violations de confidentialité qui peuvent concerner les individus à leur domicile ou sur leur lieu de travail.

L'objet de cet ouvrage est donc de lever les zones d'ombre, trop nombreuses, sur le sujet "hacking" : qui peut faire quoi, comment et avec quels outils ? Telles seront les questions abordées ici, sous un angle pratique. Lorsque cet ouvrage est sorti dans sa première édition, cette méthode de transmission d'une culture de la sécurité des SI (inspirée des méthodes de formation en sécurité incendie, par exemple) qui étudie l'attaque autant que la prévention était presque une nouveauté.

Car là où la plupart des publications vous ont longtemps dit "voici ce que vous risquez" sans plus de précision, nous ajoutons "et voici comment ils font !". Démarche sulfureuse ? Pas vraiment !

Le meilleur moyen d'empêcher les violations de nos systèmes informatiques, c'est, de l'avis même de la plupart des bons experts en sécurité, de connaître le pourquoi du comment, de manipuler les outils.

Ce que vous trouverez dans ce livre

Pour répondre à cet objectif éditorial, nous vous présenterons donc dans les chapitres de ce livre toutes les formes existantes de piratage ainsi que les moyens mis en œuvre pour les réaliser. Nous ajoutons chaque fois (c'est l'intérêt) les contre-mesures que vous pouvez appliquer pour vous prémunir contre ces actions. La démarche est donc triple et pourrait s'énumérer ainsi :

1. présenter une technique de piratage ;
2. la mettre en pratique pour en comprendre les principes fonctionnels ;
3. se protéger avec des "contre-mesures".

Mais de quel piratage parlons-nous ? De toutes les formes possibles ! Nous commencerons par présenter, au Chapitre 1, le paysage du piratage informatique. Cette partie, presque entièrement théorique, aura le mérite de fixer les idées.

L'espionnage de vos communications sur Internet est une réalité (la norme TCP/IP qui est le socle de ce réseau est aussi son point de vulnérabilité) ; nous aborderons cette problématique aux Chapitres 1 et 2.

Au Chapitre 3, nous installerons les principaux outils des pirates, qui peuvent aussi être considérés comme de très bons utilitaires d'administration réseau. Les "couteaux suisses", qui servent aussi bien aux pirates qu'aux administrateurs, sont incontournables. Nous présenterons aussi une matière typique de l'Internet, et très convoitée : les éléments constitutifs de l'identité numérique.

Quand il a pris le contrôle d'un ordinateur, le pirate essaie de l'asservir avec un "troyen". Nous décrirons et expérimenterons les fonctions des chevaux de Troie et des virus au Chapitre 4.

Au Chapitre 5, nous compléterons cette connaissance sur les logiciels malicieux isolés par une description des botnets, ces assemblages de centaines de milliers d'ordinateurs piratés que l'on rencontre de plus en plus massivement.

Pour construire un botnet, ou pirater un ordinateur, le pirate cherche à identifier des cibles pour commettre son forfait : il peut s'agir d'un ordinateur isolé ou d'un réseau. Les techniques qu'il utilise et les contre-mesures qu'il faudra mettre en œuvre pour se protéger seront décrites au Chapitre 6.

Pendant un chapitre (le 7), nous explorerons plus en profondeur cette question de la personnalité de l'individu attaqué (et non plus seulement son ordinateur) : nous étudierons la problématique particulière du réseau social et de l'asservissement de ses contenus à des fins de piratage.

Une fois l'ordinateur ou le réseau localisé, il faut chercher une faille de sécurité : le principe des "exploits" qui utilisent ces failles est présenté aux Chapitres 8 et 9.

La cible numéro un du pirate, c'est le mot de passe : il veut obtenir celui d'un serveur, d'un PC, d'un document ou d'un système. Nous présentons cette problématique aux Chapitres 10 à 12, que nous dédions au cryptage de données et aux mots de passe.

Après ce parcours du hacker ordinaire, vous vous demanderez probablement comment ces "agresseurs" peuvent être à la fois si performants, et si rarement localisés ; le Chapitre 13 vous exposera en détail toutes les techniques de furtivité !

Considérant que les utilitaires sont tout sauf civilisés, et susceptibles de déstabiliser votre ordinateur, nous avons fait suivre ce chapitre d'un quatorzième, qui explique comment redonner une nouvelle jeunesse à votre ordinateur et comment éliminer toutes les horreurs que vous lui avez fait ingurgiter !

Les plus de cette nouvelle édition

Le succès de la première édition de cet ouvrage nous avait incités à l'améliorer et à compléter quelques contenus. De cette volonté était née la première édition Deluxe, une version améliorée du livre initial. Pour répondre à de nombreuses questions de lecteurs, nous avions profondément remanié le chapitre consacré aux troyens, qui était devenu "Les troyens et les virus".

Cette édition remise au goût du jour en 2013 est largement remaniée pour prendre en compte les évolutions très récentes en matière d'atteinte aux systèmes d'information. Nous avons considérablement développé les sections relatives aux données personnelles et à leur utilisation par des réseaux délinquants. Nous avons mis ce piratage de données personnelles en relation avec plusieurs aspects du hacking.

Nous avons également introduit deux chapitres complètement nouveaux qui expliquent le phénomène des botnets et étudient en détail la problématique du piratage sur réseaux sociaux ou encore des smartphones et des tablettes.

De manière générale, nous avons corrigé les liens défectueux (qui changent très vite en matière de sécurité), et indiqué aux endroits concernés les noms et numéros des nouvelles versions de logiciels utilisés ici (notamment les évolutions des scanners ou des outils de tests de réseau). Ce livre n'intègre plus de support de stockage mais la plupart des logiciels cités sont téléchargeables en ligne. Nous avons indiqué le lien correspondant.

Dans certains cas, vous noterez qu'il arrive que nous conservions pour nos démonstrations les anciennes versions de certains outils (tout en rajoutant des sections sur les nouvelles) : il est fréquent en effet que nombre de nouvelles versions soient adaptées seulement aux systèmes récents et qu'elles ne fonctionnent plus sous les anciens Windows. Or Windows XP reste très présent sur de nombreux PC et nous avons souhaité qu'il soit toujours pris en compte, ce qui n'empêche pas de décrire de nouveaux outils mis à jour pour les systèmes tels que Vista, Seven ou Windows 8. Idem pour les anciens formats de fichiers que nous étudions (en particulier leurs mots de passe), qui sont parfois très améliorés dans les suites bureautiques récentes… mais que les utilisateurs persistent à employer par exemple dans leurs archives. Quand ce ne sont pas d'autres suites qui maintiennent l'ancienneté pour des besoins de compatibilité (c'est le cas d'Open Office d'Oracle ou de Libre Office, son pendant libre, par exemple).

Le site de l'auteur – **www.echarton.com** – complétera si besoin vos informations : cet ouvrage y est abondamment commenté (et vous pouvez, si vous le souhaitez, y ajouter vos contributions ou questions (section Contact).

Un mot sur l'auteur

Chercheur en traitement automatique du langage et en intelligence artificielle, Docteur en sciences informatiques, l'auteur a également été journaliste scientifique et technique avant de travailler dans la recherche en milieu académique. Il a collaboré avec de nombreux titres de la presse micro-informatique, et a occupé successivement les postes de rédacteur en chef de *PC Magazine*, puis de *Génération PC*, dont il est le fondateur. Il a publié de nombreux ouvrages de vulgarisation, pour certains traduits en anglais, italien, portugais et néerlandais.

1

Le paysage du piratage informatique

Le mot "hacking" a un côté mystérieux et effrayant. Vous ne le percevrez pas de la même manière selon que vous êtes passionné et curieux d'informatique... ou responsable d'un réseau, forcément victime potentielle ! Avant d'entrer dans le vif du sujet, observons le paysage du piratage informatique et ses grandes familles de techniques.

Jadis, pour l'informaticien moyen, le hacker était forcément un programmeur : un individu génial capable de tout faire avec n'importe quel ordinateur, quelles que fussent ses protections.

Si ce hacker génial et brillant existe toujours – et est même, pour ainsi dire, à la base du phénomène de l'intrusion sur Internet –, il n'est pas en réalité l'auteur numéro un des attaques. Il laisse de plus en plus sa place au "lamer" (ou "script kiddie"), pirate d'entrée de gamme qui n'est pas du niveau des ingénieurs, mais sait à peu près correctement utiliser les outils de piratage disponibles en ligne ou manipuler avec finesse l'ingénierie sociale pour vous dérober vos mots de passe.

Ne nous méprenons pas : dans cet ouvrage, nous allons parler plus souvent des techniques du lamer que de celles du vrai hacker. Ce dernier n'utilise pas les techniques des autres. C'est un informaticien de haut vol, très créatif, qui invente de nouvelles formes de piratage et sait développer les outils... qu'utilisera le lamer !

La réalité actuelle du piratage est bien celle-ci. Hormis quelques cas isolés d'attaques spectaculaires, le "hacker génial ingénieur" laisse bien souvent sa place à ces "hackers utilisateurs experts" ou, pis, aux "hackers lamers" qui se contentent de profiter des outils existants et des informations déjà publiées par d'autres pour perpétrer leurs méfaits.

Et c'est bien là qu'est le problème ! Grâce à Internet (voir Figure 1.1), il est aujourd'hui possible pour Monsieur Tout le monde de se procurer non seulement n'importe quel utilitaire de pénétration de système automatisé, mais aussi la documentation qui va avec, d'où la progression ahurissante des tentatives d'intrusion que nous avons pu mesurer ces dernières années ! Fort de ces outils, voici ce qu'est le travail du pirate en ligne d'entrée de gamme ou du "Script Kiddie" :

1. Il se contente d'identifier une cible avec un logiciel (le scanner principalement, dont nous reparlerons).
2. Il détermine quels logiciels serveur ou système sont installés sur la cible.
3. Il se documente sur les failles du logiciel en question en utilisant les abondantes documentations répertoriées sur les sites de hacking.
4. Il télécharge le ou les outils capables de briser les protections défectueuses.
5. Pour finir, il attaque le système.

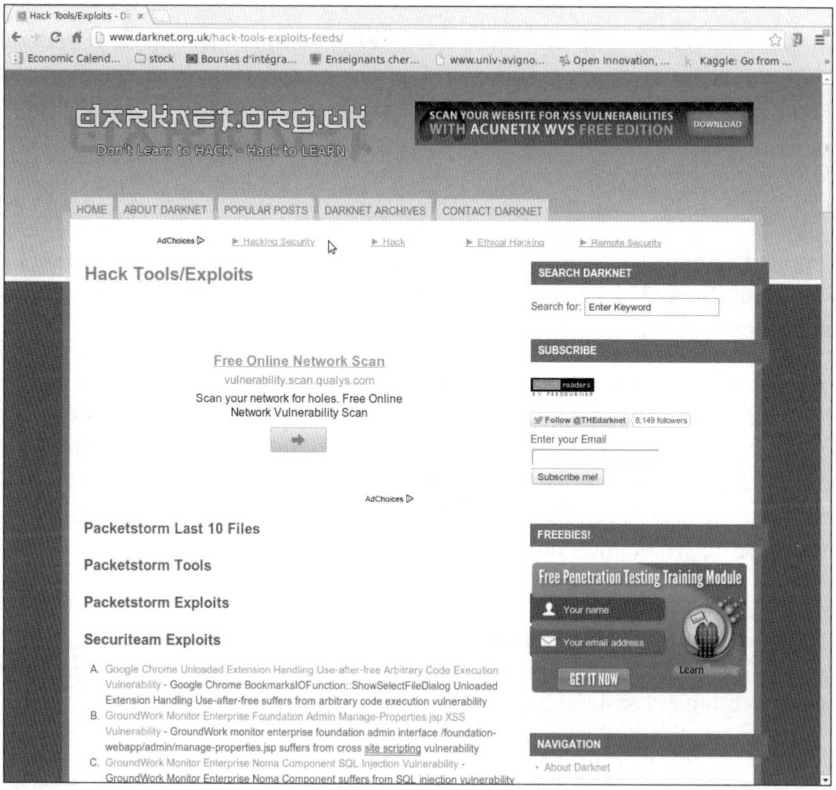

Figure 1.1

Un site de documentation pour pirate amateur !

Rien de bien difficile dans tout cela. Un simple profil d'utilisateur averti suffit ! Ce pirate débutant n'a pas écrit une ligne de code ! Vous n'en revenez pas ? C'est pourtant la triste réalité. Les ordinateurs cibles qui peuvent ainsi être atteints sont équipés de Windows, de Linux, du serveur web Apache (encore que ce dernier soit aujourd'hui très sûr), de SQL, PHP ou, mieux, d'un outil de prise de contrôle à distance (il fût un temps où SSH était très à la mode, mais il y a aussi les chevaux de Troie) : 99 % des piratages réussis sont le fait d'attaques ayant mis en œuvre des techniques préprogrammées.

Rien à voir avec le hacker génial, du niveau d'un ingénieur système : lui connaît le noyau Linux, le cœur du système Windows, SSH, FTP ou les clients et serveurs réseau sur le bout des doigts. Il fait preuve d'inventivité et imagine, creuse, fouille pour trouver une faille de sécurité inconnue. Il teste cette faille avec des programmes qu'il a créés lui-même en C ou en assembleur. Il n'hésite pas à mettre en œuvre du "code reverse" ou du "rétro-engineering" (voir encadré suivant) parce qu'il connaît les microprocesseurs et les langages par cœur.

Et, pourtant, ce sont les attaques des lamers et non des hackers qui laissent le plus de traces : au mieux, défaçage de votre site web (changement de la page d'accueil), au pire, destruction de son contenu, voire installation d'un véritable forum de hacking sur vos machines, ou pire encore d'un relais de piratage pour des attaques ultérieures d'envergure !

Même s'ils ne s'en vantent pas, nombreux sont les responsables informatiques de grandes entreprises qui découvrent ainsi un jour ou l'autre que la moitié de leurs investissements (bande passante, mémoire disque) est utilisée au quotidien par des hackers qui exploitent leurs serveurs de réseau ou Internet pour diffuser leurs informations, voire pour attaquer d'autres systèmes.

Info

Code reverse rétro-engineering ou décompilation. Méthode utilisée pour retrouver le code source d'un programme. Tout programme exécutable est livré sous sa forme finie, mais le programmeur crée ce programme sous une forme lisible, avec un langage. La décompilation permet de retrouver ce programme original et, par conséquent, d'en comprendre les algorithmes et leurs éventuels défauts de conception. Ce droit aussi ancien que les technologies est largement attaqué par de nombreuses directives et lois. Aujourd'hui, consécutivement à l'application des lois DADVSI et LCEN (lire **http://eucd.info/**), le rétro-engineering est en partie interdit (notamment sur tous les systèmes de protection liés aux œuvres de l'esprit protégées par des droits d'auteur), et seuls les chercheurs l'explorant dans le cadre de laboratoires privés ou publics peuvent encore le pratiquer avec un risque théoriquement nul (en pratique faible) de poursuites. Et même si le Conseil d'État a finalement assoupli la loi, l'affaire récente de VidéoLAN VLC qui n'a pu obtenir de réponse claire de la part d'Hadopi sur son droit ou non à faire fonctionner un logiciel de visualisation de disques Blue Ray sous Linux montre que rien n'est réglé sur cette question (lire **http://www.numerama.com/magazine/25618-videolan-vlc-la-hadopi-ouvre-la-porte-a-un-flechissement-des-drm.html**).

Dico

TCP/IP. Vous entendrez souvent parler de la norme TCP/IP dans les chapitres qui vont suivre. La norme Transport Control Protocol associée à Internet Protocol sert à relier tous les réseaux d'Internet. C'est une norme réseau qui permet aux ordinateurs de dialoguer entre eux.

Les traces que nous laissons

Le piratage des données et l'introduction frauduleuse dans des systèmes d'information ne sont pas les seules composantes du paysage de la sécurité informatique. À cela s'ajoutent les traces que nous laissons un peu partout *via* l'ordinateur, qui peuvent être exploitées dans un cadre judiciaire.

En effet, l'État est tout à fait à même de visiter des disques durs ou d'écouter des "communications numériques", au même titre qu'il explore les tiroirs lors d'une perquisition ou qu'il surveille des individus pendant une enquête. Dressons le panorama des possibilités actuelles ou futures en la matière.

De nos jours, pour mener une enquête judiciaire, on cherche non seulement à écouter le contenu de la conversation, mais aussi et surtout à identifier qui parle à qui, d'où (traçage de la position géographique d'un téléphone mobile, d'un portable ou d'une tablette relié à une borne WiFi) et dans quelles circonstances.

À l'avenir, il s'avérera plus important de connaître les habitudes numériques d'un individu que le contenu de ses échanges (le décryptage et l'analyse consomment désormais beaucoup de puissance machine, parfois difficile à mobiliser). On cherchera donc à savoir où un internaute a l'habitude d'aller s'informer, quel site web ou forum en ligne il visite, avec quel compte e-mail il échange des courriers et qui sont ses destinataires. Ces destinataires seront à leur tour épiés et insérés dans le "paysage" d'une enquête.

En d'autres termes, les données qui caractérisent le profil des individus sont désormais aussi déterminantes que les messages eux-mêmes !

La tentative de promulgation par décret, quelques jours avant les élections présidentielles de 2007, et de mise en application de la loi de "confiance en l'économie numérique" qui devait conduire à l'archivage de véritables profils numériques exhaustifs, réalisés à tous les niveaux de communication potentiellement utilisés par un individu, s'est heurtée à des levées de boucliers et a échoué (pour en savoir plus sur ce sujet, on lira l'article de Wikipédia : **http://fr.wikipedia.org/wiki/Loi_pour_la_confiance_dans_l'économie_numérique**).

Mais les gouvernements savent être persévérants et finalement un décret promulgué le 1er mars 2011 (Décret n° 2011-219 du 25 février 2011 relatif à la conservation et à la communication des données permettant d'identifier toute personne ayant contribué à la création d'un contenu mis en ligne) a discrètement réussi à instaurer une obligation de conservation de données personnelles extrêmement lourde pour les entreprises privées en relation avec Internet.

En théorie, aujourd'hui, le cadre législatif affirme que les données conservées le sont à des fins de protection contre la mise en ligne de contenus illégaux – pour toutes sortes de raisons. En pratique, lorsque ces données existent, il est difficile d'imaginer tout ce qui peut leur arriver.

Évidemment, ce type d'activité relève plus de l'espionnage (au besoin au profit d'un État) que de l'investigation légitime dans le cadre d'une enquête. Trop poussée, la recherche d'informations numériques conduit nécessairement à espionner des individus éventuellement irréprochables, qui ont le malheur de faire partie du "paysage" de l'enquête.

En France, une écoute téléphonique est juridiquement et solidement encadrée. Il en va de même pour un accès aux logs de connexions (qui conservent la trace de toutes les actions d'un individu sur Internet, ou *via* son téléphone). Cela n'empêche pas l'existence d'écoutes illégales. Cela dit, les données obtenues *via* une écoute illégale classique n'ont pas de valeur juridique. Mais on sait bien qu'elles peuvent avoir une utilité pratique (dans le cadre d'une campagne de diffamation par exemple).

Une investigation informatique va au-delà d'une écoute téléphonique : lorsqu'on espionne un serveur d'e-mail ou une branche d'un réseau, on observe tout ce qui passe sur ce réseau, et pas uniquement les données qui concernent l'individu écouté.

En matière de téléphonie, lorsqu'il s'agit de dresser la liste des numéros de téléphone composés par une personne, et plus récemment (informatisation des centraux téléphoniques aidant) la liste de tous les numéros à partir desquels ladite personne a été appelée, on reste relativement respectueux de la vie privée des gens. Seul l'écouté principal voit ses échanges épiés et retranscrits ; ses interlocuteurs téléphoniques restent en dehors du champ de l'écoute, tant qu'il n'est pas ordonné de les écouter à leur tour. Ces écoutes restent par ailleurs strictement circonscrites à des propos oraux (téléphone oblige !).

Il en est autrement lorsque l'écoute consiste en un relevé intelligent de tous les profils et traces laissés par un individu dans les réseaux électroniques. Ici, on sort du domaine de l'oral pour entrer dans celui, plus intrusif, de l'échange numérique, qui touche tous les aspects de la vie privée. Le relevé intelligent et analytique des échanges consiste en la rétention des données de connexion, en d'autres termes des fichiers dits "de logs", qui contiennent et archivent toutes les données d'une liaison numérique. Cette pratique a été adoptée par le Parlement européen au printemps dernier, après un intense lobbying du conseil des ministres des quinze États membres. Au final, avec cette directive, les Européens sont susceptibles de voir leurs échanges faire l'objet, de la part des forces de police, d'une surveillance généralisée. On collecte les données et on les triera ultérieurement pour dénicher le "vrai" terroriste, le "vrai délinquant" ou la "vraie" menace. C'est le principe du "qui n'a rien à se reprocher n'a rien à cacher". On sait ce que cela vaut…

Quiconque "n'a rien à cacher" peut avoir quand même quelques vices. Le vice n'est pas illégal, mais l'opinion publique n'en a que faire. Combien de politiciens ou de financiers, très compétents dans l'exercice de leur fonction, ont été renvoyés à l'anonymat et au chômage pour des faits ou des comportements réprimés uniquement par la morale, et non par la loi, et relevant strictement de leur vie privée ?

D'ores et déjà, des parlements nationaux ont entériné et ajouté le principe de l'écoute globale dans leur édifice législatif. Jusqu'à la loi de confiance en l'économie numérique, il était déjà possible de procéder à une écoute numérique globale d'une durée d'un an au maximum en France (un an au minimum pour la Belgique). Cela signifie que tout opérateur numérique doit conserver ses logs au moins un an en Belgique, et au plus un an en France (après ce délai, les fichiers doivent être détruits dans ce pays).

Par ailleurs, la Commission Européenne a élaboré une décision-cadre pour tenter d'harmoniser les durées de collecte des informations, et surtout les types de données à conserver. La durée de conservation des données concernées par la Directive 2006/24/CE sur la conservation des données peut aller de six mois à deux ans (en fonction du type d'information ciblé). La nature de ce qui peut être écouté pendant la durée autorisée a de quoi faire peur : selon la liste dressée par Europol, tous les protocoles Internet peuvent être surveillés (des sessions web aux logs FTP), et tous les types d'appels téléphoniques (réseaux 3G compris), les adresses e-mail des correspondants, les échanges dans le cadre de la messagerie instantanée, les SMS, et enfin les traces de "géolocalisation" peuvent être recensés ! En d'autres termes, toutes les données numériques échangées en une année dans un pays comme la France sont susceptibles d'être archivées. Big Brother puissance mille ! En effet, toute votre vie est contenue dans ce gigantesque et monstrueux fichier : ce que vous achetez, ce que vous dites, où vous vous trouvez (dès qu'il est allumé, le téléphone GSM est géolocalisable, à une précision de 1 mètre à 50 mètres près, dans toute la France), ce que vous écrivez.

Ce sont des sociétés commerciales qui détiennent tous ces fichiers de logs numériques. Jusqu'à concurrence de deux ans d'archives, elles les communiquent sur demande à la justice, voire automatiquement aux forces de sécurité (en particulier en Amérique du Nord). Depuis bien longtemps, aidées par des moyens financiers et techniques que la puissance publique a bien du mal à obtenir, elles appliquent pour leurs propres besoins sur ces fichiers privés des logiciels d'analyse extrêmement sophistiqués, et ce dans un but commercial. Sont concernés les opérateurs téléphoniques, les fournisseurs d'accès à Internet (Orange, Free, etc.), les hébergeurs et les responsables de services en ligne (portails, homepage, blogs, etc.). Ces entreprises devraient conserver pendant un an et à leurs frais toutes les coordonnées et traces invisibles que laissent les utilisateurs dans le cadre de ces services. Sachez que ces informations numériques englobent aussi les déplacements d'un abonné avec un téléphone allumé, les données techniques relatives à chaque appel ou à chaque connexion à Internet. Ceci inclut également toute diffusion ou consultation sur le Web d'un article, d'une photo, d'une vidéo, ou chaque contribution à un blog.

Concrètement devraient donc être conservés vos transferts FTP, vos enchères sur eBay, vos transactions sur Paypal, vos lectures sur LeMonde, vos mots de passe, les "pseudos" auxquels ils sont associés, les codes d'accès confidentiels et autres identifiants, les numéros de carte bancaire, les détails de paiement, les numéros de téléphone, les adresses e-mail, les adresses postales, le numéro de l'ordinateur ou du téléphone utilisé, le moyen d'accès à un réseau, le point d'accès au réseau utilisé, les date et heure d'appel, de connexion et de chacune de leurs consultations ou contributions sur un site Internet. L'espace de stockage pour de telles données est si monstrueux que les fournisseurs d'accès eux-mêmes ont alerté le gouvernement sur les difficultés matérielles consécutives à une telle application de la loi ! La masse d'information est si gigantesque qu'elle multiplierait au minimum par deux ou trois le marché des périphériques de stockage en France si la loi devait être appliquée. Du jamais vu. Et, comble de l'affaire, selon les termes de la loi, auront accès à ces renseignements sans demander l'autorisation d'un juge les services de contre-espionnage et de renseignement intérieur !

Outre les outils de communication, les moyens de transports sont désormais un instrument de surveillance de la population. Déjà, et sans que la loi l'exige, les déplacements des détenteurs de cartes de transports publics Navigo et Técély, nouveaux sésames électroniques utilisés à Paris (RATP) et à Lyon (TCL), sont gardés en mémoire. Par défaut, ces traces devraient rester sous le contrôle de l'usager. Il n'en est rien, puisque les trajets sont archivés et exploités à des fins commerciales.

La société Benetton a, il y a quelques années, tenté d'insérer dans les vêtements qu'elle commercialise une puce RFID, théoriquement conçue à des fins de gestion des stocks. En fait, elle aurait aussi permis de détecter les habitudes comportementales des clients ! Benetton a dû faire machine arrière devant la levée de boucliers d'associations de consommateurs. Encore aujourd'hui et à intervalles réguliers, des tentatives de mise en application de la technologie RFID (par exemple dans les supermarchés) sont contestées par des chercheurs tant cette dernière peut permettre de "tracer" un individu tout en ne proposant qu'un niveau de sécurité et de garantie de la confidentialité d'une grande médiocrité (lire notamment **http://fr.wikipedia.org/wiki/Radio-identification**).

Info

Benetton, des vêtements sans puce. Le fabricant affirme dans un communiqué que ses gammes de vêtements actuellement diffusées dans le monde ne contiennent aucune puce électronique. Cependant, le groupe Benetton souligne qu'il "se réserve le droit de prendre toute décision appropriée dans l'intérêt de ses actionnaires", au vu des études en cours sur la technologie des puces radio d'identification dites RFID (*Radio Frequency IDentification*). Source : 01.NET.

Info

La technologie RFID utilise une balise métallique capable de répondre à une demande d'identification par ondes radio et qui se sert de l'énergie de cette même onde pour fonctionner et répondre à la requête. Il s'agit donc d'un système d'identification autonome (nul besoin de piles pour fonctionner) du même type que les codes-barres, à ceci près que les "radios tags" peuvent être repérés à distance, en grand nombre et dans un délai très court. La Commission européenne a envisagé un temps d'introduire de nouveaux billets de banque dotés de ce système de sécurité. Ce système de repérage intéresse plusieurs industriels dont Sun Microsystems, Motorola et Gillette, qui expérimente déjà la RFID sur ses rasoirs. L'entreprise Hitachi, qui veut fournir ce type d'étiquette, a fabriqué la plus petite balise radio au monde : elle ne mesure qu'un tiers de millimètre d'épaisseur et peut contenir jusqu'à 128 bits ; cela est suffisant pour stocker un numéro de série et l'origine de la fabrication.

Les pirates n'ont certainement pas accès à toutes ces données. Encore que... En revanche, l'appareil d'État, selon un mode opératoire encadré légalement (actions de justice et de police), peut les exploiter à loisir. Contre toute attente, on a pu voir dans quelques affaires récentes que quelques officines ont également accès à cette documentation hors du champ légal. Certains organismes de recouvrement de créances, par exemple, savent depuis longtemps récupérer un numéro de téléphone inscrit sur liste rouge. Que pourraient-ils récupérer d'autre ?

Le gouvernement français aimerait que l'accès aux fichiers de logs soit simplifié par la mise en œuvre de "passerelles" consistant en des ordinateurs têtes de pont implantés dans les locaux des enquêteurs (police, justice) et reliés *via* un réseau aux machines des opérateurs ou des organisations détentrices de fichiers. Soyons honnêtes, de telles passerelles existent dans de nombreuses démocraties (notamment aux États Unis) et peuvent sous certaines conditions sauver des biens et des personnes. Difficile en tout cas pour le moment de savoir où on en est de ce côté en France.

Techniques de pirates

Nous parlerons dans cet ouvrage de la pollution virale et des spywares (logiciels espions) sans nous étendre sur le sujet. Tout au plus aborderons-nous dans le détail la problématique des chevaux de Troie et des malwares. Pour une vision en détail de ce problème, on se reportera à l'ouvrage spécifique sur le sujet du même auteur (*Spywares, Virus, Spams*, éditions CampusPress, ISBN 978-2744019609).

Nous l'avons dit en introduction depuis plusieurs années ces deux méthodes de "pollution" d'Internet ont fini par devenir une véritable calamité pour les internautes. On a pu même un temps parler d'explosion du phénomène : le taux d'infection des PC par des logiciels espions a augmenté de 230 % entre octobre et décembre 2004, selon un rapport publié par le fournisseur d'accès américain Earthlink qui avait analysé 4,6 millions de PC. Il y aurait trouvé en moyenne 25 traces de parasites par PC, dont une majorité de logiciels espions chargés d'enregistrer tout ce qui se passe sur le système. Avant que les éditeurs ne prennent connaissance du phénomène et ne sécurisent mieux leurs applications (Microsoft en tête), il n'était pas rare de voir des PC complètement bloqués par des invasions de logiciels malveillants.

Et pourtant, le spyware n'a pas le côté méthodique et technique du hacking. C'est une sorte d'hybride entre le virus et le cheval de Troie, totalement automatisé. Il s'introduit dans votre machine, tente de récupérer vos codes secrets, étudie vos habitudes d'internaute, remplace les publicités d'une page par d'autres...

Ce mode d'infection, avec un objectif précis et souvent criminel ou mercantile, s'apparente donc de plus en plus à du piratage pur et dur. Il ne s'agit plus de divertir des informaticiens mal dans leur peau, mais bel et bien de programmation complexe, offensive et intrusive, conçue par des bandes organisées.

Piratage hors ligne, en ligne et nuage

Pour entrer dans le vif du sujet, commençons par dresser un rapide panorama des différentes techniques de piratage que nous étudierons dans cet ouvrage. En matière de hacking, la finalité, c'est d'atteindre une machine et son contenu ou des informations personnelles.

Pour ce qui est d'une machine, cette dernière aura deux statuts :

- Hors ligne : elle est isolée d'un réseau (quel qu'il soit).
- En ligne : elle est accessible et visible depuis un réseau.

Ces deux facettes du piratage posent un même problème : une machine et ses documents sont protégés par un ensemble de dispositifs. Les documents sont cryptés ou verrouillés par des mots de passe, un ordinateur est bloqué lui aussi par des mots de passe, et s'il est relié à Internet, il est verrouillé par des protections logicielles, des mots de passe et des cryptages.

Tout ce qui est décrit dans les chapitres qui vont suivre aura donc pour but de contourner, briser ou décoder un mot de passe, décoder un cryptage.

Selon que l'ordinateur est accessible *via* un réseau ou physiquement, nous n'utiliserons pas les mêmes outils, mais la méthode sera toujours la même. C'est pour cette raison, par exemple, que nous avons conçu deux chapitres différents pour parler des mots de passe. L'un décrit le décodage des mots de passe lorsque vous êtes physiquement installé devant la station, l'autre est dédié à ceux des systèmes en ligne (serveur Internet, serveur intranet, ou ordinateur accessible *via* un réseau sans fil) auxquels nous sommes reliés par Internet.

On doit ajouter aujourd'hui une nouvelle catégorie d'atteinte potentielle : celle du piratage des données conservées dans le nuage (cloud). Google Drive, DropBox, les services d'achat en ligne tels que Google Play ou l'Apple Store, les logiciels bureautiques en ligne tels que Google Documents, aussi, sont autant de moyens qui nous sont offerts aujourd'hui pour stocker des informations personnelles et confidentielles. On n'imagine pas tout ce que les utilisateurs conservent sur ces dépôts dématérialisés : carnets d'adresses, tableaux, liste de codes d'accès…

De manière générale, lorsque ces dépôts sont fournis par de grandes entreprises multinationales, ils sont très bien sécurisés, et le risque d'atteinte est très faible. Le problème qu'ils posent vient surtout de la centralisation d'informations sensibles autour d'un mot de passe unique. Si l'utilisateur a la mauvaise habitude d'utiliser le même mot de passe pour plusieurs comptes et que ce mot de passe est percé, toutes ses données deviennent potentiellement accessibles : on a vu récemment quelques exemples assez spectaculaires de vols de fichiers de mots de passe, telle l'affaire LinkedIn en juin 2012. Imaginez que votre mot de passe LinkedIn ou Twitter soit le même que celui de votre DropBox ou de votre compte Google+ : si le pirate le sait aussi…

La question de la sécurité des informations stockées sur le nuage doit donc être considérée avec attention, même si la problématique de la protection de ces informations réside principalement en une utilisation de mots de passe bien choisis et conservés correctement.

La pollution virale et les spywares

Nous parlerons peu dans cet ouvrage de la pollution virale et des spywares (logiciels espions). Tout au plus aborderons-nous dans le détail la problématique des chevaux de Troie. Néanmoins, depuis un peu moins de dix ans ces deux méthodes de "pollution" d'Internet ont fini par devenir une véritable calamité pour les internautes. Le spyware n'a pourtant pas le côté méthodique et technique du hacking mais c'est un logiciel très performant pour voler des informations personnelles. C'est une sorte d'hybride entre le virus et le cheval de Troie, totalement automatisé. Il s'introduit dans votre machine, tente de récupérer vos codes secrets, étudie vos habitudes d'internaute, remplace les publicités d'une page par d'autres…

Ce mode d'infection, avec un objectif précis et souvent criminel ou mercantile, s'apparente donc de plus en plus à du piratage pur et dur. Il ne s'agit plus de divertir des informaticiens mal dans leur peau, mais bel et bien de programmation complexe, offensive et intrusive, conçue par des bandes organisées.

Si l'attaque d'envergure sur les réseaux ou sur les ressources disponibles sur ces réseaux est redevenue progressivement normale ces dernières années (2005 à 2007) – par normale, on entend "épisodique" et menée par des hackers expérimentés –, elle a laissé la place à un développement d'outils quasi "clé en main" et même vendus sur des sites spécialisés, comme nous le verrons. Ces outils qui sont techniquement proches des spywares et des malwares permettent de voler des accès à des comptes bancaires et de mener des escroqueries financières de grande ampleur. Aujourd'hui, les botnets, monstrueux réseaux de spywares reliés entre eux par centaines de milliers, sont des instruments performants de la délinquance sur Internet.

Le phénomène de la pollution virale, en 2013, a donc muté mais reste toujours extrêmement important en matière de protection des systèmes. Il risque d'évoluer dans les mois qui viennent. On doit aujourd'hui rester vigilant avec les téléphones intelligents et les tablettes qui utilisent de nouveaux systèmes d'exploitation tels qu'iOS ou Android. Ces systèmes sont devenus des cibles de choix pour les groupes criminels depuis que plusieurs centaines de millions sont en circulation. Il est très probable, nous en parlerons, que l'on voie apparaître des nouveaux spywares ciblés pour ces systèmes dans les mois à venir.

Le carding et son complice, le phishing

Le terme *phishing* (traduit en français par "hameçonnage") n'est apparu pour la première fois qu'en 1997, dans un magazine d'informatique grand public. Le principe était de substituer à un vrai site une copie détenue par un pirate, et dont l'objet était de collecter les mots de passe d'utilisateurs croyant légitimement consulter le site de leur fournisseur habituel. Par la suite, cette pratique s'est considérablement développée.

Le *carding* est un sous-ensemble du phishing : ce terme englobe tout moyen mis en œuvre pour collecter des références de cartes de crédit, utilisées ensuite pour détourner des fonds à grande échelle.

Les pirates se sont adonnés au *phishing* en utilisant des moteurs de spam, des canaux de dialogue en ligne, des bandeaux publicitaires web et même des bulletins d'information pour attirer leurs victimes potentielles vers des sites web factices.

Le *phishing* répond à plusieurs stratégies qui correspondent à autant de degrés de criminalité : du "simple" vol de mots de passe et d'identifiants par quelques individus, on est passé à une activité criminelle internationale hautement organisée et de type mafieux, utilisant des outils spécialisés pour effectuer du blanchiment d'argent, des transferts bancaires internationaux, et même pour fabriquer de fausses cartes de crédit.

En 2001, alors que les entreprises étaient submergées de courriels, les pirates sont parvenus à outrepasser les filtres antispam et, en utilisant des URL glissées dans des textes HTML émis en tant qu'e-mail, à tromper les destinataires en les incitant à visiter des sites web factices. La stratégie est simple : créer un faux site qui est la copie d'un organisme très utilisé (une banque internationale, un organisme de paiement ou de vente en ligne) et miser sur un envoi en masse pour toucher des clients de ces organismes au hasard. Statistiquement, il est malheureusement très simple d'évaluer quel pourcentage de courriers falsifiés touchera de vrais clients de la banque ou de la société, sans les connaître au préalable…

Les courriels de *phishing* sont ensuite devenus de plus en plus sophistiqués, paraissant toujours "plus vrais".

En 2006, Gunter Ollmann, auteur et animateur du site de sécurité **www.technicalinfo.net/**, "[évaluait] à 5 % la proportion des destinataires qui sont mystifiés, soit une personne sur vingt…" Même s'ils font de moins en moins la une des médias, les pirates du *phishing* ont considérablement amélioré leurs moyens de séduction. Ils ont d'abord déployé des méthodes d'attaques sophistiquées comme s'attaquer aux serveurs de noms Internet (DNS, *Domain Name Server*), qui font correspondre les noms des sites web à l'adresse IP réelle des serveurs. Ainsi, lorsqu'il entre dans son navigateur l'adresse URL du site Internet qu'il veut visiter, l'internaute n'a aucun moyen de savoir que sa requête a été en réalité redirigée vers un site pirate. Ils pratiquent aussi le *phishing* ciblé (*spear phishing*), en installant des codes espions (*keyloggers* ou chevaux de Troie) sur un groupe limité de PC cibles et/ou en utilisant des listes de diffusion restreinte.

Dans la période récente (à partir de 2010), le *phishing* s'est banalisé mais n'en demeure pas moins une méthode performante pour vous voler des données : il est au cœur de l'action délinquante sur les réseaux sociaux, comme nous le verrons. Comme le Spyware, le *phishing* s'est adapté aux nouveaux besoins et aux nouveaux usages des internautes.

On observe que des entreprises majeures telles que Google ou Microsoft ont récemment lancé des initiatives fortes pour endiguer le phénomène du *phishing.* Ainsi, par exemple, l'association à but non lucratif Phishing Initiative, créée en 2010 et qui permet à tout internaute de reporter les sites exploités lors d'actions de phishing afin de les faire bloquer. En 2012 et 2013, j'ai publié assez régulièrement sur mon compte Twitter des exemples de *phishing* : ils incluaient par exemple de faux mails d'EDF ou de grandes banques. Certains mails sont également de plus en plus fréquemment émis en direction des comptes universitaires. La plupart de ces mails hameçons sont aisément identifiables par leur manque de professionnalisme (mauvaise traduction produite par Google Translate, par exemple), mais certains sont convaincants à s'y tromper. Comme ce mail prétendument reçu d'EDF, m'invitant à modifier mon mot de passe et redoutablement convaincant. Manque de chance, ma résidence québécoise (où la compagnie nationale est Hydro Québec) laisse assez peu de chances à un mail d'hameçonnage de cette nature. Mais il illustre comment procèdent les pirates : ils ciblent large (des milliers, probablement des millions d'utilisateurs), espérant qu'une infime fraction d'utilisateurs répondent (quelques centaines suffisent pour monter une juteuse escroquerie).

Le piratage téléphonique et hertzien

Nous ne parlerons pas dans cet ouvrage de l'aspect pratique du piratage de ligne téléphonique, connu sous le nom de *phreaking.* Le mot anglais phreaking est obtenu par la contraction de *phone* et *freak*, le terme freak signifiant "marginal" ou personne appartenant à une contre-culture. Le pirate téléphonique est appelé *phreaker* (source : Wikipédia). Le phreaking est né aux États-Unis dans les années 1970. Un des mythes fondateurs du phreaking est l'histoire de Captain Crunch. Ce phreaker de renommée internationale avait utilisé un sifflet trouvé dans une boîte de céréales Captain Crunch pour accéder à des fonctions spéciales du central téléphonique. En effet, le son émis par ce sifflet avait une fréquence de 2 600 Hz, la même fréquence que le signal employé pour piloter le central téléphonique. Un des groupes de phreaking les plus connus s'appelle d'ailleurs 2600.

Notre sujet est délibérément la sécurité informatique, sachant que dans le monde numérique l'ordinateur et le réseau sont vraiment les points les plus faibles. Néanmoins, sachez que rares sont les pirates qui n'ont pas à un moment ou à un autre abordé le problème du phreaking.

En France, il *existe encore des box* aux utilités multiples… Par exemple, écouter une conversation téléphonique, ou alors ne pas faire payer celui qui appelle grâce à un montage (technique dite de la "black box", possible en France, mais attention un robot nommé SIRIUS de France Télécom repère cette box, et les utilisateurs se faisant prendre risquent de lourdes peines).

La dernière affaire en date en France liée au phreaking remonte à 1997. La Brigade centrale de répression du crime informatique avait stoppé à cette époque les agissements d'une dizaine de personnes fournissant par Internet des images pornographiques. Rien de bien particulier, car il existe des milliers de sites sur le Net offrant ce genre de produit. Les pirates ont utilisé une blue box, des numéros gratuits à l'étranger. Originaires de Puteaux, de Besançon et d'une dizaine d'autres villes de France, les pirates passaient par le Paraguay pour ne pas payer leurs communications. Le préjudice fut estimé à un peu plus de 6 millions de francs (environ 1 million d'euros).

Orange, comme toutes les entreprises de télécommunications du monde, disposerait d'un système de surveillance jadis appelé SIRIUS. Il permet de contrôler toutes les communications en cours ainsi que le bon paiement du service utilisé. Une enquête est lancée si une anomalie apparaît. Si le numéro composé est un 0800, un 13 ou autres numéros gratuits, l'alerte est annulée... Si l'enquête révèle qu'aucun paiement n'a été effectué, l'information est tout de suite transmise au service concerné. France Télécom surveille aussi de très près les cabines téléphoniques, tout fil coupé est rapidement détecté.

À terme, on peut imaginer qu'on enregistrera aussi des tentatives de détournement des offres de téléphonie IP (abonnement téléphonique possible avec un accès ADSL et une "boîte" telles la Freebox ou la Livebox). Pour le moment, il ne semble pas que des techniques de cette nature aient été mises en œuvre. Il faut dire que les offres de téléphonie IP sont souvent caractérisées par des coûts téléphoniques très faibles (appels nationaux illimités notamment, internationaux à prix réduits), et que les peines encourues pour ce type de fraude sont tellement lourdes avec un risque fort d'identification qu'il n'y a guère d'enjeux autres que technologiques. Par ailleurs, les lignes IP sont relativement robustes et bien protégées : elles utilisent un tunnel crypté et sécurisé et sont associées à l'adresse MAC de la carte ou du périphérique réseau employé.

On ne peut néanmoins nier que prendre le contrôle d'un téléphone IP en imitant son adresse MAC (le numéro de série de la "boîte") est tout à fait envisageable. Cela permettrait de téléphoner gratuitement vers n'importe quel point de la planète (rappelons que seules les communications vers des fixes nationaux sont gratuites avec les offres de téléphonie IP) ou de procéder à des écoutes distantes (par une mécanique de reroutage, par exemple).

Le WiFi

L'aspect le plus marquant en matière d'espionnage de réseau est le développement très rapide dès le début de la décennie 2000 du piratage de réseau sans fil à la norme 802.11b et ses suivantes.

Sans qu'il donne accès à une ligne téléphonique, ce système est de plus en plus souvent utilisé par des pirates pour surfer gratuitement et discrètement.

Ce piratage particulier (voir Chapitre 8) est maintenant très répandu. Chez les initiés, il porte le nom de *wardriving*, en français "faire la guerre en conduisant", ou de *warchalking*, que nous pourrions traduire, très approximativement, par "faire la guerre en parlant et marchant". Il consiste à se promener dans une ville avec sa tablette ou un portable équipé d'une carte réseau et, au gré des points d'accès réseau sans fil – publics ou non – trouvés, à se connecter à Internet en brisant les protections de ces points d'accès.

Ce phénomène peu connu inquiète beaucoup les fabricants de cartes réseau sans fil et les autorités de régulation des télécoms, qui le qualifient de plus en plus ouvertement de criminel. On les comprend : le piratage généralisé de la norme réseau 802.11 risque de porter un sérieux coup à ce type de réseau et aux juteux produits commercialisés grâce à lui : les Livebox et autres Freebox, par exemple. Il n'a pourtant été rendu possible que par les industriels, qui n'ont pas réussi à créer un système vraiment sécurisé.

Le *wardriving* ou *warchalking* a son milieu underground, ses aficionados, ses signes de pirates secrets marqués à la craie sur le bord des trottoirs et, surtout, ses utilitaires d'accès pirates (voir Figures 1.2 et 1.3). Des expériences menées par Google ont montré (bien malgré l'entreprise, d'ailleurs) que ce mode d'écoute et d'espionnage offre toujours un très bon retour pour le pirate. Nous les décrirons en détail au Chapitre 9. Il est aussi à la base d'un phénomène humain très intéressant : le concept de réseau Internet à haut débit, citoyen et gratuit. Une idée neuve qui, si elle émerge, rendra quelques honneurs aux hackers !

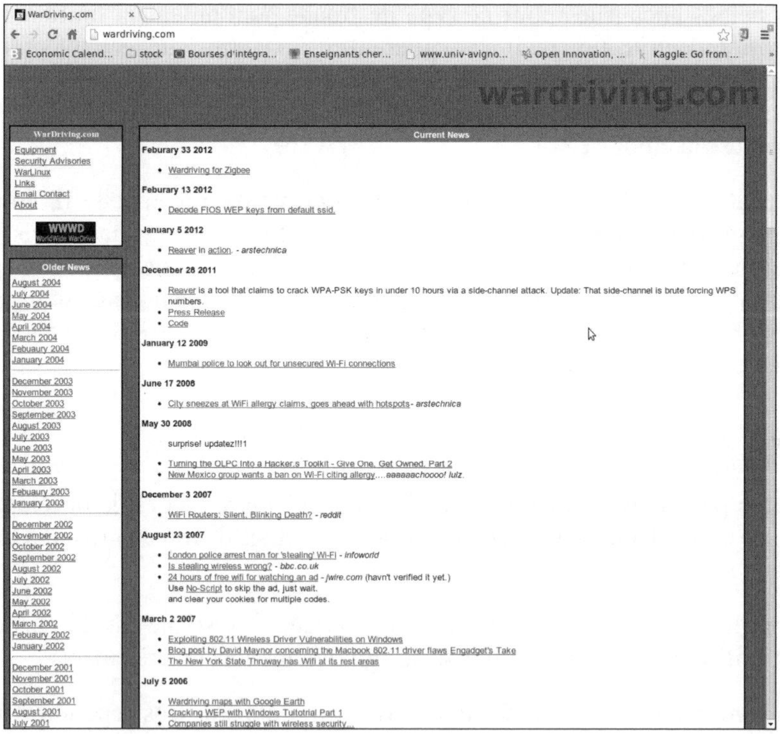

Figure 1.2

Un de ces réseaux peut devenir très célèbre quand il est publié sur les sites de wardriving d'Internet. C'est le vôtre ? Pas de chance !

Figure 1.3

Il existe aussi une facette légale du wardriving, avec les réseaux wireless citoyens. Ici, le site de wireless-fr.org, promoteur de ce concept en France.

Le piratage des téléphones intelligents

La fusion de la téléphonie et de l'informatique nous fait bénéficier de téléphones cellulaires toujours plus performants et qui sont aujourd'hui aussi puissants que des ordinateurs de bureaux. Revers de la médaille, ces véritables petits ordinateurs deviennent vulnérables puisqu'ils savent exécuter et télécharger des programmes, accéder à des réseaux (tous les réseaux) et dialoguer avec des périphériques (merci l'infrarouge et le Bluetooth). Autant dire qu'il y a là un gisement de nuisances quasi illimité.

On en a vu la première démonstration avec le virus Cabir, signalé en juin 2004 : un virus non destructif, conçu par des auteurs soucieux de démontrer la faisabilité technique de ce type de logiciel. Après s'être installé, Cabir scanne le voisinage avec la technologie Bluetooth (un moyen commode pour se propager) puis se fait passer pour un outil d'administration.

Un "virus concept", sans danger, qui a au moins le mérite de faire taire les habituels optimistes qui claironnaient depuis des mois que non, c'était certain, jamais le téléphone portable GSM ne serait susceptible de servir de vecteur à ce type d'attaque : eh bien, si ! Et ce n'est qu'un début, le pire restant à venir.

Certains analystes considèrent aujourd'hui que le manque de sécurité sous Android – qui équipe une majorité des téléphones intelligents – "serait du niveau de celui sous Windows il y a dix ans" (Damase Tricart, Directeur marketing grand public Europe de Trend Micro, dans une interview donnée à *20 Minutes*). Le problème de ce système réside en partie dans sa boutique associée. Cette dernière, contrairement à l'Apple Store, serait beaucoup plus ouverte et permissive envers les applications. Résultat : 70 000 applications malveillantes seraient accessibles sur Google Play, chiffre confirmé par Google France selon *20 Minutes*. L'idée est noble : en assouplissant les critères d'acceptation des applications, la créativité est encouragée ; le prix est celui d'un niveau de sécurité plus délicat à maintenir haut.

En 2012, 350 000 types de menaces en provenance d'applications malicieuses ont été recensés sous Android et on devrait voir une progression forte en 2013 – un million selon Trend Micro. Les exemples de ce qui existe déjà sont édifiants. Un faux jeu Temple Run 2 envoyant des SMS surtaxés, les carnets d'adresses téléchargés par un fond d'écran inoffensif, l'affichage de publicités invasives et ciblées selon vos déplacements et votre comportement, comme au bon vieux temps des adwares. Rien de nouveau, mais une réelle pression en direction d'une masse d'utilisateurs – celle des smartphones et des tablettes – bien moins au fait des risques que les utilisateurs de PC et donc plus vulnérables.

Il semblerait que l'écosystème d'Apple, Apple Store, beaucoup plus restrictif que celui d'Android et de Google (chez Apple, les applications sont impitoyablement filtrées et testées avant d'être offertes en téléchargement, et il est très difficile d'installer une application sur iOS sans utiliser le service d'Apple) soit beaucoup moins touché. Il convient tout de même de se tenir informé des dernières actualités et risques encourus sur les iPhone et les iPad.

Notez aussi qu'on vous fera peut-être remarquer que la nature intrinsèque d'Android – c'est un système Linux avec tout ce que cela implique en termes de sécurisation – le rend moins vulnérable aux malwares que les autres systèmes. Sous Linux, par exemple, contrairement à Windows, les virus n'ont qu'un accès limité aux données de l'appareil, et ne peuvent bénéficier des droits "Administrateurs" ou "root", ce qui les rendrait moins risqués. Rien n'est moins faux, et la dissimulation d'un troyen dans une application naïve, y compris sous Android, peut laisser un vaste potentiel d'action sur l'utilisateur et sa machine.

Notez que le piratage légal de téléphone GSM ou 3G par voie hertzienne ou en utilisant les réseaux physiques des opérateurs existe aussi et qu'il est très sophistiqué. Il consiste à donner accès à la police aux fichiers de logs des ordinateurs chargés d'assurer le fonctionnement du réseau. Ces fichiers de logs permettent aux enquêteurs de savoir quel téléphone a appelé tel autre et de quel endroit (au mètre près !). Les exemples de ces preuves produites en justice foisonnent.

Moins connues sont les méthodes de repérage dynamique et en temps réel des individus, lorsque leurs téléphones sont allumés. À l'occasion de certaines arrestations, des commentaires ont laissé entendre que des téléphones GSM avaient été employés pour des repérages (lire à ce sujet l'article relatif à l'arrestation de M. José Bové,

Libération du 22 juin 2003). Les mêmes techniques ont été utilisées récemment à Boston dans le cadre de l'interpellation des auteurs de l'attentat du marathon, en avril 2013.

Figure 1.4
Les virus et troyens s'invitent aujourd'hui sous Android.

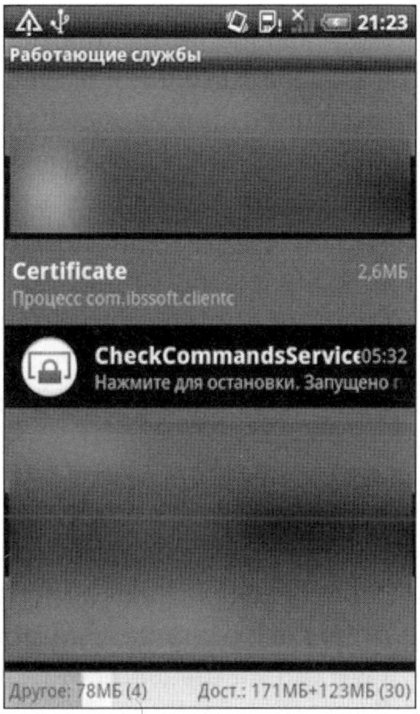

Des exemples vécus

Revenons-en au piratage par Internet ! Pour bien comprendre les diverses facettes de ce problème, commençons par étudier quelques cas de figure récents d'attaques qui sont manifestement le fait d'experts. Où nous ne mélangerons pas agents secrets, cyberterroristes avec petite piraterie du dimanche !

Parlons, par exemple, de cette attaque qui a eu lieu dans la nuit du 21 au 22 octobre 2002, sur la racine des DNS.

Précisons ce qu'est une "racine DNS". Les noms de domaines Internet, ceux que vous utilisez pour accéder à des sites web (dans www.yahoo.fr par exemple, yahoo.fr est le domaine), sont gérés par une organisation, l'ICANN, *via* des "serveurs de noms de domaines", les DNS.

Tout le monde peut avoir un DNS à la maison : c'est un simple logiciel installé sur un ordinateur TCP/IP, qui met en correspondance un numéro IP avec un nom clair (votresite.com par exemple correspondrait au numéro IP 192.168.0.0).

Il existe des milliers de ces serveurs DNS locaux de par le monde. Ils sont peu attaqués car il n'y a guère d'intérêt à en prendre le contrôle (encore que certains semblent avoir été la cible d'attaques plus ou moins réussies : dérouter Microsoft.com ou Hotmail.com étant un projet qui en séduit plus d'un…).

Plus intéressants sont les serveurs de DNS dits "root" : ces machines n'ont plus rien en commun avec le petit serveur d'entreprise. Ici, c'est de l'architecture du réseau Internet mondial dont nous parlons. Les attaquer, c'est faire trembler le réseau tout entier !

Ces serveurs sont au nombre de treize (de A.ROOT-SERVERS.NET à M.ROOT-SERVERS.NET) et sont disséminés sur l'ensemble du globe. Leur rôle est de constituer les translations entre tous les petits serveurs de domaines d'Internet et les extensions des noms de domaines. Si vous appelez par exemple votre site www.usa.gov, votre requête va d'abord remonter au root serveur chargé des extensions .gov, celui-ci va ensuite vous diriger vers le serveur de l'enregistreur de noms de domaines en .gov, qui lui-même vous redirigera vers le serveur de DNS local de la CIA. Donc ? Si vous saturez le root serveur .gov, plus aucun domaine en .gov n'est accessible tout simplement ! En d'autres termes, si les treize serveurs root tombaient en panne, plus rien ou presque ne fonctionnerait sur Internet, à part les appels directs par numéros IP que personne n'utilise plus !

Pourtant, ces serveurs névralgiques, conformément aux règles de fonctionnement d'Internet, ne sont pas dissimulés, et il est très facile de les localiser, d'obtenir leurs numéros IP et les références de leurs opérateurs. Les Root DNS G et H par exemple sont animés par des organisations militaires américaines ou les services secrets de ce même pays (ce qui en dit d'ailleurs long sur la confidentialité des informations sur Internet). Il nous aura fallu moins de 5 minutes pour identifier leur description actualisée et non protégée sur un serveur indien (voir Figure 1.5) :

http://budi.insan.co.id/articles/root-nameservers.doc

C'est cette publicité des root serveurs, associée à une bonne connaissance de leur structure, qui a donné lieu à l'attaque en règle des 21 et 22 octobre 2002. La "racine" dans son intégralité (serveur A à M) a été prise d'assaut par des "pirates". Avec un certain succès puisque sept serveurs sur treize ont cessé de fonctionner !

Bien qu'étant spectaculaire, cette attaque n'a pourtant pas provoqué de perturbations majeures. Il faut dire que les treize serveurs sont redondants sur l'ensemble de la planète, et que par ailleurs il s'agit de très grosses machines. Il faudrait donc une force considérable pour les saturer définitivement. Le porte-parole de Verisign, la société administrant deux des treize serveurs Root DNS, a par ailleurs souhaité préciser que "l'ensemble des requêtes peut être assuré par un seul de ces serveurs".

Tout le monde n'est pas d'accord sur ce point. D'autres affirment que, pratiquement, si huit de ces serveurs présentent des défaillances, les requêtes de noms de domaines pourraient subir des ralentissements importants. La source de l'attaque est encore inconnue, mais le FBI a lancé une enquête pour déterminer les causes sans pour autant en préciser les détails. De toute façon, nous verrons au Chapitre 11 que ce genre d'attaque peut être complètement anonyme sur un plan technique : si les pirates se taisent, il y a donc fort peu de chances pour que nous les trouvions un jour…

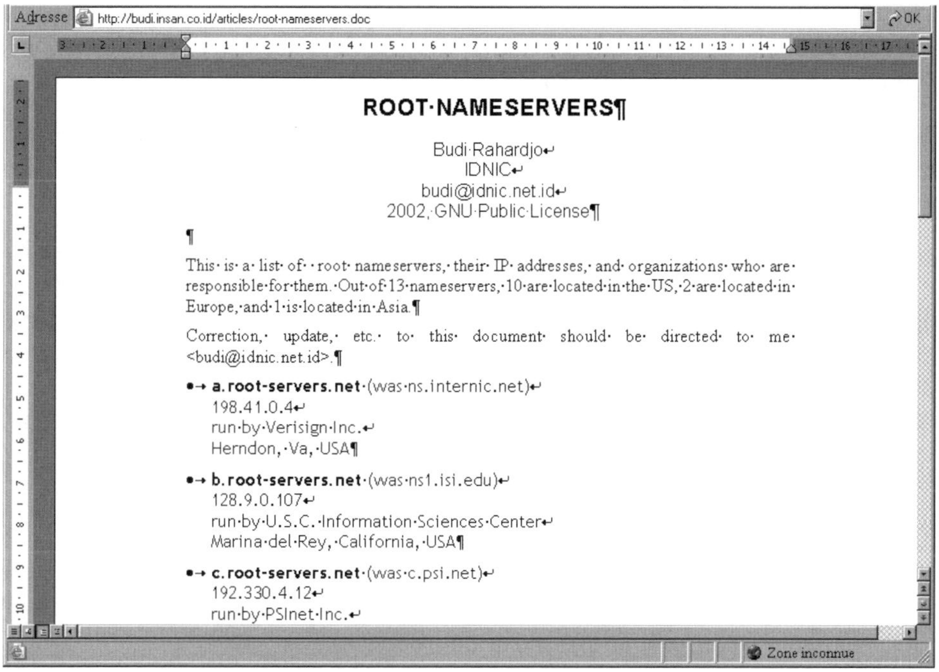

Figure 1.5

Les root serveurs sont publics.

Le mode d'attaque utilisé était du type *Denial of Service*, qui consiste à bombarder un serveur de requêtes PING – abréviation de *Packet Internet Groper* (testeur de paquets Internet). En principe, ces requêtes sont utilisées pour vérifier si un serveur répond encore en lui envoyant des paquets de données. Nous reviendrons au Chapitre 7 sur cette technique d'attaque qui avait déjà fait fléchir Yahoo!, eBay et Amazon il y a quelques années.

La particularité de ce type d'attaque est qu'elle nécessite un grand nombre d'ordinateurs connectés à Internet. On imagine que les pirates informatiques ont sans doute employé des serveurs d'entreprise, voire des ordinateurs appartenant à des particuliers contaminés par des chevaux de Troie leur permettant de mobiliser d'importantes ressources, elles-mêmes déjà piratées.

Nous y voilà ! Vous avez peut-être été complice de cette gigantesque opération de sabotage à l'échelle planétaire. Ce qui devrait peut-être vous inciter à plus de prudence, non ?

En tout cas, grâce à ce réseau de machines piratées, l'attaque a pu générer un nombre de requêtes trois ou quatre fois supérieur à la capacité de charge des treize serveurs DNS visés, soit trente à quarante fois le volume habituel géré par ces serveurs (d'où le déni de service).

Ce type d'attaque est emblématique : elle pourrait aussi bien avoir été mise en place par des experts très bien organisés que par des services secrets suréquipés, ou tout simplement par une bande de voyous.

On notera qu'à la suite de cette attaque un certain nombre de mesures furent prises : un système intitulé Anycast fut mis en place. Son rôle est de réguler la charge de ces serveurs pour limiter les effets d'une attaque de type "DoS".

L'efficacité d'Anycast est depuis peu démontrée puisqu'une attaque a eu lieu le 6 février 2007 sur treize root serveurs. Cette attaque était constituée de milliards de paquets expédiés depuis des milliers de points distincts (il s'agissait très probablement d'une "ferme" d'ordinateurs personnels piratés à l'aide de spywares). Lors de cette attaque d'envergure, aucun des effets constatés en 2002 ne s'est produit, démontrant ainsi l'efficacité d'Anycast (vous trouverez des informations sur **http://icann.org/announcements/factsheet-dns-attack-08mar07_v1.1.pdf**).

Info

Ne vous prenez pas pour Zorro ! Ne vous méprenez pas sur vos capacités : il y a des serveurs qui semblent être dangereux à attaquer mais qui sont en fait de vrais terrains de jeu pour débutants. Si vous essayez, par exemple, de vous en prendre au site de Vladimir Poutine (**http://president.kremlin.ru**), vous ne risquez pratiquement rien de plus que... d'être pris pour un gentil demeuré : ce site fait l'objet de plusieurs centaines de milliers de piratages chaque semaine et sert en quelque sorte de laboratoire de test pour les services antihackers de la Russie !

L'analyse d'une attaque type

Mais comment font-ils ? Tous les pirates utilisent les mêmes techniques pour s'introduire dans des systèmes. Nous pourrions résumer une attaque en trois phases :

- la préparation ;
- l'offensive ;
- l'invasion et l'occupation ou le vol.

Ça sonne très militaire, n'est-ce pas ? Ça l'est : le piratage de système informatique est assurément une action offensive menée par un ou plusieurs individus envers des systèmes qui ne leur appartiennent pas. Comme dans les temps de troubles ou de guerre, il existe plusieurs types de "bandes armées" : les vandales (qui attaquent pour saccager), les guérilleros (qui attaquent pour montrer qu'ils sont les plus forts ou qu'ils existent), les "armées régulières" (piratages organisés par des organisations gouvernementales à des fins de déstabilisation d'une armée ennemie, ou encore par des grandes entreprises pour l'espionnage).

Ça vous semble caricatural ? Prenons un seul exemple : en 1991, pendant la guerre du Golfe, quelques minutes avant l'assaut de la coalition, plus aucune liaison numérique ne fonctionnait en Irak, et l'Internet local était coupé du monde. Depuis cette date, le même phénomène s'est reproduit à plusieurs reprises. D'abord lors du Printemps arabe (l'Égypte, notamment, a intégralement coupé son réseau), et plus récemment, en 2013, lorsque toute la Syrie s'est retrouvée sans réseau Internet. Dans un cas, la guerre du Golfe, c'est l'assaillant qui coupe le réseau (action offensive qui implique le cas échéant des destructions d'infrastructures) ; dans l'autre (celui de la Syrie ou de l'Égypte), c'est un gouvernement qui se protège (action administrative qui se contente de faire couper par des techniciens des points centraux du réseau Internet d'un pays, selon une tactique prévue par avance).

Peut-être moins spectaculaire, mais tout aussi symbolique, cette insistante rumeur – en partie prouvée d'ailleurs – qui voudrait que les industriels des télécommunications aient la fâcheuse habitude d'installer des "backdoors" dans certains matériels sensibles.

Dico

Backdoor. Ou porte arrière : porte d'entrée dans un système qui permet de contourner ses dispositifs de sécurité. Certains chevaux de Troie sont des backdoors : ils ouvrent votre ordinateur au tout-venant et lui donnent accès à vos disques durs ou à vos périphériques. Il existe aussi des backdoors créées par les utilisateurs possédant un accès privilégié mais mal sécurisé sur un réseau, lui, très sécurisé : un PC accédant à un réseau correctement protégé mais équipé d'un mot de passe de mauvaise qualité (par exemple "admin", "admin") est considéré comme une backdoor.

Info

Par le passé, une société française emblématique a été régulièrement désignée pour sa grande propension à implanter des backdoors. Alcatel – il s'agit d'elle – avait encore été épinglée (*Libération* du 10 avril 2001) : son modem ADSL contiendrait un compte "expert", accessible par FTP, et dont le mot de passe est enfantin à cracker. Alcatel a plaidé la bonne foi en affirmant que "la faille n'est pas exploitable à distance". N'empêche, ce n'est pas la première fois que de tels comportements sont relevés chez les industriels. Il est même fréquemment fait état de l'utilisation des grandes entreprises nationales par leur gouvernement, à des fins d'espionnage : IBM fit l'objet de telles accusations par le passé, lorsque ses ordinateurs équipaient la plupart des gros centres informatiques publics ou privés dans le monde. Aujourd'hui, ce sont plutôt des grands fournisseurs de routeurs chinois tels que Huawei et ZTE qui sont sous les feux de la rampe. Selon plusieurs analystes, 80 % des appareils que ces deux entreprises commercialisent, et qui sont désormais au cœur de l'architecture Internet mondiale, contiendraient des backdoors et pourraient faire l'objet d'utilisations à des fins de renseignement économique ou militaire (lire **http://www.zdnet.com/former-pentagon-analyst-china-has-backdoors-to-80-of-telecoms-7000000908/**). Les révélations sur ces fournisseurs, qui se sont multipliées au cours des années 2011 à 2013, ont d'ailleurs conduit plusieurs administrations de pays du G20 (Canada, États-Unis, mais aussi France) à interdire l'usage de ces produits sur les infrastructures sensibles.

En attendant, nous partons du principe que nous ne sommes ni espions, ni responsables marketing, ni militaires, ni policiers : ce qui ne nous empêchera pas de constater que nos réseaux et nos ordinateurs sont vulnérables. Que les attaquants peuvent être absolument n'importe qui. Et qu'il convient d'étudier comment opèrent ces fameux pirates.

La préparation des attaques

Lorsqu'ils envisagent d'attaquer une cible, les pirates de tout poil ont d'abord besoin d'informations : ils veulent savoir à quel système ils ont affaire, pour le cas échéant en exploiter les failles. Ils cherchent aussi parfois à accéder à des données, sans forcément savoir ce qu'elles sont. Les hackers des sites de la Nasa, par exemple, n'ont pas eu envie de lancer des fusées ! Ils souhaitaient en revanche montrer à la terre entière qu'ils étaient capables de se procurer les plans de ces fusées, et démontrer à quel point ces plans étaient mal gardés. Simple défi ! Ce qui nous amène à la conclusion suivante : le pirate n'est pas forcément votre ennemi, mais il peut l'être aussi. Il ne sait pas forcément comment est architecturé votre système, mais il peut aussi être très documenté !

La première phase d'une attaque consiste en effet en une analyse : à l'aide de scanners, de reniflages IP, de traceurs de route, de logiciels d'identification, le pirate va chercher à dresser la cartographie la plus complète d'un réseau et du contenu logiciel de ses ordinateurs.

Évidemment, cette phase ne donne pas d'informations à proprement parler pour entrer sur le système. Mais comme un voleur de voitures connaît les failles de sécurité d'un modèle qu'il vole de préférence, un pirate aime bien s'attaquer à un système qu'il connaît déjà.

Votre première démarche pour parer les attaques sera donc de limiter au minimum les possibilités d'information des pirates. Elle sera aussi d'utiliser les mêmes outils que lui (scanners, renifleurs, bases documentaires, traceurs de route) pour identifier les failles de votre réseau ou de votre ordinateur, comme le ferait un pirate.

Dans un second temps, les pirates veulent aussi savoir comment ces systèmes sont gérés et qui sont leurs utilisateurs légitimes. Rien n'est plus simple en effet pour pirater un ordinateur ou un réseau… que d'avoir un mot de passe officiel et la documentation du logiciel auquel il donne accès !

Cette phase préparatoire est souvent appelée **ingénierie sociale**. Elle fait appel à des techniques d'investigation poussées.

N'oublions pas non plus l'**homme du milieu**, terreur de tout chef d'entreprise : l'homme du milieu, c'est le plus souvent l'informaticien qui laisse des pièges et des backdoors dans les systèmes placés sous son autorité au cas où il serait licencié et que ses indemnités ne lui conviendraient pas. Celui-là est un idiot car la plupart des chefs d'entreprise aujourd'hui peuvent porter plainte contre lui. Non seulement il ira en prison s'il ne débloque pas son système, mais il devra aussi payer pour les dégâts !

Les **leurres** sont utilisés également pour collecter des informations : il existe des dizaines d'exemples de leurres mis en place par des pirates dans ce but. Envoyer un e-mail faisant passer un pirate pour un utilisateur légitime est une forme de leurre.

Cette manipulation est on ne peut plus simple : il suffit de créer un compte de messagerie en utilisant le nom d'une autre personne, de modifier dans son client de messagerie le "nom clair" de l'expéditeur, et le récepteur n'y voit que du feu (voir Figures 1.6 à 1.8). La même tactique marche aussi par téléphone : "Allô Dupont, c'est Durand, j'ai oublié mon mot de passe, tu pourrais me le redonner ?" Le mensuel *The Hackademy Journal* de novembre 2002 a réussi par ce moyen à démontrer qu'il était très facile d'obtenir le code d'accès d'une messagerie de portable (il suffisait de connaître les noms, adresses et numéros de téléphone fixe pour obtenir satisfaction chez deux opérateurs sur trois).

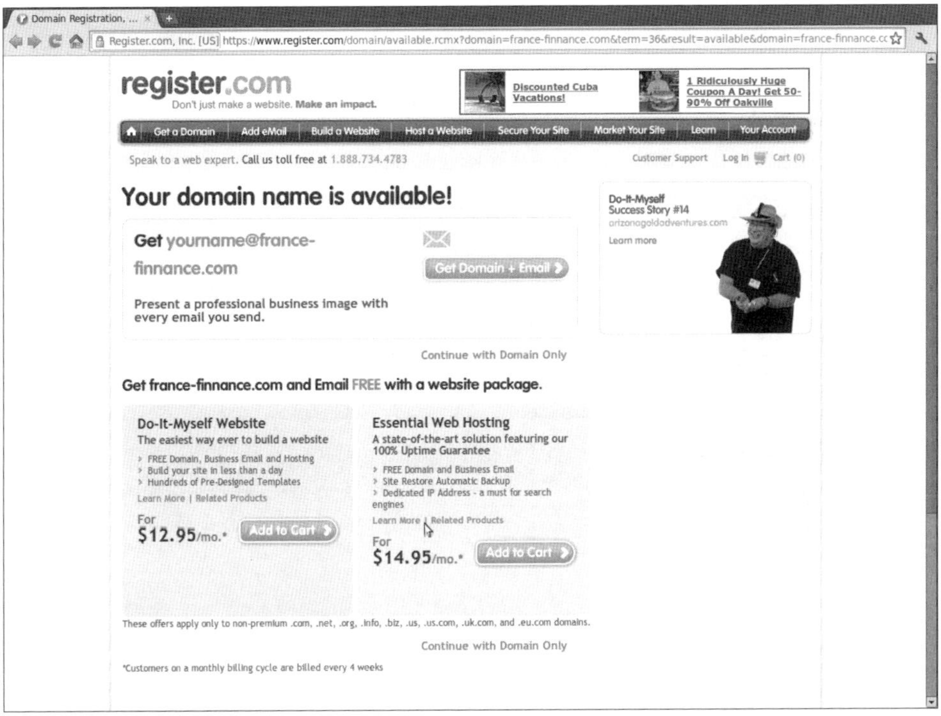

Figure 1.6

Monsieur Dupuis fait partie de l'entreprise France Finance dont le domaine est ***France-finance.com****. Le pirate ouvre un domaine* ***France-finnance.com*** *(vous avez remarqué les deux n ? c'est là qu'est l'astuce !).*

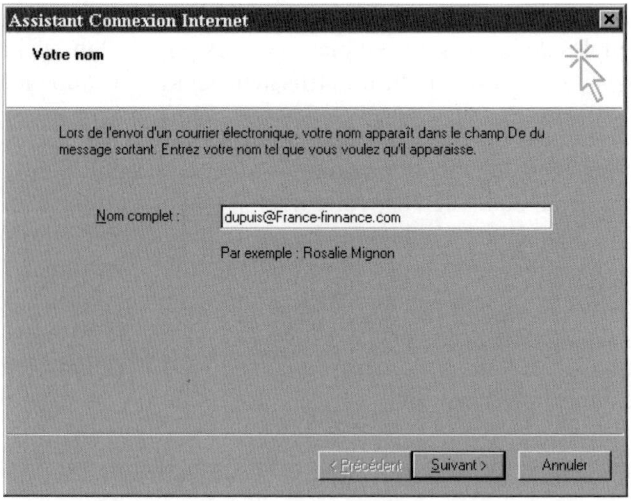

Figure 1.7

Le pirate crée un compte dupuis@France-finnance.com dans Outlook.

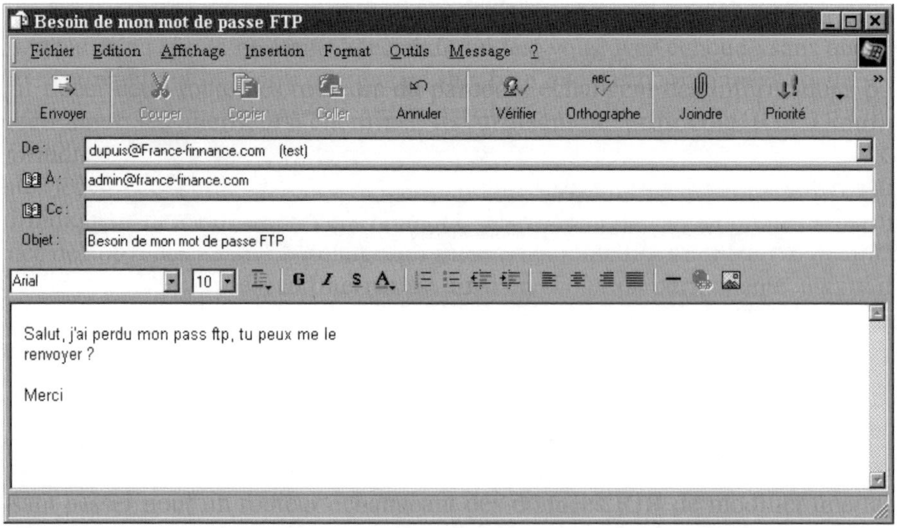

Figure 1.8

Le pirate écrit à l'administrateur sous l'identité de Dupuis. L'administrateur vérifiera tout au plus dans le corps de l'e-mail que le destinataire de l'e-mail est bien le bon. Stressé, fatigué, cet administrateur verra-t-il le double n ? Probablement pas…

La contre-mesure de ce genre de leurre est simple. Ne jamais communiquer de mots de passe hors du champ visuel : pas de téléphone, pas d'e-mail. Que d'homme à homme, ou éventuellement par courrier classique. Essayez donc d'obtenir un code de carte bleue par téléphone auprès de votre banque : *nada*, par lettre recommandée uniquement !

Info

"Des individus d'origine bulgare sont accusés d'avoir contrefait des pistes magnétiques d'utilisateurs de carte bancaire d'une station-service lyonnaise. D'après les enquêteurs, 143 victimes ont été dénombrées pour l'instant pour un préjudice de 180 000 euros. Le mode opératoire serait le suivant : les fraudeurs auraient installé une caméra vidéo à proximité d'un distributeur automatique de carburant. À l'aide de cette caméra, ils ont pu observer le numéro à 16 chiffres gravé sur la carte bancaire et le code secret à 4 chiffres frappé par le porteur lors du paiement. Ces informations (numéros à 16 chiffres + code secret à 4 chiffres + éventuellement date d'expiration) sont transmises à un complice en Bulgarie. Le fraudeur insère cette carte blanche avec piste magnétique et fait un retrait d'argent en utilisant le code secret à 4 chiffres." Les fraudeurs effectuaient ces retraits en Bulgarie car les distributeurs de billets à l'étranger ne lisent pas la puce et se contentent de lire la piste magnétique.

Lorsque tous les renseignements utiles sont collectés, il ne reste plus au pirate qu'à lancer l'attaque proprement dite.

La documentation en ligne du pirate

L'attaque dépendra du niveau d'informations collectées pendant la première phase. Pour résumer, disons que plus les informations récoltées (systèmes, mots de passe, logiciels) sont précises, plus l'attaque est courte et rondement menée. Mais il est néanmoins possible de mener des attaques avec très peu d'informations. Le but ici, c'est de prendre le contrôle d'un système ou de le faire tomber en panne. Pour y parvenir, plusieurs techniques existent :

- Pour mettre un ordinateur hors service, on cherchera à profiter d'une faille de ses logiciels, de son système, de son réseau, de son serveur http, ou d'une des normes de connexion.
- Pour accéder à un ordinateur, on utilisera aussi une faille du système ou un mot de passe que l'on se sera procuré ou que l'on aura cherché *via* un logiciel de "crackage de mot de passe".

Nous reviendrons en détail sur les techniques d'attaque mises en œuvre. Disons qu'elles mettent en scène des logiciels et des utilitaires. On parle ici d'"exploits". Ces exploits, le pirate, s'il est très fort, les aura programmés lui-même. Un cran au-dessous, le hacker débutant aura utilisé des outils existants. Il les aura trouvés sur des sites web spécialisés tels qu'**Astalavista.com**, qui est très connu ou, côté francophone, **http://www.zataz.com**.

Signalons que le meilleur outil du hacker (et donc de l'administrateur qui doit s'en protéger) est Google (**http://www.google.com**) : seul ce moteur permet vraiment de trouver en un temps record n'importe quelle information sur tous les sujets les plus chauds du piratage. Évidemment, il faut savoir s'en servir !

ASTUCE

Historiquement, le lieu de rendez-vous le plus underground d'Internet répond depuis les débuts du réseau et de ses groupes d'utilisateurs (les *usenet*) au doux nom d'alt.2600. Alt 2600 est une conférence sur Internet où pullulent les pirates, les journalistes du secteur informatique, et probablement quelques policiers et espions. Alt.2600 a probablement perdu un peu de sa superbe ces dernières années, remplacé par des zones numériques de rencontres un peu plus discrètes. Mais il reste un groupe usenet assez fréquenté. On y trouve encore toutes sortes de discussions sur la manière de faire sauter le dispositif anticopie des logiciels protégés, de défacer quelques sites, et quelques bonnes blagues (en anglais). On vous indique également où vous procurer les derniers outils utilisés par les pirates. On y fait quelques transactions illégales aussi, comme l'achat de numéros de cartes de crédit... Les débutants se rendront sur la rubrique FAQ : une véritable encyclopédie de conseils et de techniques de piratage. Si votre fournisseur de newsgroups ne propose pas alt.2600, vous pouvez essayer de l'atteindre *via* l'interface Web d'accès aux groupes de Google (**http://groups.google.fr**).

Vous avez également **http://www.2600.com**.

Techniques d'essais

Évidemment, pour comprendre le phénomène du piratage et nous prémunir contre ses risques d'intrusion et leurs conséquences, nous allons dans cet ouvrage utiliser les outils des pirates, et même parfois tenter des intrusions dans nos réseaux. N'y voyez pas malice, il est désormais reconnu que la meilleure défense, en informatique comme en tout autre domaine, est d'utiliser et de maîtriser les techniques de l'attaquant.

Fort de ce constat, un impérieux conseil n'est pas inutile ici. Commençons par rappeler le droit tel qu'il était appliqué dans notre pays avant l'entrée en vigueur de la loi DADVSI (qui, nous le verrons, introduit dans ses articles L. 335-4-1 et L. 335-4-2 quelques restrictions théoriquement liées à la protection de la propriété intellectuelle, mais qui juridiquement pourrait être invoquée dans une affaire de sécurité informatique).

D'abord, n'oubliez jamais que l'intrusion ou la tentative d'intrusion dans un système informatique quel qu'il soit est un délit pénal, largement codifié. Les articles du Code pénal concernant ce type de délit sont issus pour la plupart de la loi Godfrain du 6 janvier 1988. Ce texte législatif "relatif à la fraude informatique" est codifié dans plusieurs articles du Code pénal. Voici des extraits de son contenu législatif :

- Pour le piratage, consultez l'article 462-2 qui dit que :

  "Quiconque, frauduleusement, aura accédé ou se sera maintenu dans tout ou partie d'un système de traitement automatisé de données sera puni d'un emprisonnement de deux mois à un an et d'une amende de 2 000 F à 50 000 F (soit de 300 à 7 600 €) ou de l'une de ces deux peines."

- Pour l'utilisation des chevaux de Troie, consultez l'article 462-4 qui dit que :

"Quiconque aura, intentionnellement et au mépris des droits d'autrui, directement ou indirectement, introduit des données dans un système de traitement automatisé ou supprimé ou modifié les données qu'il contient ou leurs modes de traitement ou de transmission sera puni d'un emprisonnement de trois mois à trois ans et d'une amende de 2 000 F à 500 000 F (soit de 300 à 76 000 €) ou de l'une de ces deux peines."

- Pour ce qui concerne le défaçage de site web, si drôle, considérez l'article 462-5 qui dit que :

"Quiconque aura procédé à la falsification de documents informatisés, quelle que soit leur forme, de nature à causer un préjudice à autrui, sera puni d'un emprisonnement d'un an à cinq ans et d'une amende de 20 000 F à 2 000 000 F (soit de 3 000 à 305 000 €)."

En d'autres termes, toutes les expérimentations que vous pourriez faire en exploitant les techniques présentées dans cet ouvrage sur des machines tierces sont susceptibles d'entraîner des poursuites pénales. J'entends déjà quelques-uns ricaner devant cette mise en garde. Qu'ils se méfient : les ordinateurs de votre employeur, de vos amis, de vos ennemis, des organisations gouvernementales et plus généralement tout ordinateur qui n'est pas placé sous votre responsabilité sont munis de fichiers de logs, de systèmes d'identification.

Si vous cherchez à pénétrer le PC de votre petite amie, il est peu probable que cette dernière s'en rende compte, et quand bien même elle s'en apercevrait, il est vraisemblable qu'un dépôt de plainte ne soit pas suivi d'effet. Néanmoins, sachez que le plus petit ordinateur connecté à Internet peut voir ses accès – frauduleux ou non – tracés. Il est techniquement possible de savoir qui attaque qui, depuis où, et de nombreux mois après les faits.

La police judiciaire, la gendarmerie, les services de renseignements comptent tous en France une ou plusieurs sections d'investigations spécialisées, animées par des fonctionnaires très compétents. Ces derniers savent à qui demander une information, comment obtenir un fichier de logs de serveur d'adresse IP dynamique pour pratiquement n'importe quelle transaction informatique entre deux ordinateurs.

Si nous introduisons les "avancées" de la loi DADVSI, nous aurions dû considérer depuis son entrée en vigueur (le 3 août 2006) aussi que :

"Art. L. 335-4-1. – I. – Est puni de 3 750 EUR d'amende le fait de porter atteinte sciemment, à des fins autres que la recherche, à une mesure technique efficace telle que définie à l'article L. 331-5, afin d'altérer la protection d'une interprétation, d'un phonogramme, d'un vidéogramme ou d'un programme par un décodage, un décryptage ou toute autre intervention personnelle destinée à contourner, neutraliser ou supprimer un mécanisme de protection ou de contrôle, lorsque cette atteinte est réalisée par d'autres moyens que l'utilisation d'une application technologique, d'un dispositif ou d'un composant existant mentionné au II."

La difficulté de ce texte, qui théoriquement n'a strictement rien à voir avec la sécurité informatique, est qu'il englobe au sens large le "phonogramme, le vidéogramme" et surtout le "programme". Cette mention de l'interdiction de toute forme de rétro-ingénierie – y compris sur les programmes – avait pour but initial d'empêcher les copieurs de DVD de diffuser ou même d'élaborer des systèmes anticopie (DECSS par exemple, qui décode les DVD, ou encore ANY DVD qui suspend le verrouillage en lecture de ces mêmes DVD).

Cette mention des "programmes" dans la loi DADVSI – qui traduit malheureusement l'incompétence de ses rédacteurs – était lourde de conséquences pour la recherche française en matière de sécurité informatique. Heureusement, le Conseil constitutionnel s'en est ému et a partiellement censuré la loi DADVSI en exigeant l'ajout dans la loi d'un article qui dit que :

> *"III. – Ces dispositions ne sont pas applicables aux actes réalisés à des fins [Dispositions déclarées non conformes à la Constitution par la décision du Conseil constitutionnel n° 2006-540 DC du 27 juillet 2006] de sécurité informatique, dans les limites des droits prévus par le présent code."*

Grâce à cet ajout, l'ouvrage que vous tenez entre les mains échappe théoriquement à la loi DADVSI, mais sans cet article, il eût été très difficile de fournir un travail honnête sans encourir les foudres de ce texte. Imaginerait-on un chercheur en virologie interdit de décrire ne serait-ce que les mécanismes de l'infection ? Un expert en sécurité, empêché d'étudier les mécanismes de l'intrusion dans un local ou dans un véhicule ? Évidemment non ! C'est pourtant ce à quoi nous avons échappé en matière d'informatique !

Je précise donc que pour la rédaction de cet ouvrage les ordinateurs attaqués étaient sur mon propre réseau ou placés sous mon autorité. Certains intranets d'entreprise ont été testés : ils l'étaient tous avec l'autorisation de leurs propriétaires.

Mais prenez-en acte : amusez-vous sur vos machines – comme l'auteur de ces lignes – mais pas sur celles des autres… ou assumez-en les conséquences. La Santé, ce n'est pas génial question confort, vous savez…

2

Les défauts de TCP/IP

Où le pirate de réseau Internet puise-t-il sa force ? Tout simple ! Dans les faiblesses mêmes des normes de ce réseau – le TCP/IP. Il faut bien le reconnaître, la norme qui relie désormais près de 600 millions d'ordinateurs dans le monde est d'une faiblesse désespérante en matière de sécurité ! Dans ce chapitre, nous étudierons d'abord cette norme TCP/IP pour mieux en comprendre les défauts, puis nous mettrons en pratique cette défectuosité avec une première technique de piratage spectaculaire : le reniflage.

C'est un comble mais c'est comme cela, le réseau Internet et tous les ordinateurs qui lui sont reliés sont faibles et vulnérables parce que la norme TCP/IP est faible et vulnérable ! Comment ? dira le lecteur déjà informé. C'est à n'y rien comprendre : Internet, issu du réseau Arpanet de l'armée américaine, prétendument indestructible, même en cas de guerre thermonucléaire, et pourtant faible face à un pirate de quartier ? Assurément !

Pour être précis, nous dirons même que la faiblesse de ce réseau est une conséquence de la fiabilité de sa norme de communication !

Oui, la norme TCP/IP est tellement souple et efficace qu'il est virtuellement impossible d'empêcher un ordinateur A et un ordinateur B de dialoguer, fussent-ils distants de 10 000 kilomètres, s'ils l'ont décidé (voir Figure 2.1).

Mais, en contrepartie de cette indestructibilité, nous pouvons aussi affirmer sans nous tromper que si pour faire dialoguer ces ordinateurs A et B nous utilisons la norme TCP/IP originelle, telle qu'elle est en vigueur actuellement sur le réseau Internet (nous verrons qu'aujourd'hui elle peut aussi être largement améliorée), il est non moins certain qu'un pirate motivé pourra sans grande difficulté lire cette donnée indestructible. En résumé :

- TCP/IP est tellement fiable qu'il est quasi impossible de faire tomber le réseau en panne.
- TCP/IP est tellement faible qu'il est quasi impossible d'empêcher quelqu'un de le pirater.

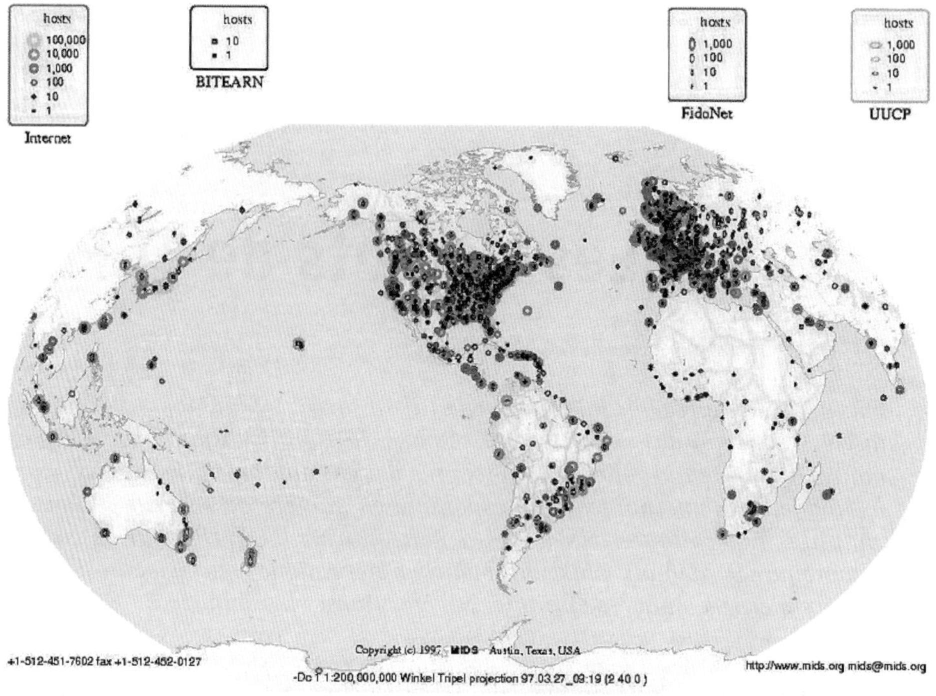

Figure 2.1
La norme TCP/IP et son extraordinaire maillage sur toute la planète.

Plongeons-nous quelques instants dans l'histoire – pratiquement parallèle – du piratage informatique et du réseau TCP/IP pour percer ce mystère.

La norme TCP/IP, secret du piratage en ligne !

Le piratage de réseaux informatiques a existé de tout temps, et même bien avant la naissance du réseau Internet, d'ailleurs. En France, par exemple, une communauté de pirates très active a existé dans les années 1980 : sa spécialité était le Minitel (protocole X25, véhiculé par la société Transpac). Plantages de machines, piratages de comptes utilisateur, modifications de pages d'accueil, prises de contrôle de forums… Tout existait déjà !

Pour certains pirates, l'un des grands exploits de cette époque était de prendre le contrôle des panneaux d'affichage municipaux (reliés aux mairies par modem) pour diffuser des messages humoristiques ! Les outils du hacker étaient en ces temps anciens un Apple II, un Atari ST (ou un Oric), un modem et une bonne dose de compétence en matière de protocoles de communication.

Vous le voyez, toute la panoplie du petit hacker existait déjà. Quelques années plus tôt (fin des années 1970, début des années 1980) aux États-Unis, un certain Steve

Wozniak, connu plus tard comme le créateur de l'ordinateur Apple, se spécialisait dans les blue box et le phreaking, comprenez "appareils électroniques (les blue box) pour téléphoner gratuitement (le phreaking)".

Remontons encore le temps jusqu'aux années 1960 et 1970. À cette époque aussi, il existait déjà des pirates de gros serveurs universitaires ou gouvernementaux. Ces pirates-là commençaient d'ailleurs à explorer les arcanes du réseau interuniversitaire, ancêtre d'Internet.

La ligne directrice de cette préhistoire du piratage de réseau s'appuyait sur des normes archaïques, de gros ordinateurs peu nombreux et presque exclusivement des connexions par modems pour atteindre son but.

Les normes de communication n'étaient pas forcément compliquées, mais elles étaient hétérogènes. Un hacker français voulant entrer dans un réseau américain aurait eu à faire face à deux problèmes : maîtriser des normes de communication qui n'étaient pas répandues en Europe (modem Bell, norme VT pour le dialogue avec la console...) et, accessoirement, payer des communications téléphoniques transatlantiques à un coût astronomique.

Il fallait donc à cette époque un solide bagage technique pour pirater un ordinateur. Généralement, le but était de se créer un espace sur un "mainframe" de type IBM ou NEC. Cet espace servait ensuite de point de rencontre pour des hackers, regroupés dans une zone géographique au moins continentale (Amérique, Europe). C'est cette époque qui est présentée dans le film *Wargames*, par exemple.

Dico

Mainframe. Le mainframe est l'ancêtre hybride du réseau et de l'ordinateur. Le mainframe est un très gros ordinateur – IBM 30XX, VAX ou DEC par exemple – auquel on relie des terminaux informatiques. Ces terminaux sont composés d'un écran et d'un clavier sans intelligence, et sont éventuellement associés à un modem pour les communications distantes. Tout ce qui est informatique est géré par le gros ordinateur mainframe : disques durs, processeurs, mémoire. Cette architecture centralisée était attaquable à distance au même titre que les intranets actuels qui en sont les descendants.

Il fallait aussi, et ce n'était pas le moindre des problèmes, acquérir un équipement plutôt onéreux (en 1986, un IBM PC coûtait 50 000 francs [soit environ 7 620 euros], avec 16 Ko de mémoire et un lecteur de disquettes... et le modem à 300 bits/s n'était pas compris dans ce prix !).

Piratage à tous les étages

Ce qui change la donne aujourd'hui et rend le piratage d'Internet si inquiétant, c'est que le paysage s'est considérablement modifié, s'est démocratisé, standardisé et ouvert. Quelques points clés :

En 2003, tous les ordinateurs sont reliés au réseau Internet à un moment ou à un autre. Jadis, rares étaient les ordinateurs personnels accessibles de cette façon. Cette visibilité des ordinateurs est lourde de conséquences. Internet est un réseau unifié en tout point du globe. Vous accédez depuis n'importe quel point à n'importe quel autre point du réseau Internet, avec une norme unique, le TCP/IP (nous allons y revenir).

Avant, il fallait scanner des listes de numéros de téléphone pour repérer le modem d'un ordinateur ou d'un réseau. Une fois le numéro de modem localisé, il fallait détecter le système de communication employé (les modems utilisaient plusieurs normes très différentes, CCITT, BELL...) Une fois que le système de communication était identifié, il fallait aussi trouver la norme de terminal employée... Il fallait, pour finir, connaître techniquement le système d'exploitation mis en œuvre (et ces systèmes foisonnaient : Apple DOS, MS-DOS, CP/M, DR-DOS, GEM sur les PC, Univax ou autres sur les mainframes...)

Aujourd'hui, le pirate localise un ordinateur par son numéro TCP/IP universel. Cet ordinateur est à coup sûr équipé d'un système Windows ou Linux. Simplification qui rend le pirate plus compétent. Il lui suffit de connaître une seule norme réseau et deux systèmes pour violer virtuellement des centaines de millions d'ordinateurs !

Enfin, et c'est là le grand danger du piratage contemporain, tous les outils de hacking sont disponibles gratuitement et en téléchargement sur Internet. En d'autres termes, et c'est bien le pire, le hacker n'a même plus besoin d'être un bon technicien. Pour attaquer un système et obtenir des résultats, il lui suffit d'être un utilisateur moyen, aux compétences moyennes, équipé du bon freeware et de la bonne documentation !

La norme TCP/IP : source de tous les abus

C'est bien évidemment la norme TCP/IP qui est la cause de cette situation délicate. Mais qu'est-ce que le TCP/IP ? D'abord une couche logicielle, qui permet de faire dialoguer entre eux plusieurs réseaux. Rien de très différent dans son principe des couches réseau Novell ou NetBEUI.

Mais – nuance de taille – avec TCP/IP, tout ou presque peut être relié et peut parler le même langage pour échanger des données.

Un modem peut recevoir une couche TCP/IP et de cette manière se connecter au réseau Internet mondial quel que soit le point d'accès appelé ! Un Mac et un PC peuvent recevoir TCP/IP et discuter, sans se soucier du processeur ou du système qui les équipent. L'informatique embarquée d'une voiture pourrait être équipée de TCP/IP et être visible sur Internet. Ne riez pas, certains ont même voulu mettre TCP/IP dans des frigos !

Imaginons une connexion délirante. Vous êtes équipé d'un PC, avec un modem ADSL. *Via* la couche TCP/IP, le modem de votre ordinateur est relié à un autre modem ADSL ou à une carte réseau, mais celui-ci est installé sur une station de calcul fonctionnant sous UNIX. Cet ordinateur (le point d'accès, lire encadré) est lui-même relié à un routeur mais *via* un réseau IBM Token Ring (tout est possible…) Ici encore, c'est TCP/IP qui assure le dialogue !

Continuons. Le routeur équipé d'un microprocesseur Motorola fonctionne lui aussi sous TCP/IP. Mieux, pour appeler un serveur au Canada, le routeur est relié *via* une fibre optique à une station de transmission satellite. Cette station va faire transiter nos données *via* le satellite Eutelsat. Ici encore, tout est traduit en TCP/IP. Au Canada, l'ordinateur appelé est un Mac, lui aussi compatible TCP/IP.

Vous avez découvert en quelques lignes l'universalité de la norme TCP/IP ! On dit qu'elle permet de relier des réseaux hétérogènes (voir Figure 2.2).

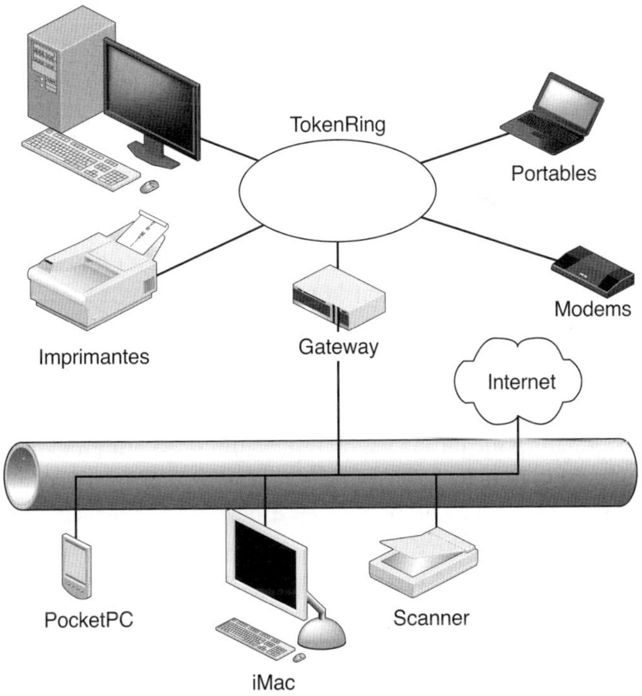

Figure 2.2
Exemple de réseaux hétérogènes.

Info

Qu'est-ce qu'un point d'accès ? Un point d'accès est un ordinateur ou un appareil qui permet d'accéder à Internet. Internet lui-même est constellé de points d'accès. Lorsque vous connectez votre PC à Internet *via* l'ADSL de Orange ou Free, un modem et un abonnement, vous passez forcément par un point d'accès.

Pour l'instant, nous avons parlé de couche logicielle réseau, c'est-à-dire un "protocole" capable de faire circuler les données. Avec TCP/IP, le texte "Mon texte à envoyer", par exemple, sera transformé en "paquets" qui contiendront des morceaux du message original.

Ces paquets circuleront sous forme de blocs de données au format TCP *via* des points de passage (les étapes que nous avons décrites plus haut). C'est la norme IP (*Internet Protocol*) qui assurera le transit des paquets TCP. Arrivés à destination, les paquets seront assemblés et le texte sera restitué sous son format d'origine par exemple à un logiciel d'e-mail ou un explorateur Internet.

Techniquement, TCP/IP est conçu pour être souple. Le routage des données emprunte intelligemment le passage le plus rapide à travers des nœuds du réseau. Le revers de cette souplesse est que TCP/IP est une norme ancienne, qui a été conçue à des fins militaires et non pour un réseau à échelle mondiale. Or, un militaire sait sécuriser son réseau : les fils qui véhiculent les données et les points de passage sont protégés par l'armée. Par conséquent, les risques d'intrusion et d'observation des données qui circulent sur le réseau sont faibles. On a donc privilégié la protection physique du réseau à sa protection logicielle.

Résultat : à l'origine, ce qui "circule dans le fil" *via* TCP/IP ne bénéficie d'aucun cryptage, d'aucune protection. Et c'est TCP/IP sous cette forme qui équipe désormais le Web mondial ! Mais ce dernier n'est plus un réseau physiquement sécurisé. Les liens qui le composent constellent la planète et sont partout : chez des particuliers, dans des universités, des sociétés ! Nous verrons dans ce chapitre que cette faille permet, en "reniflant" des points de passage, de réaliser des prouesses de piratage…

Évidemment, cette lacune est intolérable dans certaines applications. Vous comprenez maintenant pourquoi il y a quelques années il était fortement déconseillé de donner son numéro de carte de crédit sur Internet ! Pour combler ce manque et permettre l'existence de services bancaires à peu près sécurisés, on a rajouté une couche logicielle supplémentaire à TCP/IP, des systèmes de "tunneling" : on crée entre deux ordinateurs une liaison TCP/IP et, à l'intérieur de cette liaison, un tunnel virtuel crypté véhicule les données sensibles. Les paquets sont bien à la norme TCP, mais leur contenu est codé et donc illisible.

C'est le principe – très efficace – de la liaison Https ("s" pour secure), repérable à la petite clé jaune qui s'affiche en bas de votre explorateur (voir Figure 2.3). Cette liaison Https est par exemple utilisée par votre banque ou un module de paiement par carte bleue. C'est aussi le principe du VPN (*Virtual Private Network*) de Microsoft, qui crée un tunnel crypté entre deux réseaux. On observe que les liaisons sécurisées adoptent généralement les normes en vigueur depuis longtemps sur les systèmes Linux, à savoir le protocole de tunneling SSH. Le SSH (*Secure Shell*) est un protocole permettant à un client (un utilisateur ou bien même une machine) d'ouvrir une session interactive sur une machine distante (serveur) en utilisant un tunnel crypté. Les données circulant entre le client et le serveur sont chiffrées, ce qui garantit leur confidentialité (personne d'autre que le serveur ou le client ne peut lire les informations transitant sur le réseau). Il n'est donc pas possible d'écouter le réseau à l'aide d'un renifleur IP.

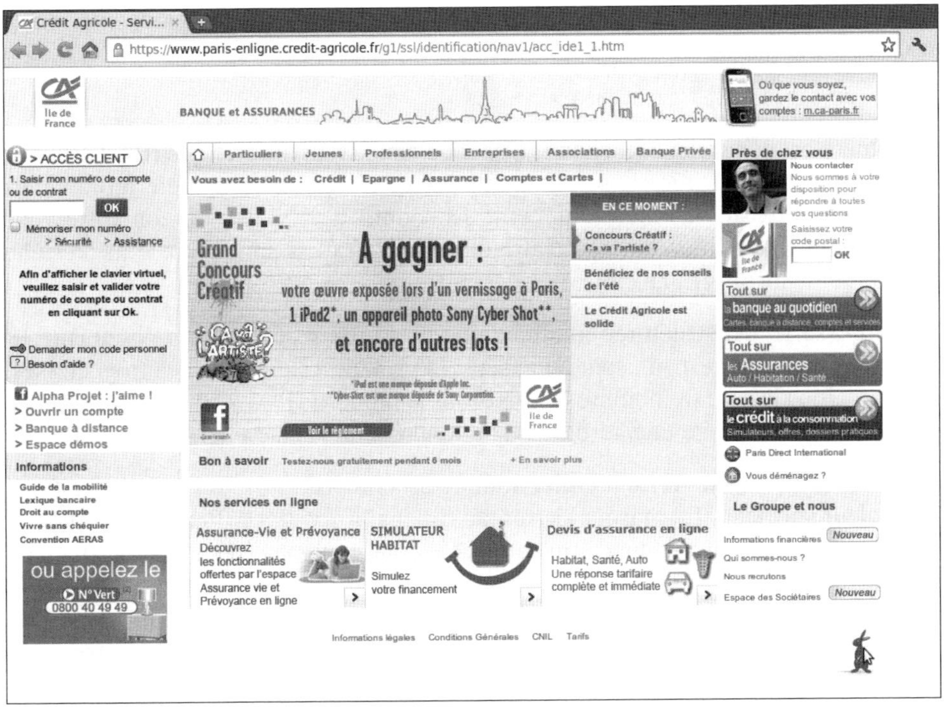

Figure 2.3

Une liaison sécurisée, repérable par sa clé.

On notera que SSH est de plus en plus souvent ajouté en surcouche sur tous les dispositifs client-serveur. Le serveur FTP *vsftpd* qui est recommandé avec la distribution Linux Ubuntu utilise à la fois FTP et la norme SSH pour chiffrer les commandes et les mots de passe qui transitent sur le réseau.

N'empêche, la liaison Https ou le protocole SSH ne sont pas encore la règle, et surtout ils n'enlèvent rien à la vulnérabilité intrinsèque du TCP/IP, à savoir son mode de fonctionnement client-serveur très ouvert qui, à moins de remplacer cette norme par une autre, ne pourra jamais être sécurisé, lui ! Car tout sur Internet est public et accessible à tous. Résultat, il est très facile de se procurer des informations réutilisables par un pirate.

Explications !

Un réseau trop public

Imaginez votre ordinateur relié à Internet *via* TCP/IP. Il reçoit un numéro composé de quatre nombres (dans la norme IP V4 encore très largement en vigueur en 2013) :

```
192.168.10.1
```

Ou un numéro composé de huit nombres de deux octets exprimés sous une forme hexadécimale (norme IP V6 en cours de généralisation) :

```
2001:0db8:0000:85a3:0000:0000:ac1f:8001
```

Ce numéro est dynamique (il change à chaque connexion) ou statique (il est attribué à votre ordinateur, comme le serait un numéro de téléphone). Première faille : dans ce numéro, il existe une hiérarchie, et il est soumis à publicité. Le connaître vous permet donc d'identifier le propriétaire du réseau, et c'est donc pour le hacker une possibilité de localiser une cible.

Une adresse IP est structurée autour d'une classe de réseaux. Dans la norme IP V4, trois classes de réseaux sont recensées. Pour la description de ces trois classes, nous noterons les quatre nombres composant le numéro IP w, x, y et z. Examinons comment est construite une adresse IP, en fonction de la classe de son réseau.

- **Réseau de classe A.** Le premier nombre est compris entre 1 et 126 (127 est une valeur spéciale). Le masque de réseau est égal à 255.0.0.0. Plus de 16 millions de machines peuvent donc être connectées sur le même réseau. Les ordinateurs présents sur le réseau w.x.y.z sont sur le même réseau à condition que w soit le même pour toutes les machines. Les réseaux de classe A sont identifiés par des w différents. L'adresse IP w.0.0.0 désigne l'intégralité du réseau et l'adresse IP w.255.255.255 est utilisée pour envoyer un message (broadcast) à tous les ordinateurs du réseau.
- **Réseau de classe B.** Le premier nombre est compris entre 128 et 191. Le masque de réseau est égal à 255.255.0.0. Plus de 65 000 machines peuvent donc être connectées sur le même réseau. Les ordinateurs présents sur le réseau w.x.y.z sont sur le même réseau à condition que w et x soient les mêmes. Les réseaux de classe B sont identifiés par des w et/ou x différents. L'adresse IP w.x.0.0 désigne l'intégralité du réseau et l'adresse IP w.x.255.255 est utilisée pour envoyer un message (broadcast) à tous les ordinateurs du réseau.
- **Réseau de classe C.** Le premier nombre est compris entre 192 et 203. Le masque de réseau est égal à 255.255.255.0. Plus de 250 machines peuvent être connectées sur le même réseau. Les ordinateurs présents sur le réseau w.x.y.z sont sur le même réseau à condition que w, x et y soient les mêmes. Les réseaux de classe C sont identifiés par des w, x et/ou y différents. L'adresse IP w.x.y.0 désigne l'intégralité du réseau et l'adresse IP w.x.y.255 est utilisée pour envoyer un message (broadcast) à tous les ordinateurs du réseau.

Les classes et les numéros sont attribués par une organisation, le RIPE en Europe. Donc ? Si une entreprise possède un numéro de classe C, elle peut attribuer 255 numéros à ses ordinateurs. Par exemple, si votre entreprise est titulaire d'un numéro de classe C 192.168.23 (attention, ce numéro de classe C est l'un de ceux dédiés à la numérotation des intranets), elle pourra créer les numérotations suivantes :

- 192.168.23.0 ;
- 192.168.23.1 ;

- 192.168.23.2…
- 192.168.23.255.

Si une autre entreprise est titulaire d'un numéro de classe B, elle peut attribuer selon le même principe 65 536 numéros à ses ordinateurs. Imaginons une entreprise qui possède le numéro de classe B 172.16 (attention, ce numéro de classe B est l'un de ceux dédiés à la numérotation des intranets) :

- 172.16.0.0 à 172.16.0.255 ;
- 172.16.1.0 à 172.16.1.255 ;
- 172.16.2.0 à 172.16.2.255 ;
- 172.16.255.0 à 172.16.255.255.

Pour finir, un numéro de classe A attribue 16 millions d'adresses. En quoi cette numérotation concerne le pirate ? Elle lui permet de localiser un réseau, voire un ordinateur ! En consultant le site du RIPE et sa base de données Whois (**http://www.db.ripe.net/whois**), il va pouvoir localiser précisément une entreprise et la classe d'adresses qui lui est affectée. Essayez *via* le RIPE de taper le nom d'une entreprise et vous obtiendrez la classe IP qui lui est attribuée (voir Figure 2.4). Une classe que le pirate n'aura plus qu'à scanner avec les logiciels que nous allons vous présenter pour obtenir la topologie précise d'un réseau ! Pratique par exemple pour localiser tous les réseaux locaux de Marseille reliés à Internet par Orange en ADSL…

Info

Le RIPE. Le RIPE est une organisation associative animée par les principaux acteurs du Réseau en Europe. Elle attribue les numéros IP et les classes de numéros en fonction des besoins de chacun.

Dico

Les bases de données Whois. Les bases de données Whois sont les ancêtres des bases de données modernes. Elles sont associées aux normes d'Internet. Dès le début de ce réseau, alors que le HTML et sa norme de liaison http n'existaient même pas, il a fallu créer un moyen d'interroger des bases documentaires de manière standardisée, au même titre qu'il fallait pouvoir échanger des fichiers. Pour les fichiers, on a créé la norme FTP, et pour les bases de données, Whois.

Comme pour FTP, il existe des logiciels clients Whois, qui servent à interroger les bases Whois. On accède aujourd'hui et de plus en plus souvent aux bases Whois *via* des formulaires HTML, mais nous verrons que le pirate préfère utiliser un vrai client Whois. Le formulaire fourni par HTML contient en effet parfois des informations limitées ou incomplètes, que le client Whois sait extraire. Tout ce qui est officiel sur Internet est stocké dans des bases Whois : références de noms de domaines, propriétaires de classes d'adresses IP.

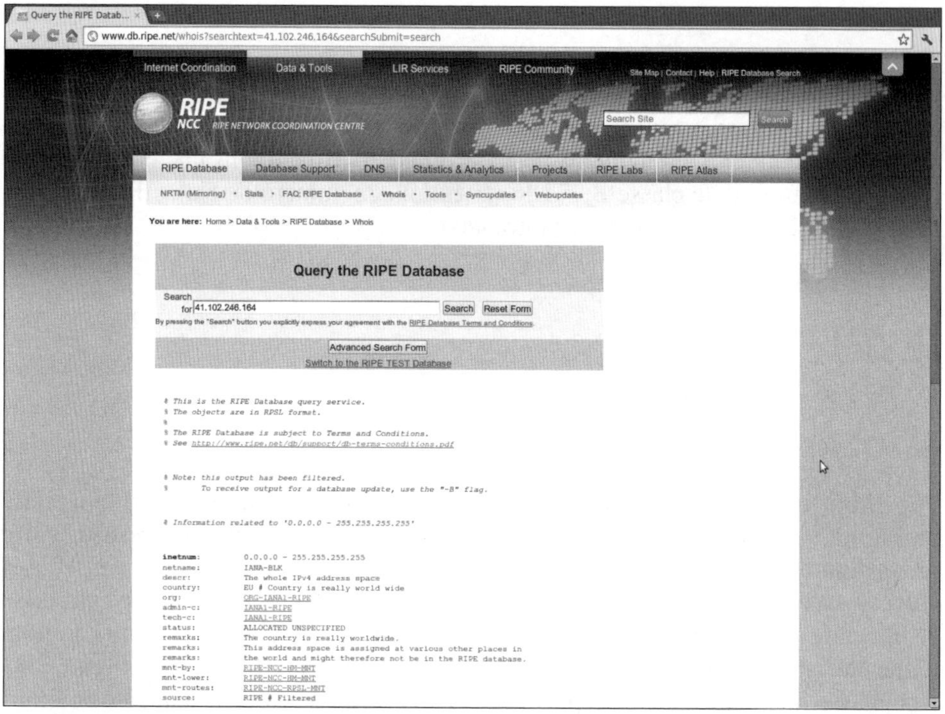

Figure 2.4

Le Whois du RIPE.

Évidemment, ceci n'est qu'une toute petite faille. D'ailleurs, certaines entreprises obtiennent leurs blocs d'adresses IP par l'entremise d'un fournisseur tiers, lui-même enregistré au RIPE. Non ! L'aspect public du réseau Internet est une faiblesse, mais sa faille est ailleurs.

La norme TCP/IP : point faible des logiciels

Pour trouver les failles, poursuivons notre exploration de TCP/IP. Un ordinateur relié à Internet reçoit une adresse IP. Cette adresse à quatre nombres séparés par des points est gérée par une couche logicielle associée à une carte réseau. Au-dessus de cette première couche TCP/IP, il faut des logiciels évolués. On parle d'applications clientes, celles qui consultent des données (MS Explorer, Cute FTP, Outlook sont des clients), ou d'applications serveur (serveur web, serveur FTP, serveur Telnet), celles qui fournissent des données.

Pour faire cohabiter tous ces logiciels clients et serveur, TCP/IP utilise des ports de communication : 65 536 très précisément. À chaque adresse TCP/IP correspond donc un ensemble de ports qui peuvent être ouverts ou fermés, qui peuvent "écouter" ou "parler".

Lorsque vous affichez une page HTML, par exemple, votre logiciel Explorer appelle une adresse IP sur laquelle se trouve le serveur de pages web (le serveur http). Ce serveur web répond sur le port 80. Pendant la consultation d'une page, votre PC dialogue donc avec le port 80 de votre numéro IP et avec le port 80 "écoutant" le numéro IP du serveur web.

Tout est simple jusque-là.

Le serveur de pages web est une application active qui fournit du contenu. Cette application ne donne pas le contrôle total de l'ordinateur sur lequel elle fonctionne. D'autres serveurs fonctionnent selon le même principe : le serveur de messagerie par exemple. Avec ce serveur, vous échangez des messages, mais vous n'accédez pas au système.

En revanche, d'autres serveurs peuvent échanger des informations avec des clients et donner un contrôle partiel ou total sur l'ordinateur qui les fait fonctionner :

- FTP, qui sert à gérer les échanges de fichiers et donne donc accès au disque dur d'un ordinateur ;
- Telnet, qui donne accès à l'écran du système, éventuellement en mode Super-administrateur, c'est-à-dire autorisé à toutes les modifications imaginables ;
- SSH, qui est lui aussi un protocole de prise de contrôle d'un système à distance, décrivant un tunnel crypté.

Ces serveurs sont "officiels", servent à fournir des services "classiques". Mais il existe d'autres serveurs moins recommandables ou plus dangereux :

- les chevaux de Troie : virus dissimulés qui peuvent donner accès à votre machine et à ses contenus, voire prendre son contrôle ;
- les outils de prise de contrôle à distance (PC Anywhere, par exemple, mais aussi les applications spécialisés tels que SSH en mode X Windows sous Linux) mal sécurisés.

Tous ces serveurs – officiels ou non – posent un énorme problème de sécurité : par nature, ils sont obligés de fonctionner 24 heures sur 24, prêts à tout instant à "écouter" sur leurs ports TCP/IP pour assurer leur mission. Par conséquent, ils sont détectables. Il suffit de scanner tous les ports d'une adresse TCP/IP... pour découvrir leur existence, voire obtenir des informations très précises sur leurs caractéristiques. Et ce dernier point, nous allons le voir, est l'une des sources majeures de vulnérabilité de TCP/IP.

Pour détecter la version d'un logiciel serveur (http, FTP, SSH, Telnet), la méthode est désespérément simple : tout logiciel, lorsque vous lui posez une question, répond d'une manière différente. La divergence peut être infime, mais sera toujours suffisante : un caractère d'en-tête, une phrase, un mot, une réponse précise à une question précise. En posant certaines questions à un serveur http, par exemple, vous obtenez sa version, sa marque.

Or, si l'on considère que tous les logiciels ont des failles, nous en déduisons qu'en obtenant la version et la marque d'un logiciel le pirate va donc être en mesure de connaître ses défauts. Logique. Voilà le vecteur numéro un des opérations de hacking.

Info

Windows a été une victime de sa structure TCP/IP et de ses outils de navigation. Au fil des ans, voulant à tout prix rendre son système compatible avec Internet, mais aussi laminer ses concurrents, Microsoft n'a eu de cesse de rendre Windows plus intime avec TCP/IP. Au point de ne plus laisser de différence entre Internet Explorer et l'explorateur de disque de Windows ; il s'agissait du même logiciel (alors que Firefox, par exemple, est un explorateur logiciel indépendant, dont les défauts n'ont que peu d'incidences sur la fiabilité du système). Résultat, à tous les étages de Windows XP, chaque faille d'Explorer (mais aussi d'autres outils qui fonctionnent avec TCP/IP – Media Player, MSN Messenger, Outlook –, mariés eux aussi trop intimement avec le système) devenaient une faille du système dans son intégralité, rapidement mise à profit par les hackers et lamers de tout poil ! Débordé de toute part, Microsoft a payé au prix fort son hégémonie : en 2004, la société a dû racheter en catastrophe plusieurs entreprises spécialisées dans les antispywares et antivirus pour tenter de protéger son système des innombrables attaques dont il fait l'objet. Les dernières versions de Windows, à partir de Windows Seven, la version 8 et Microsoft Explorer 7 et suivants, sont bien plus sûres que leurs prédécesseurs en ce domaine, et prennent mieux en compte la problématique de la sécurité sous TCP/IP.

Évidemment, la norme TCP/IP n'est pas seulement défaillante à cause du comportement des logiciels qui l'utilisent. Intrinsèquement, cette norme a encore d'autres défauts. Le premier de ces défauts, nous en avons parlé précédemment, est le revers de son extraordinaire résistance.

Explications ! En pratique, la résistance de TCP/IP implique qu'un paquet de données doit toujours pouvoir trouver un chemin. Ce qui signifie aussi que ce paquet doit circuler. Cette circulation est intimement liée à la cartographie du réseau et à ses routes. Malheureusement, certaines routes sont moins sûres que d'autres. Celles qui adoptent le fonctionnement le plus archaïque de IP par exemple, qui veut que pour trouver son chemin avec 100 % d'efficacité le paquet doive se répandre sur tous les nœuds d'un réseau à la recherche de son destinataire. Ce qui signifie que chaque membre du réseau peut observer le trafic des autres !

Fort heureusement, ce comportement n'existe plus à l'échelle du réseau mondial : si 200 millions d'utilisateurs envoyaient simultanément à 200 millions de correspondants tous leurs paquets, le réseau se bloquerait en quelques dixièmes de seconde ! On utilise maintenant sur les grandes infrastructures d'Internet des systèmes de routage plus efficaces, à base de tables, dont nous reparlerons.

Mais, sur la plupart des petits réseaux, pour se frayer un chemin le paquet continue à circuler sur toutes les machines pour localiser son destinataire. C'est notamment le cas si le réseau n'est pas organisé avec des tables de routage. C'est le cas avec un routeur mal configuré ou avec l'utilisation de hubs. Avec eux, le mode archaïque de distribution des paquets reste en vigueur.

Imaginons un réseau avec des ordinateurs ayant des noms allant de A à Z. En pratique, sur ces réseaux, un paquet de A destiné à C va aussi être envoyé sur les ordinateurs D, E, F, s'ils sont installés en amont d'un routeur. Pire, le paquet A destiné à un serveur web Z implanté à l'autre bout de la planète va aussi passer par C, D, E et F en pure perte.

Enfin, pas perdu pour tout le monde…

Le reniflage

Il suffit en effet d'ouvrir une "fenêtre d'observation" sur la carte TCP/IP des ordinateurs C, D, E ou F pour visualiser tout ce que A envoie à Z. C'est la technique du *sniffing* ou reniflage (voir Figure 2.5).

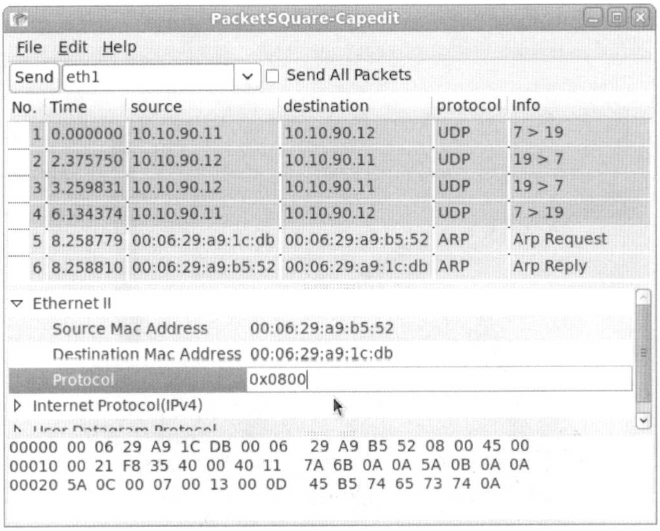

Figure 2.5
Un exemple d'observation de paquets.

Elle porte bien son nom : elle consiste à installer un logiciel sur une machine et à observer tout ce qui passe par la carte réseau en protocole TCP/IP !

Cette technique est diabolique : sur notre réseau A-Z, elle permet non seulement depuis n'importe quelle station située sur le point de passage des paquets de savoir tout ce que A fait, mais elle permet aussi, et c'est plus grave, de "voir" ses mots de passe lorsqu'il les saisit. Utilisé sur un réseau local classique, le reniflage peut créer des ravages ; mais exploité depuis une station de piratage équipée d'une carte réseau sans fil, il devient une arme terrible puisqu'il permet d'observer avec précision depuis l'extérieur d'une entreprise tout ce qui passe sur son réseau !

C'est d'ailleurs pour se prémunir contre le reniflage que le client Telnet (qui permet de prendre le contrôle d'un ordinateur à distance) a été remplacé par SSH (qui ouvre un tunnel sécurisé entre le serveur et le client). Nous verrons dans le prochain chapitre que les pirates ne sont jamais à court d'idées, puisque pour contrer la contre-mesure ils ont implanté un cheval de Troie dans SSH !

Au niveau local, il existe une seule parade contre le sniffing : l'utilisation d'un routeur. Cet appareil (voir Figures 2.6 et 2.7) concentre toutes les connexions réseau d'une entreprise et ne distribue les paquets qu'à leurs destinataires. Il n'est donc plus possible avec un routeur d'espionner tout le trafic d'un réseau : le paquet A destiné à l'utilisateur B ne passe que de A au routeur et du routeur à B.

Mais dites-vous bien que, sur n'importe quel nœud TCP/IP, il est possible de renifler le flux d'informations TCP/IP. Et qu'il convient d'être très prudent lorsque vous utilisez un ordinateur sur un réseau. Qui vous observe ? Allez savoir… Nous allons vous démontrer maintenant l'efficacité de cette technique.

Figure 2.6
Un hub classique de réseau.

Figure 2.7
Un routeur, mieux sécurisé s'il est correctement configuré avec ses tables.

Tester votre réseau avec WinPcap et ses dérivés

Les outils qu'utiliseront les hackers pour renifler un réseau TCP/IP sont des logiciels freewares qui peuvent être considérés comme des utilitaires d'administration réseau.

Sur PC sous Windows, tous ces utilitaires ou presque sont fondés sur une couche logicielle appelée WinPcap, livrée sous forme de librairie (page officielle sur **http://www.winpcap.org/**). De quoi s'agit-il ? D'un ensemble de fonctions pour les systèmes de la famille Windows dont le seul but est de capturer tous les paquets transitant sur une interface TCP/IP.

WinPcap ajoute à ces possibilités de capture des fonctions d'analyse. Signalons pour la petite histoire que ce logiciel est tout ce qu'il y a d'officiel et propre : il a en effet été partiellement financé par Microsoft Research (**http://research.microsoft.com**) ! C'est l'utilisation qui en est faite qui peut être contestable.

Pour installer WinPcap sur votre PC, lancez le logiciel WinPcap (voir Figure 2.8). Le processus est automatique. À l'issue de l'installation, votre PC sera équipé de deux librairies : un filtre de paquets de bas niveau (packet.dll) et une librairie de haut niveau qui contourne les fonctions de Windows (wpcap.dll). Ne paniquez pas si un logiciel antivirus identifie ces librairies comme des chevaux de Troie, il n'en est rien !

Il est probable que le logiciel vous suggérera de relancer votre PC. Même s'il ne vous propose pas ce redémarrage, faites-le quand même. WinPcap est rarement utilisable tant que la machine n'a pas été réinitialisée.

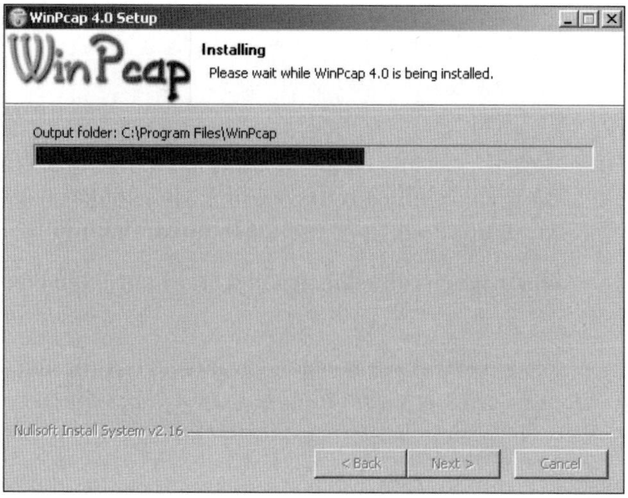

Figure 2.8

Installation de WinPcap.

Info

WinPcap est livré sur le site de son éditeur en plusieurs versions. La version que nous vous recommandons d'utiliser est la 4.1.2, qui est stable (voir Figure 2.9). C'est la seule qui fonctionne sur tous les systèmes, XP, Vista, Seven et Windows 8 inclus.

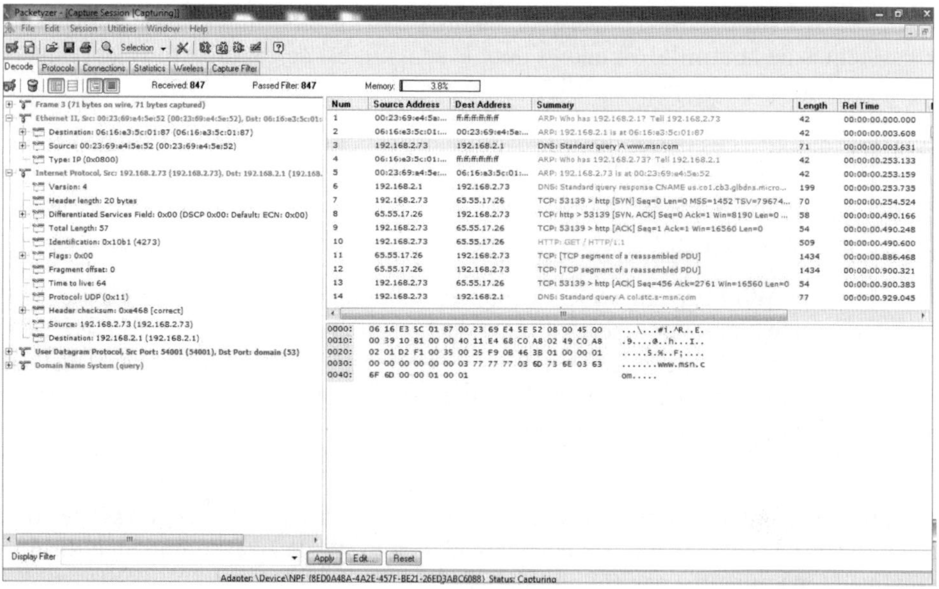

Figure 2.9

WinPcap.

Dès que WinPcap est installé, votre système Windows est muni d'un système de capture sophistiqué. Mais en tant que tel, WinPcap n'est qu'une librairie, sans outils d'administration. Ce sont des interfaces logicielles complémentaires qui vous permettront d'analyser les données capturées par WinPcap.

Nous pouvons prendre pour commencer l'exemple de l'interface… la plus austère, à savoir WinDump, héritée d'un des plus célèbres analyseurs pour Unix, TcpDump (les premiers outils de reniflage sont nés sur Unix). WinDump sous DOS est d'ailleurs totalement compatible avec TcpDump dont il reprend les principes, et fonctionne sous tous les systèmes Windows familiaux (9x, Me) et professionnels (NT/2000/XP/Vista). Attention : WinDump ne peut pas fonctionner sans WinCAP, les librairies WinCAP doivent donc être installées avant de lancer WinDump. Notez que WinDump 3.9 ne peut fonctionner qu'avec la dernière version 4 de WinPcap.

WinDump est présenté sur le site **http://www.winpcap.org/windump/**. WinDump est gratuit et diffusé sous licence BSD (il existe également en version portable écrite en C, http://www.tcpdump.org/).

Pour commencer à utiliser WinDump, ouvrez une fenêtre DOS, puis accédez au répertoire où se trouve le logiciel. Première étape, identifier les noms des adaptateurs réseau installés sur votre PC avec la commande :

```
WinDump -D
```

WinDump vous fournit alors des références de cartes. Attention, il ne s'agit pas des noms réseau de votre station tels qu'ils sont attribués depuis Windows, mais du nom de la carte d'interface tel qu'il est enregistré dans sa mémoire, par exemple ELX90 (voir Figures 2.10 et 2.11).

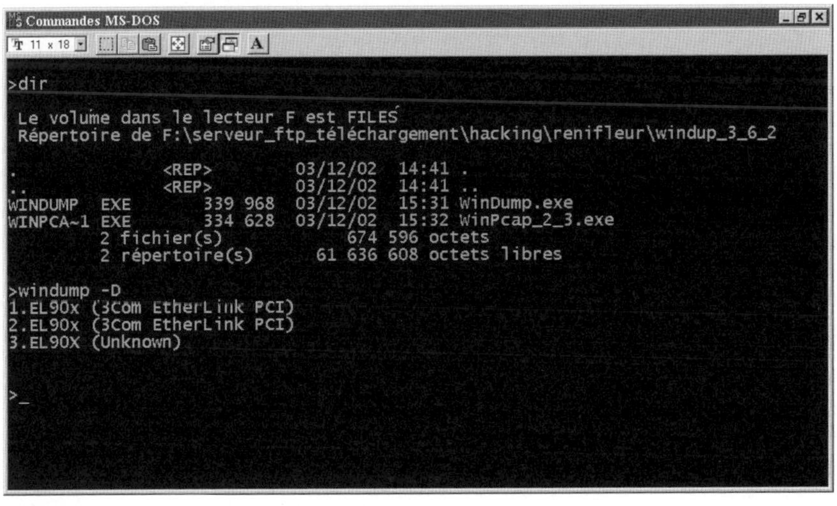

Figure 2.10

Un nom d'adaptateur réseau par WinDump.

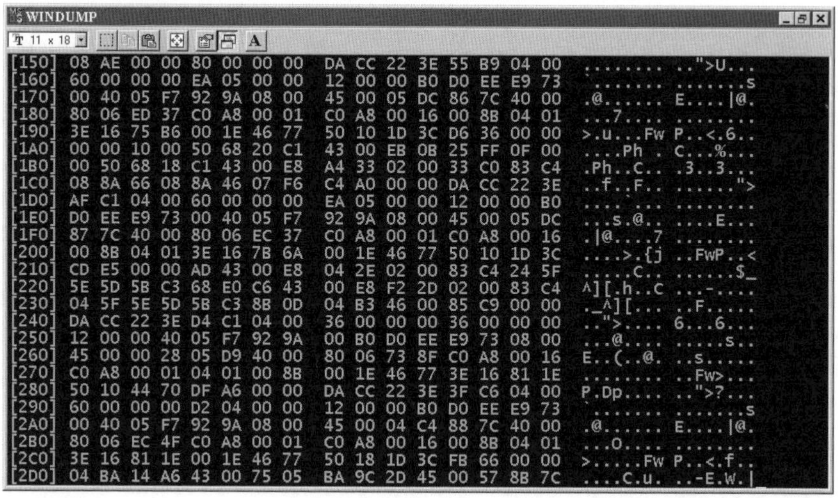

Figure 2.11

WinDump en action.

Pour dumper le trafic transitant sur la carte réseau concernée, utilisez maintenant l'une de ces références de carte dans une ligne de commande WinDump (toute la documentation de WinDump est sur **http://www.winpcap.org/windump/docs/default.htm**), comme ceci :

```
WinDump -i reference_de_carte
```

Avec notre carte identifiée sous le nom ELX90, nous aurions tapé :

```
WinDump -i ELX90
```

Vous observez maintenant sur l'écran de votre ordinateur tout le trafic réseau, comme à la Figure 2.11. C'est ce qu'on appelle un "dump". Que faire de ce dump ? Sauvegarder les données sur le disque dur, puis les analyser avec un éditeur de texte. Mais, face à cette suite de chiffres et de lettres, l'administrateur réseau débutant a de quoi rester perplexe. Non. Nous vous avons simplement présenté WinDump en tant que référence utilisable à la fois sous Unix et Windows, mais très franchement, il existe sous Windows des outils bien plus conviviaux que cet archaïque logiciel DOS.

Conservons WinCAP, qui capture les données réseau TCP/IP, mais installons donc une nouvelle interface, graphique, et sous Windows cette fois. Le logiciel Analyzer, par exemple, que nous allons expérimenter maintenant.

Info

Vous ne devez utiliser un renifleur sur votre réseau que si vous en êtes le propriétaire ou l'administrateur. Sachez par ailleurs qu'en tant qu'administrateur d'un réseau, il n'entre probablement pas dans vos attributions de surveiller la correspondance des utilisateurs de ce réseau. Lorsque vous utilisez un renifleur pour tester votre réseau, il est certainement préférable d'en aviser les autres utilisateurs.

Tester votre réseau avec Analyzer

Analyzer utilise lui aussi la couche logicielle WinPcap. Pour l'installer, décompactez-le sur votre disque dur, puis lancez Analyzer.exe (**http://analyzer.polito.it/**). Assurez-vous bien que WinPcap a déjà été installé sur votre système (voir Figure 2.12).

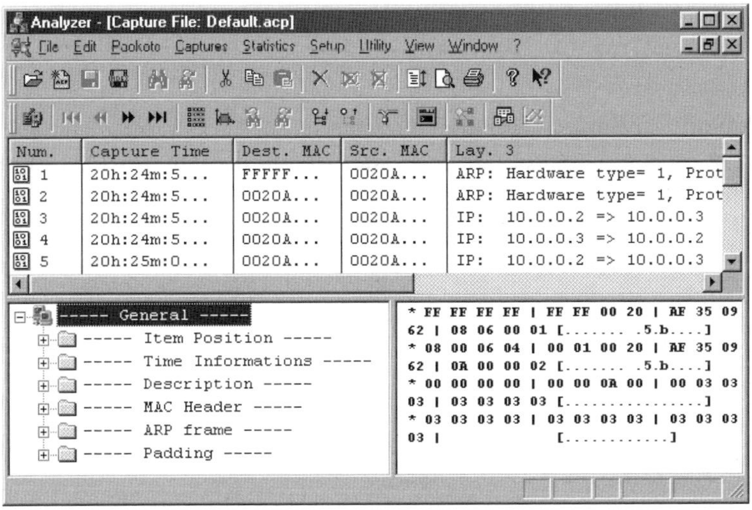

Figure 2.12

Analyzer, un très bon renifleur, plus convivial que WinDump.

Attention

Pour éviter tout dysfonctionnement, respectez scrupuleusement la procédure d'installation de WinPcap et d'Analyzer.

Si vous rencontrez des problèmes lors de l'utilisation de ces deux logiciels, vérifiez les points suivants :

1. Assurez-vous qu'il n'existe aucune version de WinPcap antérieure à la 3.x avant d'installer Analyzer.
2. Si vous réinstallez WinPcap, assurez-vous qu'il n'existe aucun fichier intitulé packet.dll et packet.vxd ou packet.sys (selon la version de Windows que vous utilisez). S'ils sont présents avant l'installation de WinPcap, effacez-les manuellement.
3. Effacez aussi manuellement ces fichiers lorsque vous passez d'une version de WinPcap à une autre.
4. Une fois que vous avez installé WinPcap, redémarrez la machine.
5. Installez Analyzer dans sa dernière version. Analyzer ne fonctionne pas avec Windows 95.

Totalement configurable, Analyzer est capable sous un système Windows d'observer, de classer et de trier tout ce qui transite *via* une carte réseau et de le traduire sous forme visuelle, textuelle ou graphique.

Testé sur un réseau local avec cinq postes reliés par hub, Analyzer a absolument tout capturé : mots de passe, pages http, accès Telnet, références de comptes e-mail, une horreur ! Et l'analyse des dumps est une simple formalité : tout est organisé visuellement pour vous permettre de localiser et d'identifier rapidement les données collectées.

Concrètement, comment ça marche ? Vous allez choisir quelle couche réseau analyser, lancer une capture, puis consulter tranquillement vos logs. C'est simple comme une copie d'écran ! Commençons par un exemple simple : capturer tout le trafic TCP du réseau. C'est dans ce trafic que la plupart des pirates vont chercher leurs informations : mots de passe, accès à des outils d'administration, tout est dans le trafic TCP et s'affiche en clair !

1. Lancez Analyzer.
2. Déroulez le menu File.
3. Validez New Capture.

Le menu Filter selection s'affiche.

Ce menu vous permet de choisir quelle partie du trafic réseau ou local vous souhaitez capturer. Dans la fenêtre de droite se trouvent quatre catégories de filtres, qui correspondent à autant de couches matérielles et logicielles d'un réseau (lire encadré Dico sur les couches pour comprendre ce concept). Prenons ces couches par ordre croissant, c'est-à-dire en commençant par MAC – la couche la plus proche du matériel – et en finissant par l'application, la couche la plus proche du système :

- **MAC Layer.** Il s'agit ici de la couche matérielle de la carte réseau. L'adresse MAC correspond à la partie matérielle la plus basse de la carte. Il s'agit d'un dispositif système qui ne peut être changé, mais qui peut être observé. Sans grand intérêt en matière de piratage, mais vraiment pratique pour analyser le fonctionnement d'un réseau. À travers le protocole MAC, on peut néanmoins espionner le trafic du réseau fonctionnant en mode Ethernet, Token Ring, et passant par le PC analyseur.
- **Network Layer.** Ce filtre va capturer le trafic IP transitant par la carte réseau espionnée. Pour bien comprendre la différence entre IP (*Internet Protocol*) et TCP (*Transmission Control Protocol*), sachez que IP est un protocole qui fait partie de la couche réseau. IP sert au routage des données : tout ce qui transite sur votre carte réseau passe par la couche IP. Il existe plusieurs niveaux de normes IP qui sont reconnus par Analyzer. Ici ce que nous capturons répond à toutes les formes de trafic, y compris ceux en tunnel de la norme IPv6 (attention, dans ce cas, Analyzer capture le flux de données du tunnel, mais ne le décrypte pas. Il ne manquerait plus que ça !). Pour faire simple, disons que

l'option IP trafic permet de capturer à peu près tout ce qui passe… y compris ce qui vient des autres machines du réseau ou les paquets en transit, donc tout ce qui est intéressant pour le hacker !

- **Transport Layer.** Au-dessus de IP, le protocole de transmission est TCP. L'association de IP et de TCP forme l'ensemble des couches requises pour faire fonctionner le réseau Internet. Alors que IP assure la circulation des données, TCP (orienté connexion) assure le dialogue entre les différents points de passage d'un paquet IP. C'est TCP qui établit la liaison entre un client et un serveur. Autant dire qu'en écoutant ce qui passe en TCP *via* votre carte réseau, vous pouvez sur un réseau utilisant des hubs "renifler" tout ce qui est échangé entre les membres du réseau et leurs correspondants. L'option TCP seule capturera tout. Les autres options permettront d'affiner la capture en fonction de certains paramètres. L'option New TCP session, par exemple, ne capture que les informations liées à l'établissement d'un lien entre un client et un serveur (accès à un serveur de messagerie, par exemple).
- **Application Layer.** Au-dessus de toutes les couches réseau, nous en terminons avec la strate des applications (clients de lecture d'e-mail, Telnet, FTP, explorateurs Internet ou serveurs). Avec cette option, vous pouvez capturer et visualiser dans Analyzer un trafic très ciblé. Si vous ne souhaitez observer que les sessions concernant un accès FTP par exemple, vous cocherez FTP et votre logiciel ne captera que cette catégorie de trafic.

Choisissez dans ces quatre propositions celle qui correspond au trafic que vous souhaitez capturer : par exemple Transport Layer, TCP Trafic (voir Figure 2.13).

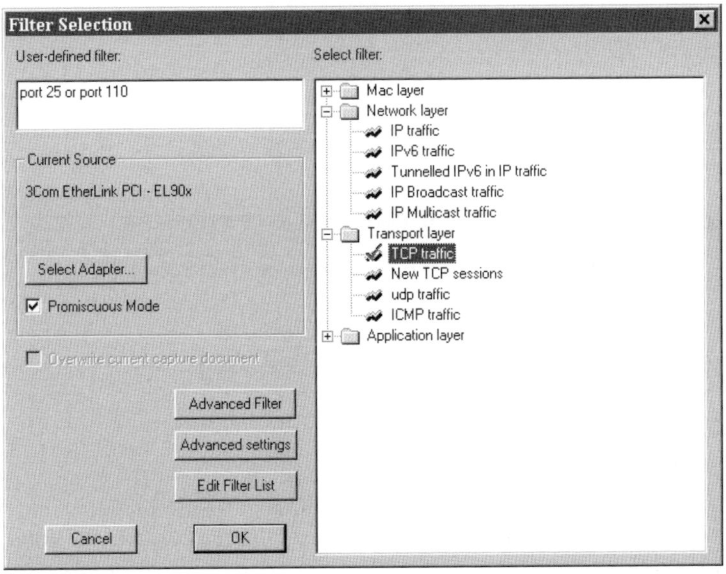

Figure 2.13
Les options de capture du trafic TCP.

Dans ce menu, la case à cocher Promiscuous Mode indique que vous allez capturer tout le trafic qui transite par votre carte, c'est-à-dire les données que votre carte réseau génère, mais aussi toutes celles des autres membres du réseau. Si vous décochez cette case, seul le trafic de votre ordinateur sera capturé.

4. Cliquez maintenant sur OK.

   La fenêtre de capture s'affiche (voir Figure 2.14).

   Seul le trafic correspondant au filtre demandé est enregistré.

Figure 2.14
La capture du trafic TCP.

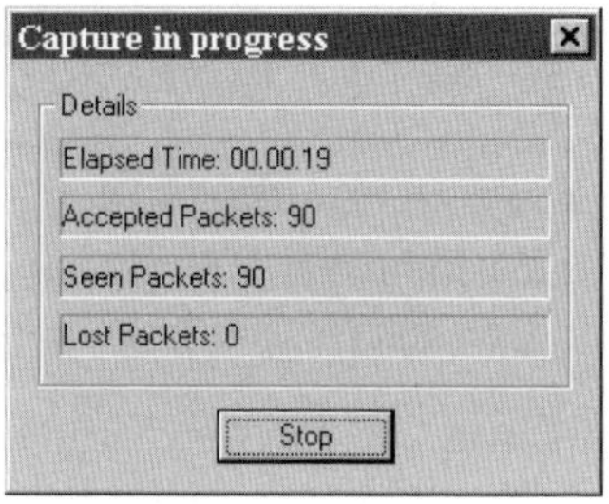

5. Cliquez sur Stop pour arrêter la capture. Les paquets capturés s'affichent dans un tableau (voir Figure 2.15).

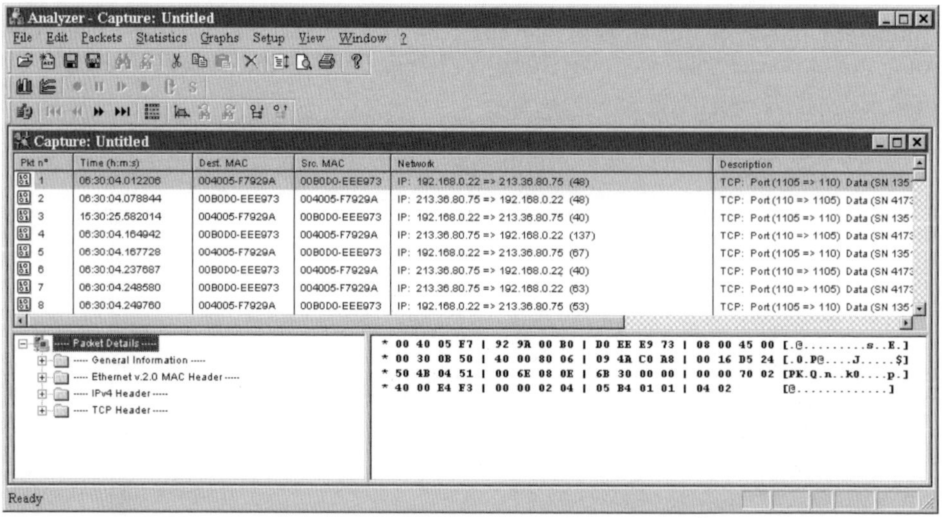

Figure 2.15
Les paquets capturés.

6. Vous pouvez maintenant explorer le contenu de ces paquets. Si vous souhaitez examiner uniquement les données destinées à une machine précise ou qui en proviennent, cliquez sur Network et les paquets seront triés par numéro IP (voir Figure 2.16).

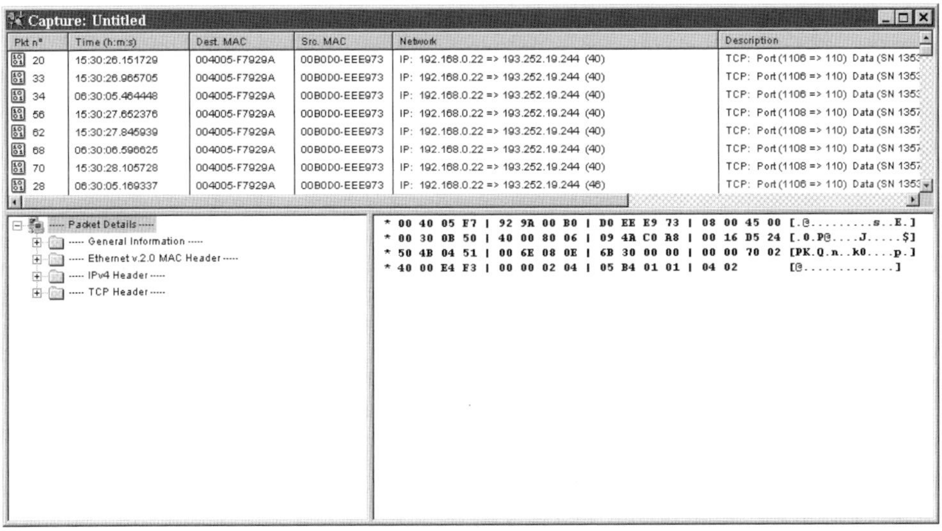

Figure 2.16
Le tri.

Vous constatez dans l'exemple de la Figure 2.17 que les mots de passe des connexions non sécurisées apparaissent en clair. Ici, c'est un mot de passe de compte e-mail que nous avons piégé. Il aurait pu tout aussi bien s'agir d'un accès super user *via* Telnet, ou encore de mots de passe FTP.

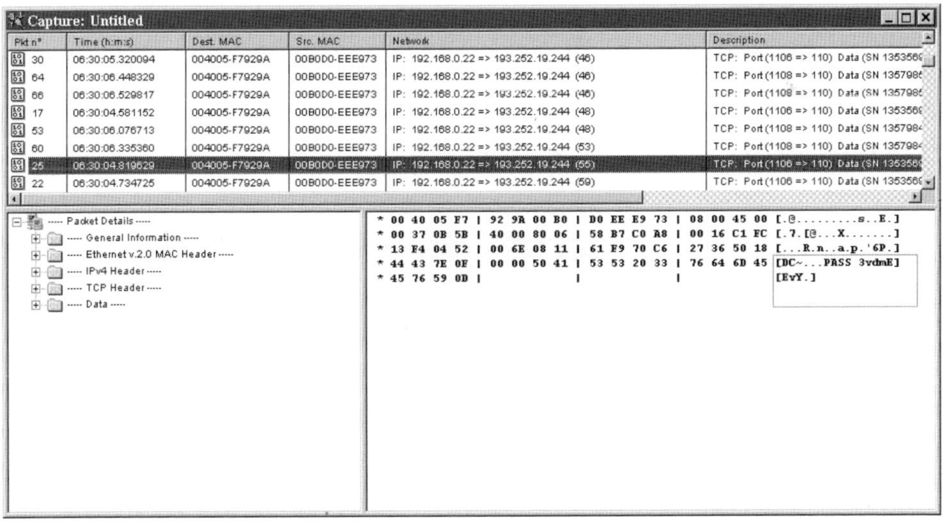

Figure 2.17
Une donnée... sensible.

Assurément, sur notre réseau de test, la sécurité n'est pas assurée !

Très franchement, avec un tel outil (gratuit qui plus est), les administrateurs de réseaux qui ne sont pas équipés de routeurs ont du souci à se faire : tout ce qui transite sur chaque poste du réseau et quel que soit son niveau de sécurité sera capturé discrètement avec Analyzer… Car ce logiciel – passif – est quasi indétectable : il ne fait qu'attraper ce que le réseau lui donne !

Dico

Couches. Les couches d'un réseau sont les différents niveaux de fonctionnement de ce réseau. Sur une carte réseau par exemple, vous aurez la couche NetBIOS – le plus bas niveau – surmontée par la couche TCP/IP (qui utilise les fonctions de NetBIOS), puis la couche NetBEUI, qui était le protocole réseau de Microsoft Windows avant XP. Aujourd'hui, Microsoft Windows Vista, et suivant et XP n'utilisent plus que la couche TCP/IP qui est gérée directement par le système pour tous les échanges réseau.

Les possibilités d'Analyzer sont illimitées. Explorez les menus, testez, vous n'en reviendrez pas ! Signalons que ce logiciel est aussi un analyseur graphique de trafic. En cliquant sur l'icône en forme de graphe (voir Figure 2.18), vous accédez à la fenêtre de filtre. Choisissez votre filtre. Validez la fenêtre suivante, puis dans la fenêtre de graphe (voir Figure 2.19), choisissez votre mode d'affichage. Le trafic de votre réseau est analysé en temps réel et traduit visuellement (voir Figure 2.20).

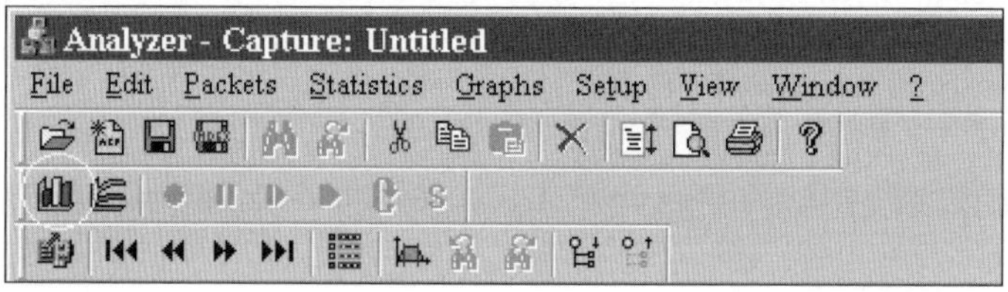

Figure 2.18

Le mode graphique.

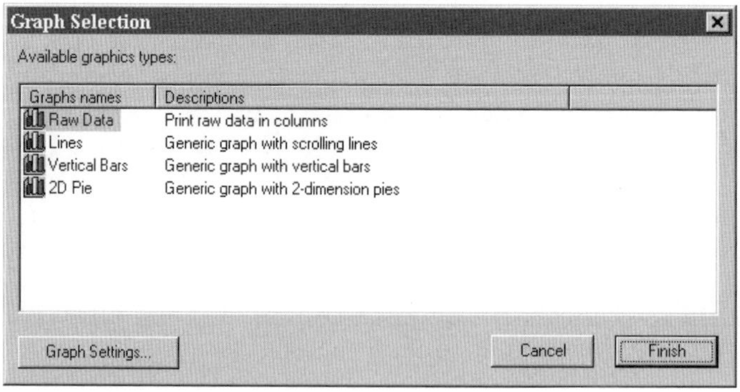

Figure 2.19

Choisissez votre graphique.

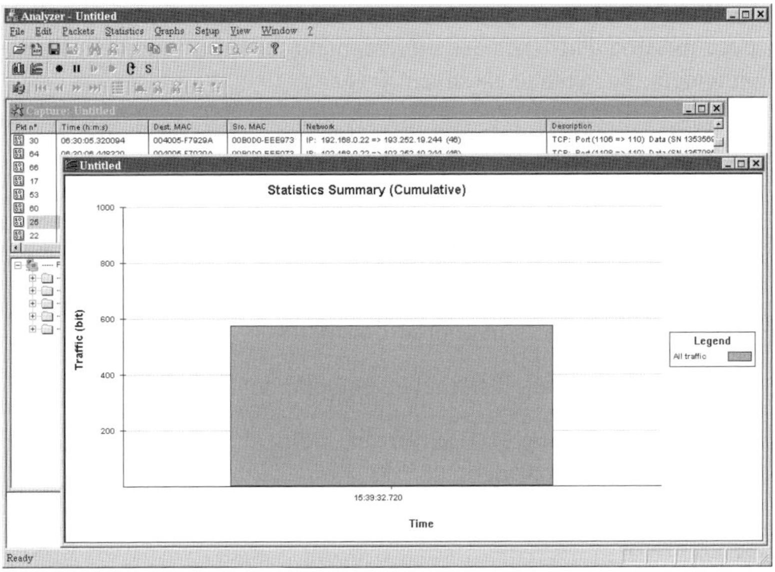

Figure 2.20
L'analyse en temps réel.

Analyzer est un exemple de renifleur, mais il en existe beaucoup d'autres. Vous pouvez aussi utiliser l'outil Netspy (**http://net-spy.en.softonic.com/**). Cet outil fonctionne sous Windows et permet de conserver dans un fichier toutes les communications transitant sur un nœud IP et de les analyser ultérieurement.

Dites-vous bien que tout point de passage IP est susceptible de livrer des informations à un renifleur. C'est pour cette raison par exemple qu'il ne faut jamais livrer un mot de passe ou un numéro de carte de crédit, et plus généralement toute information confidentielle hors d'une connexion sécurisée (matérialisée par la clé jaune). Vous pouvez être équipé d'un réseau ou d'un PC localement sécurisé (voir Figure 2.21), mais vous ne pouvez jamais savoir qui vous observe sur les points de passage situés entre votre ordinateur et un serveur (bancaire, Web, comptable…). Et sur chaque point de passage, il existe toujours une adresse IP et une carte réseau qui peuvent être reniflées. C'est le défaut majeur de sécurité de TCP/IP.

Figure 2.21
Est-ce sécurisé ? Ce logo en atteste !

ICMP, les utilitaires Netstat et Route

Pour étayer notre propos, et vous aider à comprendre à quel point le réseau IP peut être analysé et le cas échéant détourné, commençons par mettre en œuvre un petit outil livré avec Windows (ou Linux) qui répond au nom de Netstat.

Cette commande utilisable depuis une fenêtre DOS (équivalent de la console sous Linux) a pour mission d'afficher des informations sur les connexions TCP en cours de fonctionnement. Sa syntaxe est la suivante :

```
Netstat [-h] [-a] [-e] [-n] [-o] [-p protocole] [-r] [-s] [intervalle]
```

où les commutateurs ont les rôles suivants :

- `-h` affiche l'aide contextuelle (informations sur les commutateurs et leur utilité).
- `-a` affiche l'ensemble des connexions TCP actives ainsi que les ports TCP et UDP utilisés par l'ordinateur (ports "écouteurs").
- `-e` affiche des statistiques Ethernet (éventuellement combiné avec /s).
- `-n` affiche les connexions TCP actives en indiquant les numéros de ports et les adresses au format numérique.
- `-o` affiche les connexions TCP actives avec l'ID de processus (PID) de chaque connexion.
- `-p` affiche les connexions qui utilisent le protocole indiqué (tcp, udp, tcpv6, dpv6).
- `-s` affiche des statistiques par protocole (TCP, UDP, ICMP et IP) [à combiner avec `| more` pour afficher les pages une par une, par exemple `netstat -R | more`].
- `-r` affiche le contenu de la table de routage IP.

De toutes ces commandes, assez peu utiles pour le piratage (puisqu'elles concernent la machine de l'utilisateur), la plus attractive est `-r`, qui permet de décrire la table de routage. C'est en effet avec ces tables de routage que nous pourrons modifier une route entre deux ordinateurs distants.

Nous les associerons à un autre utilitaire, lui aussi disponible sous Windows, intitulé Route : cette commande permet tout simplement de modifier une route entre deux points d'un réseau TCP/IP. Elle fonctionne ainsi :

```
ROUTE [-f] [commande [destination] [MASK masque réseau] [passerelle]
```

Elle utilise les commutateurs suivants :

- `[METRIC métrique]] -f` efface les tables de routage de toutes les entrées de passerelles. S'il est utilisé conjointement à l'une des commandes, les tables sont effacées avant l'exécution de la commande.
- `-p` rend rémanente l'entrée dans la table après le reboot de la machine (cela écrit une entrée dans la table de registres NT).

- `commande` spécifie l'une des quatre commandes :
  - `DELETE` efface un itinéraire.
  - `PRINT` affiche un itinéraire.
  - `ADD` ajoute un itinéraire.
  - `CHANGE` modifie un itinéraire existant.
- `destination` spécifie l'hôte.
- `MASK`. Si le mot clé, MASK, est présent, le paramètre suivant est interprété comme le paramètre masque réseau.
- `masque réseau`. Fourni, il spécifie la valeur de masque de sous-réseau à associer à cette entrée d'itinéraire. Non spécifié, il prend la valeur par défaut 255.255.255.255.
- `passerelle` spécifie la passerelle.
- `METRIC` spécifie le coût métrique pour la destination.

Le détournement de route

Vous mesurez la portée de ces outils ? Vous avez peur maintenant ? Vous avez raison. Car à l'aide de l'association de table de routage avec une nouvelle route, moyennant des utilitaires adaptés, on peut se faire passer pour vous !

Un aspect particulier du détournement peut aussi prendre la forme d'une "déviation". Explications ! Vous allez de Paris à Marseille. Vous empruntez l'autoroute. Il y a des points de passage obligés : Lyon, Valence, Orange, Avignon. À chacun de ces points de passage, nous savons qu'on peut vous observer.

Poursuivons notre exposé. Admettons que l'autoroute soit sécurisée : il est impossible de vous voler votre voiture entre Paris et Marseille puisque chaque point de passage est surveillé par la gendarmerie.

Imaginons maintenant que les pirates de la route insèrent entre deux points de passage une déviation : pour aller de Paris à Marseille, vous transitez maintenant par Lyon, Grenoble, Valence, Orange, Avignon. Ici, vous faites un détour par Grenoble qui n'est pas sur le trajet "normal". Et ce point de passage là n'est plus sécurisé. C'est à cet endroit que votre voiture sera volée.

On peut reproduire très exactement cette tactique sur Internet !

Lorsque vous vous connectez au site siteweb.com, votre ordinateur envoie des paquets à travers un ensemble de routeurs. Vous pouvez visualiser cette route. Lancez une session DOS sous Windows et saisissez :

```
Tracert www.siteweb.com
```

Vous allez voir s'afficher sur votre écran (voir Figure 2.22) tous les points de passage de la route qui vous sépare de siteweb.com.

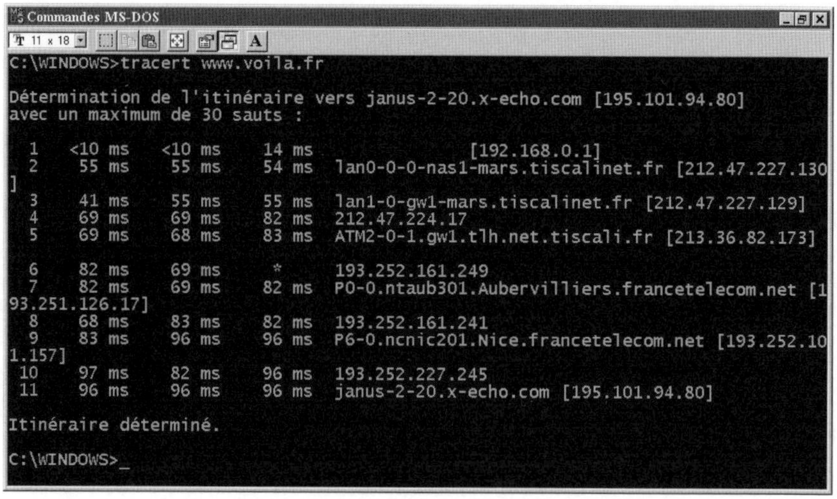

Figure 2.22
Une route.

Pour tracer cette route, les routeurs du parcours échangent des informations pour sélectionner les meilleurs chemins. Ils utilisent le protocole RIP (*Routing Information Protocol*). Les routeurs qui se connaissent échangent des données RIP toutes les 30 secondes. En fonction de ces données (composées de tables métriques qui indiquent la localisation géographique des routeurs), ils élaborent en permanence de nouvelles tables de routage qui tracent la meilleure route d'un routeur à un autre. La structure du réseau Internet est ainsi en évolution permanente, au gré des coupures et des nouvelles liaisons.

Il y a ici un premier niveau de vulnérabilité : les routeurs qui dialoguent entre eux le font en clair. Il est donc possible – y compris avec les dernières versions de RIP qui permettent aux routeurs de s'identifier entre eux – de renifler les échanges, de récupérer le mot de passe des outils de configuration des routeurs. Voire, en se faisant passer pour un routeur échangeant des données RIP, de modifier une table de routage. Opération complexe que de dérouter une route en attaquant un routeur, mais techniquement accessible à un pirate expérimenté. Ces méthodes de piratage sont très évoluées et réservées aux pirates de bon niveau.

Cela dit, on peut faire plus simple ! Les informations de routage échangées entre routeurs sont complétées par un second degré de routage, plus vulnérable, établi au niveau de la station de l'utilisateur. C'est le protocole ICMP qui, localement, permet à une interface réseau de rediriger le trafic d'un ordinateur vers n'importe quel routeur (les codes échangés par le protocole ICMP sont des messages d'erreur – lire Annexe D). En envoyant des paquets ICMP à un PC d'utilisateur, on peut donc le dérouter et "forcer" sa route.

En pratique, l'opération se déroule ainsi :

- L'utilisateur est relié par défaut à un routeur A.
- Le pirate ouvre un routeur B sur son PC, par exemple.
- Le pirate localise l'adresse IP de l'utilisateur.
- Depuis son routeur B, il envoie un paquet ICMP au PC de l'utilisateur.
- Ce paquet indique au PC de l'utilisateur que le routeur B du pirate offre une meilleure route.
- La table de routage par défaut du PC de l'utilisateur est adaptée. Tout transite désormais par le routeur B, celui du pirate.

Il ne reste plus au pirate qu'à renifler ce qui transite sur son routeur pour prendre connaissance du trafic TCP/IP de l'utilisateur dérouté.

Notre exemple concerne un utilisateur unique, mais tous les points de passage obligés d'un réseau local peuvent ainsi être détournés. Il suffit par exemple d'envoyer à un PC pare-feu (nous reviendrons sur ces pare-feu [ou *firewall*] qui ne parent pas grand-chose) une commande ICMP pour détourner tout le trafic d'un réseau de plusieurs dizaines de postes !

En pratique ? Il ne nous reste plus qu'à trouver un logiciel capable d'expédier un paquet IP contenant une commande ICMP à un ordinateur cible. On parle alors d'"encapsulage". Le but sera d'envoyer une commande ICMP dans un paquet IP (on parle de "datagramme"). Ce paquet a la forme suivante :

```
Entête  Type ICMP 8 bits  Code 8 bits  Checksum 16 bits -message (taille variable)
```

Ce datagramme – et la commande qu'il contient – doit ensuite être expédié avec un utilitaire de type PING configurable. Cet utilitaire sert à envoyer manuellement (le plus souvent avec une ligne de commande) un paquet ICMP. La plupart de ces PING "sur mesure" ne sont disponibles que sous Unix (Sing ou Hping, par exemple, à télécharger sur **http://www.hping.org/download.html**).

Il existe aussi un utilitaire PING sous Windows. De nombreux utilitaires qui vous permettront de comprendre comment est envoyé un paquet avec PING (TJPing notamment est très performant ; son site web se trouve sur **http://www.topjimmy.net/tjs**). Aucun des outils que nous livrons ne permet de configurer un paquet ICMP.

Le module Pinger de Microsoft (**http://research.microsoft.com/en-us/um/redmond/projects/invisible/src/games/ping/ping.c.htm**) disponible sous forme de source source en langage C permettra aux plus expérimentés de nos lecteurs de tester des paquets configurables.

Pour la petite histoire, une version Linux de cet outil était initialement prévue pour envoyer des requêtes PING déconnectant le modem de la cible ! Une facétie sans grande méchanceté, mais qui ne fonctionne pratiquement plus sur les systèmes modernes.

Signalons que cette technique peut être mise en œuvre dans certaines attaques pour couper une machine du réseau Internet, en la dirigeant vers une route "vide". Nous y reviendrons au Chapitre 7 axé sur les failles système.

Il existe quantité d'utilitaires réseau qui mettent en œuvre le protocole ICMP. Ils vont du plus utile au plus agressif (les PING de la mort, dont le seul but est de mettre un serveur hors service).

Les deux outils suivants sont particulièrement utiles. Ils vous permettront de savoir si un hacker ne cherche pas à "dérouter" votre routeur ou votre PC :

- ICMP Watch permet de scanner votre port IP et de visualiser en temps réel ou *via* des logs si des paquets ICMP cherchant à dérouter votre ordinateur vous sont expédiés. Logiciel qu'il faudra installer sur un routeur d'intranet, par exemple, pour être informé d'éventuelles attaques.
- ICMP Mon est semblable : il offre en outre une documentation sur les différents codes ICMP.

Info

Vous essayez de tracer une route et ça ne marche pas ? Normal ! La majeure partie des défaillances réseau et des attaques contre des serveurs a été réalisée à partir de commandes TCP/IP envoyées avec des logiciels spécifiques, les "exploits".

Résultat, la plupart des opérateurs et prestataires ont dû sécuriser leurs réseaux contre ces "paquets IP mortels" ou "empoisonnés" : dès qu'ils détectent un envoi de paquet "étrange", ils bloquent tout !

Il existe des traceurs de route plus malins qui permettent néanmoins de visualiser une route complète.

Les contre-mesures pour sécuriser TCP/IP

Peut-on détecter un renifleur ? Peut-on empêcher un détournement de route ? Questions difficiles. Ces deux techniques – efficaces – exploitent le cœur des défauts de la norme TCP/IP. Même si les attaques contre les failles les plus grossières sont aujourd'hui détectées et font l'objet de dispositifs antipirates dans la plupart des systèmes et des logiciels, la norme des réseaux IP demeure mal sécurisée. Il faudrait donc la remettre en cause pour supprimer tous les risques qu'elle présente !

Côté détection des intrusions ou des espionnages du réseau, on n'est guère mieux loti.

Le reniflage, par exemple, totalement passif, est indétectable par des outils logiciels de sécurité réseau : le seul moyen pour un administrateur de détecter les éventuels renifleurs installés sur des ordinateurs placés sous sa responsabilité sera de chercher à repérer les logiciels de reniflage les plus connus directement sur les disques durs des éventuels espions. Pas génial côté respect de la vie privée. Pour information, quand même, sachez que la commande console suivante saisie sous Windos détectera la majeure partie des PC servant ou ayant servi à renifler :

```
Lecteur:Dir \packet.dll /S
```

Cette commande localise l'un des pilotes de WinPcap, utilisé dans la quasi-totalité des opérations de reniflage sous Windows.

Le risque de reniflage peut aussi être limité (nous ne dirons pas "supprimé" car, en matière de piratage, tout est toujours possible) par un large recours aux communications en "tunnel" dites sécurisées :

- SSH remplace Telnet.
- Connexion à des serveurs de messagerie avec "authentification par mots de passe sécurisés".

Pour ce qui est du reniflage de http (la consultation de pages web), nous devons ajouter que de nombreux administrateurs s'y adonnent avec une curiosité malsaine. Dans ce cas, le méchant n'est plus le pirate, mais le responsable de la protection du réseau !

La meilleure protection sera… d'éviter de consulter des sites qui pourraient vous attirer des ennuis. Fuyez les sites nazis, pornographiques et autres si vous ne souhaitez pas que tous les espions du réseau connaissent vos dangereux penchants (le mieux, si vous êtes dans ce cas, serait de consulter un médecin…).

Plus généralement, la seule mesure efficace contre le reniflage est logiquement de s'assurer que les paquets de données ne circulent qu'entre les deux ordinateurs qui les concernent. Ce qui signifie l'abandon de toutes les organisations réseau autour de hubs. Il faudra remplacer ces hubs par des routeurs. C'est cher… Par ailleurs, même en remplaçant tous les hubs par des routeurs, vous conserverez forcément un ou plusieurs points noirs sur votre réseau.

Nous avons vu que même les routeurs pouvaient faire l'objet de reniflage *via* les redirections de parcours par ICMP (lire plus haut).

Même lorsqu'ils sont reliés à un routeur, il existe donc toujours sur un réseau des ordinateurs, officiels ou non, susceptibles de concentrer tout ou partie du trafic, et donc susceptibles d'être reniflés. Au moins, maintenant, vous le savez !

Astuce

Sachant que la majeure partie des piratages réussis sur Internet passe par une exploitation des paquets ICMP, il est bien évident que la plupart des logiciels et matériels réseau susceptibles d'être attaqués lorsqu'ils les emploient sont régulièrement mis à jour. Si, par nature, le paquet ICMP ne peut être bloqué – il fait partie de la norme TCP/IP –, il n'en demeure pas moins que les paquets les plus dangereux peuvent être évités si vous vous équipez des dernières mises à jour des protocoles et logiciels réseau.

L'IPv6

Ces défauts de la norme TCP/IP, que nous venons de décrire, pourraient être corrigés à court terme. En effet, les jours du protocole IP, dans sa forme actuelle (IPv4), sont comptés, comme nous l'avons dit en ouverture de ce chapitre.

Pas pour des motifs de sécurité mais plutôt parce que le réseau, face à son succès, se doit d'évoluer. Exemple de défis auxquels il faut faire face : la convergence de l'ordinateur, des réseaux, de l'audiovisuel et de l'industrie des loisirs. À terme, chaque poste de télévision constituera un équipement d'accès à Internet. Chaque objet ménager pourrait, lui aussi, recevoir une puce compatible avec Internet. Dans ce cas de figure, l'IPv4 ne peut plus être conservé pour une raison toute simple : il ne propose plus assez de numéros !

Le protocole IPv6 (appelé également IPng pour *IP new generation*) doit offrir plus de flexibilité et d'efficacité, résoudre toute une variété de problèmes nouveaux et, surtout, ne devrait jamais être en rupture d'adresses.

La nouveauté majeure de l'IPv6 est l'utilisation d'adresses plus longues que l'IPv4. Elles sont codées sur 16 octets et permettent de résoudre le problème qui mit l'IPv6 à l'ordre du jour : procurer un ensemble d'adresses Internet quasi illimité.

L'IPv4 permet d'adresser 2^32=4,29.10^9 adresses, tandis que l'IPv6 permet d'en adresser 2^128=3,4.10^38. L'amélioration majeure de l'IPv6 est la simplification de l'en-tête des datagrammes. L'en-tête du datagramme de base IPv6 ne comprend que 7 champs (contre 14 pour l'IPv4). Ce changement permet aux routeurs de traiter les datagrammes plus rapidement et améliore globalement leur débit. Outre cette problématique de l'adressage, les objectifs principaux de ce nouveau protocole sont :

- de supporter des milliards d'ordinateurs, en se libérant de l'inefficacité de l'espace des adresses IP actuelles ;
- de réduire la taille des tables de routage ;
- de simplifier le protocole, pour permettre aux routeurs de router les datagrammes plus rapidement ;
- de fournir une meilleure sécurité (authentification et confidentialité) que l'actuel protocole IP ;
- d'accorder plus d'attention au type de services, et notamment aux services associés au trafic temps réel ;
- de faciliter la diffusion multidestinataire en permettant de spécifier l'envergure ;
- de donner la possibilité à un ordinateur de se déplacer sans changer son adresse ;
- d'ouvrir le protocole sur de possibles évolutions futures ;
- d'accorder à l'ancien et au nouveau protocole une coexistence pacifique.

Le protocole IPv6 répond raisonnablement aux objectifs édictés. Il maintient les meilleures fonctions de l'IPv4, écarte ou minimise les mauvaises, et en ajoute de nouvelles quand elles sont nécessaires.

Mettons cependant un bémol : l'IPv6 n'est pas compatible avec l'IPv4 et ne saura que difficilement cohabiter avec lui, mais il est théoriquement compatible avec tous les autres protocoles Internet, dont TCP, UDP, ICMP, IGMP, OSPF, BGP et DNS. Il imposera en pratique une adaptation de la plupart des logiciels clients et serveur. Ceci dit, la plupart des systèmes commercialisés actuellement offrent une double compatibilité qui devrait favoriser une transition douce.

Évidemment, l'IPv6 doit apporter – aussi – un plus grand niveau de sécurité : l'authentification et la confidentialité constituent également les fonctions majeures de ce protocole. Réseau plus fiable soit, ce qui n'est pas très difficile, mais probablement pas inviolable… À voir d'ici à quelques mois, la plupart des opérateurs d'accès à Internet étant en train de procéder au basculement de leur architecture réseau sous le protocole IPv6. Windows Vista, 7 et les dernières versions de XP sont totalement compatibles IPv6. Pour en savoir plus sur l'IPv6, consultez par exemple **http://fr.wikipedia.org/wiki/IPv6**.

3

Les outils des hackers et leurs cibles

Un hacker, c'est d'abord un informaticien qui cherche à mener une action non autorisée sur un réseau : sa cible ! Vous, futur expert de la sécurité et administrateur d'un ou de plusieurs ordinateurs reliés au réseau, vous êtes cette cible. Et le meilleur moyen de vous protéger contre une attaque, c'est de comprendre comment le pirate agira et d'utiliser les mêmes outils que lui ! Il n'est pas inutile non plus de savoir ce que le pirate cherche, et nous abordons à cette fin dans ce chapitre la question de l'identité numérique.

Les outils des hackers sont en libre diffusion sur Internet... ou dans le commerce. Pouvons-nous définir ce qu'est un outil de hacker ? Non ! Il n'existe pas de règle : tout utilitaire ou logiciel qui favorise le piratage et l'intrusion est un outil de hacker. Certains virus peuvent ainsi être considérés comme des outils de piratage. Les chevaux de Troie sont les plus connus. Nous avons vu également que de classiques utilitaires de tests de réseau – tout ce qu'il y a de plus officiel – tels que PING peuvent aussi devenir des armes dans les mains d'un pirate.

Pire ! Il peut aussi arriver qu'un logiciel classique soit un outil de piratage. Vous lisez bien : un logiciel du commerce ou open-source, que vous installez en toute bonne foi sur votre machine, peut servir au hacking. En la matière, si l'on oublie les nombreux défauts de sécurité qui ont affecté les logiciels Microsoft, la palme en matière de logiciel qui se transforme en porte ouverte au piratage est historiquement détenue par OpenSSH.

Dico

Open Source. Un logiciel open-source est un logiciel gratuit et dont les codes sources – le programme – sont disponibles : ses développeurs ont choisi de le laisser ainsi en libre diffusion, pour permettre à tout le monde de l'utiliser.

L'affaire SSH

Ce logiciel est une version gratuite de la suite d'outils du protocole SSH de tunneling et de connexion réseau. Ce protocole, utilisé par de nombreux administrateurs de machines reliées à Internet, partait à l'origine d'un bon sentiment : sécuriser un certain nombre d'outils d'administration à distance considérés comme très vulnérables.

SSH crée un tunnel sécurisé entre le serveur et son client : la finalité de ce protocole et des outils qui reposent sur lui est donc – vous l'avez peut-être déjà compris – de réduire les risques de piratage consécutifs à un reniflage réseau, tel que nous l'avons mis en pratique dans le chapitre précédent.

La suite logicielle OpenSSH est en effet constituée d'utilitaires clients essentiels : ssh qui remplace telnet et rlogin, scp qui remplace rcp, et sftp qui remplace ftp. Administration, gestionnaire de fichiers, tout le nécessaire pour prendre le contrôle d'un ordinateur dans le douillet confort d'un tunnel crypté et donc sécurisé.

Problème : le 1er août 2002, un cheval de Troie est découvert dans la distribution OpenSSH fournie librement par FTP. C'était un événement grave car c'est par le biais de ce serveur FTP public que la quasi-totalité des suites OpenSSH ont été téléchargées, puis installées ! Inspection, vérifications. Résultat des courses : toutes les versions téléchargées entre le 30 juillet et le 1er août étaient suspectes.

L'infection a été initialement détectée dans une archive de la version 3.4p1 de l'outil, fournie depuis le serveur FTP principal du site OpenBSD. Elle touche également les versions 3.2.2p1 et 3.4. Le cheval de Troie agit à travers le script de compilation d'OpenSSH et entre en fonction pendant la compilation.

Ce troyen tente ensuite de contacter l'adresse IP 2.03.62.158.32 une fois par heure, à travers le port 6667. S'il y parvient, trois commandes peuvent alors être exécutées par l'assaillant. La plus dangereuse de ces trois commandes permet de prendre la main à distance sur le poste infecté. Bien évidemment, l'auteur du cheval de Troie n'a pas été identifié.

Étrange affaire, mais il faut bien reconnaître que le mode de fonctionnement même du logiciel communautaire permet à des individus malintentionnés de commettre ce genre de méfaits. Souvent bénévoles, les développeurs des applications open-source ne peuvent pas être connus individuellement. Il est tout à fait possible qu'un pirate se soit immiscé parmi eux.

OpenSSH est développé dans le cadre du projet OpenBSD. Ce logiciel est développé en dehors des États-Unis et utilise du code provenant de développeurs installés dans dix pays. La gestion de la distribution d'OpenSSH est confiée à deux équipes. Une des équipes ne fait que du développement pour produire un code propre, simple et le plus sûr possible. L'autre équipe prend ensuite en charge cette version "propre" pour en faire une version portable capable de tourner sur de nombreux systèmes d'exploitation. Trop de monde, trop de souplesse, produit trop stratégique ; les pirates, forcément, rôdent !

En attendant, toute personne ayant effectué des mises à jour entre le 30 juillet et le 1er août est invitée à vérifier sa version !

De toute façon, ce n'est pas la première faille de sécurité majeure détectée sur OpenSSH. Il en existe d'autres dans plusieurs versions déployées d'OpenSSH (2.3.1 à 3.3). Ces failles permettent elles aussi, et cette fois sans cheval de Troie, de pénétrer le système pour peu qu'on soit muni de l'utilitaire approprié (nous reviendrons sur ces techniques de pénétration dans le chapitre consacré aux "exploits") !

Cet exemple illustre bien la problématique de la prévention contre le piratage : l'adversaire peut frapper à tout instant, depuis n'importe quel endroit, et par des moyens toujours plus créatifs.

Ce qui signifie aussi que lorsque vous installez sur votre machine un logiciel de piratage ou d'analyse lié à la sécurité, vous devez toujours avoir à l'esprit les conséquences possibles de cette installation. Cette remarque est tout particulièrement adressée aux utilisateurs qui téléchargeront des outils depuis les sites dits "Warez" (ceux notamment qui sont accessibles depuis **Astalavista.com**) : si vous ne maîtrisez pas parfaitement l'administration système, vous verrez à coup sûr se propager sur vos réseaux des troyens et des virus. Après quelques vérifications, sachez qu'un utilitaire sur trois proposés *via* des sites Warez semble infecté par un virus ou un outil de modification système. Généralement, ce n'est guère méchant : l'utilitaire téléchargé modifie votre explorateur pour qu'il affiche une page de publicité à la place de l'erreur 404. Parfois, c'est beaucoup plus sévère… À bon entendeur…

Ceci étant dit, après avoir vu que tout logiciel pouvait être un outil de pirate, nous allons maintenant installer quelques utilitaires de détection et d'identification. Ce sont eux que le pirate utilisera pour localiser sur votre ordinateur des failles ou des troyens tels que ceux qui sont contenus dans SSH ! Nous pouvons les regrouper dans deux catégories :

- Les outils de cartographie d'un réseau : ils permettent de prendre connaissance de la topologie d'un réseau et de son mode de fonctionnement.
- Les outils d'analyse des ordinateurs d'un réseau : les scanners, qui en explorant le contenu d'un ordinateur *via* plusieurs approches technologiques, sont en mesure de fournir une liste assez précise des logiciels qu'il contient (troyens compris) et éventuellement de ses failles.

Pour finir, nous parlerons aussi des contre-mesures qui peuvent être prises contre ces outils.

Connaître le réseau

Lorsqu'il attaque un réseau ou cherche une cible, le pirate a parfois besoin d'en dresser la carte. Il doit savoir où se trouve un ordinateur, comment l'atteindre. La première analyse, c'est donc en quelque sorte d'établir une carte géographique. Elle donnera des informations précises, utilisables par exemple pour dérouter un ordinateur. Techniquement, ce n'est pas très difficile.

Les deux logiciels PING et Traceroute

Tous les ordinateurs fonctionnant sous TCP/IP sont équipés en standard d'au moins deux outils de localisation et de traçage :

- PING : le petit logiciel d'envoi de paquets dont nous avons parlé dans le chapitre précédent. Nous parlions des PING "pervers" et reprogrammés alors que le PING officiel du système est très civilisé. Son seul rôle est d'expédier un "paquet IP neutre" d'un endroit à un autre et de tester le temps passé entre l'envoi du paquet et l'accusé de réception de ce paquet. À l'inverse, dans les PING de pirates, ce sont des paquets "viciés" qui permettent notamment de détourner des routes TCP/IP (avec des paquets ICMP, comme nous l'avons vu dans le chapitre précédent).
- Traceroute : il est légèrement plus sophistiqué que PING. Cet utilitaire trace une route, comme son nom l'indique, entre deux adresses IP. Il vous indique sous la forme d'une suite d'adresses IP et de noms de domaines tous les points de passage de vos paquets entre votre PC et son interlocuteur. Tracer une route entre votre PC et le site web www.monsite.com reviendra à afficher sur l'écran tous les routeurs ou les points de passage TCP/IP qui jalonnent cette route.

Pour tester ces deux logiciels, rien de plus simple. Commençons par PING.

1. Depuis Windows, lancez une fenêtre DOS.
2. Tapez PING, suivi d'une adresse (rassurez-vous, c'est légal ! Seuls les PING destructeurs sont illégaux, et encore), par exemple PING yahoo.fr.

Vous observez le résultat de la Figure 3.1 : plusieurs tentatives, leurs résultats, et pour finir une conclusion en forme de statistiques.

```
Statistiques PING pour 217.12.3.11:
    Paquets : envoyés = 4, reçus = 4, perdus = 0 (perte 0%),
Durée approximative des boucles en milli-secondes :
    minimum = 68ms, maximum =  96ms, moyenne =  75ms
```

Ici, avec PING, nous avons appris que le serveur Yahoo.fr qui nous répond est à l'adresse 217.12.3.11, que sur quatre messages "PING" envoyés, quatre ont été reçus, et qu'en moyenne entre nous et eux, il ne faut que 75 ms pour qu'un paquet arrive. C'est une performance correcte.

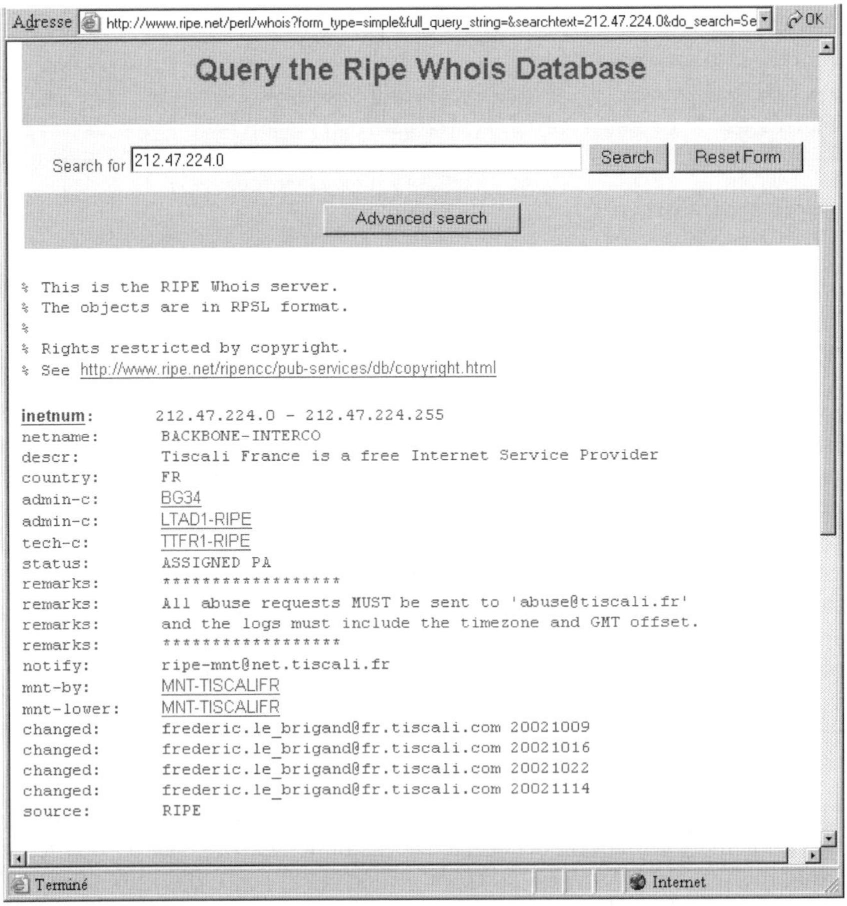

Figure 3.1
Le RIPE en action.

Essayons maintenant de tracer la route qui nous sépare de Yahoo.fr. Toujours sous DOS, tapez la commande :

```
Tracert yahoo.fr
```

La fenêtre DOS affiche maintenant un itinéraire qui ressemble à ceci :

```
Détermination de l'itinéraire vers yahoo.fr [217.12.3.11]
avec un maximum de 30 sauts :
  1   <10 ms   <10 ms   <10 ms  test.fr [192.168.0.1]
  2    55 ms    55 ms    55 ms  lan0-0-0-nas2-mars.tiscalinet.fr
                                ➥[212.47.227.131]
  3    55 ms    55 ms    41 ms  lan1-0-gw1-mars.tiscalinet.fr
                                ➥[212.47.227.129]
  4    55 ms    68 ms    69 ms  212.47.224.17
```

```
5    55 ms    68 ms    69 ms  so-0-3-2-0.jun-p2-c01-e1.net.tiscali.fr
                              ➥[212.129.1.65]
6    69 ms    55 ms    68 ms  so-3-1-0.par30.ip.tiscali.net [213.200.76.89]
7    68 ms    69 ms    69 ms  so-2-0-0.lon20.ip.tiscali.net [213.200.81.57]
8    69 ms    82 ms    69 ms  linx2-g50.lng.yahoo.com [195.66.226.129]
9    69 ms    68 ms    83 ms  bas2-linx2.lng.yahoo.com [217.12.0.25]
10   83 ms    82 ms    69 ms  www2.vip.lng.yahoo.com [217.12.3.11]
Itinéraire déterminé.
```

Vous allez vite comprendre comment un simple "tracert" peut fournir des informations très précises.

Décryptons cette route dans le détail.

Dans ce résultat, nous lisons les références de dix points de passage : leurs noms ainsi que leurs adresses IP. Ces dix points de passage sont autant d'indications sur le trajet qui sépare deux ordinateurs. Nous voyons ici que l'appelant est relié depuis un intranet (`[192.168.0.1]` est la numérotation classique des intranets), qu'il est relié à Internet *via* l'opérateur Tiscali et par un point d'accès marseillais (dans `lan0-0-0-nas2-mars.tiscalinet.fr [212.47.227.131]`, mars signifie Marseille). Puis que, pour atteindre les serveurs de Yahoo!, il a fallu emprunter une route qui passe par des ordinateurs installés d'abord à Marseille, probablement à Paris (*par30* points de passage 6 où "par" indique Paris), ensuite à Londres (*lon20* points de passage 7).

Ensuite, nous sommes arrivé chez Yahoo! : la première machine était sous Linux (`Linx2`). Et ainsi de suite…

Nous notons ici au point 4 une machine avec une seule adresse IP, sans nom long : il s'agit probablement d'un point de passage occasionnel. Ce passage particulier aurait pu être la marque de l'insertion au beau milieu de la route d'un point de routage pirate, pour un reniflage. Pour nous en assurer, nous visitons le site du RIPE qui nous indique que la gamme d'adresses IP numérotées 212.47.224.0 à 212.47.224.255 appartient bien à Tiscali, et mieux nous indique sa fonction : BACKBONE-INTERCO, ce qui signifie qu'il s'agit d'une machine "passerelle" entre deux portions de réseau séparées par une dorsale à haut débit.

En tout cas, avec une seule commande, nous avons obtenu beaucoup d'informations. Le pirate aussi… Dans une entreprise, les points de routage sont parfois vulnérables : un traçage de route permet de les localiser et éventuellement de les "renifler". Les exemples abondent de piratages réussis grâce aux informations fournies par un traçage de route.

Le but du traçage et du PING est donc de dresser rapidement une topographie d'un réseau, entre autres pour identifier des cibles ou, comme nous l'avons vu, des anomalies qui trahissent la présence d'un pirate.

Les outils de traçage

Il est possible d'obtenir une vision plus "graphique" de ces routes :

- **Trace3D.exe** installe le logiciel AutoNOC Trace route. Un outil permettant de lister sous Windows une route sous une forme graphique (voir Figure 3.2). Ce logiciel est plus beau que le Tracert de DOS, mais n'apporte rien de plus sur un plan fonctionnel.

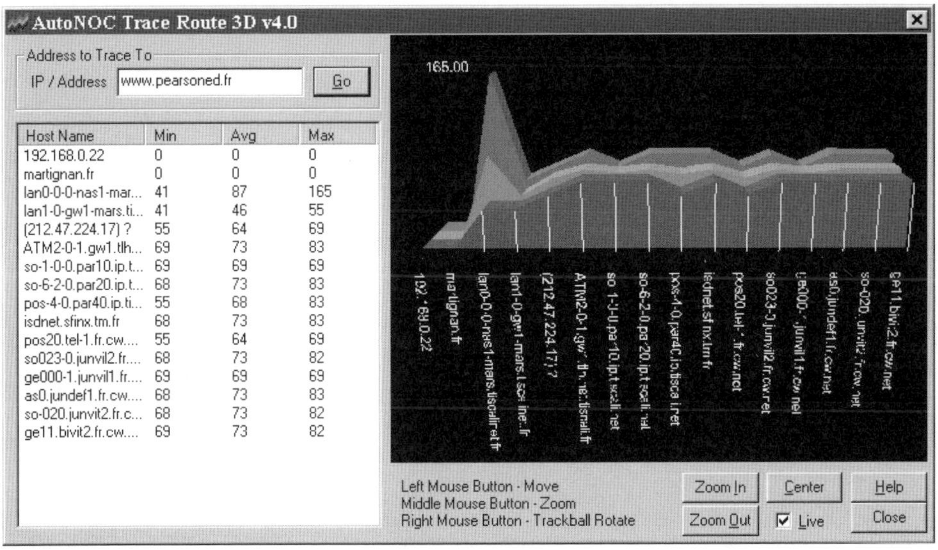

Figure 3.2
Le logiciel AutoNOC.

- **3Dtraceur.exe** installe le logiciel 3D Traceroute. Ce logiciel est nettement plus sophistiqué puisqu'il intègre dans une même interface la fonction de trace, mais aussi de très nombreuses fonctions complémentaires. Voyons pas à pas le fonctionnement de cet outil :

1. Entrez un nom de site dans Target. Puis cliquez sur Trace et sur l'onglet 3Dtrace.

   La route en trois dimensions s'affiche.

2. Pour afficher la liste des points de la route, cliquez sur l'onglet Hostname. Les noms des points de passage apparaissent.

3. En face d'un hostname, déroulez le menu contextuel du bouton droit de la souris. Vous accédez à un ensemble d'options.

Ce sont ces options qui vont vous permettre d'obtenir de précieuses informations complémentaires sur les points de passage de la route. L'avantage – rare – de 3Dtraceur en ce domaine, c'est qu'il est capable de questionner directement les bases de données Whois (lire encadré). Essayons cet outil Whois pour savoir à qui appartient l'adresse IP d'un point de passage.

1. Cliquez droit et déroulez le menu contextuel (voir Figure 3.3).

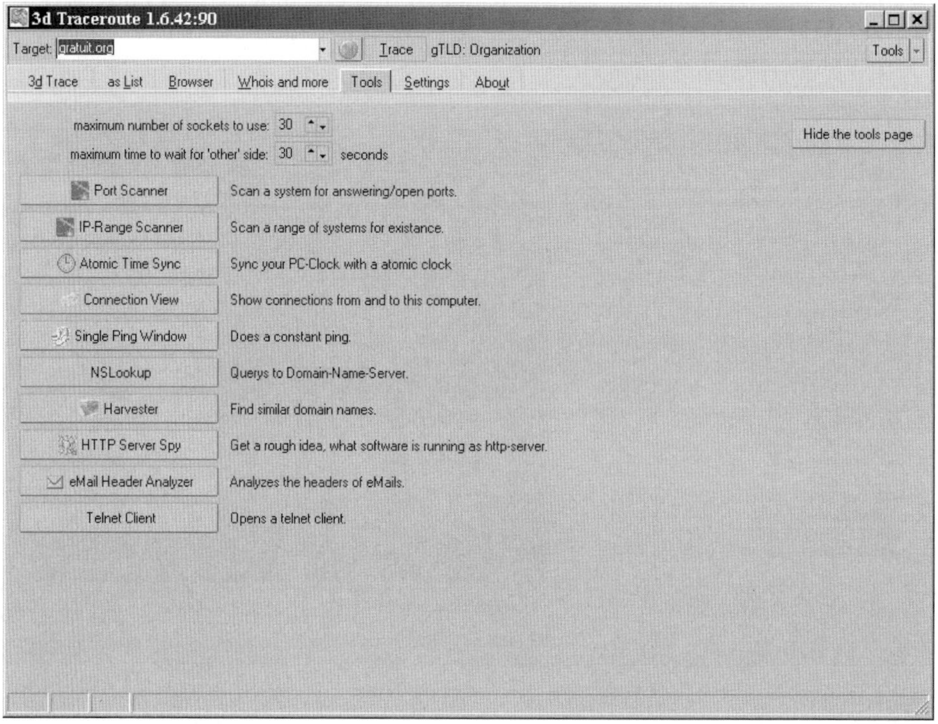

Figure 3.3
Les options complémentaires d'AutoNOC.

2. Validez l'option Whois et IP Number : vous changez de fenêtre et passez dans l'onglet Whois and more.

3. Dans Whois Server, validez whois.ripe.net si vous pensez que l'adresse est attribuée en Europe, une autre base Whois si l'adresse IP est implantée dans une autre zone (voir Figure 3.4).

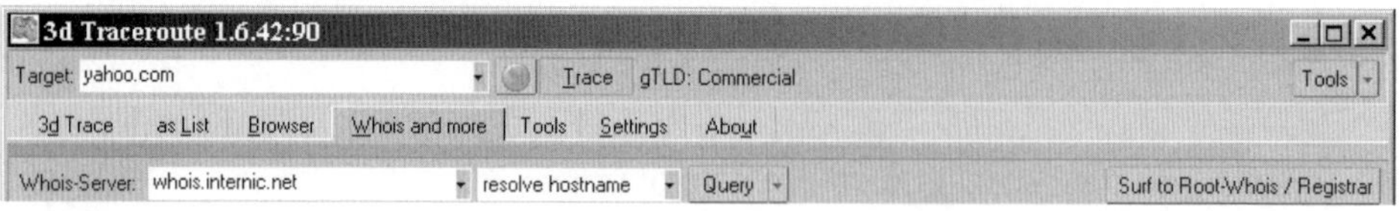

Figure 3.4
Une question avec la base Whois.

4. À côté, cliquez sur Resolve IP. Le nom du propriétaire de l'adresse IP apparaît immédiatement (voir Figure 3.5) !

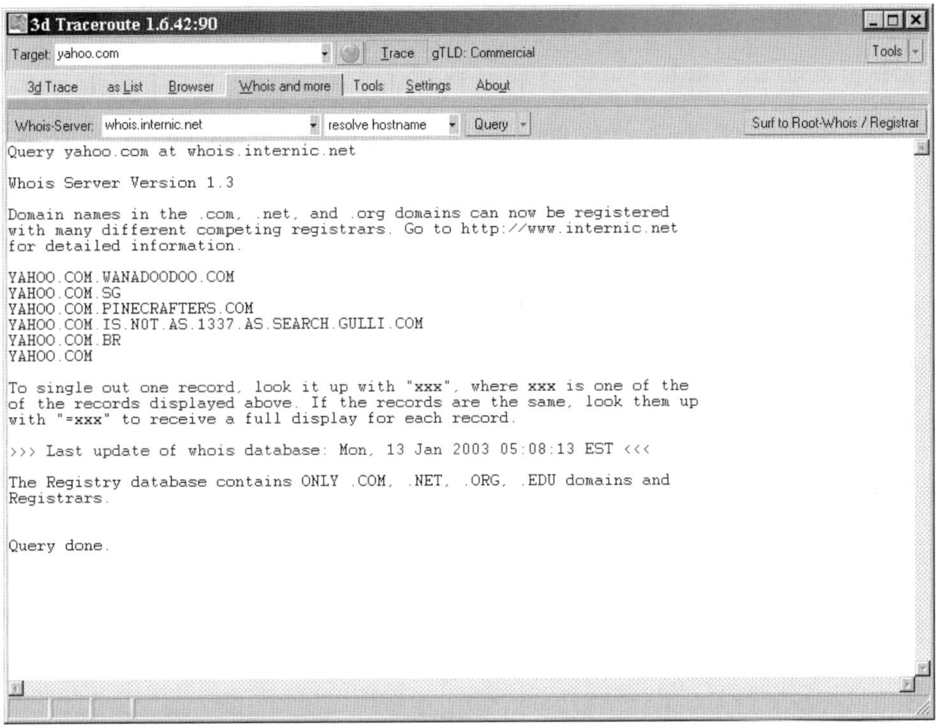

Figure 3.5
Le résultat de Whois.

INFO

L'avantage des données Whois sur les données HTML. Lorsque vous cherchez une information sur le RIPE ou chez un fournisseur de noms de domaines *via* les interfaces HTML de ces opérateurs, la réponse retournée est souvent incomplète : trop de pillages des adresses e-mail *via* les formulaires HTML ont conduit à la fermeture au public de ces données.

L'avantage d'une recherche par serveur Whois avec un logiciel tel que 3Dtraceur est qu'il questionne directement les bases de données. Résultat, vous accédez avec le module de question Whois de 3Dtrace à des informations sur les serveurs ou les propriétaires de noms de domaines que vous n'obtiendrez que rarement *via* des formulaires HTML. Les enregistreurs de noms de domaines Register.com ou Gandi.net, par exemple, ne publient pratiquement plus aucune information sur leurs pages HTML. Leurs bases de données de domaines restent en revanche disponibles en version intégrale *via* Whois. Astucieux, non ?

Envie de savoir à qui appartient un nom de domaine présent sur la route ? Même technique ! Choisissez le nom de domaine, déroulez le menu contextuel, validez Whois – Domain, choisissez la base de données Whois de l'enregistreur du domaine (par exemple *internic.net* pour un .com, ou *whois.register.com* pour le fournisseur Register) et lancez la recherche. Le nom du propriétaire du domaine apparaît, ainsi que le nom du serveur DNS qui lui est associé.

Que d'informations, non ? Pour une simple route tracée… Il faut un peu d'exercice pour tirer de cet outil tout son potentiel. Entraînez-vous, vous serez surpris ! Ce logiciel, boîte à outils du pirate et contre-mesure de l'administrateur, comprend d'autres fonctions plus sophistiquées. Terminons-en avec la fenêtre Tools qui offre un ensemble de fonctions politiquement très peu correctes :

- Port Scanner est un explorateur de port TCP/IP. Celui-ci n'est pas le mieux, nous en utiliserons de bien meilleurs plus loin.
- IP Range Scanner est de la même veine.
- Atomic Sync Time permet de synchroniser l'horloge de votre PC avec une horloge atomique : pratique !
- Connection View est un peu plus sauvage : il vous indique la liste de toutes les connexions TCP/IP qui ont été réalisées sur votre PC.
- Single PING est un outil de PING classique.
- L'outil http server Spy est typiquement une fonction de pirate : il permet en indiquant une référence de site web d'identifier la version et le logiciel http serveur qui l'équipe. Une information parfois utile sur laquelle nous reviendrons.

Signalons pour finir un autre outil, PingPloter, qui est lui aussi un traceur de route graphique, sans grande utilité par rapport au traceur de route sous DOS.

En tout cas, maintenant, le pirate sait comment le réseau est organisé. Il peut donc passer à l'investigation des machines qui le composent. Là, il a encore à sa disposition des outils très efficaces… les scanners.

Les scanners

Le scanner sur ordinateur est le digne héritier du scanner hertzien. Vous connaissez ? Le lien est intéressant. L'émission à travers des ondes radio passe par des fréquences. On dit qu'un spectre de diffusion radiophonique est divisé en "canaux". Chaque canal est en réalité une subdivision de fréquences. Le spectre de fréquences 800 MHz à 900 MHz pourrait ainsi être divisé en 100 canaux de 1 MHtz : 800, 801, 802 à 899, 900. Par commodité, on utilise ce système de canaux comme une division d'un spectre.

Nous avons vu qu'une carte TCP/IP, c'est pareil : elle répond à un numéro (le spectre de fréquences) et peut recevoir 65 635 ports (les canaux). Une carte TCP/IP peut dialoguer indépendamment sur chacun de ces canaux : vous pouvez simultanément surfer sur Internet (port 80) et télécharger des fichiers (port 21), tout en envoyant des e-mails (port 25 pour le courrier émis, et port 110 pour le courrier reçu).

Le scanner de port IP va fonctionner comme un scanner radiophonique : comme lui, il écoute tous les canaux d'une carte réseau et vous indique lequel accueille une communication. Simple, non ? Diabolique surtout... Car le scanner TCP/IP vous dit aussi quelle version de logiciel écoute ou parle, ce qui permet au pirate de connaître ses éventuelles failles de sécurité.

Pire, on sait que des virus troyens circulent sur le réseau. Ces troyens donnent un accès dérobé à un ordinateur : certains scanners peuvent repérer la "signature" d'un troyen écoutant sur l'un des ports TCP/IP d'un ordinateur.

Les scanners IP : identification des systèmes

Un bon scanner IP doit être en mesure de fournir rapidement au pirate ou à l'administrateur système une photographie précise du contenu d'un ou plusieurs ordinateurs. Il doit donc pouvoir scanner une "gamme d'adresses IP". Lorsqu'il a identifié les adresses IP "actives", il doit ensuite explorer chacune d'elles pour indiquer le nom des ports ouverts. Pour chacun de ces ports, il doit pour finir être capable d'identifier avec précision les logiciels utilisés.

Astuce

Le scanner IP et l'administrateur réseau. Un bon scanner IP est un outil aussi indispensable pour l'administrateur réseau que pour le pirate. Tout bon gestionnaire de parc informatique devrait lancer à intervalles réguliers un scan des ordinateurs installés sur son réseau. Ce n'est qu'à cette condition qu'il pourra localiser les utilisateurs de logiciels interdits (par exemple les outils de téléchargement de séquences MP3 ou DivX sur réseaux Peer to Peer, qui peuvent être bannis d'un réseau d'entreprise, ou encore des jeux en réseau). Le scanner IP pourra aussi localiser les virus de type cheval de Troie, points de haute vulnérabilité pour un réseau.

Il existe des dizaines de scanners IP, pour pratiquement tous les systèmes d'exploitation (Linux, Windows, DOS), mais deux d'entre eux sont particulièrement performants. Il s'agit de SuperScan 4.0 et de Nessus. Les deux outils sont gratuits, mais seul Nessus fonctionne sur la plupart des systèmes (Linux inclus). Pour installer SuperScan 4.0 (supporté et téléchargeable sur **http://www.mcafee.com/us/downloads/free-tools/index.aspx**), lancez le programme Superscan.exe. Une fois que ce logiciel est installé, exécutez-le ; vous obtenez le résultat de la Figure 3.6. Pour installer Nessus, rendez-vous sur **http://www.tenable.com/**, téléchargez et installez la version correspondant à votre système.

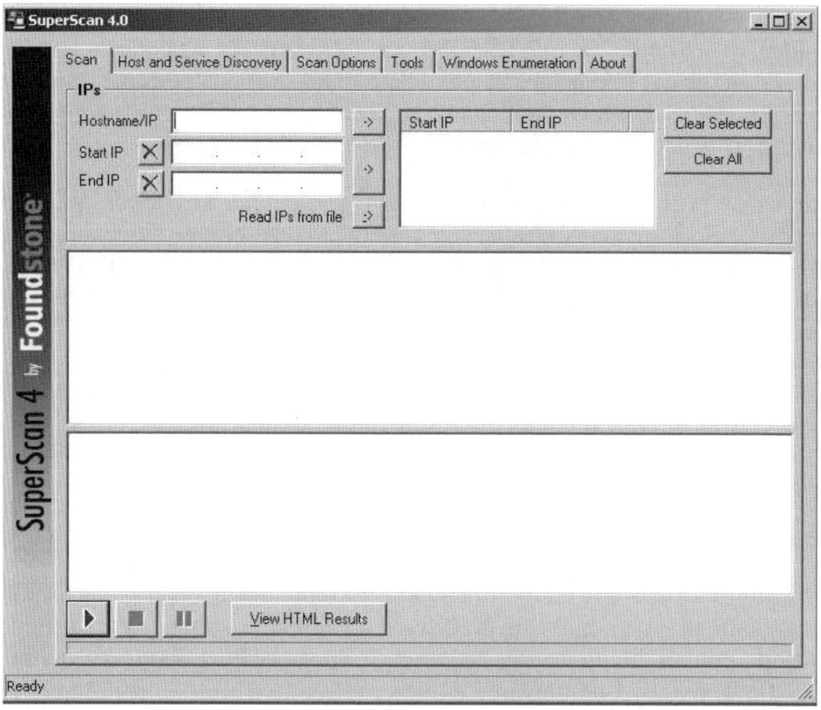

Figure 3.6

L'interface de SuperScan 4.0.

Info

À propos des utilitaires de Foundstone. Après avoir été diffusé en freeware par son auteur, SuperScan a été racheté par la société FoundStone, elle-même acquise par la suite par la société McAfee (concepteur d'antivirus). Cette société est spécialisée dans la protection des réseaux, mais diffuse aussi un ensemble d'outils gratuits de tests de sécurité. Tous les outils sont néanmoins dans le domaine public total et peuvent être librement distribués. Ils sont téléchargeables depuis **http://www.mcafee.com/us/downloads/free-tools/index.aspx**.

Utilisation de SuperScan

En haut, vous observez la fenêtre Hostname Lookup ; c'est ici que vous entrerez une adresse IP ou un nom de domaine à scanner. Lorsque vous cliquerez sur Lookup, SuperScan identifiera la cible et affichera son résultat dans Resolved (voir Figure 3.7). Deux cas de figure :

- Si vous avez indiqué un nom de domaine, l'adresse IP de ce dernier s'affichera dans le cadre intitulé IP.
- Si vous avez indiqué un numéro IP, SuperScan tentera d'identifier la machine par un Reverse DNS (lire encadré) et donnera le nom de cette machine s'il existe.

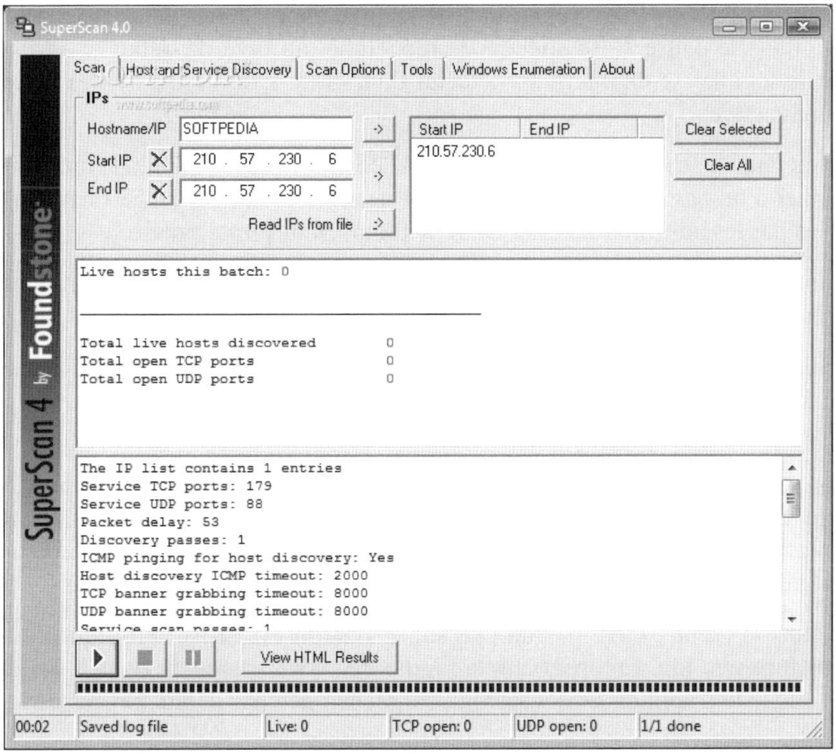

Figure 3.7
Identification d'un ordinateur.

DICO

Le Reverse DNS. Le service de noms de domaines n'est théoriquement pas prévu pour donner d'après un numéro IP le nom d'un ordinateur. Tout comme l'annuaire du téléphone n'était pas originellement prévu pour vous fournir le nom d'un abonné d'après son numéro.

Par la suite, la fonction Reverse DNS a été ajoutée aux serveurs de noms pour qu'il soit possible d'obtenir un nom en fonction du numéro IP. C'est cette fonction qui est implantée dans SuperScan.

Le Reverse DNS est très utile aux pirates puisque le nom donné à une machine par un administrateur fournit souvent des informations précieuses sur sa fonction (par exemple, linux-routeur-paris.domaine.com qui nous donne le nom du système, la fonction de la machine et sa localisation !).

Un administrateur peut supprimer la fonction Reverse DNS de son serveur de nom de domaine pour empêcher un utilisateur d'accéder à cette information d'après une adresse IP. Un administrateur avisé pourra aussi éviter de donner des noms trop précis, ou établir une norme de "nommage" interne moins compréhensible (par exemple, toute machine routeur pourrait recevoir le nom d'une star de rock ou d'une créature de *Star Wars*).

Il est aussi possible avec SuperScan de scanner une "classe d'adresses IP" : on entrera dans le cadre IP le spectre de recherche (adresse de début et adresse de fin), et le logiciel se chargera de détecter dans cette gamme d'adresses toutes les machines actives.

Toujours dans ce cadre IP, il est possible de cocher la case Ignore IP, qui conduira le scanner à ne pas explorer les adresses IP terminées par 0 ou 255 (généralement ignorées par les administrateurs). Gain de temps pour pirate pressé…

La colonne Timeout permettra de gérer le délai de réponse, pour adapter le logiciel à un réseau lent.

Le Scan Type, pour finir, nous laisse choisir la façon dont va se dérouler la seconde phase du scan : en effet, après avoir identifié des machines, SuperScan va explorer tous les ports des interfaces TCP/IP.

Un bon scanner doit, lorsqu'il explore les ports, faire preuve de discernement : en la matière, SuperScan est le meilleur. Vous pouvez choisir quel port explorer, limiter l'exploration à seulement quelques-uns de ces ports (option Scan Type), mais surtout, et c'est là que SuperScan excelle, chercher la "signature" d'un logiciel sur les ports.

C'est dans le menu activé par un clic sur le bouton Port List Setup que ce choix de signature sera fait. En observant la Figure 3.8, vous apercevez dans la fenêtre de droite une liste d'applications. C'est la liste recherchée par défaut par SuperScan.

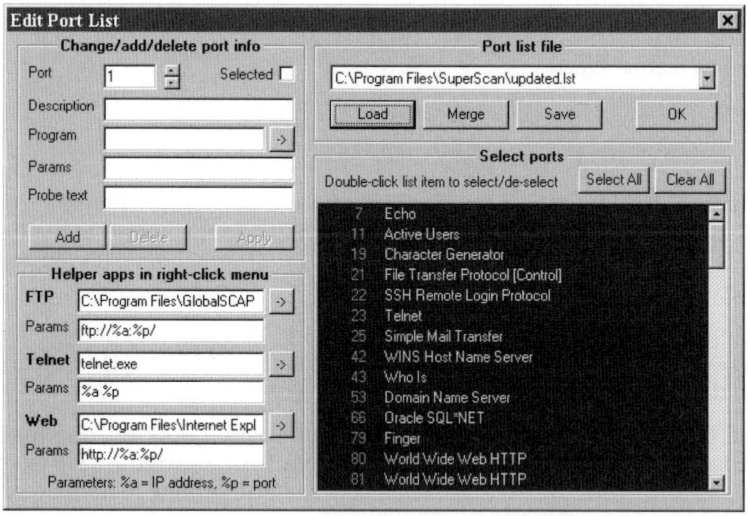

Figure 3.8

Les bases de données de SuperScan.

Cliquez maintenant sur Load. Vous consultez une liste de fichiers correspondant à des ports prédéterminés : trojan.lst par exemple permet de ne rechercher que les chevaux de Troie (voir Figure 3.9). Vous pouvez dès maintenant commencer à scanner votre réseau à la recherche de son contenu ou d'éventuels chevaux de Troie !

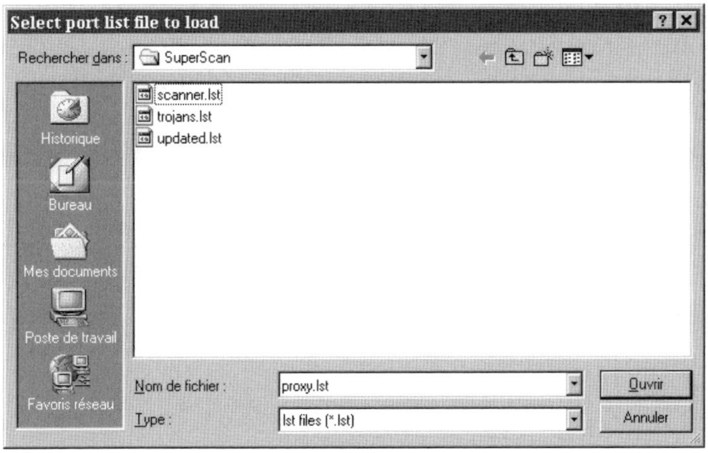

Figure 3.9
Les fichiers d'options de SuperScan.

Utilisation de Nessus

Nessus est un autre outil d'analyse de vulnérabilités. Il est plus spécialisé que SuperScan et signale directement un certain nombre de faiblesses d'un matériel ciblé tel qu'un ordinateur ou un périphérique réseau. Il peut, comme SuperScan, scanner des blocs d'IP. Le résultat du scan inclut la la liste des vulnérabilités rencontrées, leur description, et fournit des recommandations pour résoudre les problèmes. Nessus est devenu un logiciel propriétaire à partir de la version 3. Cependant, il est resté gratuit pour usage non commercial. Un fork (une nouvelle version divergente) libre a été créé : OpenVAS. Nessus est multi-plate-forme. Il fonctionne sous Linux (sur Ubuntu, visitez **http://doc.ubuntu-fr.org/nessus**).

Nessus n'est pas à mettre entre toutes les mains : certains de ses tests sont particulièrement agressifs et peuvent perturber le fonctionnement d'une infrastructure. Un mode "safe checks" permet de désactiver les tests les plus délicats. Nous vous recommandons de vous familiariser avec SuperScan, plus simple à utiliser et à manipuler avant d'essayer des outils tels que Nessus.

Le scanner est indispensable

Le scanner est l'outil de base de tout pirate et de l'utilisateur qui sait protéger sa machine. Par défaut de droit, il est librement utilisable (même si la légalité de son utilisation n'est pas encore très claire sur un plan juridique), et pourtant extraordinairement performant.

De nombreux autres scanners existent :

- **BoPing.** Autre outil de McAfee, dont la spécialité est de détecter le cheval de Troie Back Orifice. Nous reviendrons sur cet outil dans le chapitre sur les troyens.

- **Advanced IP Scanner.** Outil moins puissant que SuperScan lorsqu'il s'agit de rechercher des applications, mais très doué quand il faut rechercher une faille NetBIOS (voir Figure 3.10). Nous en reparlerons dans le chapitre sur les failles.

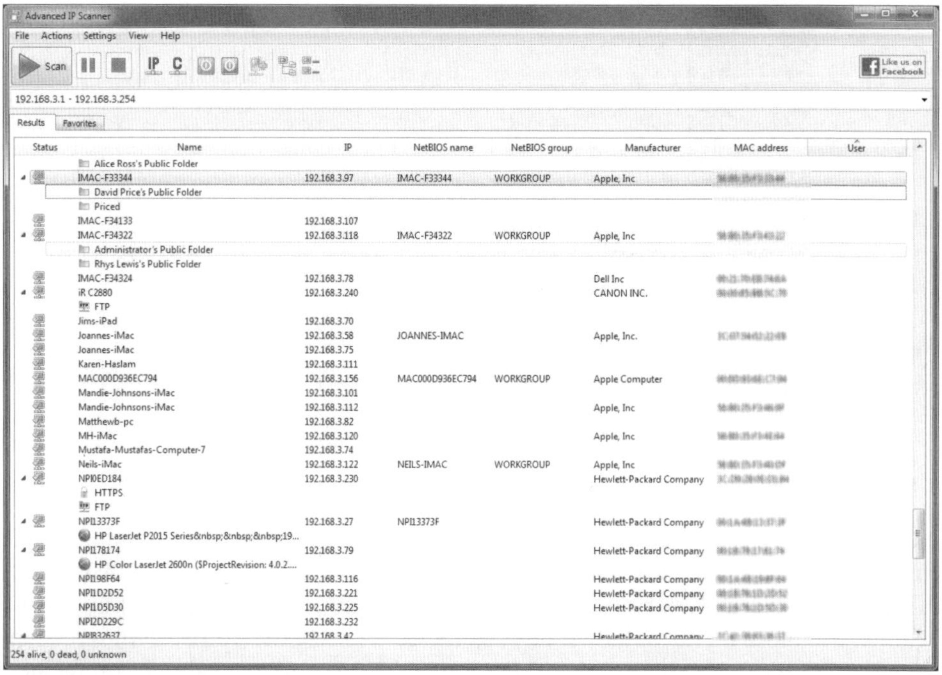

Figure 3.10

Advanced IP Scanner, spécialiste de NetBIOS.

Info

Voici ce que l'on peut lire sur un service lié à la sécurité informatique (le défunt www.blocus-zone.com) : "La plus grande faiblesse du scanner est de générer des attaques "bruyantes", et par conséquent il ne s'agit absolument pas d'un outil privilégié pour un pirate, ou alors débutant, mais plutôt d'un outil de test pour un administrateur réseau."

À notre avis, ce genre d'affirmation est dangereuse. D'abord parce que tout administrateur réseau sait que les pirates – surtout les meilleurs – utilisent des scanners, au besoin *via* des dispositifs de dissimulation d'IP (nous les verrons au Chapitre 11). La seule différence avec les débutants est que ces derniers, lorsqu'ils emploient un scanner, ne masquent pas ou mal leur origine. Ensuite, le scanner demeure un outil d'identification de cible vulnérable très efficace. Et même lorsqu'il est mis en œuvre par un débutant, il peut mettre en évidence les failles d'un réseau, failles qui seront exploitées, elles aussi, par le débutant ! Pour finir, rien n'empêche de réaliser un scan avec un niveau de dissimulation faible, en vue de produire une attaque *via* un dispositif de dissimulation "fort" : qui pourra alors établir la preuve que le "scanner" – qui n'a fait qu'explorer un réseau – est le "pirateur" ?

Les scanners de failles

Dans ce chapitre, nous nous en tiendrons à la présentation des scanners qui explorent le matériel, tels que SuperScan. Mais un ordinateur héberge aussi des logiciels qui peuvent être scannés : mots de passe "oubliés", fichiers non protégés, accès libre à un serveur, autant de défauts qu'il est possible de scanner avec méthode... Une seconde catégorie de scanners existe donc : elle permet de tester toutes les failles logicielles d'un logiciel installé sur Internet ! Ce sont les scanners de failles. Nous en reparlerons au Chapitre 7, consacré aux failles logicielles.

Contre-mesures antiscanner

Maintenant que vous mesurez la puissance d'un scanner, vous cherchez les contre-mesures. Et, heureusement, le scanner est détectable ! Vous pourrez utiliser plusieurs méthodes pour repérer un scan en cours, ou ayant eu lieu.

Analyzer : l'explorateur du réseau

Vous pouvez détecter certaines formes de trafic en temps réel avec Analyzer : un scanner qui explore votre réseau établit un dialogue systématique et chronologique avec toutes les machines de votre réseau. La Figure 3.11 présente un enregistrement avec Analyzer d'un scan réalisé avec SuperScan. Vous voyez bien les différentes étapes du scan.

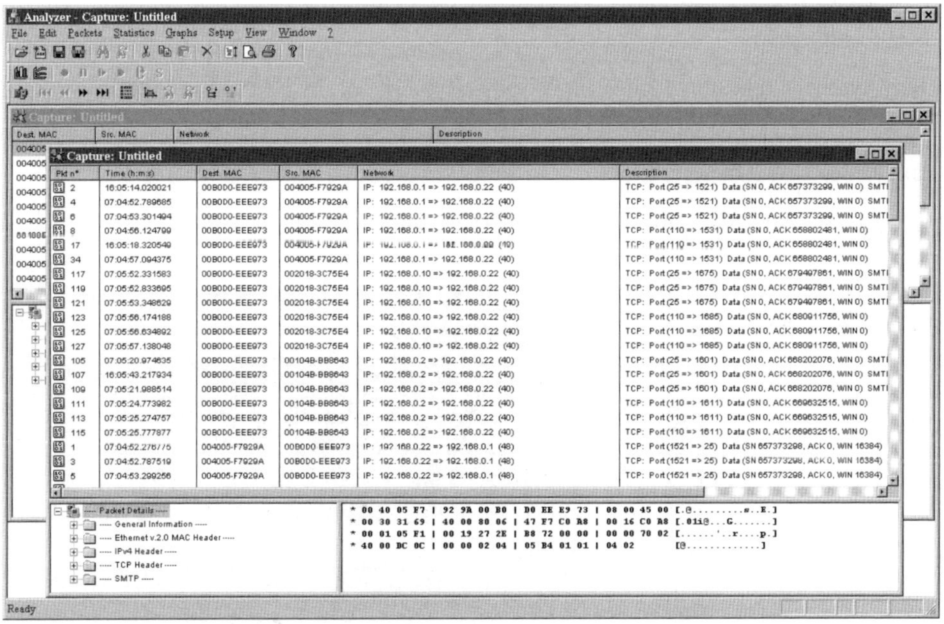

Figure 3.11

Un scan vu par Analyzer.

Le pirate (sur l'adresse IP 192.168.0.22) explore méthodiquement et une par une toutes les adresses du réseau. Rassurez-vous, le réseau c'est le mien, et le pirate c'est moi : me pirater moi-même, j'ai encore le droit, non ?

Évidemment, il faut qu'Analyzer soit lancé au moment du scan. Or, ne l'oublions pas, l'atout du scan est sa furtivité. *A priori*, un scan ne générera pas un excès de trafic spectaculaire, susceptible d'être détecté par un analyseur de trafic.

Il faut donc trouver une autre solution : elle pourra passer par l'étude des logs. Cette solution n'est néanmoins pas idéale : sur un réseau chargé, les fichiers de logs sont tellement volumineux qu'il devient difficile d'identifier les attaques. On préférera donc un logiciel de détection spécialisé.

Attacker : le détecteur !

Nous vous fournissons un logiciel très utile pour détecter la présence d'un scan. L'utilitaire Attacker est un logiciel d'écoute de port TCP et UDP.

Vous lui donnez une liste de ports à écouter et ce logiciel vous informe lorsqu'une communication arrive sur le port indiqué. Vous pouvez minimiser ce logiciel dans la barre des tâches et le configurer pour qu'il produise une alerte sonore en cas d'entrée d'une communication.

C'est l'outil idéal contre les scanners : configurez-le sur les ports de Telnet, http (configuration par défaut du logiciel), les plus convoités par les pirates. Dès qu'un scan arrivera sur votre machine, vous en serez informé en temps réel : la contre-mesure idéale !

Des systèmes tels que Linux ou Windows incorporent ce type de fonctionnalité (**http://technet.microsoft.com/fr-fr/library/cc722755(en-us).aspx**).

Pour tester son efficacité :

1. Lancez Attacker, puis cliquez sur l'icône Start (voir Figure 3.12).

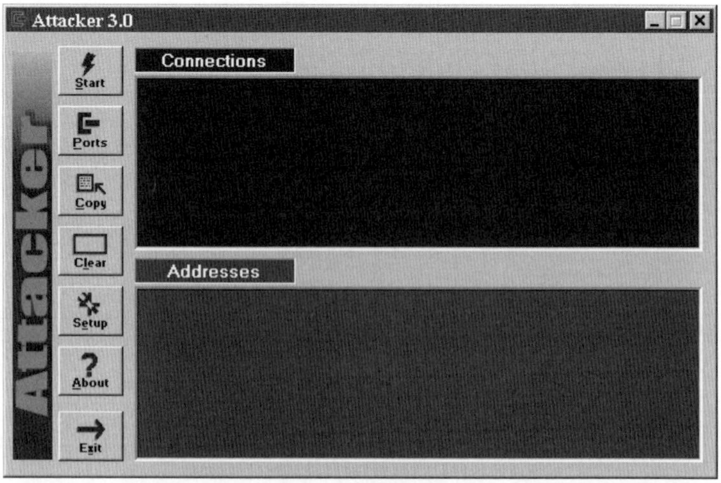

Figure 3.12
Attacker en action.

2. Chargez SuperScan et configurez-le pour chercher les ports classiques (FTP, Telnet, SSH sur les ports 21, 22 et 23) en cliquant sur Port List Setup, puis en utilisant la liste Updated.lst.

3. Entrez le nom Localhost dans la zone Hostname Lookup. Ce nom est générique et pointe automatiquement sur votre machine. Lancez un scan en cliquant sur Start (voir Figure 3.13). Immédiatement, une sirène retentit, Attacker a détecté le scan !

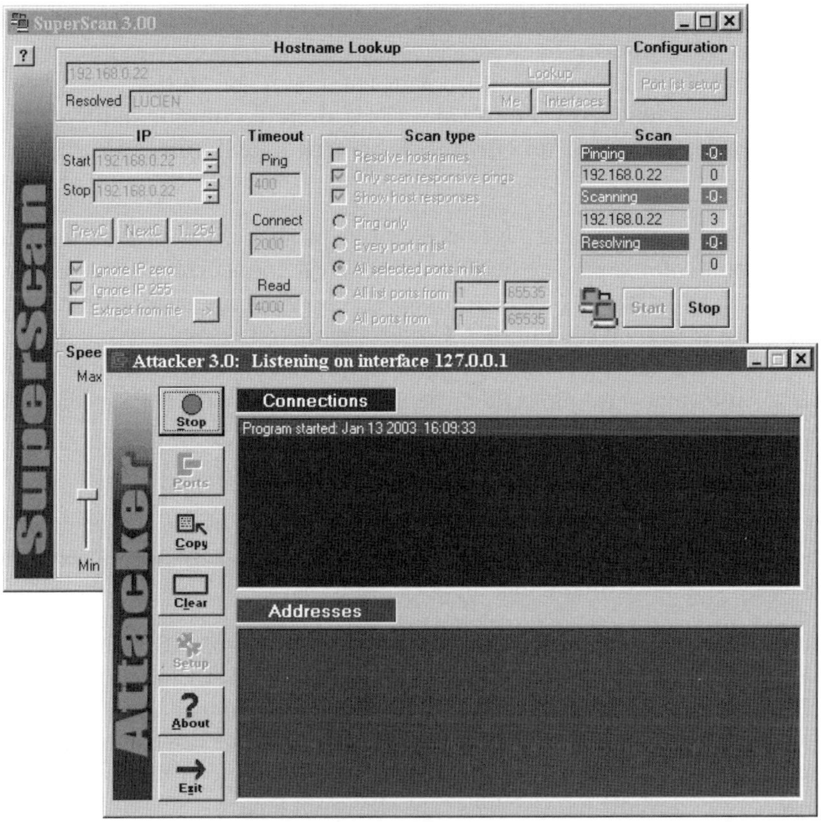

Figure 3.13
Lancement du scan : la sirène doit retentir.

Info

Le détecteur d'intrusion et les intranets. Pour protéger votre réseau interne, vous jugerez peut-être utile d'installer des détecteurs de scan. Et vous aurez raison ! Quelques règles : l'intérêt d'Attacker est qu'il vous alerte en temps réel *via* un signal sonore. Ce logiciel devra donc, pour être efficace, être mis en place sur une machine reliée au réseau Internet et visible de ce dernier : le routeur d'accès par exemple, ou encore le serveur web ou FTP. Attention : Attacker ne propose pas d'archivage des attaques *via* un fichier de logs. Il n'est donc d'aucune utilité si personne n'est en mesure d'entendre son signal sonore.

La combinaison des attaques virales, des spywares et des scanners

La vulnérabilité des ordinateurs tournant sous Windows et directement reliés à Internet (c'est-à-dire sans pare-feu matériel, et qui utilisent leur propre modem) est grande face à une combinaison scanner-spywares.

Par nature, la machine directement reliée à Internet reçoit un numéro IP "officiel", c'est-à-dire une adresse qui la rend visible et accessible depuis Internet. Et ce même si elle est équipée d'un pare-feu logiciel tel que celui livré avec Windows XP depuis sa Seconde Édition et les suivantes. Ce pare-feu ne fait que "filtrer", dans la mesure de sa capacité, les tentatives d'intrusion. **Il est donc techniquement possible de localiser cette machine, de lui envoyer des paquets de données IP et d'en recevoir de sa part.**

À l'inverse, une machine reliée à Internet mais protégée par un pare-feu matériel (une Wanadoo Livebox, par exemple) auquel elle est connectée *via* une carte réseau n'est pas directement numérotée et accessible : elle reçoit un numéro dit d'"intranet" qui n'a aucune existence sur Internet. C'est un numéro "virtuel", repris par le pare-feu pour gérer des échanges avec un numéro IP officiel. Cette machine peut donc envoyer des informations, mais elle ne peut être scannée (c'est le pare-feu qui apparaîtra sur Internet et recevra le scan).

Or, l'invasion de nos machines par les spywares est directement liée aux scans : des "agresseurs" testent avec des outils de scanning spécifiques des plages entières d'adresses IP de grands opérateurs. Ils recherchent ainsi des failles de sécurité sur les machines Windows directement reliées à Internet.

Dès que ces failles sont repérées (sur des systèmes Windows non mis à jour, par exemple), ils réalisent une attaque qui va permettre l'installation du spyware (souvent automatisée, d'ailleurs). Le ver est ensuite dans le fruit ; et, au fil des jours, ce spyware installé dans la place, discret, va en installer des centaines d'autres. C'est par ce biais que certaines machines peuvent se retrouver infestées par 400 ou 500 spywares, et devenir inutilisables tant elles sont lentes !

Cette méthode d'intrusion, répétons-le, est quasi inopérante avec un pare-feu matériel (Livebox, FreeBox, serveur Linux bien configuré, modem ADSL pare-feu) car l'agresseur n'a aucun moyen de localiser la faille de votre PC. Il n'est capable de scanner que votre pare-feu, qui généralement est peu vulnérable. Mais c'est comme ça que des milliers d'internautes se sont retrouvés infectés en 2004, et ce malgré tous leurs antivirus !

Ajoutons que la combinaison "spyware-scanner", bien que toujours d'une redoutable efficacité, a laissé récemment sa place à des "malwares" très sophistiqués qui sont des sortes d'ensembles d'espionnage logiciel très complexes, avec console de pilotage à distance des grappes d'ordinateurs infectés ! Nous détaillerons cet aspect très "haute technologie" de l'infection virale au chapitre suivant.

L'identité numérique : la cible

Lorsqu'il aura appliqué toutes ces techniques, le hacker sera d'une manière ou d'une autre dans votre machine ou aura accès à vos données. Reste à savoir ce qu'il recherche et pourquoi faire.

Comme nous l'indiquions en introduction, une grande partie de ce qui est aujourd'hui recherché par les organisations criminelles sont des identités. Pourquoi ? Parce que ces dernières sont une matière de très grande valeur qui peut être revendue ou réutilisée pour mener des opérations d'attaque de grande envergure. Qu'est-ce que l'identité numérique ?

Selon le journal *La Croix* du 28 juin 2011, un internaute français posséderait en moyenne 12 comptes numériques, entre adresses de messagerie, réseaux sociaux, et sites de transactions ou d'e-commerce. Aujourd'hui, certains de ces internautes possèdent de surcroît, en plus de leur identité numérique, une présence virtuelle sur le réseau, avec les sites de stockage en nuage tels que DropBox ou Google Drive. Chaque année, 400 000 vols d'identité sur Internet seraient reportés.

À quoi correspond cette identité particulière et virtuelle qui peut vous être volée ? Pour simplifier, nous pourrions la résumer par la formule "tout ce qui vous décrit ou vous est utile sur un ordinateur ou sur un réseau". Ce qui peut s'inventorier ainsi (non exhaustivement) :

- des couples nom d'utilisateur/mot de passe ;
- des références de compte que vous utilisez (achat en ligne, encyclopédies collaborative, réseaux sociaux, e-mails) ;
- des moyens de paiement en ligne (références de carte de crédit, compte bancaire) ;
- des références identitaires utilisables en ligne (assurance sociale, numéro d'étudiant, numéro de téléphone) ;
- des éléments utilisables pour l'identification (date et lieu de naissance, nom de famille, prénom, nationalité) ;
- des références d'abonnement (navigo, cartes de voyage) ;
- des pseudonymes habituels et l'identité qui leur correspond.

L'identité numérique d'une personne n'est pas uniquement composée de ces données formelles. Lorsqu'elle est complétée par des stockages en nuage, elle inclut aussi de vastes masses de données non structurées telles que les commentaires, les notes, les photographies, les vidéos, les e-mails.

La totalité de ces éléments d'information constitue ce que l'on nomme une identité numérique. Elle est donc globale et hétérogène et peut potentiellement caractériser un individu aussi bien qu'un récit biographique. Tout ce qui fait sa personnalité, son entourage, ses habitudes peut être contenu dans les éléments de l'identité numérique. Certains n'hésitent pas à affirmer que "ces petits bouts d'identité fonctionnent comme des gènes : ils composent l'ADN numérique d'un individu" (**http://www.fredcavazza.net/2006/10/22/qu-est-ce-que-l-identite-numerique/**).

Ces informations constitutives peuvent être utilisées – y compris si elles sont partielles – pour reconstruire tout ou partie de l'identité d'un individu, et le cas échéant être exploitées pour accéder à ses données personnelles.

Un exemple : avec un logiciel de récupération de mot de passe par force brute tel que Brutus, que nous présentons dans cet ouvrage, il est difficile de briser un code en utilisant des listes de prénoms ou des combinaisons de chiffres envoyées séquentiellement à un système. On atteint vite des millions de combinaisons possibles. C'est long, fastidieux, hautement détectable. En revanche, si vous disposez de données personnelles telles que celles décrites ci-dessus, il est possible de créer une liste restreinte de combinaisons (prénom, date de naissance, chiffres du numéro de sécurité sociale) qui trouvera le bon mot de passe en quelques centaines d'essais. Devant la prolifération des comptes, les utilisateurs sont en effet de plus en plus souvent tentés de combiner des données personnelles pour leurs identifiants. Ces derniers sont alors identifiables par des fragments de caractères contenus dans les éléments de l'identité numérique.

Des vols de données anodins en apparence se sont produits ces dernières années, tel le piratage de Monster – site de recherche d'emploi – en 2007 (**http://www.echarton.com/blog/2007/08/28/monster-a-perdu-votre-cv/**) ou celui de LinkedIn plus récemment en 2012. Dans le cas de Monster, un groupe de pirates s'est introduit dans les serveurs du leader du recrutement en ligne et a volé les informations personnelles de plus de 1 million de membres. Monster.com aurait – selon ZDNet – attendu cinq jours pour avertir ses utilisateurs. Selon l'éditeur du site Monster, les pirates n'ont réussi à subtiliser "que" les coordonnées de ses clients : des noms, des adresses e-mail ou postales et des numéros de téléphone. Un vol de données qui pourrait servir à des attaques par *phishing* contre ces demandeurs d'emploi, du publipostage sauvage. On fait confiance à l'imagination des pirates et on plaint les victimes.

Ce qui montre bien, en tout cas, qu'aucune donnée ne doit jamais être négligée ou considérée comme anodine.

Le problème du rapprochement des données

L'identité numérique prend de la valeur lorsqu'elle permet de faire des recoupements : des "organismes de piratage légal", telle la société Trident Media Guard, dont l'objectif est de "fournir un service aux grandes sociétés d'édition du disque et du cinéma pour stopper les téléchargements illégaux sur les réseaux peer-to-peer", vont chercher par tous les moyens à "rapprocher" une adresse IP d'un utilisateur surpris en train de télécharger un film sur un réseau P2P d'une identité numérique réelle pour mener ensuite des poursuites.

En théorie, c'est la tactique de la plaque d'immatriculation de véhicule qui devrait être mise en œuvre par ce genre d'agences de renseignement privées : quand un délit routier est commis, le témoin note le numéro et c'est l'autorité policière qui se charge si besoin de relier le véhicule avec une identité. En matière de réseau, le même droit s'applique. Le témoin relève le numéro IP de celui qui commet l'infraction et c'est l'autorité légalement investie (Hadopi en France) qui se charge de demander l'identité de l'abonné à son opérateur. Et, durant tout ce processus, les données privées de l'utilisateur (présumé innocent) doivent demeurer confidentielles.

En pratique, TMG semble avoir pris quelques libertés comme l'a relevé la CNIL début 2011. Suite à un contrôle, la Commission nationale de l'informatique et des libertés a ainsi mis en demeure la société Trident Media Guard (TMG) de respecter les règles concernant la sécurité des données personnelles (les adresses IP). Elle met également en demeure les sociétés de perception des droits (SCPP, SACEM, SDRM, SPPF et ALPA), qui sont responsables des traitements mis en œuvre par TMG.

Lors du contrôle, les inspecteurs de la CNIL ont constaté "la faiblesse des mesures de sécurité mises en œuvre" par TMG. Cette faiblesse de sécurité est due à des manquements aux obligations de sécurité : "manque de rigueur dans la mise à jour des équipements informatiques, mesures de sécurité physique défaillantes et absence de procédure formalisée garantissant la bonne application de ces mesures". *PC INpact* soulignait sur ce sujet que la CNIL "avait dénoncé l'absence d'audit externe du système TMG et regrettait que 'les seules procédures d'audit prévues sur le système de TMG sont des audits internes trimestriels par les SPRD' (sociétés de perception et de répartition des droits d'auteur)".

Pourquoi ce tollé autour du manque de sécurité des équipements de TMG (qui, rappelons-le, à ce stade n'est pas encore en mesure – théoriquement – de rapprocher identité et données) ? Tout simplement parce que TMG observe le réseau et traque les utilisateurs, il collecte des informations sensibles sur vos goûts, vos horaires d'utilisation, vos méthodes d'utilisation du réseau Internet. Et qu'après avoir rapproché un nom d'individu réel d'une collecte d'information… on entre de plain-pied dans l'univers du fichage individuel et précis, qui dépasse largement le cadre de tout ce qui est légalement possible de faire en Europe. Récemment, des chercheurs de l'ICSI Lab ont été en mesure de localiser l'adresse postale d'abonnés aux réseaux Youtube, Twitter ou Craiglist rien qu'en exploitant l'information disponible (**http://www.echarton.com/blog/2010/07/28/le-recoupement-dinformation-et-les-reseaux-sociaux/**). Impossible, dites-vous ? Êtes-vous bien certain que le pseudonyme que vous utilisez sur Twitter ne soit pas le même que celui que vous avez employé pour vos annonces de vente sur Leboncoin ? Croyez-vous qu'un chercheur malin ne soit pas en mesure – avec le seul Google – de tirer ce fil ?

Ceci pour illustrer que le principal problème posé par l'identité numérique est celui de la richesse de profilage qui peut découler d'un rapprochement entre données personnelles et identité.

Ne sous-estimez pas ce problème du rapprochement. Lors de l'affaire de la collecte de données WiFi par les Google Car (**http://www.echarton.com/blog/2010/05/01/google-signal-view/**), qui revenait peu ou prou à renifler les réseaux privés ouverts sans discernement, les pays qui ont demandé transmission des bases de données et les ont explorées ont trouvé des données de contenu extrêmement riches (identifiants, mots de passe, données de connexion, échanges de courriels).

Questionné sur ces données lors de la conférence Zeitgeist en Allemagne, le PDG de Google, Eric Schmidt, a répondu : "Qui a été blessé ? Nommez une personne." Considérant qu'il est "très improbable que ces données puissent être utilisées". Il me semble relativement certain, vu la qualité des systèmes d'information de Google, que les données en question ne nuisent jamais à leurs détenteurs. Néanmoins, cette affaire montre à quel point il est facile de se les procurer et de les rapprocher d'un utilisateur réel : si vous observez le trafic sur un numéro IP et qu'il inclut des e-mails nominatifs, imaginez les bases de données qui peuvent être construites…

Ajoutez-y les contenus collectés (ou volés) sur des réseaux sociaux, mais aussi *via* les forums, les pages perso, les blogs, les sites corporatifs, et un bon veilleur peut à partir d'informations disparates reconstituer le profil complet d'une personne, pour peu qu'il sache exploiter les moteurs de recherche.

Dans un article passionnant intitulé "La vie privée, un problème de vieux cons ?" vu sur Internet actu, ces propos de l'éditorialiste de la BBC Bill Thompson sont repris : "Les utilisateurs de Twitter, Tumblr et autres outils de réseaux sociaux partagent plus de données, avec plus de gens, que le FBI de Hoover ou la Stasi n'auraient jamais pu en rêver. Et nous le faisons de notre propre chef, espérant pouvoir en bénéficier de toutes sortes de manières."

Une affirmation de bon sens qui démontre à quel point les réseaux communautaires non maîtrisés par leurs utilisateurs peuvent menacer bien plus leurs vies privées que le numéro de sécu ou le dernier fichier des services de police.

À ce propos, savez-vous que la totalité des contributions d'un utilisateur de wiki (le logiciel de Wikipédia) peut être archivée et mise en téléchargement (voir par exemple **download.wikipedia.org**) ? Avec le fichier XML d'une version linguistique de Wikipédia (100 Go d'informations pour la version française) il est possible – et même simple – avec quelques lignes de programmation écrite en langage perl d'inventorier, mesurer, compter, analyser tout ce qu'un utilisateur a pu écrire dans l'espace encyclopédique, mais aussi dans les domaines communautaires. Et, quand vous mettez en relation un nom avec ce pseudo, je ne vous raconte pas ce que vous pouvez savoir sur la personne qui lui correspond.

La question biométrique

On doit également mentionner la question émergente des données biométriques, qui au cours des années à venir va devenir un problème important en matière d'identité. Ces données sont celles qui permettent de vous identifier d'après des éléments biologiques : visage, voix, empreintes.

La CNIL, très en pointe sur ce sujet, a d'ailleurs anticipé le problème en interdisant l'utilisation dans des entreprises de systèmes centralisés de stockage de données biométriques : elle a clairement interdit en France l'usage de tout système d'identification biométrique qui obligerait ses utilisateurs à laisser sur un système d'archivage des informations biométriques telles que ses empreintes digitales ou le format de son visage. Ce qui signifie qu'un système d'accès biométrique doit permettre à son utilisateur de se présenter lui-même avec ses données, stockées par exemple sur une clef USB) (voir **http://www.cnil.fr/fileadmin/documents/approfondir/dossier/CNI-biometrie/Communication-biometrie.pdf**). On notera que depuis cette décision seuls les corpus biométriques à vocation de recherche et "anonymisés" peuvent être archivés, comme dans le projet Biomimo (**http://biobimo.eurecom.fr/**), par exemple, ou les données utilisées lors des campagnes d'évaluation du NIST (qui permettent de mettre au point des systèmes de reconnaissance de locuteurs enregistrés lors de communications téléphoniques).

Cette prise de position de la CNIL, très décriée par les industriels du secteur, avait une logique forte : prévenir l'émergence de systèmes centralisés qui à terme – technologie aidant – pourraient porter de graves atteintes à l'identité numérique.

Car ce qui doit nous préoccuper – et ce qui a en partie motivé la décision de la CNIL – est plutôt l'activisme d'entreprises telles que Facebook ou Google en matière d'identification photographique. Ces dernières années, ces entreprises se sont livrées à une véritable razzia de rachat de start-up de haute technologie liées à la biométrie. L'enjeu est de taille : offrir aux utilisateurs de nouveaux services tels que moteur de recherche d'images, identification automatique de personnes, objets ou lieux dans les photographies, sans parler des systèmes de sécurité d'accès aux ordinateurs et téléphones.

Si la volonté est d'offrir un service, les conséquences pour l'utilisateur peuvent être lourdes : l'étiquetage de visages sur les photos de Facebook, par exemple, permet de reconnaître les membres d'une photo de classe, mais aussi les participants d'une fête bien arrosée. Or l'on sait que de plus en plus de recruteurs utilisent les réseaux sociaux pour mener des enquêtes de personnalité, ce qui n'a pas été sans poser quelques problèmes à des candidats.

On notera pour l'anecdote que cette question de l'exploitation des données biométriques par des systèmes d'information est au cœur de la stratégie de nombreux gouvernements (en particulier britannique, français et nord-américains). La prolifération des caméras de surveillance, par exemple, pose un problème de traitement aux services de sécurité. Comment identifier une personne dans cette masse de données (lire notamment **http://www.echarton.com/blog/2007/07/11/big-brother-est-bidon/**) ? Évidemment, si cette impotence fait sourire dans l'immédiat, elle signifie que beaucoup d'argent est aussi investi dans la recherche en ce domaine par l'ANR, la DARPA, les fonds de la Communauté européenne. Incontestablement, les laboratoires avancent en ce domaine, et fournissent des technologies qui répondront à ce besoin d'identification un jour ou l'autre avec des solutions simples à déployer. C'est déjà partiellement le cas avec des outils tels que Mistral (plate-forme open-source d'identification biométrique du Laboratoire informatique d'Avignon). Que ces technologies soient un jour ou l'autre utilisées dans le grand public (sur Picassa ou ailleurs) ne fait guère de doute…

Contre-mesures et bonnes pratiques

Cet inventaire ayant été dressé, nous sommes certains que vous souhaitez savoir maintenant comment faire pour vous protéger contre l'excès de circulation de vos données d'identité numérique. Et, par chance, il existe des solutions extrêmement simples pour éviter de laisser la part trop belle aux espions de tout poil.

La première des recommandations est de bon sens : ne donnez jamais les éléments de votre identité numérique (par exemple vos coordonnées bancaires) à un site que vous ne connaissez pas, quel que soit ce site. En la matière, le *buz* le plus ahurissant que je connaisse m'a été signalé par une amie australienne. Le site **http://ismycreditcardstolen.com/** (littéralement "ma carte de crédit est-elle volée") vous promet de vous indiquer si oui ou non votre moyen de crédit est sûr. Pour obtenir cette information, évidemment, vous devez fournir votre numéro de carte de crédit (complet, s'il vous plaît).

Nul ne sait combien de gens ont indiqué leur véritable numéro de carte sur ce site (et obtenu, bien sûr, le message "Ceci était un test vous avez échoué", sans que l'on sache vraiment qui se trouve derrière ce site, bien que des coordonnées soient indiquées ici). Ce site qui se veut éducatif est terrible et (quelles que soient les véritables intentions de ses auteurs) montre comment il est possible de manipuler n'importe quel individu (voir Figure 3.14).

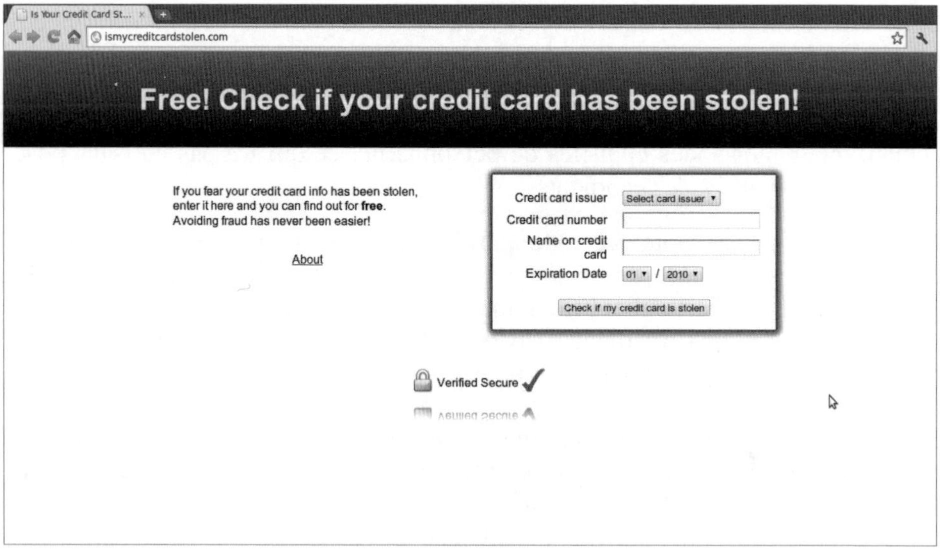

Figure 3.14

Une idée pour récupérer des références de cartes de crédit ?

Gérez vos identifiants

N'utilisez jamais les mêmes mots de passe sur plusieurs sites. Dès que vous avez un doute, changez-en. Évitez les combinaisons issues de vos données sociales pour un mot de passe. Quitte à faire hurler les administrateurs système, il est aujourd'hui parfois plus sûr de stocker une longue liste de paires d'identifiants – mots de passe non mémorisables – sur une feuille de papier que de les définir comme similaires et mnémotechniques pour ne pas avoir à les inscrire (quitte à les mélanger sur le document écrit pour les rendre plus difficiles à utiliser en cas de perte).

Lorsque vous utilisez un pseudonyme, n'incluez pas de données personnelles dedans (nom, prénom, numéro de département de résidence, etc.). Variez les pseudonymes pour éviter les recoupements. N'utilisez jamais le même pseudonyme sur un site contenant vos coordonnées (petites annonces, par exemple) et sur un autre de réseautage (Facebook, Twitter). L'idéal est d'utiliser plusieurs pseudonymes sémantiquement distincts selon les activités.

De manière générale, ne faites jamais cohabiter sur une même page ou ressource votre pseudonyme et vos références personnelles (nom de famille, par exemple). Ne négligez rien. Sur Wikipédia, par exemple, par une brève enquête je me suis aperçu qu'une grande partie des utilisateurs avaient à un moment ou à un autre donné une information susceptible d'identifier le propriétaire du compte (lien vers un blog, référence de publication, nom de famille, nom d'amis, de laboratoire d'exercice). L'historique de Wikipédia étant indestructible (pour des questions juridiques), il est possible pour ces personnes qui sont en apparence anonymes de reconstituer le lien entre compte et personne physique uniquement en explorant les archives et en utilisant Google.

Contrôlez vos moyens de paiement

C'est dit et répété, mais il n'est pas inutile de le rappeler encore : il faut vérifier à intervalle régulier vos relevés de cartes de crédit, qui peuvent être utilisées par des tiers à tout moment. Pour deux raisons : soit que ce numéro vous ait été volé à votre insu, soit qu'il ait été généré automatiquement (eh oui, c'est possible !).

Mais vous pouvez aussi prévenir : en adoptant les cartes de crédit spécifiques au paiement en ligne dites "prépayées". Des cartes Visa sont en vente dans la plupart des pays d'Europe. Votre banque peut parfois offrir également ce service. En utilisant ce type de carte à plafond prédéterminé pour vos comptes en ligne, vous limitez considérablement les risques de fraude avec vos moyens de paiement.

Contrôlez vos données sociales

Vous n'êtes pas obligé de laisser des informations précises sur Facebook ou Twitter. Personnellement, je ne remplis pas les informations relatives à mon lieu de naissance ou de résidence. Je ne mets en ligne aucune photographie montrant des visages, et je vérifie avec célérité que personne ne diffuse ni ne marque mon visage sur les réseaux sociaux. Aucune de mes galeries d'image sur Picassa n'est publique. Mon adresse personnelle n'est mentionnée ni sur Linkedin ni sur Mendeley.

Gérez les politiques de confidentialité

Suivez avec rigueur les évolutions des politiques de confidentialité des réseaux dont vous êtes membre. Sur Facebook en particulier, vérifiez si certaines de vos données sont publiques (rubrique Compte, section confidentialité). Astuce : connectez-vous à votre réseau en mode non enregistré et vérifiez que ce qui apparaît ne dépasse pas le cadre de votre politique de confidentialité.

Sur Picassa ou Youtube, limitez au strict minimum les données publiques. Validez au minimum l'option "limiter l'accès aux utilisateurs disposant du lien" dans Picassa, par exemple.

Effacez vos traces

Ne laissez pas derrière vous de compte dormant (si par exemple vous quittez un réseau social pour en utiliser un nouveau). Demandez la suppression du compte si elle existe. Si l'option n'existe pas, remplissez de paramètres vides ou nuls les champs d'information pour anonymiser l'entrée de base de données qui subsistera. Effacez toutes vos photos sur ces comptes. Si vous êtes identifié sur une photographie Facebook, utilisez la fonction de "démarquage". Si la photo qui vous représente et qui ne vous convient pas provient d'un tiers, signalez sa présence au réseau social et demandez sa suppression. Ne laissez que des photographies anodines et sur lesquelles votre visage n'est pas identifié.

Ne laissez pas de pages vous concernant derrière vous : effacez-les (avant de fermer un blog, par exemple). Si vous en perdez l'accès, demandez à Google la désindexation (**https://www.google.com/webmasters/tools/removals?hl=en&pli=1**).

Lorsque vous possédez un site en ligne, limitez les contenus disponibles en ligne aux stricts besoins de l'indexation en utilisant le méta-tag "noindex" "nofollow" avec votre éditeur HTML.

Sécurisez vos données transmises

Sécurisez vos données et en particulier vos e-mails. N'oubliez pas que l'e-mail est un pourvoyeur particulièrement riche de contenus reliés à l'identité numérique. Faites en sorte d'accéder à vos e-mails par des moyens sécurisés : en utilisant l'interface en ligne de Google Mail dans un lieu public, sécurisée, vous diminuez considérablement les risques d'observation et de captation. Idem pour vos clients de messagerie : utilisez des réseaux publics ou WiFi qui doivent relever et transmettre les e-mails en utilisant un protocole sécurisé (comme TLS sur IMAP).

Soyez extrêmement vigilant lorsque vous vous connectez à Internet via un point d'accès WiFi libre : les techniques de reniflage de réseau que nous vous avons montrées dans le chapitre précédent sont parfaitement opérationnelles si elles sont appliquées sur un réseau WiFi non crypté d'un restaurant d'une université ou d'un aéroport. Vous ne devriez pas échanger de données non sécurisées (quelles qu'elles soient, messages emails inclus) lorsque vous accédez à Internet depuis ce type de réseau.

Contrôlez votre identité

Maîtrisez ce que les moteurs de recherche peuvent fournir comme information vous concernant : ouvrez une page web à votre nom (ce qui lui permettra dans la plupart des cas d'apparaître en premier rang lors d'une requête formulée sur votre nom) et indiquez dans cette page les informations que vous souhaitez rendre publiques (CV, biographie, etc.). Réservez les noms de domaine relatifs à votre nom.

À intervalle régulier tapez vos nom et prénom dans les principaux moteurs de recherche et contrôlez ce qui apparaît vous concernant. Ce n'est pas une question d'ego, c'est juste une bonne pratique !

4

Spywares, troyens et virus

Les troyens sont les auxiliaires démoniaques du pirate ! Puisant leur nom dans la plus glorieuse histoire grecque, ils reprennent le principe de cette attaque militaire célèbre : sournoisement installés sur un de vos ordinateurs, ils attendent, tapis, que leur propriétaire ou un pirate viennent les réveiller. Ils ont succédé à une autre famille de logiciels offensifs et destructifs, plus primaires : les virus.

Le "terrible" cheval de Troie

S'il est un point de vulnérabilité potentiellement important pour tous les ordinateurs reliés aux réseaux et tout particulièrement sur intranet, ou accessibles depuis Internet, c'est bien le cheval de Troie.

Quid ? Un logiciel, relativement furtif et difficilement détectable (bien que nombre d'entre eux installent le plus officiellement du monde des clés dans la base de registres de Windows), qui donne accès aux ressources de votre ordinateur à travers le réseau Internet.

La description d'un troyen

Le cheval de Troie est donc composé d'un serveur, installé sur votre machine et capable de réaliser certaines opérations : lister un répertoire, déplacer des fichiers ou, plus drôle, inverser l'écran, transformer la flèche de souris en petit animal, ou encore, pire, détruire le contenu de vos mémoires de masse. Il est associé à un client qui prend le contrôle du serveur à distance. Le troyen fonctionne exactement comme un outil de prise de contrôle à distance : sa seule différence, c'est sa furtivité.

Et c'est en partie à cause de cette furtivité, et parce que les manipulations qu'il autorise peuvent être le fait d'un hacker invisible, qu'on qualifie le cheval de Troie de "virus". C'est aussi parce que le cheval de Troie est gratuit et développé par des individus et non par des grandes entreprises qu'on le range dans la catégorie "dangereux pour votre PC". Et, pour finir, c'est parce que certaines des fonctions du troyen permettent de porter atteinte à l'intégrité d'une donnée qu'on le qualifie de "destructeur".

Info

Si vous souhaitez connaître tous les chevaux de Troie répertoriés, leurs actions, leurs signatures et leurs caractéristiques, consultez le site de bitdefender **http://www.bitdefender.com/site/VirusInfo/browseVirusEnciclopedia/**.

Ce site vous fournit la liste des troyens les plus connus et la référence du port qu'ils utilisent. Deux informations suffisantes pour les détecter et les détruire en utilisant les techniques présentées dans ce chapitre.

Pourtant, en tant que tel, légalement, le concept du cheval de Troie n'existe pas. Il est une sorte de *volapük* (langue artificielle qui fut supplantée par l'espéranto), une notion purement intellectuelle : il n'existe techniquement aucune différence entre l'outil d'administration à distance PC Anywhere vendu dans le commerce, ou Telnet, et le troyen Back Orifice (voir Figure 4.1). Le cheval de Troie, c'est d'abord un outil d'administration à distance, tout simplement. Avec un serveur et un client, point !

Figure 4.1
Le célèbre Back Orifice en action.

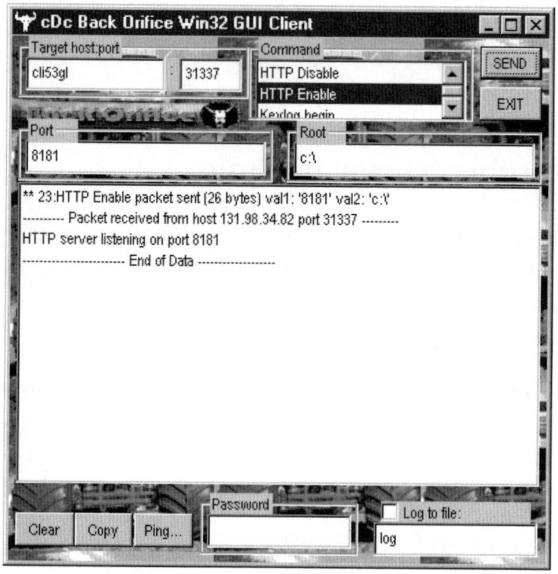

Nous pourrions ajouter à la charge du cheval de Troie qu'il est parfois délicat à désinstaller, mais très franchement, quand on voit à quel point il est compliqué de retirer de nos PC certaines applications "officielles" vendues dans le commerce, qui envahissent nos raccourcis et encombrent nos bases de registres, même cet argument-là ne tient pas !

Info

Si vous souhaitez télécharger tous les chevaux de Troie répertoriés, c'est possible aussi... Consultez la liste présentée sur Google après avoir saisi les mots clés "trojan download", qui vous donnent des liens vers des sites de référence sur les troyens.

Nous pourrions aussi objecter que, côté sécurité, le cheval de Troie est parfois lacunaire (puisque la plupart d'entre eux donnent accès librement à votre PC, sans mot de passe ni accès sécurisé), ce qui n'est pas tout à fait vrai puisque certains troyens proposent des options de sécurisation d'accès par mot de passe.

Mais là encore, quand vous voyez la prouesse sécuritaire de certains pare-feu (Wingate au hasard), ou les portes ouvertes de certaines applications Windows ou diffusées sur Google Play, une fois de plus, vous ne pouvez que vous rendre à l'évidence : le cheval de Troie n'est ni pire ni meilleur qu'un logiciel du commerce en la matière.

Pour ce qui est de la furtivité, nous pouvons aussi relativiser. Certes, le troyen manifeste rarement sa présence depuis le menu Démarrer de Windows ou dans votre interface de tablette Android, mais néanmoins, et par définition, pour être utilisé, le troyen doit "écouter" sur l'un des ports IP du PC. Et qui dit "écoute", dit qu'il faut moins d'une seconde pour détecter sa présence avec un bon scanner (SuperScan 3.0 est très efficace en ce domaine, et vous pouvez parfaitement scanner l'adresse IP d'une tablette sur un réseau depuis une station de travail).

Un administrateur ou un utilisateur qui voudrait détecter la présence d'un troyen sur sa machine n'aurait qu'à utiliser ce logiciel de scan gratuit. Donc, côté furtivité, le troyen est bien moins méchant qu'un virus et ne vous oblige pas à acheter un antivirus à 150 euros pour être localisé !

Pour ce qui est de la destruction de données, il est évident lorsque vous consultez l'interface et les options de certains troyens que ces outils ne sont que rarement conçus par amour pour l'utilisateur. Néanmoins, un accès Telnet en mode Super User permet aussi de détruire toutes les données contenues sur un serveur Linux !

Finalement, nous pensons qu'il faut considérer le troyen pour ce qu'il est, un outil d'administration à distance, avec parfois un faible niveau de sécurité, parfois des fonctions très utiles, mais dont la particularité est d'être presque toujours illégalement utilisé, c'est-à-dire installé à l'insu d'un utilisateur. Ce qui fait entrer le cheval de Troie dans la catégorie des virus, c'est donc l'utilisation que l'on en fait.

Tout compte fait, les "logiciels d'administration à distance" Back Orifice, Netspy ou Trojan Cow ne deviennent de méchantes portes ouvertes troyennes sur votre PC que lorsqu'ils y sont implantés sans que vous le sachiez ! Évidemment, la porte est vraiment béante.

D'un autre côté, ses détracteurs répliquent qu'un "outil d'administration légitime est visible sous forme d'icône dans la barre des tâches ou sur l'écran, et informe l'utilisateur de sa présence tout en étant en mode actif ou standby". Il est vrai que de nombreux troyens sont particulièrement furtifs et ne respectent pas les "conventions du système" dans lequel ils résident. Pour autant, peut-on affirmer que "l'existence de ce [genre de] programme crée une situation dangereuse car des clones de troyens vont devenir largement disponibles dans le monde, et leurs fichiers sources seront utilisés par les délinquants informatiques pour la création de nouveaux chevaux de Troie" ? Franchement, nous n'y croyons pas ! À ce rythme, on considérera bientôt qu'il faut interdire un compilateur C ou assembleur sous prétexte qu'il permet de créer un virus !

Ce tableau est volontairement provocateur. Cela dit, certains chevaux de Troie procèdent aussi à des actions totalement illégales :

- **EPS.** EPS (*E-mail Password Sender*) et EPS II volent les mots de passe des systèmes et les expédient par e-mail. Cette action ne peut être considérée comme légitime.
- **Rasmin.** Utilise toute la mémoire et plante le PC régulièrement. Rien n'est légitime dans cette démarche.
- **The Thief.** Vole les mots de passe et les envoie par e-mail. C'est totalement interdit.
- **Droid Dream Light** (aujourd'hui retiré par Google de son Android Market) est un véritable cauchemar : après avoir identifié les identifiants uniques d'une tablette, il peut télécharger de nouvelles acceptations et accéder au périphérique en mode root. Difficile de dire ce que ce troyen a pu collecter dans ces conditions sous ses innombrables variantes et configurations.

Ces programmes ne sont guère recommandables. Ce sont des virus qu'il ne faut surtout pas installer. Pour les autres, qu'il s'agisse de jeux, d'outils d'administration gratuits ou d'expérimentation (s'entraîner à les détecter sur un réseau, par exemple), vous pouvez les installer et faire des essais.

Back Orifice 2K (BO2K) : le précurseur

Examinons plus en détail un cheval de Troie. Back Orifice (BO) est le plus connu. Il est considéré aujourd'hui comme assez ancien et est détecté par la totalité des antivirus et antitroyens, ce qui le rend assez inoffensif et très pratique pour faire des expériences (dernière mise à jour datée de 2007). Ce logiciel est de la famille des rootkits, ce qui signifie qu'il peut être installé au niveau le plus sensible du système de manière totalement furtive. Si vous souhaitez obtenir des versions plus récentes de ce genre d'outils, vous pouvez utiliser le critère de recherche rootkit avec le moteur Google. Il peut être sous la forme d'un composant de n'importe quel logiciel, installé avec une application ou par une main malveillante par exemple. Son implantation (là où les virus ont une fonction "intelligente" de propagation automatique) relève donc d'un geste prémédité. L'installation ne prend que quelques secondes et efface généralement l'application originale. Puis BO se dissimule. En cela, nous pouvons parler de véritable virus.

Back Orifice est totalement "neutre" : pas de malveillance, pas d'attaque, silence total ! À un détail près : ce petit bijou installe des fonctions d'administration système très discrètes, mais néanmoins efficaces (effacer, copier…) *via* le protocole IP, c'est-à-dire à travers Internet !

L'intrusion de BO est souvent l'œuvre d'un tiers, qui profite de votre absence. Ce troyen figure parfois sur une disquette de programme en apparence anodine (jeu, accessoire…) Vous pouvez tout à fait recevoir en pièce jointe à un e-mail un programme censé démontrer les capacités implantées par Microsoft dans Windows, par exemple, sans vous douter qu'il s'agit en réalité d'un moyen de transmettre vos informations personnelles à travers le réseau, en d'autres termes qu'il s'agit de BO. Souvenez-vous qu'il est d'usage de ne jamais lancer les pièces jointes fournies par des expéditeurs anonymes.

Heureusement, les chevaux de Troie sont extrêmement difficiles à implanter… pour le moment. Les techniques de propagation de ce type de virus relèvent plus de l'espionnage et de l'intrusion sauvage ou illicite que de la sournoise propagation active à travers des disquettes et des fichiers. Il n'en demeure pas moins que, techniquement, un vrai virus à propagation active (tel que Droid Dream Light cité plus haut, actif sur les tablettes) peut être le support d'un cheval de Troie. Un tel virus serait parfaitement capable de fonctionner pendant vos sessions Internet, voire de les déclencher. Mais quel bénéfice tirerait son auteur à être contacté par des milliers de PC inconnus et à explorer leurs disques (alors que l'opération est fastidieuse et inutile) ?

Le vrai danger du cheval de Troie réside plutôt dans son efficacité dans le cadre de l'espionnage industriel ou de la violation de la vie privée (par exemple, visites régulières du PC du collègue de bureau pour lui piquer ses secrets ou le faire chanter). Depuis sa mise en ligne par le groupe de hackers Cult Of Dead Cow le 3 août 1998, près de 100 000 personnes auraient téléchargé ce troyen.

D. Waren, spécialiste des antivirus, déclare : "J'ai moi-même téléchargé et installé BO, et me suis amusé à chasser sur le Web […]. En lançant une recherche aléatoire sur quelques milliers d'adresses IP, j'ai localisé des douzaines de BO installés dans le monde entier." Et d'ajouter : "Dans tous les cas, j'ai obtenu un accès complet aux systèmes infectés." On frémit…

En fait, la démarche provocatrice de Cult Of Dead Cow (**http://www.cultdeadcow.com**) est plutôt saine : créer un "cheval de Troie" et le diffuser librement est le meilleur moyen d'informer les utilisateurs de l'existence de ces outils, et surtout de leur apprendre à les détecter ou à les éradiquer. Intrinsèquement, ce logiciel n'est pas dangereux – nous l'avons installé sur des PC qui sont restés stables pendant des mois –, mais son utilisation peut être nocive. Pour être aussi ironique que les auteurs de BO2K, ajoutons que l'antivirus Norton a bien plus déstabilisé notre Windows que BO2K !

Voici, par exemple, la liste des fonctions autorisées par Back Orifice 2K :

- reniflage de clavier ;
- exploration du contenu du disque dur et transfert de fichiers à travers un explorateur HTTP ;
- prise de contrôle du système de partage de fichiers de Microsoft ;
- édition directe de la base de registres ;
- gestion et transfert de fichiers ;

- amélioration par plug-in ;
- installation, mise à jour et désinstallation à distance ;
- redirection des communications TCP/IP (reniflage TCP/IP) ;
- accès aux consoles *via* Telnet (boîte MS-DOS par exemple) ;
- capture vidéo et audio et lecture audio à distance, prise de contrôle des périphériques multimédias ;
- porte dérobée pour contourner les mots de passe NT, Win9x et l'économiseur d'écran ;
- arrêt, démarrage et listage des programmes en exécution ;
- possibilité de connexion multiple ;
- capture et affichage des messages de l'interface graphique ;
- compression de fichiers ;
- redémarrage à distance ;
- résolution de noms de domaines.

Cette liste montre que Back Orifice est un superoutil d'administration à distance, rien de plus ! D'ailleurs, les auteurs de ce programme affirment, avec beaucoup d'ironie, que Back Orifice 2K est un "outil pratique d'administration". Évidemment, les "experts" en sécurité ne sont pas d'accord.

Certes, il est possible d'utiliser de façon furtive BO2K. Mais, en l'état, s'il était installé sur votre ordinateur, BO2K, bien encadré, ne serait pas plus dangereux qu'un PC Anywhere mal configuré !

INFO

BO2K : symptômes et prévention. Les PC en liaison IP permanente (entreprise, câble, Call Back Numéris) sont la cible de BO. Mais il peut aussi fonctionner pendant des connexions "Dial Up" (qui bien que rares – les lignes ADSL ou optiques équipent maintenant plus de 80 % des foyers des pays industrialisés – existent encore). Le mode d'infection passe par une procédure d'installation ou une action malveillante. Les symptômes sont quasi nuls, à l'exception du fonctionnement du modem en émission lors des périodes d'inactivité. En guise de prévention et de traitement, suivez ce conseil : n'installez pas les programmes inconnus, et surtout ceux attachés en pièce jointe aux e-mails. Aucun antivirus ne semble prévenir l'arrivée de BO. L'éradication passe par sa suppression dans les bases de registres de Windows. Vous pouvez également détecter et retirer la plupart des rootkits sous Linux et Windows avec des outils spécialisés : **http://rkhunter.sourceforge.net/** Rootkit Hunter pour Ubuntu et Linux, ou en utilisant par exemple le kit de Sophos, **http://www.sophos.com/en-us/products/free-tools/sophos-anti-rootkit.aspx**.

Les faux troyens et les vrais virus

Parfois, de vrais programmes, totalement inoffensifs, sont considérés par certains outils de sécurité comme des troyens, sans raison valable ! Des lecteurs de la précédente édition de cet ouvrage nous l'ont signalé par e-mail. Voici la retranscription de l'un de ces deux messages, reçu le 19 mai 2003, à l'époque où nous fournissions encore les outils listés dans cet ouvrage sur un support de stockage lié :

> *Bonjour*
>
> *J'ai acheté le livre Hacker's Guide d'Éric CHARTON édité par CampusPress. J'ai trouvé cet ouvrage clair, bien documenté, à la portée d'un non-spécialiste. [...]*
>
> *Venons-en au fait qui m'a fortement déçu. Au moment d'expérimenter les exemples contenus dans le CD-ROM, l'antivirus installé (Antivir) a trouvé que le fichier pulvien.exe du dossier Password_cracker contenait le trojan TR\PSW. MADBOX. J'espère que personne ne va pouvoir se servir de mes passwords pour surfer à mes frais en utilisant mes forfaits. Lors du fonctionnement du cheval de Troie, ne pourrait-on pas détecter QUI reçoit les infos que le troyen est censé communiquer et sévir ?*
>
> *Le CD-ROM infecté est fabriqué par MPO sous la référence 1536. Vu cet exemple, je pense que les hackers mènent par 1 point à 0. J'espère qu'il y aura un match-retour et, à la suite, un second livre qui promet d'être intéressant. Ci-joint le fichier résultant de la détection du virus.*
>
> *Salutation d'un lecteur perplexe.*

Première remarque : personne ne gagne, personne ne perd ! Les vrais hackers n'apprendront rien dans cet ouvrage qu'ils ne sachent déjà. Pour ce qui est de MPO, qui a dupliqué le premier CD-ROM, rassurez-vous : il y a peu de risques que cette société respectable et compétente laisse passer quoi que ce soit de nocif sur l'un des CD-ROM qu'elle reproduit. Elle a même refusé, par éthique, de dupliquer un premier prototype de CD-ROM, destiné à la première édition de cet ouvrage, parce qu'il contenait une version de BO2K (qui n'est pourtant pas interdit en France !).

Une question demeure : contrairement à des milliers de lecteurs, notre correspondant aurait-il trouvé sur son CD-ROM un méchant troyen, qui serait passé entre les mailles du filet ? Évidemment non !

Explication : la signature identifiée est celle du logiciel Password Cracker. Certains logiciels antivirus le détectent en tant que "logiciel nuisible" et le classent à ce titre (au gré des desiderata de leurs auteurs) dans la catégorie des virus ou des troyens ! Lorsque l'on considère un logiciel comme "dangereux", il est effectivement possible de le qualifier de "virus" ou de "trojan". Mais, dans ces conditions, Windows Me est un virus puisqu'il plante le système assez régulièrement.

Pour autant, le code intrusif en question n'est pas un virus ni un trojan inactif, mais bien un vrai programme, que des paranoïaques présentent dans leur logiciel antivirus comme un trojan (cela en dit long sur leur compétence et leur honnêteté intellectuelle !). En l'occurrence, ce "lecteur perplexe" a utilisé un antivirus freeware allemand, relativement inconnu.

En fait, PASSWORD-CRACKER ne communique pas avec l'extérieur, et à l'inverse de BO2K ou de Madcow, il respecte les conventions de Windows lorsqu'il s'installe (pas de furtivité) : création d'icône, utilisation légale des bases de registres, etc. Tout est donc correct. L'antivirus allemand va donc trop loin (bien plus loin que Norton ou Symantec, par exemple, qui ne créent aucune alerte face à un programme de ce type). Il considère que PASSWORD-CRACKER est nocif parce qu'il décrypte des mots de passe. Pourtant, il s'agit d'un simple programme de détection de mots de passe. Cette attitude relève plus de la dictature de la pensée que de la sécurité.

Conclusion : notre lecteur possède un CD-ROM contenant un programme de détection de mots de passe que des antivirus pointent du doigt. C'est tout !

Les troyens des grandes entreprises

Attention : il existe bien d'autres moyens de faire entrer un troyen dans votre ordinateur.

Ainsi, au début des années 2000 l'association de défense de l'industrie musicale américaine aurait eu recours à des chevaux de Troie pour infecter les ordinateurs des utilisateurs des logiciels d'échange de fichiers MP3 ou DIVX (certaines versions d'Emule, KaZaA et consorts).

Selon le *New York Times*, la Recording Industry Association of America (RIAA) aurait fait appel à des sociétés pour développer des outils de lutte contre les téléchargements et échanges de fichiers numériques. On peut la comprendre, sachant que le Peer to Peer fait perdre de l'argent à cette industrie et semble décidément impossible à anéantir par voie de justice. Cela dit, on ne peut s'empêcher de remarquer que la fameuse RIAA, dans un délire persécuteur, s'obstine à vouloir détruire le réseau, au lieu de le rendre légal en offrant une solution de paiement raisonnable aux utilisateurs désirant payer ce qu'ils téléchargent (style Sacem, par exemple).

Ces affirmations du sérieux *New York Times* n'ont pas été prouvées (mais pas contestées non plus).

Ce que l'on sait, en revanche, c'est que de très nombreuses affaires récentes ont souligné que le troyen restait un accessoire de choix pour attaquer des organismes gouvernementaux ou de grandes entreprises.

On mentionnera cette affaire du FMI, mentionnée par la BBC (**http://www.bbc.co.uk/news/technology-13748488**) en juin 2011. Un logiciel malicieux, conçu pour récupérer et transmettre des fichiers malicieux, aurait été installé sur un des ordinateurs de l'organisation. L'article de la BBC se conclut en envisageant que des experts israéliens ou du gouvernement américain seraient les auteurs de l'infection.

Un peu plus tôt, en mars de la même année, *Le Monde* (LeMonde.fr du 7 mars 2011) nous alertait sur la découverte de "la plus importante attaque informatique jamais menée contre l'État français. Le ministère de l'Économie et des Finances a été l'objet d'un piratage sans précédent". Selon *Le Monde*, ce sont près de 250 ordinateurs de ce ministère qui auraient été infiltrés par des troyens, introduits *via* des e-mails piégés.

Il est également certain que le réseau BitTorent, par exemple, diffuse de très nombreux logiciels piratés qui installent des logiciels malicieux. Piratez si vous voulez, mais vous êtes informé.

Plus récemment, c'est au tour de la Chine d'être accusée par les États-Unis d'avoir installé de nombreux logiciels espions dans des administrations sensibles : en mars 2013, le Pentagone a accusé une agence chinoise d'avoir ciblé méthodiquement ses sites militaires, et la société Mendiant a diffusé un rapport affinant qu'une centaine de firmes américaines névralgiques étaient la cible d'intrusions. Ces annonces sont généralement assez peu précises sur les techniques mises en place. L'immense majorité des intrusions en provenance de la Chine serait constituée d'intrusions dans des systèmes tels que Gmail, en utilisant les mots de passe légitimes volés par simple ingénierie sociale. Mais des cas d'installation de rootkits par des "hommes du milieu" sont également régulièrement cités (lire pour en savoir plus la fiche de synthèse de Wikipédia très bien faite à l'adresse **http://en.wikipedia.org/wiki/Cyberwarfare_in_China**)

Installer un cheval de Troie

À ce stade, nous invitons les administrateurs de réseau à essayer des chevaux de Troie "civilisés" sur leurs réseaux, à les détecter, puis à les éradiquer. Gardez-vous bien d'en faire des outils d'administration distante, mais apprenez à les connaître.

Il existe deux méthodes pour installer un logiciel dit "cheval de Troie" sur un PC :

- Le faire légalement : vous, utilisateur, voulez observer ou expérimenter cet outil.
- Le faire illégalement : lui, le pirate, va chercher un moyen de dissimuler le cheval de Troie pour qu'il s'installe à votre insu sur votre machine.

De cette seconde solution vous ne trouverez pas de démonstrations pratiques ici. Néanmoins, pour vous éviter d'être victime de ce type d'installation, il est important de vous fournir quelques pistes. D'abord, il faut bien comprendre que pour installer un cheval de Troie sur votre machine à votre insu le mécréant utilisera deux tactiques :

- Il lancera l'installation pendant votre absence, le plus simplement du monde, avec le clavier de votre ordinateur !

- Il greffera son troyen sur un autre programme "banalisé". En installant ce programme banalisé, vous installerez le troyen. C'est la tactique du virus. C'est aussi celle qui a les faveurs des hackers de tablettes (qui utilisent une application en apparence légitime sur l'Android Market par exemple, pour dissimuler leur troyen).

Pour éviter l'installation directe sur un PC de bureau, vous pouvez toujours verrouiller votre PC avec des mots de passe, c'est autant de temps perdu pour le méchant ! Évitez aussi de donner trop facilement accès à votre machine : un ordinateur, c'est comme un outil, c'est très personnel.

Pour ce qui est des installations sur tablette depuis la boutique officielle du fournisseur (Apple, Amazon, Google), vous êtes plus vulnérable, car *a priori*, l'usage de ces marchés d'applications repose entièrement sur la confiance que vous avez envers son opérateur. Il existe des logiciels de protection, mais qui alourdissent malheureusement le fonctionnement des systèmes tels que les iPhones ou téléphones Android. Dans l'immédiat, il est probablement préférable de s'en remettre aux opérateurs des plates-formes de téléchargement d'applications, tout en privilégiant, particulièrement sur le marché Android, les applications les plus réputées.

Pour ce qui est de la "tactique du virus" sur PC de bureau ou portables, quelques règles simples :

- Ne lancez jamais d'exécutable contenu dans un e-mail expédié par un inconnu.
- Évitez d'installer les jeux donnés par des "amis" qui n'en sont pas.
- Évitez d'installer les utilitaires géniaux proposés par des "amis" qui n'en sont pas.

C'est par ce biais que se propagent la plupart des troyens. Pour ce qui est de l'expérimentation légale, nous vous proposons de récupérer *via* Internet deux "chevaux de Troie" connus et décortiqués par tous les experts de la sécurité et qui, correctement utilisés, ne risquent pas de provoquer de graves dysfonctionnements sur votre machine. Nous verrons plus loin quels outils utiliser pour les détecter et les effacer.

- Trojan Cow ;
- Back Orifice 2K (BO2K).

Ces deux logiciels sont des outils d'administration distante, furtifs. Ils n'ont pas d'équivalents aussi simples à installer sur les tablettes ou les téléphones intelligents. À ce jour, ces logiciels n'ont pas fait l'objet de publications démontrant qu'ils possédaient d'autres fonctions que celle d'administration à distance (envoi d'e-mail à l'insu de l'utilisateur, par exemple). Mais n'oubliez jamais lorsque vous installez un cheval de Troie sur votre machine que le logiciel que vous manipulez vient du milieu du hacking. Ce qui signifie que vous ne pouvez jamais être certain à 100 % d'installer un outil qui ne pourra pas se retourner contre vous. La solution la plus sûre pour les essayer sera probablement de les installer sur une machine isolée de tout réseau.

Généralement, le meilleur moyen pour s'assurer qu'un trojan n'est pas modifié par un hacker – pour installer par exemple sur votre PC un second cheval de Troie – est de vérifier la taille des fichiers originaux en les comparant avec une encyclopédie. Mais même cette technique n'est pas fiable à 100 % !

Ainsi, lors de l'exécution du client Trojan Cow (CowClient), pourtant parfaitement conforme à l'original, nous nous sommes aperçus qu'un Sockets23 avait été installé simultanément !

INFO

Les plug-in de Back Orifice. Back Orifice, comme un logiciel haut de gamme, est capable de recevoir des plug-in. Ces morceaux de logiciels ajoutent de nouvelles fonctions à cet outil qui pourtant n'en manque pas !

C'est avec ces plug-in que BO2K devient un logiciel moins civilisé : dans la version 3.0, par exemple, un plug-in de notification de présence par e-mail peut rendre cet outil beaucoup plus dangereux.

La version utilisée ici a été téléchargée, sans plug-in, depuis le site officiel **http://www.bo2k.com**. Si vous souhaitez télécharger de nouvelles versions de BO2K, récupérez toujours vos programmes depuis cette adresse pour être certain d'avoir une version sans plug-in.

La plupart des chevaux de Troie et leurs spécificités sont décrits sur le site **http://www.bitdefender.com**. Vous trouverez à cette adresse des fiches descriptives très précises sur ces logiciels et leurs particularités, ainsi que le moyen de vous en débarrasser.

Un cheval de Troie – en tout cas les versions actuellement en circulation sur le réseau – n'est jamais dangereux lorsqu'il tourne sur une machine reliée à Internet *via* une adresse IP fictive du plan de numérotation intranet.

Il peut éventuellement être accessible sur ce genre de machine à travers une NAT (*Network Address Translation*) : ce dispositif proposé par certains routeurs ou logiciels de routage permet de transférer tout ou partie du trafic IP depuis l'adresse IP officielle du réseau vers une des machines de l'intranet, y compris si cette dernière a adopté un numéro IP fictif.

Mais, pour être franc, tous les troyens fonctionnent sur des ports IP très spécifiques, et il faudrait vraiment que l'administrateur de votre réseau soit très niais pour router un port IP de cheval de Troie vers votre station ! Cela dit, la méfiance reste de mise : rien n'empêche de concevoir un troyen créant une liaison "tunnel" entre une station non officielle du réseau et une autre machine, qui est bien identifiée sur Internet. Ce virus démoniaque n'existe pas encore, mais…

Les troyens en pratique

En tout état de cause, ces outils sont considérés ici comme des logiciels d'administration à distance et non comme des chevaux de Troie. La différence est subtile mais essentielle : si vous les installez sur votre machine, c'est votre affaire. Vous pourrez tranquillement expérimenter les possibilités de ces outils.

Ces outils peuvent détruire des données et éventuellement perturber votre système. Ils ne sont pas pires que d'autres applications client-serveur : vous devez savoir que ce sont des logiciels expérimentaux et les tester sous votre propre responsabilité.

Pour tout dire, jamais nous n'installerions ces outils sur la machine que nous utilisons pour travailler ! Pas pour le danger qu'ils représentent, mais parce que comme tous les freewares expérimentaux, ils peuvent parfois déstabiliser un système.

En pratique, essayons d'installer maintenant Trojan Cow :

1. Lancez CowServer.exe.

   Il ne se passe… rien, ce qui en dit long sur la démarche de la procédure d'installation de cet outil, étrangement furtive. Passons.

   A priori, Trojan Cow est maintenant sur la machine de test.

2. Lancez le client intitulé CowClient.

3. Dans la fenêtre, face à IP, saisissez localhost qui pointe sur la machine en cours d'usage (voir Figure 4.2).

Figure 4.2
Le client Trojan Cow.

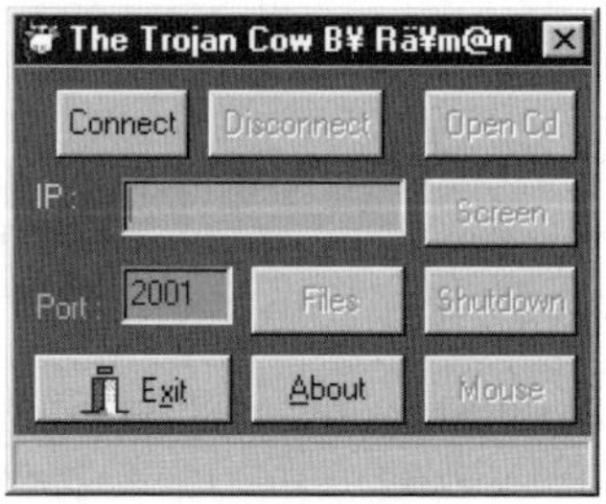

Trojan Cow se connecte (voir Figure 4.3).

Figure 4.3
La connexion avec Trojan Cow.

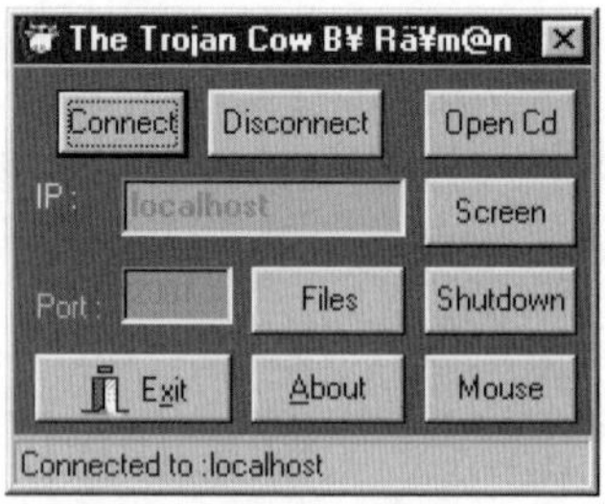

Vous pouvez maintenant lancer un certain nombre d'actions facétieuses : ouvrir le CD par l'option Screen, dissimuler ou modifier quelques éléments de l'écran, rendre la souris folle en cliquant sur les options Mouse... (voir Figure 4.4). Bref, rien de bien méchant dans ce cheval de Troie.

Figure 4.4
Les options du client Trojan Cow.

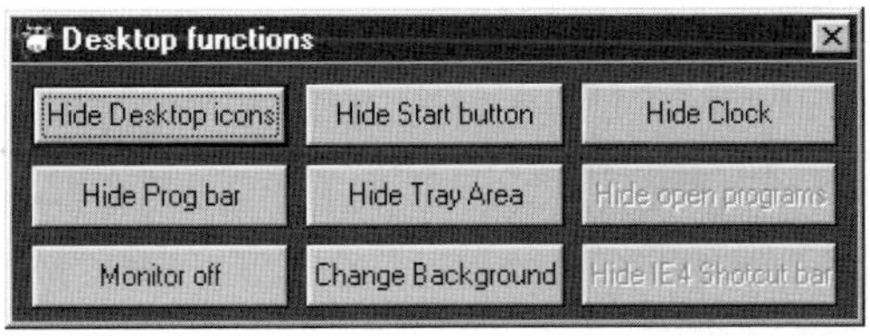

Ce qui est ennuyeux avec Trojan Cow, c'est qu'il ne propose pas de mot de passe... et qu'un simple scan d'un millier d'adresses IP au hasard permet d'en localiser une petite centaine sur Internet, librement accessibles. Donc ? Si votre serveur perd ses boutons, éjecte son CD, redémarre sans raison, il n'est pas hanté. Il est infecté.

Essayons maintenant d'installer et de manipuler Back Orifice :

Lancez le programme BO2K_1_0full. Suivez les étapes d'installation. Vous constatez que l'outil s'installe classiquement, vous indique sa position sur le disque dur, et prévoit un emplacement dans la barre des tâches.

Depuis ce dossier BO2K de la barre des tâches, vous pouvez maintenant lancer le programme client, l'outil de configuration et le serveur.

Pour installer le serveur, lancez le Configuration tool. Validez les options jusqu'à Choose a port number. À ce stade, indiquez 54320, qui est le port par défaut de BO2K (plus aisé à détecter avec les scanners). Validez les options des fenêtres suivantes. Choisissez un mot de passe. Cliquez sur Finish, puis sur Exit. Le serveur est configuré... mais pas installé.

Pour l'installer, entrez dans le sous-répertoire "Backorifice 2000" du menu et lancez le programme BO2K (voir Figure 4.5).

Lancez maintenant le client :

1. Déroulez le menu File, option New server.
2. Remplissez le formulaire en indiquant l'adresse IP de la machine serveur BO2K dans Server address, suivie du numéro de port (dans notre exemple, 192.168.0.22:54320).
3. Le client est lancé ; cliquez sur le bouton Click to connect.

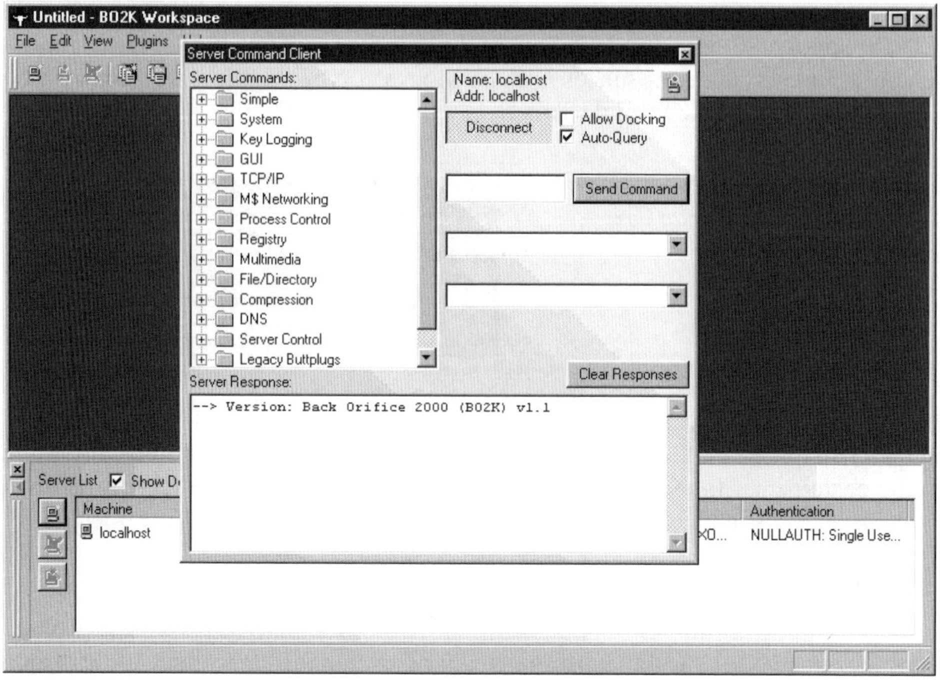

Figure 4.5
Connexion à BO2K.

Vous êtes relié au serveur BO2K. Pour utiliser l'une des options, déroulez-en une dans celles qui sont présentées dans la fenêtre de droite, validez-la (par exemple system/ get System Info, comme à la Figure 4.6), puis cliquez sur Send Command. Dans cet exemple, la configuration du système où est implanté BO2K vous est transmise !

Figure 4.6
Utilisation des fonctions de BO2K.

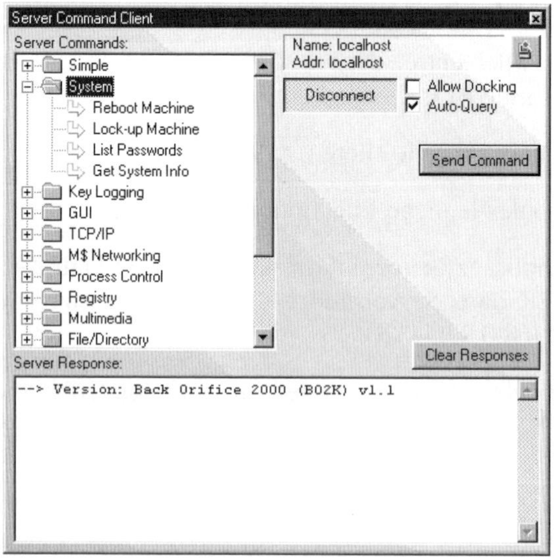

Le virus

Arrêtons-nous maintenant quelques minutes sur l'ancêtre du troyen, à savoir le virus. En tant que tel, le virus n'entre pas dans la catégorie des outils du pirate informatique. C'est presque toujours un morceau de logiciel destructif et non un outil de prise de contrôle d'un système à distance. Le virus, parfois violent et destructeur de façon purement gratuite, agit et détruit au hasard. Produit souvent par des hackers, il n'a qu'un but : prouver que celui qui l'a écrit est un génie, capable de tout casser depuis son propre PC.

Quand l'auteur d'un virus réussit à créer une véritable petite peste numérique, on en parle pendant des mois, puis le souffle retombe. Moins de gros titres, moins de passages à la télé. Bref, la virologie informatique fait surtout vendre et se banalise.

Cela dit, le risque "virus" existe bel et bien et peut avoir des conséquences catastrophiques :

- détruire le contenu d'un disque dur ou d'une mémoire flash ;
- bloquer le PC ;
- effacer des applications ;
- générer une multitude d'erreurs incompréhensibles et agaçantes.

Ces quatre symptômes ne sont pas forcément le signe de la présence d'un virus. En effet, un logiciel trop ancien peut provoquer des destructions de fichiers ; un PC dont le système et les disques durs sont mal entretenus peut être victime de blocages et d'erreurs inexpliqués. Alors, à part utiliser le traditionnel antivirus, que faire ? Commencez par apprendre d'où vient un virus (et d'où il ne vient jamais !) :

- souvent d'une clé USB prêtée par un ami ;
- rarement d'un fichier téléchargé sur Internet ;
- presque toujours d'un jeu piraté, copié et échangé ;
- presque jamais d'un document (texte, tableau) ;
- très rarement d'une image ou d'un fichier sonore ;
- jamais d'un CD-ROM de magazine ;
- jamais de CD d'installation d'un logiciel réputé ;
- parfois d'une application en apparence légitime téléchargée sur les marchés d'applications pour tablettes et téléphones.

En outre, gardez à l'esprit qu'un interlocuteur malveillant peut vous expédier un logiciel contenant un virus par courrier électronique : vous exécutez le programme et le PC est infecté ! Ce mode d'infection est inconnu à ce jour sur tablettes et smartphones. Méfiez-vous donc toujours des programmes envoyés dans votre boîte aux lettres électronique par des internautes inconnus.

Ces règles de propagation relèvent de la mécanique même du virus. Son principe de fonctionnement est plutôt simple. Il s'agit d'un bout de programme à double mission : la première est la propagation, la seconde est l'action (destruction de données, par exemple). La propagation permet d'"infecter un maximum de PC", et l'action satisfait l'ego de l'imbécile qui l'a inventé, et accessoirement vous embête.

Pour accomplir ces deux missions, le virus est le plus petit possible : il peut ainsi se dissimuler sur un disque dur et tenter de "s'agripper" à l'un des programmes installés. Une fois infecté, le programme joue le rôle de multiplicateur du virus : à chaque lancement, il crée une copie du virus en question, qui infecte un autre programme, et ainsi de suite. Par conséquent, pour qu'un PC soit infecté par un virus, il faut un programme qui l'introduise.

Les virus macros

Un virus est donc un bout de programme. Rappel : on distingue les programmes compilés, qui sont constitués d'instructions directement exécutées par le microprocesseur, et les programmes interprétés, qui nécessitent du code tiers pour être exécutés.

Il y a quelques années, les plus féroces spécimens rencontrés appartenaient à la catégorie des virus interprétés, dits "macros". Sur PC, et avec l'apparition des suites bureautiques sur le nuage (telles que celles de Google Document), ils ont quasiment disparu. Ils utilisent un langage de programmation pour se propager ou agir. Leur principe est démoniaque !

Avant eux, les virus ne pouvaient se propager et agir qu'en se cachant dans une application. Cela rendait leur mise en œuvre complexe. Mais les virus macros peuvent se cacher dans un texte Word ou un tableau Excel, c'est-à-dire dans des fichiers qui circulent dans les entreprises, souvent par e-mail de surcroît !

Tout a commencé il y a quelques années, lorsque des administrations, des entreprises de nombreux pays, souvent utilisatrices de la version 6 de Microsoft Word, ont signalé des déstabilisations généralisées de leurs systèmes par des macros non autorisées. On s'est vite rendu compte qu'en fait de macro il s'agissait de virus, écrits en langage macro !

On s'est aussi rendu compte de l'extraordinaire pouvoir infectant de ces nouveaux virus. Une fois dans le système, ils infectent en quelques minutes tous les nouveaux documents, puis tout un réseau, puis d'autres réseaux reliés *via* Internet.

Avec eux, il est possible de contaminer un système simplement en ouvrant un document infecté.

Comment en est-on arrivé à une telle performance ? La cause de ce problème est liée à l'augmentation de la puissance du langage macro WordBasic à partir de la version 6 de Word. Cela a accru la fonctionnalité du système, notamment en donnant *via* de nouvelles commandes un accès au disque ou à d'autres documents. C'est une constante : dès qu'un langage permet la création de programmes sophistiqués, capables de créer des échanges avec des documents ou des périphériques, il peut servir de support pour créer des virus.

Un des symptômes de l'infection du système est l'apparition de macros inconnues ou non autorisées (par exemple AAAZAO, AAAZFS, AutoOpen et PayLoad) dans le fichier Normal.dot de Word (gabarit commun). Ces macros se greffent à tous les documents sauvegardés et passent d'un utilisateur à l'autre par disquette ou courrier électronique. La macro Colors change au hasard les réglages couleur du système (dans le fichier windows.ini) dès qu'un compteur interne atteint 300. Un autre virus de macro, PayLoad, tente d'effacer les fichiers système IO.SYS, MSDOS.SYS et COMMAND.COM. Le virus ajoute aussi les deux lignes suivantes à la fin de tous les documents imprimés ou envoyés par télécopieur :

```
And finally I would like to say :
STOP ALL FRENCH NUCLEAR TESTING IN THE PACIFIC
```

Le texte n'étant ajouté qu'à l'impression, l'utilisateur ne s'en rend quasiment jamais compte. D'autres virus macros prennent le contrôle des logiciels d'e-mails. Piratant votre carnet d'adresses, ils envoient à tous vos interlocuteurs un document pris au hasard sur votre disque dur. Certains utilisateurs ont eu ainsi des sueurs froides !

Heureusement, une manipulation relativement simple permet de protéger le logiciel Word contre les virus macros connus. Choisissez l'option Macro du menu Tools et créez une nouvelle macro appelée AutoExec dans laquelle vous saisirez les données suivantes, puis sauvegardez-la :

```
Sub Main
DisableAutoMacros
MSGBox "AutoMacros are now turned off.", "Virus protection", 64
End Sub
```

Cette macro est exécutée automatiquement dès que Word est lancé. Elle désactive la fonction qui permet à Concept, à DMV et à Nuclear d'attaquer le système. Les virus macros les plus récents sont toutefois capables de contourner cette barrière.

Les virus macros découverts jusqu'à maintenant ne peuvent infecter les versions de Word dans lesquelles les commandes du langage macro ont été traduites. Ainsi, les macros créées avec la version anglaise de Word ne fonctionnent pas. Il en va de même pour les versions récentes de Libre Office, Open Office, et Office de Microsoft.

Le troyen moderne : le spyware

Les spywares sont ces logiciels (on parle d'espiogiciels) qui évoluent à la frontière du virus, du spam et du plug-in : ils s'introduisent dans votre système et piratent vos données ou affichent des publicités intempestives. Un très bon outil antispyware – gratuit – disponible à l'heure actuelle est Spybot Search and Destroy. Bien évidemment, le monde du hacking, du malware continue de se développer, d'évoluer et de muter. Régulièrement, il arrive que l'on se retrouve face à des malwares particulièrement malicieux et résistants aux logiciels de désinfection. Spybot, qui demeure la référence, a parfois un peu de mal à suivre. Certains outils tels qu'Ad-aware ou encore cc cleaner ne sont plus en mesure d'offrir une protection sérieuse. Comme toute technologie logicielle, la défense contre les logiciels malicieux est une activité intense, que tous les auteurs de logiciels antispywares n'ont pas forcément les moyens de suivre.

Il faut donc étudier les nouveautés et trouver des outils plus performants pour se débarrasser des win.rugbu et autres renifleurs coriaces. L'un des plus performants à l'heure actuelle, avec des mises à jour de bases de détection redoutablement exhaustives, est MalwareByte's (**http://www.malwarebytes.org/**).

Le spyware peut entrer par de nombreux moyens dans votre machine (y compris par voie automatisée – lire Chapitre 3).

Au début des années 2000, par exemple, des fichiers sonores au format WMA d'un genre douteux circulent sur les réseaux P2P. Ceux qui ont essayé de les lire se sont retrouvés avec une collection impressionnante d'espiogiciels (spywares) sur leurs PC. Ces WMA sont en fait des fichiers protégés dont le système de gestion des droits d'auteur (*Digital Right Management*, DRM) a été détourné pour permettre l'installation de logiciels espions. On notera que les versions actuelles de MS Player ne présentent plus les failles qui permirent la diffusion de ces fichiers piégés.

À deux reprises en 2010 et 2011, une faille de sécurité permettait de faire porter un spyware par un fichier PDF et d'infecter un iPad. Le logiciel malicieux collectait ensuite toutes les données personnelles, qu'il expédiait par Internet. Il faut dire qu'avec plus de 10 millions d'appareils vendus par an pour l'iPad et une masse non négligeable d'informations négociables stockées sur la tablette ce modèle devient extrêmement convoité par les pirates. Ces premières attaques ne sont malheureusement donc qu'un début.

Origine de la faille des iPad

Étonnamment, ce sont les *jailbrakers* (ces spécialistes système qui débloquent les produits personnels Apple pour qu'ils acceptent l'installation de Linux) qui ont découvert les failles PDF de l'iPad 2. Ce jailbreak, réalisé par Comex, qui exploite une faille de lecture d'un fichier PDF permettant de lancer un fichier exécutable (et donc un code malicieux), très utile pour profiter de Cydia (système libre pour l'iPad), peut ainsi également être utilisé à des fins désastreuses pour l'iPad. Pour faire bonne mesure, les mêmes jailbrakers ont d'ailleurs publié le correctif de sécurité de cette faille avant Apple !

On le voit, à la fois virus, troyen et outil de hacking, le spyware n'est pas aisé à définir : il n'en est pas moins envahissant et peut perturber votre machine aussi sûrement qu'un virus ou un troyen.

Sachez que dans 90 % des cas une machine sous Windows XP et antérieurs qui devient exagérément lente est généralement infectée par des spywares qui volent ses ressources. Le spyware se manifeste d'ailleurs souvent une première fois par son comportement très proche de celui du troyen : sans aucune action de votre part, la connexion ADSL de votre PC se met à expédier des centaines de gigaoctets de données (observez l'icône en forme de PC en bas à droite de l'écran pour le vérifier) ! De manière générale, sur les PC puissants très récents, l'encombrement d'une liaison Internet imputable à un espion est beaucoup plus délicat à ressentir. En revanche, même sur un PC moderne, une liaison ADSL qui transmet des données alors qu'aucune session n'est ouverte sous Windows ou Ubuntu peut être le signal d'un espionnage.

Dans tous les cas, vous avez affaire à un spyware, tout bonnement en train d'expédier sur un serveur (le plus souvent situé en Asie) tout le contenu de votre disque dur. Cette masse prodigieuse de données sera ensuite analysée pour en extraire numéros de cartes de crédit, mots de passe et autres… Le spyware est donc loin d'être aussi anodin qu'il n'y paraît !

Les malwares sophistiqués d'aujourd'hui

Pas anodin, mais tout compte fait relativement rudimentaire en comparaison de ce que l'imagination débridée de la délinquance technologique a pu mettre au point pendant la période 2005-2007. On a d'abord vu apparaître des spywares reliés à des interfaces d'administration complètes : parmi les informations disponibles pour le hacker dont l'un des espions avait infecté votre machine, on notait dans un premier temps le nombre de machines sous contrôle, le listing d'adresses IP classées par pays, et les listes de ports ouverts. Des informations complémentaires étaient également fournies sur le système utilisé, sa version, et éventuellement ses failles.

On a vu apparaître récemment des outils encore plus sophistiqués !

Première nouveauté des interfaces d'administration de malwares, après en vrac les statistiques complètes sur le nombre de machines sous contrôle, le listing des adresses IP classées par pays, les ports ouverts disponibles, les systèmes d'exploitation utilisés (incluant le nom de la version), voici venir la géolocalisation *via* Google Maps.

Websense (**http://www.websense.com**) a relevé cette particularité sur un troyen, Burglar.A (selon la signature qui lui a été attribuée par la société Panda Software) qui ciblait les internautes australiens par l'intermédiaire d'une campagne de spams annonçant l'attaque cardiaque du Premier ministre, John Howard (un "scam").

Ce scam disait en substance :

> *"Current Australia's Prime Minister survived a hear attack*
>
> *Prime Minister survived a heard attack*
>
> *The life of the Prime Minister is in grave danger*
>
> *Message:*
>
> *SYDNEY, February 18, 2007 08:56pm (AEDT) –*
>
> *The Prime Minister of Australia, John Howard have survived a heart attack. Mr Howard, 67 years old, was at Kirribilli House in Sydney, his prime residence, when he was suddenly stricken.*
>
> *Mr Howard was taken to the Royal North Shore Hospital where the best surgeons of Australia are struggling for his life.*
>
> *Click on the link below to get the latest information on the health of the Prime Minister:*
>
> *The Australian – keeping the nation informed*
>
> *John Howard was born on the 26th of July, 1939. Howard is Australia's second longest serving Prime Minister and leader of the Liberal Party in Australia."*

Moins politiques et beaucoup plus cyniques, on a pu aussi voir sur un site de carding (spécialiste des vols de numéros de carte de crédit) russophone un groupe de codeurs qui faisaient fin décembre 2006 la promotion d'un "nouveau" troyen baptisé Apophis. Le post de présentation de cet outil vendu de 25 à 1 200 $ selon les options souhaitées indiquait que le "kit Apophis est constitué par deux éléments principaux : le cheval de Troie et son système d'administration avancé. Le troyen bénéficie d'une structure modulable, avec un noyau principal permettant de contaminer la machine. La partie fonctionnelle du troyen est constituée par les modules additionnels". Quelques-unes des fonctions d'administration distante développées en PHP étaient aussi précisées. Dans ces fonctions, on trouve des options pour :

- contrôler les machines contaminées appartenant au réseau du pirate ;
- rajouter des modules ;
- trier les logs (pour collecter les numéros de cartes bancaires, les mots de passe automatiquement) ;
- attribuer des tâches particulières à des machines concrètes.

Voici le genre d'outil qui se cache derrière votre spyware ou malware : un logiciel administré à distance pour vous voler toute votre identité, mais aussi capable d'attaquer en masse d'autres machines (comme dans le cas des attaques de DNS). Quelques bonnes raisons pour éradiquer ces outils, non ?

Les gestes antivirus, antitroyen, antimalware et antispyware

Vous êtes à présent convaincu qu'il faut vous en débarrasser ? On vous comprend !

La machine déraille ? Premier réflexe : vérifier s'il s'agit d'un virus ! Vous savez faire, mais ensuite ? Le diagnostic est certes facile, rapide, mais avez-vous vraiment exploré toutes les possibilités ?

La problématique principale du virus est son aspect sournois. Celle du troyen ou du malware moderne est son invisibilité et la difficulté qu'ont les antivirus à les éradiquer.

Par conséquent, vous ne devez pas affirmer tout de go qu'un virus ou un logiciel espion circule par exemple sur l'intranet, mais plutôt chercher à "lever le doute". La plupart des utilisateurs se reposent sur le fait qu'ils sont équipés d'un logiciel antivirus et qu'il revient à ce dernier de "lever le doute". Or, rien n'est moins vrai ! En effet, les situations où un logiciel antivirus peut nous induire en erreur sont nombreuses.

Les fausses alertes au virus

Les fausses alertes des antivirus sont reconnaissables par l'absence de signature. Un antivirus doit en effet détecter une action de virus, mais également identifier ce dernier précisément. C'est le rôle de la signature. Sans signature, tout peut être envisagé ! Un logiciel qui accède au disque dur sans passer par les procédures normales habituellement en vigueur peut être reconnu comme un virus. L'exemple le plus fréquemment rencontré est un programme chargé en arrière-plan sous Windows (une horloge, un utilitaire de gestion de tâches), non orthodoxe dans sa programmation et reconnu comme un gros virus. À ce propos, lorsque vous faites cohabiter deux antivirus sur un seul PC, presque systématiquement ces derniers se reconnaissent mutuellement comme des virus, avec tous les problèmes techniques qui peuvent en découler.

Voici quelques suggestions de comportement :

- N'installez jamais deux antivirus.
- Si votre antivirus détecte un virus sans indiquer de signature, essayez de désactiver tous vos programmes résidents.
- Votre antivirus doit être parfaitement à jour pour éviter le doute en cas d'absence de signature.

Le comportement erratique de votre PC

Vous avez vérifié, et pourtant le comportement d'un ou plusieurs PC du réseau est suspect, sans que votre antivirus ne vous indique de signature. Vous êtes persuadé qu'un virus est bien là, mais inconnu du monde entier. Vous faites erreur ! En effet, le symptôme du virus se confond souvent avec tous les autres dysfonctionnements d'un PC : est-ce un bogue logiciel ou un virus ? Le plantage est-il dû à l'action d'un composant défectueux ou d'un cheval de Troie ?

À l'heure actuelle, les deux causes principales de doutes en matière de diagnostic tiennent aux problèmes de disque dur et à ceux liés au refroidissement du processeur. Un disque saturé ou mal nettoyé peut fourmiller de défauts de structure qui perturbent la machine et déroutent parfois le logiciel antivirus. Un processeur mal ventilé entraîne des écrans noirs ou bleus sous Windows, des défauts de parité, des erreurs en tout genre, et des arrêts incompréhensibles. Cela ressemble beaucoup à un virus.

Voici quelques suggestions de comportement :

- Devant les dysfonctionnements de votre PC, vous ne pouvez affirmer qu'il s'agit de l'action d'un virus ou d'un spyware que si vous êtes muni d'un antivirus ou d'un antispyware.
- Si l'antivirus détecte un virus sans signature, lancez Scandisk ou un antispyware.
- Si l'antivirus ne détecte rien, essayez d'assainir votre configuration : activez Scandisk et Défrag et allégez le contenu de votre disque si celui-ci est proche de la saturation. Essayez aussi un antispyware.
- Si le PC plante, jetez un coup d'œil au ventilateur du processeur (tourne-t-il ?) et vérifiez qu'aucun périphérique n'est en conflit.

Le comportement erratique de votre tablette

Les logiciels malicieux sur tablette peuvent se manifester de deux façons principales : une sollicitation excessive du processeur, et un envoi inexplicable de données sur Internet. La sollicitation excessive du processeur se manifeste par une surchauffe sur une tablette Android (ou votre smartphone) et par une baisse significative de son autonomie. L'envoi inexplicable de données peut se manifester par une baisse de débit du réseau Internet, ou un clignotement inexplicable de la led affectée au trafic Internet sur le routeur WiFi. Lorsque vous constatez de tels phénomènes, vérifiez les dernières informations sur l'apparition de logiciels malicieux pour tablettes et, le cas échéant, téléchargez et appliquez un patch correctif.

Le doute sur la source

Si malgré tout vous êtes infecté, cherchez à connaître l'origine du virus. Cette démarche est souvent légitime : il faut éviter de réintroduire le virus en identifiant les propagateurs, et éventuellement prévenir l'émetteur qu'il est lui-même infecté et l'aider ainsi à résoudre le problème.

Malheureusement, on préfère souvent s'en prendre à autrui au lieu de regarder en face ses propres insuffisances comportementales. Lever le doute sur la source pour éviter la reproduction du risque et enrayer le phénomène est sain, mais rejeter la faute sur l'autre l'est beaucoup moins ! Une brève enquête chez les éditeurs de logiciels est révélatrice : chaque jour, des dizaines d'utilisateurs appellent pour affirmer que le logiciel qu'ils viennent d'acheter est infecté. Or la réalité est implacable : 99,9999 % des logiciels commerciaux sont totalement sains. Il en est de même pour les CD-ROM de tous les magazines (plusieurs centaines de millions de CD-ROM et de disquettes ont été diffusés par ce biais depuis une dizaine d'années, et on relève seulement deux cas d'infection !).

"La faute de l'autre" sert aussi parfois à régler des comptes personnels. Un ingénieur en a fait l'expérience : après avoir quitté son emploi dans une société de services, il s'est vu accusé d'avoir propagé un virus sur les machines de l'entreprise. Sa réponse se passe de commentaires : "Depuis deux ans, j'observais des collègues s'échanger des disquettes de jeux sur des stations de travail avec logiciels de CAO et fichiers sensibles !"

Quand les virus sont là

Le doute est levé : vous êtes infecté et souhaitez résoudre le problème. Comment faire ? Avant de répondre, présentons les symptômes typiques d'une infection :

- Un programme d'installation demande un CD "n° 2" et s'interrompt en affichant le message "erreur sur le CD n° 2". Cela signifie que le virus était déjà sur le PC et qu'il s'est immiscé sur vos CD pendant la procédure d'installation.
- Le PC refuse de démarrer en affichant le message "secteur de boot défaillant ou endommagé".
- Le message "table de fichiers croisés" se multiplie.

Voici les diagnostics possibles :

- Dans presque tous les cas, le CD n° 2 est endommagé par un virus qui était déjà présent sur votre machine avant l'installation de Windows 95. Cela arrive généralement sur le second CD car c'est sur ce dernier que les informations d'enregistrement de l'utilisateur sont écrites.

- Les problèmes de boot sont symptomatiques d'un virus déjà installé qui a entrepris son action de destruction. Un tel virus s'attaque au secteur qui amorce le système lors de la mise en route de la machine. Le problème est que le PC ne peut plus démarrer.
- Les messages "table de fichiers croisés" ou "erreur de longueur de fichiers" correspondent à des virus destructeurs de la structure des fichiers contenus sur le disque dur. Ils sont quelque part sur le disque. Il faut les dénicher et les éradiquer.

Les quelques conseils suivants permettent de parer ce type d'attaque :

- Plusieurs virus peuvent être à l'origine de votre problème. La meilleure solution est d'utiliser un programme antivirus afin d'analyser l'ordinateur avant de commencer une installation.
- Mettez en place la protection en écriture de toutes vos disquettes (repoussez le clapet de protection dans le coin supérieur gauche). Une disquette protégée en écriture ne peut être victime d'une attaque de virus. Durant la phase d'installation, un message d'avertissement s'affichera peut-être, mais la procédure ira jusqu'à son terme sans problème. Il s'agit d'une solution provisoire, qui n'élimine pas le virus pouvant être présent sur l'ordinateur.
- Lorsque des virus sont installés dans le boot de votre disque dur, essayez en premier lieu de redémarrer le PC en installant une disquette système dans le lecteur de disquettes, puis de purger avec la commande `FDISK /MBR`. Cette solution est malheureusement insuffisante et provisoire. En effet, le virus peut être retiré du secteur de démarrage, tout en restant actif et dissimulé ailleurs sur le disque dur. Dans les autres cas, il est toujours présent, quelque part, sur le disque dur. Par ailleurs, la structure des fichiers qui est endommagée le reste et risque de provoquer de nouvelles erreurs par la suite.

Une fois l'attaque du virus parée et le système stabilisé, les premiers gestes sont :

- De vous débarrasser des disquettes suspectes.
- De nettoyer tous les disques du PC avec un antivirus.
- De passer la commande Scandisk pour réparer les erreurs de structure de fichiers (cela détruira probablement des centaines de fichiers et de programmes).

Cette méthode offre une solution provisoire : elle permet de sauver tous les documents (qui ne sont pas sujets à des attaques de virus), puis de procéder à la reconfiguration complète de l'ordinateur (voir Chapitre 12).

Détecter et supprimer un cheval de Troie

Après les virus, examinons la problématique de l'éradication des troyens. Si vous avez suivi nos explications pratiques, vous avez probablement installé des chevaux de Troie.

Vous savez maintenant que ces outils ne sont dangereux que si leur utilisateur est dangereux. C'est bien là le problème !

N'oubliez jamais que l'installation d'un trojan sur un ordinateur ne traduit pas forcément l'envie qu'aurait un individu de vous espionner vous personnellement. Loin s'en faut ! Sachez que le trojan, une fois en place, asservit votre machine. Cette dernière pourra ensuite servir à lancer des attaques par déni de service pour le compte d'un pirate, comme celle qui a eu lieu sur les treize serveurs de DNS, par exemple.

Vous devez donc vous débarrasser de ces outils quand vous ne les avez pas demandés ! Et ceux que nous venons de mettre en place dans la section précédente, nous souhaitons aussi les voir prendre le large ! Bref, il faut maintenant détecter ces animaux féroces, puis les éradiquer.

Première étape : la localisation. La méthode est classique, et nous l'avons déjà employée dans les précédents chapitres. Il suffit souvent de lancer un scan de la machine infectée et de rechercher les ports écoutants associés à des troyens.

1. Lancez SuperScan.
2. Cliquez sur Port List Setup (voir Figure 4.7).

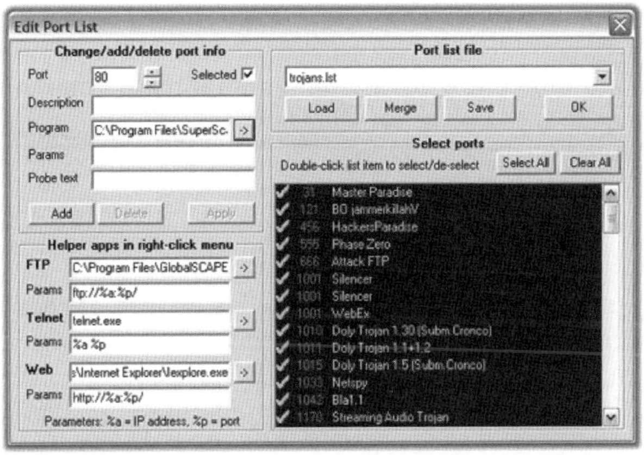

Figure 4.7

La riche liste de SuperScan en matière de troyens.

3. Validez la liste Trojan.lst. Explorez-la, elle contient toutes les signatures des troyens.
4. Cliquez sur Select All.
5. Sortez de la boîte en cliquant sur la croix.
6. Lancez un scan sur votre réseau ou sur votre machine avec l'option Localhost (voir Figure 4.8).

En quelques secondes, SuperScan identifie les troyens présents.

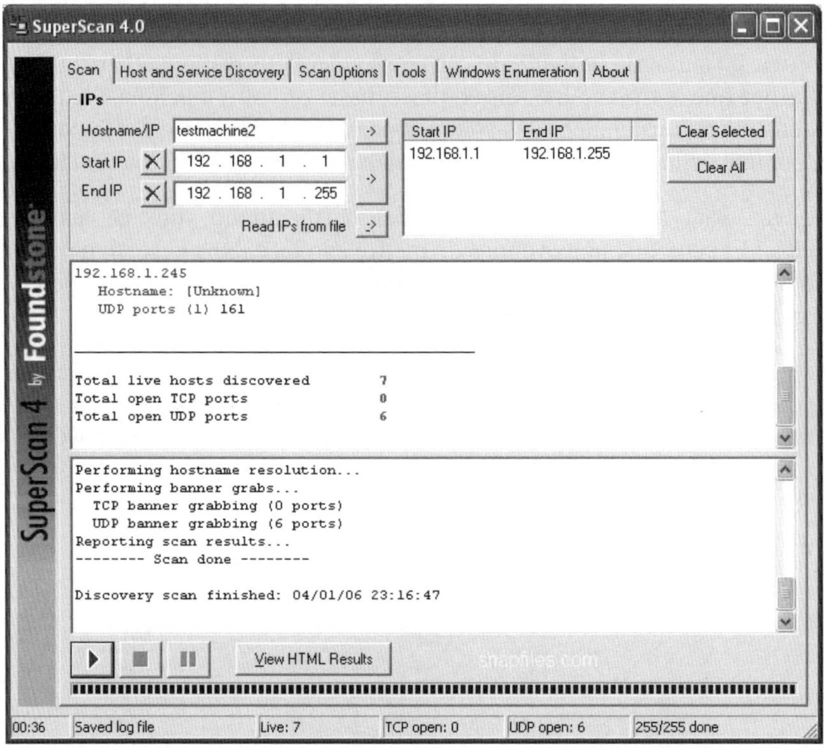

Figure 4.8
Un scan de machine.

Une fois que les troyens sont localisés, reste à les effacer. De nombreux antivirus peuvent se charger de cette tâche. N'espérez pas effacer les troyens à la main, ils sont furtifs et bien dissimulés (encore qu'avec BO2K ce ne soit guère compliqué, le serveur s'intitule UMGR32.EXE et est dans le répertoire "System").

Le logiciel spécialisé The Cleaner (**http://www.moosoft.com**) peut être utilisé. Vous pouvez aussi prendre le très bon et gratuit Spybot (**http://www.safer-networking.org/fr/index.html**). Installez l'un de ces outils sur la même machine que le troyen. Normalement, une fois que l'installation est terminée et que les modules de The Cleaner sont lancés, Trojan Cow et Back Orifice doivent être immédiatement détectés (voir Figures 4.9 et 4.10).

Un message s'affiche et vous propose d'effacer ce virus sur-le-champ (voir Figure 4.11). Acceptez ou refusez selon ce que vous souhaitez faire de vos troyens fraîchement installés !

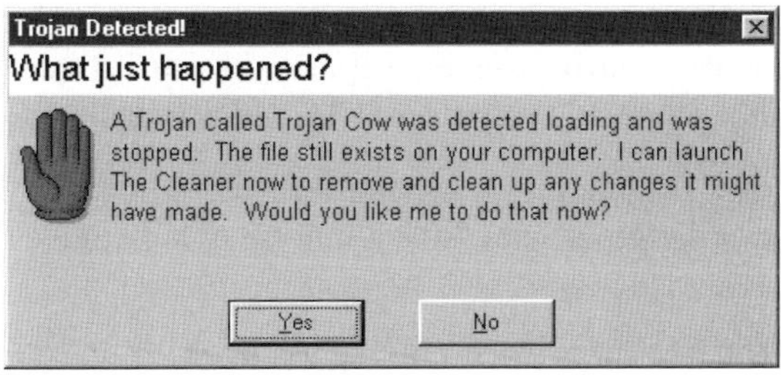

Figure 4.9
Trojan Cow est détecté.

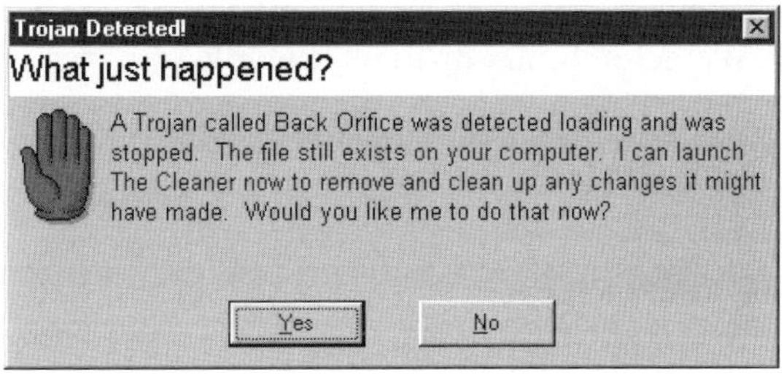

Figure 4.10
BO2K est détecté.

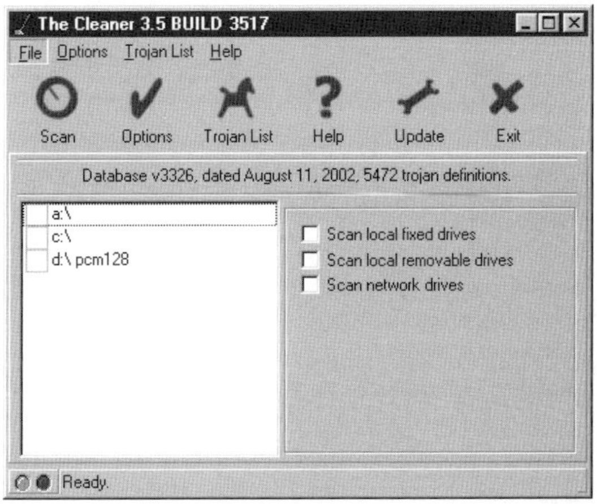

Figure 4.11
Effacer le troyen.

Quand un troyen est plus difficile à localiser, The Cleaner vous propose d'explorer le disque dur à la recherche d'une signature de troyen. Cet outil est équipé d'une des bases de données les plus précises qui soit, n'hésitez donc pas à l'envoyer explorer vos mémoires de masse.

Si vous n'avez pas demandé la suppression de Trojan Cow lors du démarrage de The Cleaner, il va le détecter de nouveau en explorant votre disque. Une fois encore, choisissez ou non de l'effacer.

Avantage de The Cleaner, il vous débarrasse totalement des troyens qu'il détecte : base de registres, fichiers, tout est impitoyablement nettoyé par ce logiciel très efficace.

Il existe d'autres outils pour détecter les troyens. Nous vous fournissons sur le CD un ensemble d'utilitaires en version d'essai limitée à trente jours : les AATools, accessibles depuis le répertoire "TCP Watcher".

Mais, très franchement, en matière d'éradication de troyens, l'alliance de The Cleaner et de SuperScan 3.0 est à notre avis la plus efficace qui soit.

Détecter et supprimer des spywares

La plupart des logiciels de protection contre les spywares sont livrés gratuitement. Les plus connus sont aussi les plus efficaces ; des antispywares sont référencés sur **http://www.echarton.com/liens_download.htm**.

Pour activer et utiliser ces logiciels, téléchargez-les puis effectuez un scan de votre disque dur (voir Figure 4.12).

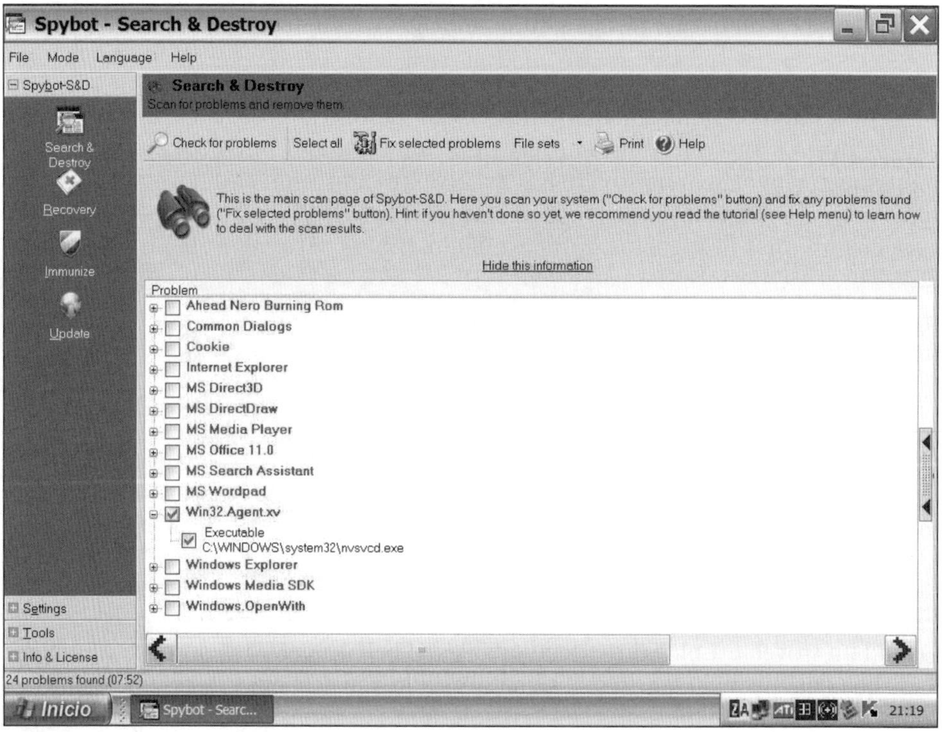

Figure 4.12

Lancez le détecteur de spywares.

Généralement, il détectera au moins une ou deux de ces petites merveilles (dans le meilleur des cas), parfois plusieurs centaines ! Le fonctionnement des antispywares est semblable à celui des antivirus ; il repose largement sur l'utilisation d'une base de détection de signatures à jour. Pensez donc bien à activer les dispositifs de mise à jour automatique (voir Figure 4.13).

Figure 4.13
Activez les dispositifs de mise à jour de signatures.

N'hésitez pas non plus à utiliser plusieurs logiciels d'éradication : les bases de signatures des uns ne suffisent pas toujours à effacer la totalité des spywares d'un ordinateur. En revanche, deux outils (celui de Malwarebytes et celui de Spybot, par exemple) conjugués sont souvent d'une redoutable efficacité.

Malwarebytes est en mesure de scanner tous les disques d'un système (ce que ne fait pas Spybot, par exemple), ce qui est désormais indispensable si l'on considère que la plupart des logiciels malicieux actuels exploitent les périphériques tels que clé USB ou disque amovible pour se propager ou se cacher dans un système désinfecté.

Dans tous les cas, pensez absolument à télécharger les mises à jour de vos logiciels anti-malwares si vous souhaitez conserver une protection efficace.

À propos des bases de registres

Tous ces virus et troyens ont un point commun : ils doivent à la fois résider sur votre PC pour en prendre le contrôle et rester discrets. Pour parvenir à leurs fins, ils se dissimulent presque toujours dans les bases de registres, qu'ils déstabilisent.

Info

Qu'est-ce qu'une base de registres ? un fichier système ? Vous entendrez souvent parler de "base de registres", de "fichier système" ou "d'initialisation" dans votre quête d'un PC au top niveau. Il s'agit de fichiers contenant des informations utilisées depuis la mise sur le marché de Windows 95 pour le fonctionnement du PC. Les bases de registres, par exemple, contiennent les références et les options de tous vos logiciels et de votre système. Couleur de l'écran, police de caractères, répertoire contenant les données, etc., tout y est ! Les fichiers d'initialisation (terminés par .INI) font de même mais sont des vestiges des anciennes versions de Windows (2.0, 3.x). Pour être l'heureux utilisateur d'un PC stable et sans défaut, il faut que tous ces fichiers soient à jour et ne contiennent aucune erreur.

Les problèmes de bases de registres sont la plaie de l'utilisateur de PC. Il faut parfois les restaurer ou les réparer à intervalles réguliers pour maintenir la stabilité du système. Nous vous conseillons d'utiliser les logiciels de réparation (Norton, Nuts and Bolts, par exemple), fort commodes, pour restaurer facilement les bases de registres. Voici quelques conseils pratiques…

Supprimer une erreur de base de registres

En cas d'affichage du message "erreur de base de registres", redémarrez votre ordinateur et gardez la touche F8 enfoncée. Choisissez le mode Commande Dos uniquement, et rendez-vous dans le répertoire "Windows" à l'aide de la commande DOS `CD c:\Windows`. Saisissez `regedit /e savebutt.reg`. Le message "Exportation du fichier" s'affiche, associé parfois à un message d'erreur. Ensuite, saisissez `attrib system.dat -r -s -h` puis `ren system.dat system.old`. Entrez de nouveau `regedit /e savebutt.reg`. Normalement une nouvelle base de registres, fonctionnelle, est recréée. Sinon réinstallez Windows !

Récupérer sa base de registres

Windows 9x stocke des informations sur le matériel et les logiciels de votre ordinateur dans le fichier System.dat, situé dans le répertoire "Windows". Windows XP reprend en partie ce principe et Vista et suivants utilisent des bases plus complexes. Deux copies de sauvegarde du fichier System.dat sont régulièrement créées automatiquement. L'installation crée une copie de sauvegarde de la base de registres, intitulée System.1st, dans le répertoire racine. Une autre copie de sauvegarde (appelée System.da0) est créée dans le répertoire "Windows". Il s'agit d'une copie de sauvegarde de la base de registres avant le dernier redémarrage. Chaque fois que vous démarrez Windows 9x ou XP avec succès, le fichier System.dat est copié vers le fichier System.da0. Ces fichiers sont cachés et en lecture seule. Pour les afficher, supprimez l'option Fichiers cachés avec un clic droit sur l'option Propriétés, au-dessus de l'icône du répertoire "Windows". En cas de problème, vous pouvez recopier ces fichiers dans ce répertoire en les renommant en *.dat pour récupérer une base de registres fonctionnelle.

Attention aux modifications

Si la base de registres est endommagée, de nombreuses erreurs peuvent se produire et votre ordinateur risque de ne pas démarrer correctement. Les modifications que vous faites dans le Panneau de configuration lorsque vous essayez de résoudre le problème peuvent provoquer la réécriture du fichier System.dat endommagé sur le fichier System.da0, rendant ainsi les deux fichiers défectueux. Pensez donc à préserver le fichier System.dat original (par exemple en le renommant en systeme.pro) avant d'intervenir sur les pilotes ou sur la configuration.

5

Les botnets

Parfois, une activité criminelle est tellement juteuse qu'elle se transforme en une véritable industrie. Il en va ainsi dans l'univers des technologies de l'information comme dans celui du monde réel. Les botnets sont l'une de ces manifestations de la structuration d'organisations criminelles dans l'univers virtuel du réseau Internet : des machines zombies reliées entre elles et entièrement dédiées à des actions de cybercriminalité.

Le terme *botnet* est construit d'après la contraction des deux mots "roBOT" et "NETwork", ce qui signifie littéralement réseau formé par des robots. Le robot étant ici un logiciel localisé sur un ordinateur.

Les premiers robots logiciels ont vu le jour dans l'univers des gros systèmes : ils étaient le plus souvent utilisés pour réaliser des opérations de maintenance (sauvegarde). Par extension, ces robots ont eu à gérer à distance des tâches de plus en plus complexes, telles que le contrôle centralisé de capteurs, ou d'autres ordinateurs (pour détecter des unités centrales en panne dans un centre informatique, par exemple). Les botnets malicieux ont d'abord été inspirés par ceux qu'utilisaient les opérateurs IRC. Ils servaient à assurer la gestion d'un canal de dialogue (signalisation, bienvenue aux arrivants) pour décharger l'administrateur de ses tâches répétitives. La première application malveillante fut d'utiliser ces outils d'administration afin de prendre le contrôle d'un canal IRC. C'est ainsi qu'Eggdrop, ancêtre des bots malveillants, est apparu en 1993.

Lorsqu'un ordinateur personnel est affecté par un cheval de Troie tel que ceux que nous venons de décrire, il devient une machine zombie. C'est-à-dire une machine contrôlée à l'insu de son utilisateur par un tiers. Généralement, ce dernier l'utilise alors le plus souvent à des fins malveillantes, par exemple pour voler les données de votre disque dur et usurper votre identité. Le PC infecté par un troyen n'est pas un botnet, tout au plus possède-t-il les fonctionnalités d'un bot unique.

Imaginons maintenant que ce tiers malveillant ne détienne plus seulement l'accès à un troyen sur une machine mais à des milliers, identiques, sur des milliers de machines ! Que ces multiples troyens soient par ailleurs reliés entre eux et puissent recevoir des ordres pour mener des actions coordonnées. Ce ne sont plus alors des troyens, mais de véritables centres de calculs informatiques, distribués (donc difficiles à atteindre), granulaires, donc peu vulnérables. Un cauchemar !

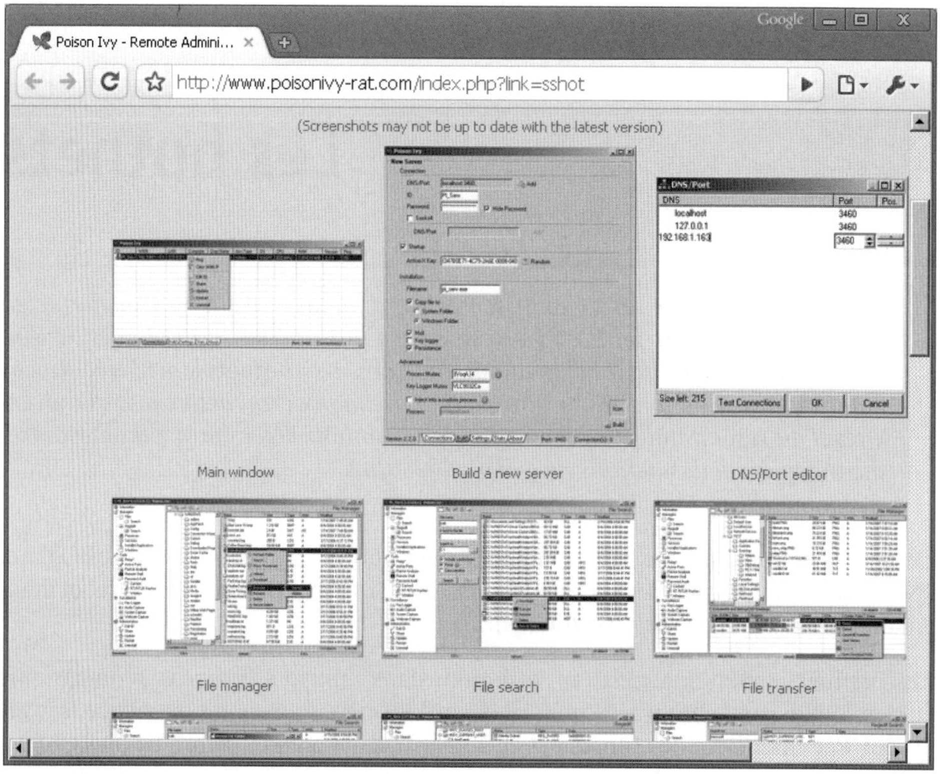

Figure 5.1

Un exemple de commande Botnet

En tout cas, voilà ce qu'est un botnet : un bot associé à un troyen, et actif sur un réseau de machines.

En tant qu'utilisateur individuel, vous êtes peu concerné par les nuisances du botnet lorsqu'il est utilisé en tant qu'ensemble dont la finalité est la perturbation ou l'extorsion de fonds. Car c'est l'une des activités de ces réseaux fantômes, qui sont utilisés principalement par les organisations qui les opèrent à des fins d'extorsion de fonds (après avoir bloqué ou réduit le trafic de vos serveurs ou de votre site informatique).

Zdnet a publié[1] un exemple de message envoyé par des attaquants munis de botnet à leurs cibles et dont voici ci-après la transcription en français :

```
Bonjour, si vous souhaitez que votre site demeure opérationnel, vous devez
nous payer 10 000 roubles mensuellement. Attention, après la date du (DATE)
votre site sera victime d'attaques DDoS. Votre site deviendra inutilisable
```

1. **http://www.zdnet.com/blog/security/study-finds-the-average-price-for-renting-a-botnet/6528**

```
tant que vous ne nous paierez pas. La première attaque impliquera 2000 bots.
Si vous contactez une entreprise impliquée dans la protection contre les
attaques DDoS nous augmenterons le nombre de bots de 50 000 et la protection
contre 50 000 bots est très onéreuse.
```

Suit une offre… de fourniture de bot pour attaquer les sites des concurrents !

Cet usage du botnet nous montre que les botnets posent deux problèmes : le premier est qu'ils sont utilisés par des organisations criminelles à des fins de perturbation et de racket, le second est que votre ordinateur, qui héberge peut-être à votre insu un élément du botnet, peut également vous rendre coupable de ces activités criminelles.

Mais cette application, spectaculaire, est extrêmement marginale. Il existe bien d'autres usages possibles d'un botnet :

- Envoyer des spams. Depuis que les logiciels les plus sophistiqués permettent d'assurer une gestion relativement efficace de la problématique du publipostage sauvage, il devient difficile d'envoyer des masses d'e-mails à des adresses. Le botnet permet d'utiliser tous les ordinateurs épars pour envoyer des pourriels difficiles à détecter car émis anonymement depuis des milliers d'ordinateurs d'apparence fiable.
- Escroquer des services commerciaux du Web en simulant des centaines d'utilisateurs cliquant sur des liens publicitaires, ou achetant des biens fictifs en utilisant des listes de numéros de cartes de crédit (eux-mêmes volés).
- Utiliser la puissance de calcul du botnet pour casser des mots de passe par force brute. Les méthodes de cryptage en vigueur rendent en effet de plus en plus difficile le décodage de mots de passe sur une machine isolée, mais parfois possible sur une grappe d'ordinateurs puissants.
- Héberger des contenus interdits sur un disque virtuel (organisé exactement comme un "système cloud".

Fonctionnement du botnet

Un botnet vit plusieurs phases. La phase d'infection est la première. Elle consiste à élaborer une stratégie pour implanter le bot sur un maximum de machines, puis à activer chacun des bots, c'est-à-dire à rendre le programme fonctionnel.

Dans un second temps vient la phase de construction du réseau à proprement parler (le net du botnet). Le bot du PC infecté se déclare actif auprès d'une autorité centrale (un serveur) qui prend son contrôle.

Finalement, la troisième et dernière étape va consister à activer les groupes de bot pour mener une opération (de spam, de cliquage publicitaire, de déni de service, par exemple).

On observera que la première phase est identique à celle d'installation d'un malware ou d'un spyware. On notera aussi que le bot peut intégrer de très nombreuses fonctions complémentaires pour se protéger, se cacher (furtivité du logiciel au sein du système hôte) ou même évoluer, par exemple *via* des mises à jour.

L'aspect le plus délicat du botnet est généralement son mode de centralisation : Microsoft, qui mène une bataille féroce contre les botnets – qui dévalorise l'image de ses produits – a mené contre des botnets plusieurs opérations qui consistaient principalement à couper les voies de communication entre les bots et leurs serveurs.

Lors de la destruction de Valedac (**http://www.01net.com/editorial/530303/microsoft-decapite-l-un-des-plus-gros-botnets-au-monde/**), Bernard Ourghanlian, directeur technique et sécurité de Microsoft France, indiquait "[avoir] utilisé une conjonction de mesures techniques et légales afin de rompre la connexion entre la structure de commande et de contrôle du botnet et l'ensemble des machines infectées par le malware, avec pour objectif de stopper la totalité de ce botnet". La même manœuvre fut employée pour Rustock. 01Net indique qu'il "a fallu agir de façon coordonnée, afin de couper physiquement et simultanément des serveurs situés dans plusieurs États américains et pour certains à l'étranger. L'opération a notamment consisté, avec l'appui des forces fédérales américaines, à saisir des dizaines de disques durs chez cinq hébergeurs situés à Kansas City, à Scranton, à Denver, à Dallas, à Seattle, à Chicago et à Colombus".

"Nous avons fait le nécessaire pour que l'on bloque l'enregistrement de domaines en Chine que le code du malware prévoyait d'utiliser dans le futur pour des opérations de contrôle", indiquait M. Ourghanlian. Et, contrairement à Waledac, dont le code pointait vers des noms de domaine bloqués avec le concours de l'Icann (régulateur des noms de domaines et propriétaires des Root DNS), Rustock avait en réserve 106 adresses IP à contacter en cas de besoin, par nature plus complexes à neutraliser. On voit bien ici le degré de sophistication et les moyens mis en œuvre par les opérateurs de botnet.

La coupure des liens est désormais contournée par les concepteurs de bots en utilisant de véritables Internet privés portés par des réseaux pair à pair de hackers, ce qui rend leur blocage en amont à nouveau très complexe (comme dans le cas de TDL-4, présenté plus loin). C'est donc sur l'utilisateur que repose encore très souvent la responsabilité d'affaiblir individuellement les botnets en les éradiquant de leurs PC.

La commercialisation du botnet

Une fois installé et opérationnel, le botnet est généralement loué.

Une étude menée en 2010 par Verisign Idefense (**http://labs.idefense.com/**) a permis de dresser un profil commercial du botnet. Car le botnet est avant tout un produit commercial de nature criminelle. Il est une sorte de triade virtuelle qui pourrait se louer au plus offrant, comme on se loue dans les milieux underground du hacking des identités ou des numéros de carte de crédit valides.

Selon l'étude de Verisign, un botnet se louerait environ 67 dollars par jour et environ 9 dollars de l'heure. Le degré de criminalité des opérations menées avec un botnet peut varier du clic automatisé sur des bannières publicitaires à l'utilisation des ordinateurs hôtes pour surfer anonymement. On imagine quelles discussions peuvent être véhiculées par ce type de réseau ultrasécurisé et anonyme… sauf pour les malheureux internautes hébergeurs de bots qui offrent leurs appareils gratuitement et souvent sans le savoir.

Selon un rapport plus détaillé fourni en 2013 par Fortinet (**http://www.eweek.com/security/botnet-business-continues-to-thrive-fortinet/**), il serait désormais possible de louer les services de consultants en botnet pour 350 à 400 dollars par jour et le coût nominal de construction d'un réseau serait de 100 dollars par 1 000 nœuds. Les réseaux les plus célèbres sont connus par leur nom, comme les spywares ou les virus. Les réseaux les plus connus en 2012 étaient ZeroAccess, Ieefo, Smoke, Mariposa et Grum. Le réseau Grum a été fermé en juillet 2012. Mariposa aurait été démantelé depuis quelques années, mais certains de ses vestiges fonctionnent encore par intermittence. Le réseau de bot le plus efficace serait ZeroAccess. Il est estimé à 1 ou 2 millions de machines actuellement.

Implantation du bot et construction du botnet

Le botnet se construit très progressivement, au gré des infections de machines. La priorité pour l'opérateur du botnet est de trouver une méthode d'infection de PC performante, c'est-à-dire susceptible d'implanter rapidement sur des machines hétérogènes rapides le bot. En la matière, la meilleure solution est de trouver un vecteur d'implantation logiciel qui se charge de "porter" et d'installer le bot.

L'une des voies les plus efficaces est de cibler les utilisateurs de jeux, réputés pour leur propension à chercher sans cesse une expérience ludique nouvelle, tout en étant équipé de machines modernes reliées par Internet chez de grands opérateurs. Ce sont des conditions idéales pour donner un haut niveau de performance au futur botnet : réseau moins protégé et maintenu que celui d'une grande entreprise (un opérateur Internet ne peut que difficilement fermer les ports de la connexion Internet de ses clients, par exemple), machine peu sécurisée.

Une grande partie des jeux piratés et diffusés sur les réseaux de téléchargement pair à pair est ainsi utilisée comme vecteur d'infection. Idem pour les logiciels commerciaux déprotégés.

Dans un passé proche, la plupart des failles de sécurité multimédias et des documents du Web ont été exploités pour véhiculer des bots. Ils utilisaient les vecteurs classiques employés par les virus et les malwares pour se propager : dépassement de piles pour charger un code malicieux, possibilité d'exécution des fichiers évolués, démarrages automatiques détournés (tel l'Autorun de Windows).

Récemment, ce sont les réseaux pair à pair eux-mêmes qui ont été mis à contribution : on a ainsi parlé de TDL-4, découvert par Kasperky et qui est un logiciel malveillant de type "bootkit" (qui comme les "rootkits" est un logiciel d'infection livré clé en main) capable d'infecter la "zone d'amorce" du disque dur (celle qui est activée automatiquement au démarrage de l'ordinateur). Lors du démarrage de l'ordinateur, le programme malveillant se lance avant le système d'exploitation, ce qui lui permet de rester invisible aux yeux de nombreuses applications de sécurité.

L'une des particularités de TDL-4 est qu'il est capable de fonctionner sur les systèmes d'exploitation récents (Vista en particulier), jusqu'à présent considérés comme sécurisés contre ce genre de virus.

Le TDL4 utilise un protocole chiffré pour communiquer avec les serveurs des personnes qui le contrôlent, et surtout le réseau Peer 2 Peer KAD, exploité par la plupart des logiciels de téléchargement illégal pour infecter d'autres ordinateurs distants.

Comment gérer une infection par bot

Votre PC est-il membre d'un botnet ? Plusieurs signaux vous indiqueront que votre PC est infecté par un bot. Trafic non justifié sur votre réseau, activité de votre machine alors qu'elle n'est pas en fonction sont quelques-uns des symptômes.

Reste maintenant à résoudre la question de l'éradication. Les premiers botnets étaient facilement localisés et neutralisés lorsqu'ils demandaient une connexion permanente vers leur serveur référent. C'est en particulier le cas des bots dialoguant *via* protocole IRC (*Internet Relay Chat*, utilisé dans les forums de discussion). La localisation, l'éradication et la neutralisation sont devenues plus difficiles depuis que les botnets utilisent le protocole P2P (Peer to Peer) : on se retrouve aujourd'hui souvent confronté à des bots complexes, furtifs, autoadaptatifs, très délicats à supprimer.

La première manière de se protéger des botnets consiste à prévenir plutôt que guérir. Toutes les actions préventives indiquées dans le chapitre sur les virus seront donc adaptées et préconisées. Voilà qui va faire de la peine à certains lecteurs : ceci inclut malheureusement de se débarrasser de certains logiciels de téléchargement en pair à pair.

Ensuite, après avoir évité que votre ou vos machines ne fassent partie d'un réseau de bots, il peut être utile de mettre en œuvre des moyens de prévention permettant sinon d'éliminer complètement le risque (la sécurité à 100 % n'existant pas), au moins de le limiter.

Quelques mesures de protection logicielles simples peuvent être mises en place :

- mettre son système à jour régulièrement, comme toujours ;
- installer un logiciel antivirus et s'assurer de sa mise à jour régulière ;
- installer un logiciel pare-feu personnel ;

- installer un outil chargé de la détection des logiciels espions (Spybot, par exemple) ;
- mettre à jour les applications logicielles (et en particulier les logiciels de bureautique, navigateurs web, clients de messagerie, clients de messagerie instantanée, lecteurs multimédias, etc.).

Dans la chaîne de l'organisation de la sécurité, en particulier en matière de bots, c'est incontestablement l'humain qui est le maillon faible. Agir sur les comportements peut considérablement limiter les risques d'infection.

Il est ainsi impératif de se montrer méfiant quant au contenu des e-mails reçus et en particulier :

- De lire ses messages au format texte plutôt que HTML dans la mesure du possible.
- De ne jamais répondre aux messages de type spam ou de suivre les liens qu'ils contiennent.
- De ne jamais exécuter de pièce jointe reçue par e-mail. Il est possible d'ouvrir les fichiers image ou document, qui sont relativement bien protégés, mais évitez à tout prix les exécutables.

Désactivez aussi les fonctions d'autoplay (lancement automatique d'applications de Windows), et évitez d'insérer dans votre machine des clés USB inconnues (l'une des méthodes d'amorçage de bot la plus performante consiste à laisser traîner des clés USB dans des conférences ou des salons).

Pour la navigation sur Internet :

- Privilégiez la navigation sur des sites de confiance, des sites institutionnels. Les sites de hacking, diffusant des logiciels dont la protection est supprimée ou des torents, sont malheureusement souvent la source des codes malveillants.
- Configurez votre navigateur de manière à limiter aux sites web autorisés l'exécution de code dynamique par votre navigateur (Javascripts, contrôles ActiveX, etc.).
- De manière générale, quel que soit le canal utilisé (IRC, Web, messagerie électronique, P2P), il faut absolument éviter de télécharger les programmes trouvés sur Internet.

Si, malgré ces précautions, votre PC est infecté, il vous faudra appliquer un ou deux antispywares tels que Spybot ou BitDefender. Sachant que, dans certains cas, des bots particulièrement bien conçus exigeront le téléchargement d'un outil de désinfection spécialisé, téléchargé sur le site du fournisseur de votre système ou par un éditeur de logiciels antivirus.

6

L'identification d'un PC individuel

Dans ce chapitre, la cible c'est vous ! Votre ordinateur est la meilleure cible qui soit. En utilisant les mêmes techniques et les mêmes outils que ceux des hackers, vous allez pouvoir évaluer le véritable niveau de protection de votre informatique personnelle. Attention, les surprises sont parfois au rendez-vous...

Le pirate, c'est évident, a besoin pour commettre son méfait de localiser une cible. Cette cible, c'est quoi ? Un PC au hasard ? Souvent ! Un PC précis ? Plus rarement. La machine d'un utilisateur ? Ça peut arriver !

Quelques explications : le pirate peut mener plusieurs types d'actions, chacune dans un but précis.

- Il peut chercher à mettre en panne un ordinateur : exploit individuel ou "crime sur commande", cet acte aura pour but d'assurer la gloire du hacker – dans ce cas il faut que l'ordinateur et/ou l'utilisateur soient connus... et célèbres. Le vôtre n'entre probablement pas dans cette catégorie.
- Il peut chercher à voler des ressources : installer un virus, un serveur web, un relayeur pour une attaque d'envergure. Dans ce cas, le pirate cherche un ordinateur disponible le plus souvent possible – relié à Internet par une ligne spécialisée – et puissant.
- Il peut chercher à installer un troyen : dans ce cas, sa cible, c'est n'importe quel PC individuel, de préférence relié au réseau Internet en permanence *via* l'ADSL ou Numéris. Le troyen servira ultérieurement à lancer d'autres attaques d'envergure, ou à fournir de la puissance machine pour casser un code d'accès *via* un logiciel de décryptage.
- Il peut chercher à bénéficier d'une ressource précise d'un ordinateur : nous savons par exemple – et nous préciserons ce fait au Chapitre 11 consacré à la furtivité des attaques – que le serveur proxy est une ressource très prisée des pirates. Se contenter de localiser plusieurs ordinateurs exploitant un proxy en

libre accès peut permettre à un pirate d'attaquer un réseau avec votre machine, en toute impunité et sous votre identité…

Vous constatez ici que la cible doit généralement devenir un "ordinateur relais" ou une "victime". L'ordinateur victime est en général un gros serveur. L'utilisateur individuel a peu de chances de voir son PC planté par un pirate. L'ordinateur relais ou dont on pirate les ressources, en revanche, peut être n'importe quelle machine. Du gros serveur de réseau au PC d'un utilisateur individuel, tout PC intéresse le pirate. Ce dernier peut avoir de nombreuses raisons de chercher ce genre d'ordinateur.

Sachez qu'avec 200 stations individuelles dont un pirate maîtrisera l'utilisation :

- Il est possible de faire tourner des logiciels de cryptage capables de briser n'importe quel mot de passe à clé 40 bits en moins de 5 minutes.
- Ces mêmes 200 stations individuelles peuvent saturer n'importe quel serveur web de bonne taille !
- Avec 200 serveurs proxy, un pirate peut attaquer n'importe quel serveur sans que son identité ne soit révélée.
- Avec 200 petits serveurs de messagerie, un pirate spammeur (publiposteur sauvage) peut envoyer 1 million de messages à vos frais en moins d'une heure.

Vous comprenez mieux maintenant pourquoi la sécurité de votre PC est importante.

Histoire vraie : un pirate dans un PC !

Il y a quelques années, Jacques Harbonn, journaliste à *SVM*, avait expliqué comment un pirate s'était introduit sur son PC ("On m'a piraté mon PC", article publié sur *SVM*) connecté à Internet *via* le cybercâble. Extrait de cette étonnante aventure :

> *"Fin décembre, un soir comme les autres où je dînais paisiblement avec ma petite famille, j'entends mon PC glousser. Intrigué par ces gargouillis inhabituels, je quitte la table pour voir ce qui se passe. Et là, je n'étais qu'au début de mes surprises : dans une fenêtre au milieu de mon écran, un pirate qui se fait appeler Braoule me propose d'engager la conversation."*

Très vite, Jacques Harbonn comprend que son PC a été infecté par un virus. Le journaliste ne dit pas de quel troyen il s'agit (ce dernier est en tout cas capable de prévenir le pirate *via* ICQ de la présence en ligne du propriétaire légitime de l'ordinateur). Il n'est pas non plus dit comment ce troyen est entré, mais Braoule expliquera au journaliste qu'il a accès à ses e-mails, ses comptes FTP. "Pirate au grand cœur", il ira même jusqu'à montrer à sa victime les sites pirates où ce dernier pourra télécharger des utilitaires de hacks !

Comment le virus s'est-il introduit ? On peut imaginer qu'un téléchargement de fichier infecté aura installé un troyen sur le disque dur – troyen que le pirate aura ensuite mis en exploitation après détection *via* un scan –, ou qu'une faille de type NetBIOS aura été employée pour télécharger ce troyen.

Dans ce cas précis, il semble que l'hypothèse du "troyen libre" soit la plus probable, le pirate ayant indiqué qu'il avait "installé le troyen lui-même" – ce qui est toujours possible –, mais surtout qu'il avait "configuré un mot de passe pour protéger sa victime".

Pourtant, et même si Jacques Harbonn ajoute que "Braoule [...] n'a jamais rien fait pour me nuire et s'est même comporté de manière très amicale", et s'il est indéniable que l'expérience présentée semble conviviale (le pirate et sa victime parlent de Tolkien en toute sympathie *via* le chat du troyen), il n'en demeure pas moins que cette intrusion est inacceptable.

Seul le légendaire calme de Jacques Harbonn peut expliquer cet étonnant flegme : en l'occurrence, ce journaliste, avec ses contacts dans les entreprises, ses informateurs, ses données confidentielles, a vu l'ensemble de ses informations potentiellement consultées par un intrus qui ne dévoilera jamais son identité.

Imaginez un individu installé dans votre salon (voir Figure 6.1) quand il veut, comme il veut, consultant vos carnets d'adresses, utilisant votre téléphone, se servant dans votre frigo, explorant vos comptes en banque, fouinant dans votre bibliothèque ! Le gentil pirate de cette histoire, c'est aussi ça, ce qui n'a vraiment rien d'angélique.

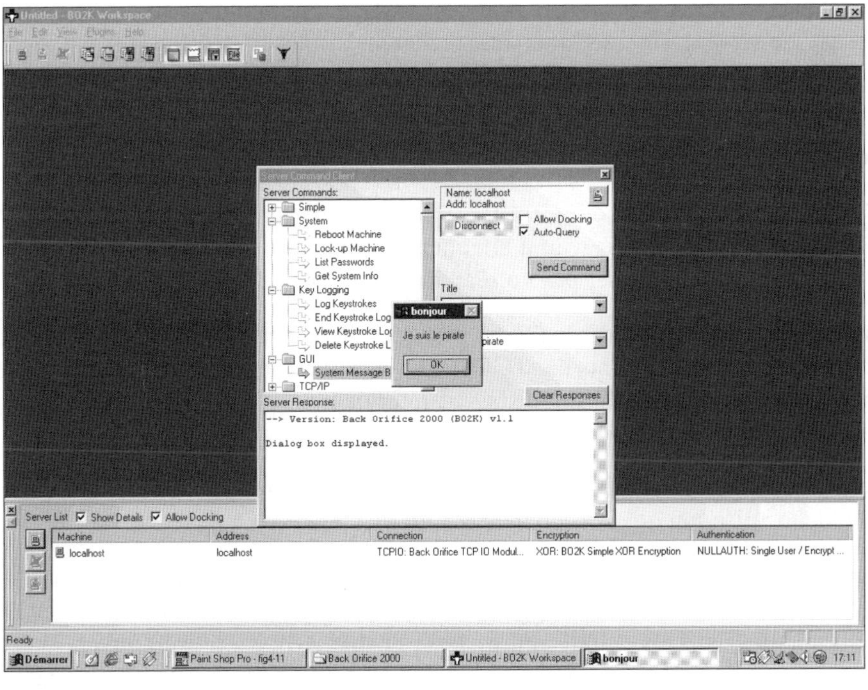

Figure 6.1

Un dialogue établi par troyen interposé.

Dico

Le serveur proxy. Le serveur proxy est un logiciel cache qui sert de tampon entre un réseau local et Internet. Le serveur proxy protège généralement le réseau d'une intrusion en jouant le rôle de pare-feu, tout en augmentant sa vitesse globale, en stockant localement un certain nombre d'informations couramment demandées (adresses IP des serveurs web avec un cache DNS, pages les plus consultées avec un cache http, etc.).

Le serveur proxy est aussi, on le sait moins, un "masque" qui peut dissimuler l'identité des utilisateurs d'un réseau puisque, lorsque les communications transitent par lui, les ordinateurs contactés le sont par l'intermédiaire du proxy et non plus par les ordinateurs des utilisateurs.

Un masque fort utile pour les pirates, qui n'hésitent pas à se constituer des bibliothèques de proxy privés associés à des logiciels furtifs pour attaquer des ordinateurs !

Identifier un PC individuel

Cette mésaventure est probablement le résultat d'un scan de recherche de troyens "au hasard". En 2000, il était assez logique de chercher ce genre de troyens en priorité sur le réseau câblé puisque ce dernier était l'un des rares sur lequel de nombreuses machines privées étaient connectées en permanence.

Aujourd'hui encore, pour localiser des stations individuelles, le pirate pourra bien évidemment scanner au hasard un groupe d'adresses IP d'un opérateur. Assurément, en quelques minutes, il localisera sans peine une bonne centaine de PC, de routeurs, de proxy, de serveurs Telnet. Mais cette recherche au hasard peut aussi être remplacée par des explorations beaucoup plus ciblées.

Localiser une adresse IP

En effet, un pirate qui connaîtrait parfaitement l'architecture d'un réseau, qui chercherait sur ce même réseau à attaquer une machine en particulier, ne pourrait évidemment pas la localiser par un scan bien hasardeux !

Il aurait bien tort, d'ailleurs, de perdre son temps ainsi, car la faiblesse chronique en matière de sécurité de la norme TCP/IP est là pour l'aider... Imaginons que notre pirate connaisse l'adresse e-mail de son interlocuteur : il dispose déjà d'un point d'entrée doré !

Explorons un peu le cœur d'un e-mail pour bien comprendre cette première technique de localisation qu'est l'échange d'e-mails.

Pour simplifier l'identification d'un e-mail (ou authentifier son expéditeur), les fournisseurs d'accès insèrent *via* leurs serveurs de messagerie un certain nombre d'informations dans les e-mails. Parmi ces informations, il y a trop souvent l'adresse IP de l'expéditeur. Résultat, il suffit d'un échange de courrier avec un utilisateur du réseau pour obtenir au pire (ou au mieux pour le hacker) son adresse IP fixe officielle, au mieux (ou au pire pour le hacker) l'adresse IP du routeur.

Voici un exemple d'un abonné Wanadoo écrivant à un autre abonné Wanadoo :

```
From - Thu Mar 07 18:44:15 2002
X-UIDL: 385200fb0000186a
X-Mozilla-Status: 0001
X-Mozilla-Status2: ffffff00
Return-Path: <xxxxxxxx@wanadoo.fr>
Received: from mel-rta1.wanadoo.fr (192.168.156.9) by ms2-2.wanadoo.fr;
➥7 Mar 2002 18:39:41 +0100
Received: from wanadoo.fr 193.253.220.108 by mel-rta1.wanadoo.fr;
➥7 Mar 2002 18:38:30 +0100
Message-ID: <3C87A592.7060008@wanadoo.fr>
Date: Thu, 07 Mar 2002 18:38:26 +0100
From: xxxxxxxx <xxxxxxxx@wanadoo.fr>
User-Agent: Mozilla/5.0 (Windows; U; Windows NT 5.1; fr-FR; rv:0.9.4)
➥Gecko/20011128 Netscape6/6.2.1 X-Accept-Language: fr-fr
MIME-Version: 1.0
To: xxxxxxxx@wanadoo.fr
Subject: sujet du message
Content-Type: text/plain; charset=us-ascii; format=flowed
Content-Transfer-Encoding: 7bit
```

La ligne `Received` s'affiche en gras et nous indique que ce message a été émis depuis l'adresse IP `193.253.220.108` appartenant au domaine `wanadoo.fr` en direction du serveur de messagerie vers `mel-rta1.wanadoo.fr`, à la date du 7 mars 2002 à 18:38:30 GMT+1 (heure française). Ici, c'est donc l'adresse IP (193.253.220.108) qui est à l'origine du message.

Voici un second exemple utilisé avec l'opérateur Free.fr (voir Figure 6.2) :

```
Return-Path: <XXXXXXXXX@free.fr>
Received: from mel-rti18.wanadoo.fr (192.168.156.137) by ms5.wanadoo.fr;
➥26 Nov 2002 23:58:40 +0100
Received: from postfix3-2.free.fr (213.228.0.169) by mel-rti18.wanadoo.fr
➥(6.5.012)
        id 3DDA755B00C6C821 for XXXXXXXXX@wanadoo.fr; Tue, 26 Nov 2002
        ➥23:58:40 +0100
Received: from e4t8k3 (marseille-1-a7-62-147-24-xx.dial.proxad.net
➥[62.147.24.xx])
   by postfix3-2.free.fr (Postfix) with SMTP id 36EB0186B5
   for <XXXXXXXXXXXX@wanadoo.fr>; Tue, 26 Nov 2002 23:26:20 +0100 (CET)
Message-ID: <001701c2959a$b9065f60$3318933e@e4t8k3>
From: "XXXXXXXXXX" <XXXXXXXXXX@free.fr>
To: "XXXXXXXXXXXX" <XXXXXXXXXXX@wanadoo.fr>
References: <000001c29453$55ab95e0$503f933e@e4t8k3>
➥<007901c2945f$693b67a0$1600a8c0@net>
Subject: Re: Pour XXXXXXXXXXXXX
Date: Tue, 26 Nov 2002 23:25:23 +0100
MIME-Version: 1.0
Content-Type: multipart/alternative;
   boundary="----=_NextPart_000_0012_01C295A3.17D8FEA0"
X-Priority: 3
X-MSMail-Priority: Normal
```

```
X-Mailer: Microsoft Outlook Express 5.00.2615.200
X-MimeOLE: Produced By Microsoft MimeOLE V5.00.2615.200
```

Ici, le chemin a été plus long et implique quatre points de passage (en gras). Ceci est dû aux échanges entre le serveur de messagerie de Free et ceux de Wanadoo. L'ordre de lecture pour reconstituer l'histoire est toujours le même. De bas en haut, voici ce que nous constatons :

Le message est parti d'un ordinateur appelé `e4t8k3`, connecté à un routeur de Marseille, opéré par `proxad`, et l'adresse IP de cet ordinateur avait reçu l'adresse IP `[62.147.24.xx]`.

Au passage, nous voyons avec le nom de l'ordinateur que celui-ci est probablement un PC fonctionnant sous Windows XP ! Seul ce système attribue par défaut un nom d'utilisateur composé d'un code. L'utilisateur concerné aura tout bonnement installé Windows XP sur sa machine sans avoir personnalisé son interface réseau.

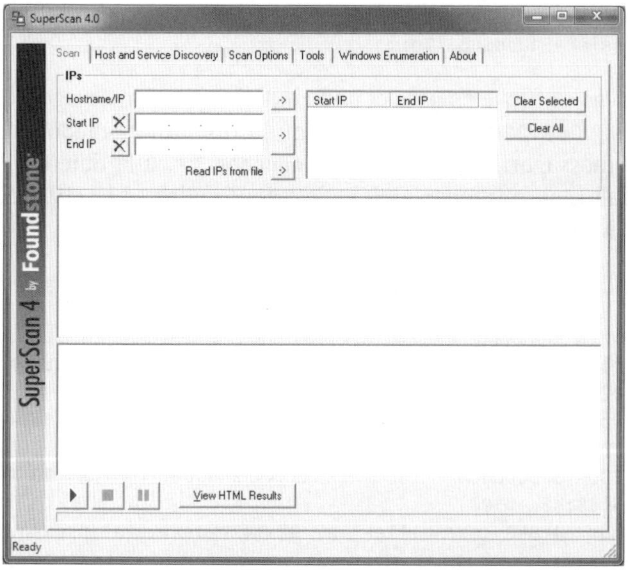

Figure 6.2
Un scan au hasard.

Nous avons donc récupéré en une ligne d'e-mail des informations précieuses. Nous savons quelle machine équipe l'utilisateur, quel est son système d'exploitation, nous connaissons sa localisation géographique, et son adresse IP. Accessoirement, nous découvrons même une habitude intéressante de l'utilisateur : il installe ses logiciels sans les personnaliser, ce qui veut dire que toute application qui existe sur son adresse IP est probablement accessible *via* un nom d'utilisateur par défaut et avec un mot de passe peu complexe. Ces constatations sont à la limite de ce qu'on appelle "l'ingénierie sociale". Nous reviendrons sur ce sujet. En tout cas, nous en apprenons beaucoup avec un simple e-mail, non ?

INFO

Adresses IP statiques contre adresses IP dynamiques. L'adresse IP statique est une adresse permanente, comme un numéro de téléphone, fournie moyennant une redevance par un fournisseur d'accès à Internet. L'adresse IP dynamique est une adresse qui change à chaque connexion au réseau. Elle est attribuée d'après une plage de numéros par un serveur DHCP. Quand vous utilisez une connexion permanente à Internet (*via* l'ADSL ou le câble), votre adresse IP peut rester la même pendant plusieurs jours, tout en étant dynamique : le numéro IP n'est en effet changé par le serveur DHCP que lorsque vous vous connectez ou encore tous les jours à heure fixe.

Localiser une adresse IP dynamique

Ajoutons aussi que l'utilisateur est toujours relié au réseau Internet en permanence, par exemple *via* l'ADSL. Dans notre exemple, nous savons que l'utilisateur est très probablement relié en mode intermittent (par exemple en utilisant une clé 3G ou un accès WiFi public), puisque le fournisseur de services – la société Proxad – a eu la gentillesse de nous l'indiquer dans le nom de domaine correspondant au point d'accès de Marseille (`dial.proxad.net`).

Ce qui signifie que l'adresse IP est très probablement dynamique et que l'utilisateur n'est pas visible sur le réseau en permanence. Les accès intermittents sont rarement occupés 24 heures sur 24 par les utilisateurs.

Avantage, cette adresse IP est dynamique et nous connaissons aussi son serveur d'adresses IP dynamiques, qui répond au doux nom de `marseille-1-a7-62-147-24-51.dial.proxad.net`.

Si nous voulons retrouver la machine de ce pauvre utilisateur lors d'une éventuelle connexion, il nous suffira de scanner à nouveau les adresses IP situées entre 62.147.24.0 et 62.147.24.255 ! Mieux : nous pourrons, à l'aide d'un scanner capable de récupérer les informations systèmes, identifier son système d'exploitation et relocaliser cette machine presque à coup sûr !

C'est donc une machine attrayante pour le pirate puisqu'un cheval de Troie installé sur cet ordinateur pourrait être utilisé assez régulièrement (dès que son utilisateur a activé son réseau Internet ou qu'il à allumé sa machine).

Signalons qu'au besoin un pirate pourra relocaliser un troyen, y compris sur un ordinateur à adresse IP dynamique, en se faisant prévenir par ICQ ou par e-mail (par exemple avec BO2K et son plug-in de notification par e-mail). Les Troyens les plus récents utilisent maintenant Twitter pour se signaler !

Utiliser les informations collectées

Une fois qu'une station ou un réseau sont localisés et que l'adresse e-mail d'un utilisateur est collectée, que fera le pirate ? Il essaiera le plus souvent d'installer un cheval de Troie ou d'envoyer un paquet de données permettant d'exécuter un morceau de code sur votre PC. Il pourra aussi chercher un troyen déjà installé – un "troyen libre" – mais inutilisé. Au besoin, il reconfigurera ce plug-in pour s'en réserver l'exclusivité (ajout de mot de passe, plug-in de notification).

Contre-mesures

Ami lecteur, si vous découvriez avec cette technique le nombre de Trojan Cow, de Back Orifice et de Netspy (trois chevaux de Troie) qui existent sur vos machines, vous vous empresseriez de vérifier avec un bon scanner si votre réseau ou vos machines ne sont pas infectés ! Dites-vous bien qu'en moins de 5 minutes, montre en main, il est possible avec SuperScan 4.0 de localiser des dizaines de points d'accès ouverts dans des PC ! Ces "troyens libres" dont a probablement été victime Jacques Harbonn !

L'existence de milliers de PC individuels reliés en permanence au réseau Internet *via* l'ADSL ou le câble, et maintenant le 3G ou le WiFi en libre accès, représente une préoccupation constante pour les experts en sécurité. Ils savent que ces nombreux PC mal sécurisés peuvent devenir des relais d'attaques massives redoutables !

Évitez donc de vous retrouver impliqué dans des activités de piratage ou de donner accès à tous les aspects de votre vie privée ! Quelques recommandations :

- Scannez votre PC régulièrement pour identifier les éventuelles infections.
- Si votre PC est relié à Internet en permanence, débranchez-le lorsque vous n'en avez pas besoin.
- De manière générale, adoptez la configuration d'accès à Internet "sur demande" plutôt que la liaison permanente.
- Installez un détecteur d'intrusion ou de scan (par exemple Attacker, voir Chapitre 3) et un détecteur de paquets ICMP (voir Chapitre 2).
- Si vous avez installé un petit serveur http sur votre machine, évitez de créer avec lui des pages contenant vos numéros de cartes de crédit et tous vos mots de passe (c'est pratique, mais franchement dangereux) !
- Installez les dernières versions de Windows et de vos clients (Outlook) pour ne pas favoriser les failles de sécurité.

C'est le minimum !

7

Utilisation des réseaux sociaux

L'arrivée des réseaux sociaux introduit une nouvelle donne dans la problématique de la sécurité des systèmes d'information personnels. Avec plusieurs centaines de millions d'utilisateurs connectés depuis des systèmes très hétérogènes (consoles, PC sous Windows ou Linux, appareils numériques personnels), il était prévisible que ce type de médium éveille l'attention des pirates informatiques.

En novembre 2010, la société éditrice de BitDefender s'est aperçue, en analysant les données de son application Safego, que près de 20 % des utilisateurs de réseaux sociaux étaient régulièrement exposés à des contenus malveillants issus de leur réseau d'amis. Cette analyse menée d'après 14 000 comptes est tout ce qu'il y a de plus sérieuse et représentative. Près de 60 % des risques encourus provenaient de messages envoyés par applications tierces proposant une nouvelle fonctionnalité. C'est bien là que réside la faille de sécurité majeure de ces réseaux. Tous (de Twitter à Linkedin) cherchent à ouvrir leur plate-forme à des entreprises tierces qui en utilisant la seule ressource commercialisable à haute valeur ajoutée disponible sur les réseaux sociaux – vos données personnelles – peuvent devenir une importante source de revenus. Malheureusement, qui dit ouverture dit que dans la masse de clients se glissent forcément des promoteurs d'applications malveillantes.

À quoi servent ces applications ? Principalement à monter des escroqueries (*scam* en anglais, terme que vous rencontrerez souvent). Historiquement, le scam le plus représentatif se présentait sous la forme d'un publipostage non sollicité, dans lequel une personne affirme posséder une importante somme d'argent et propose à son interlocuteur – moyennant pourcentage – d'utiliser son compte bancaire existant pour débloquer cet argent. Pour escroquer, le "scammer" va demander de petites sommes pour payer l'avocat, le notaire, le banquier local. Sommes qu'il va évidemment garder après avoir disparu !

Panorama des méthodes

Sur les réseaux sociaux, l'escroquerie prend plusieurs formes, mais joue presque toujours sur les mêmes ressorts : envie, désir, cupidité, interdit... On citera ainsi la fausse application dénommée "Google Plus Direct Access" qui a sévi sur Facebook, faisant plusieurs milliers de victimes en quelques heures.

Utilisant la rareté des invitations pour le nouveau réseau social de Google, Google+, ce scam proposait de recevoir des invitations sur Google+ pour 50 personnes en échange d'une visite de page. Évidemment, il s'agit en réalité d'une arnaque qui, si elle ne donne aucune invitation à Google+, donne bel et bien accès à vos données personnelles pour son propriétaire. Données volées, et certainement destinées à alimenter des bases de données de sites malveillants.

La finalité des scams de réseaux sociaux n'est pas exclusivement conçue pour voler immédiatement de l'argent aux victimes, mais aussi pour collecter leurs données personnelles ou leur profils.

Mais nous ferions un raccourci si nous considérions que le risque de piratage des réseaux sociaux se limite au seul scam : l'affaire Sony nous en a donné un exemple récemment. Le PlayStation Network de Sony est un portail interactif gratuit qui permet de jouer en réseau, de surfer sur Internet et de discuter en ligne. Tous les atours d'un réseau social.

En avril 2011, sur son blog officiel, Sony annonce aux 70 millions de clients de sa plate-forme que leurs nom, adresse, adresse e-mail, date d'anniversaire et mot de passe et même cartes de crédit associées à leur compte ont été exposés "dans le cadre d'une intrusion non autorisée et illégale".

En d'autres termes, le réseau social était cette fois victime d'un hack d'envergure, et non plus de simples astuces d'escroquerie.

Pour faire face à cette hémorragie, le géant japonais a désactivé le service et engagé une société spécialisée dans la sécurité pour mener une enquête. Sony aura mis 5 jours pour communiquer ces informations, depuis l'apparition des premiers messages d'erreur sur son service en ligne.

Plus qu'il n'en faut pour utiliser les données d'identité numérique volées, dans le cadre d'autres actions. On pourra se gausser de la politique de sécurité de Sony lorsque l'on aura découvert que, début juin, une autre attaque provoquait une nouvelle fuite de données : un groupe de pirates intitulé SuzLec a affirmé avoir "avec une simple injection SQL" réussi à accéder à tous les contenus de Sony, y compris à des bases de mots de passe qui étaient stockées en clair. La méthode employée consiste à injecter une requête SQL (*Structured Query Language*) non prévue par le système et permettant d'accéder à la base de données du site Internet.

Ces exemples nous montrent que la problématique de la sécurité des réseaux sociaux recoupe toutes les autres : vol d'identité numérique, escroquerie, piratage global, tout y est ! En tant qu'utilisateur, par exemple, on ne pourra se protéger d'une attaque telle que celle dont a été victime Sony sur son réseau PlayStation Network, qui relève de la sécurité des systèmes au sein même de l'entreprise, qu'en adoptant des mesures de protection de son identité numérique.

En revanche, dès que l'hameçon relève d'une action de l'utilisateur, comme *via* un bouton J'aime de Facebook, il sera possible, en adoptant des comportements d'utilisateur appropriés, d'être acteur de la protection de son compte.

Les solutions proposées dans les différents chapitres de cet ouvrage devront donc être adaptées à chaque modalité de vol de données. Examinons maintenant en détail les particularités des réseaux sociaux en matière de sécurité des systèmes.

Les principales vulnérabilités techniques des réseaux sociaux

De manière générale, l'objectif principal de l'attaquant de réseau social est d'utiliser tout ou partie d'une identité numérique pour mener des attaques de plus grande envergure. Classiquement, le pirate va donc souvent privilégier l'utilisation de la confiance, le lien entre les individus et leurs comptes pour mener ses opérations. On sera donc souvent confronté à des méthodes d'ingénierie sociale plus que technique en ce domaine.

Pourtant, il n'en demeure pas moins que le réseau social peut être attaqué par des moyens techniques sophistiqués, comme on vient de le voir avec le cas Sony, et avec diverses technologies mises en œuvre au cours de la fin de la décennie 2000.

Examinons les principales sources de vulnérabilité typiques des réseaux sociaux.

Les attaques par vers et les botnets

Les vers sont des méthodes de choix pour infiltrer les réseaux sociaux. Ainsi, le ver Koobface (anagramme de Facebook), qui est devenu le constructeur du "plus grand botnet du Web 2.0". Initialement conçu pour infecter des cibles par e-mail, il a évolué pour se propager à travers les réseaux sociaux, enrôler plusieurs machines, pirater toujours plus de comptes et spammer encore et encore pour enrôler de nouvelles machines. Le botnet entretenu par Koobface et ses variantes (qui sont spécialisées pour Twitter, MySpace ou Facebook, par exemple) a atteint plusieurs millions de machines.

De manière générale, l'infection finale de chaque PC repose sur une page de proposition de faux téléchargement – de mise à jour Flash Player dans le cas de Koobface – vers laquelle le ver vous aura dirigé. Ce n'est donc pas le réseau social en tant que tel qui est infecté, mais c'est le réseau d'amis et les services de recommandations du réseau social qui servent de support à la propagation.

Les troyens

Les troyens exploitent eux aussi les réseaux sociaux. D'ailleurs, les plus connus des troyens utilisés sur ce vecteur sont parfois d'anciens troyens diffusés par e-mail ou faille de sécurité et qui ont fait l'objet d'une reconversion !

Ainsi le troyen bancaire Zeus. On ne change pas une méthode qui marche, c'est à travers un très classique scam que Zeus a commis son méfait. Un courriel d'apparence légitime issu de Facebook proposait de mettre à jour le réseau social. Après un clic sur le bouton de mise à jour, le destinataire avait installé le troyen dans la place (voir Figure 7.1).

Figure 7.1
Zeus en action.

URLZone, très proche d'un troyen par son fonctionnement, est encore un cran au-dessus de Zeus (on a affirmé que les concepteurs ukrainiens d'URLZone auraient réussi à voler jusqu'à 12 000 dollars par jour).

URLZone, après implantation (par voie d'e-mail piégé lui aussi), reste en sommeil et attend une action du système infecté sur un site web bancaire. L'événement détecté, il analyse le solde du compte de la victime et calcule le montant transférable avec faible risque de détection par les systèmes de sécurité bancaires.

Il réalise ensuite le transfert vers une personne tierce, d'ailleurs elle aussi victime d'une escroquerie (vous savez, ces annonces qui vous proposent de gagner de l'argent à domicile en acceptant juste de recevoir de faibles montants sur votre compte).

URLZone conserve un historique des actions, les références du compte utilisateur et mot de passe, fait des copies d'écran des comptes (Gmail, profils Facebook, Paypal, etc.). Et il continue ses virements, encore et encore...

Les appâts pour l'hameçonnage (phishing)

De manière générale, le réseau social utilise beaucoup l'e-mail pour vous contacter, vous informer de l'actualité de votre réseau. C'est une faille majeure. Elle permet, on vient de le voir, de diriger un utilisateur vers une page de téléchargement de code malicieux. Mais il est aussi possible d'utiliser cette habitude pour tenter d'attirer un utilisateur vers un faux site dont la seule finalité sera de lui voler ses identifiants.

Une classique méthode de *phishing* qui fonctionnera toujours aussi bien, tant que les grands réseaux (Paypal, en 2011, persiste à solliciter ses clients par e-mail et à insérer des liens dans ces e-mails) ne cesseront pas d'utiliser les messageries pour attirer du trafic sur leurs publications. À l'heure actuelle, plus aucune banque occidentale sérieuse n'insère de liens dans ses messages : si vous souhaitez accéder à votre compte, vous devez le saisir dans la barre d'URL : cela paraît trivial, mais ce bon comportement anéantit quasi complètement le risque de piratage par *phishing* !

Les URL simplifiées

La plupart des réseaux sociaux (notamment Twitter) utilisent les services de raccourcissement d'URL (Tinyurl, bit.ly). Ces liens raccourcis sont faciles à créer et universels. C'est tout à fait louable pour la simplicité mais problématique pour la sécurité : l'URL simplifiée étant illisible par nature, il est facile de l'utiliser pour dissimuler un site au contenu malicieux.

En effet, dans l'URL simplifiée, au lien en clair est substituée une suite alphabétique de type http://mnd.ly/lzdXsp (exemple de lien vers le réseau de chercheurs Mendeley) plus courte à afficher et simple à noter. Problème, il est possible de mettre derrière ce lien n'importe quoi : une page HTML de téléchargement de malware, par exemple. C'est une variante assez inquiétante du risque d'hameçonnage par e-mail.

Facebook et le likejacking

Hors des méthodes techniques que nous venons de décrire, la méthode privilégiée par les pirates consiste à détourner certaines fonctions incitatives des réseaux sociaux en vue de diriger du trafic vers des pages promotionnelles.

On parle ainsi principalement depuis 2010 en matière de réseaux sociaux de *likejacking* (littéralement "détournement de J'aime"). Cette technique informatique vise en particulier les utilisateurs de Facebook. Il fonctionne de manière virale, grâce à des sites ou des applications utilisés en tant qu'appâts présentant des vidéos drôles, insolites ou coquines. En cliquant sur le bouton qui lance la vidéo, le visiteur clique en réalité sur un bouton "J'aime" caché, ce qui se traduit, s'il est connecté à Facebook, par la création automatique et involontaire d'un "statut" sur son "mur". Le likejacking n'est pas la seule nouveauté en matière de sécurité.

Les méthodes mises en œuvre ont pour vocation, par exemple, de voler les identités, les instruments de paiement, ou encore d'attirer les internautes vers des services de vente. Bien évidemment, dans un tel contexte, les 800 millions de clients de Facebook sont une cible de choix.

En la matière, les pirates sont parfois très rapides. Ainsi, il aura suffi de quelques jours pour que le nouveau service de conversation vidéo de Facebook soit victime d'un système de fraude. Repérée par Sophos, cette manipulation a pris début juillet 2011 la forme d'un scam se propageant *via* des messages postés sur les murs des membres. Un message envoyé par un ami vous invitait à installer une application de chat vidéo qui donnait ensuite accès au scammeur à toutes les données de profil.

De manière générale sur Facebook, les risques viennent d'utilisateurs légitimes laissant un message manuellement pour proposer de voir des vidéos choquantes ou décalées. Évidemment, la plupart de ces messagers sont victimes d'un virus. Par exemple Koobface.

Koobface, découvert en novembre 2008 par l'éditeur McAfee, est un ver informatique qui sévit sur le site communautaire Facebook.

Le ver Koobface se propage en envoyant des e-mails aux amis des personnes dont l'ordinateur a été infecté. Si l'utilisateur a la malheureuse idée de télécharger le programme, son ordinateur va être infecté et dirigera ses utilisateurs sur des sites contaminés lors de recherches sur Google, Yahoo ou encore MSN. Il serait également capable de dérober des informations de nature personnelle comme un numéro de carte de crédit. Une réaction officielle est venue par la voix de Barry Schnitt, porte-parole de Facebook, qui a communiqué que "quelques autres virus ont tenté pour se propager de se servir de Facebook de manière similaire mais jamais aussi importante". Pour l'instant, un petit pourcentage d'utilisateurs ont été affectés par ces virus. [Wikipédia.]

Autant de privilèges que Facebook ne réclamerait pas en temps normal. Heureusement, l'arnaque n'est pas réellement dangereuse puisqu'elle se contente de renvoyer les victimes vers des sites de sondage en ligne afin de générer des revenus pour les spammeurs.

Comment se débarrasser d'un likejacking

- Pour vous débarrasser d'une page indésirable activée après avoir cliqué sur un bouton J'aime de Facebook, suivez ces étapes : Cliquez sur Compte en haut à droite, puis Gérer la liste d'amis, sélectionnez la liste de page et cliquez sur la croix pour supprimer la page.
- Vérifiez aussi dans le fil d'actualité que la page n'est pas encore présente, et cliquez le cas échéant à nouveau sur le x pour supprimer la page.

Le piratage de Twitter

Twitter a défrayé la chronique suite à un piratage particulièrement massif (lire **http://korben.info/hack-de-twitter-la-suite.html**). Un pirate au pseudonyme Hacker CROLL a en effet affirmé avoir été en mesure d'accéder à différentes boîtes e-mail des employés de Twitter, dont celle d'Evan Williams (fondateur de Twitter, depuis démissionnaire) et de son épouse. Cela lui a permis d'avoir accès à des informations assez extraordinaires : comptes Paypal, Amazon, Apple, AT&T, MobileMe et Gmail d'Evan Williams, de Sara Morishige Williams, de Margaret Utgoff et de Kevin Thau (des employés de Twitter).

L'exploit de ce pirate ne semble guère faire de doute, et il a d'ailleurs donné une interview à *Zataz* (ici **http://www.zataz.com/news/19125/Rencontre-avec-Hacker-Croll—le-visiteur-de-Twitter.html**). Ce pirate français a finalement été arrêté en mars 2010. Sa méthode d'intrusion, qu'il indiquera à *Zataz*, frappe par sa simplicité : après avoir recherché l'adresse e-mail de ses cibles (en l'occurrence des comptes haute sécurité, comme celui du fondateur de Twitter), il tenta d'en obtenir le mot de passe en utilisant le dispositif mot de passe perdu qui, souvent, fait appel à une "question secrète". À force de recherches et de recoupements, il aurait fini par déjouer les protections mises en place par les prestataires de messagerie (année de naissance, vérification de l'adresse, etc.).

Exemple typique d'utilisation de l'identité numérique, qui permet quand même de se procurer dans le cas de Twitter tous les plans stratégiques de l'entreprise, l'interface de gestion de noms de domaine, des données personnelles.

On aurait pu en rester là, mais il y a eu malheureusement pire : le 18 décembre 2009, une nouvelle attaque est menée. Twitter était complètement inaccessible durant pratiquement 1 heure en raison de la redirection du trafic vers un autre site contrôlé par un groupe se présentant comme la "cyberarmée iranienne".

Twitter a commencé par expliquer avoir été la cible d'un détournement de DNS, assuré par un prestataire externe, la société Dyn. Cette dernière, très réputée, a d'emblée nié toute défaillance de son infrastructure. Finalement, on apprendra que ce n'était pas d'une compromission du serveur de DNS du site qu'il s'agissait, mais d'un piratage de l'interface de gestion du compte DNS utilisé par Twitter chez Dyn. On était donc bien dans la situation que quelques mois plus tôt le pirate CROLL avait pointé du doigt, à savoir le manque de sécurité des données locales de l'entreprise Twitter.

Le festival se poursuivra avec les piratages successifs des comptes de Barack Obama. Gardons-nous de pointer du doigt Twitter : Nicolas Sarkozy aura le droit au même traitement un peu plus tard sur son compte Facebook officiel (**http://www.slate.fr/story/33167/comment-pirater-page-facebook-sarkozy**).

Quels enseignements en déduire ? En premier lieu, pour ce qui concerne Twitter, le peu d'informations personnelles disponibles dans les comptes limite – pour les utilisateurs – les conséquences d'un hack à une récupération d'éléments constituants de l'identité numérique. Dans le cas de Twitter, la fragilité des mesures de sécurité mises en œuvre a surtout porté atteinte à la société et moins aux utilisateurs de ses services. On ne doit tout de même pas considérer comme négligeable le vol de fragments d'identité contenus dans un compte Twitter (lieu de résidence, année de naissance, etc.). N'oublions pas non plus que tous ces réseaux sont maintenant interconnectés : j'ai ainsi eu la surprise de voir mon compte Twitter (**http://twitter.com/ericcharton**) diffusant la liste de mes nouvelles publications scientifiques : j'avais oublié qu'il était relié à un autre réseau social (Mendeley) autorisé à publier sur Twitter. Vous pouvez rapidement perdre le contrôle sur la trame des échanges possibles entre réseaux sociaux. On oublie qui sait quoi et qui fait quoi… et surtout quelles données pourraient en être retirées en cas de piratage (voir Figure 7.2) !

Figure 7.2
Twitter utilisé pour contrôler un botnet.

On pourrait être choqué par la simplicité avec laquelle un site aussi notable que Twitter peut être ainsi piraté. Mais on devra aussi souligner que ces réseaux sociaux (comme hier les sites de vente en ligne tels qu'Amazon) ont vécu une croissance absolument fulgurante. Ce qui implique des équipes de développement et d'encadrement travaillant en permanence sous la pression que fait régner dans une jeune entreprise cette croissance hors norme. Clairement : même avec la meilleure volonté du monde, toutes les *success stories* de ce type risquent de vivre à un moment ou à un autre dans un état de sécurité des systèmes d'information discutable. Ce n'est pas une excuse : d'autres publications en ligne telles que Google ou encore Wikipédia n'ont jamais été à ce point prises en défaut. Mais il n'en demeure pas moins que cet état d'insécurité peut exister et que vous devez être vigilant avec vos données personnelles lorsque vous les laissez sur ce type de publication "à la mode". Ce n'est pas parce que c'est branché, qu'on en parle à la télé, et qu'il y a 500 millions d'utilisateurs que c'est forcément sûr, bien au contraire. La preuve !

TWITTER ET LES BOTNETS

L'un des problèmes majeurs que rencontre le concepteur ou l'opérateur de botnet (voir Chapitre 5) est de s'assurer qu'il lui sera toujours possible de communiquer des ordres à son réseau de logiciels malicieux. En effet, sans moyen de communication l'opérateur de botnet perd le contrôle de sa créature et ne peut plus l'utiliser ou la louer. Ce même opérateur de botnet est aussi dans l'illégalité et doit donc s'assurer que son moyen de communication avec le botnet est protégé : il est bien évident que, s'il communique avec son botnet depuis son abonnement Internet, les forces de l'ordre n'auront aucune difficulté à l'identifier.

Parmi les solutions adoptées, on trouve donc l'utilisation de comptes Twitter pour transmettre des commandes aux bots : il est possible de se connecter à ce type de compte par un moyen anonyme (explorateur HTML sur réseau Thor, par exemple), et les bots en lisant le flux Twitter reçoivent leurs ordres ! Twitter se substitue ainsi aux traditionnels canaux IRC. L'entreprise dépense beaucoup d'énergie pour fermer ce genre de comptes (ce qui coupe la communication efficacement avec le botnet et donc son activité), mais est régulièrement victime de ce type d'usage illicite de ses services. C'est Joze Nazario qui a le premier découvert cette faille en 2009 et l'a publiée sur son blog de sécurité (voir **http://asert.arbornetworks.com/2009/08/twitter-based-botnet-command-channel/**). On consultera aussi pour une démonstration la vidéo diffusée sur **http://youtu.be/aYyDJNthtPg** pour observer un exemple de ce type d'usage de Twitter.

Comment se protéger

Une fois ce panorama dressé, il reste à étudier comment se protéger contre toutes ces formes d'attaques qui peuvent intervenir *via* des réseaux sociaux. On adoptera deux grandes stratégies :

- adopter de bons comportements ;
- utiliser des logiciels de protection.

Les deux stratégies n'étant pas d'égale importance. Très clairement, si vous ne cliquez pas sur n'importe quel lien, si vous gérez bien vos identifiants, si vous ne téléchargez pas n'importe comment, vous éliminez la majeure partie des risques.

Néanmoins, il faut bien admettre que les auteurs d'applications malicieuses ou de scams ont réussi des prouesses ces derniers mois, et qu'il sera difficile d'échapper totalement à leurs appâts, lorsque même les grands réseaux ont du mal à les pister.

Vous devrez donc probablement vous équiper d'un éradicateur de logiciels malicieux, et d'un logiciel de protection contre les attaques sur réseau social.

Les bons comportements

Avant de détailler quelques bonnes attitudes, quelques rappels de bon sens à portée générale. Les éléments de l'identité numérique doivent être fournis sur les réseaux sociaux avec la plus grande parcimonie. Si à aucun moment vos coordonnées bancaires ne sont conservées en ligne (par exemple dans un message Facebook ou un e-mail Gmail), il n'existe aucune chance qu'un Spyware puisse les collecter.

En tant qu'organisation, il est indispensable aussi d'adopter des pratiques sûres : gérer soi-même sa messagerie, ou avec l'aide d'un tiers de confiance pour une administration, par exemple.

Selon une enquête menée en avril 2010 par Owni, plusieurs institutions gouvernementales comme la Direction du renseignement militaire (DRM) ou la Direction de la protection et de la sécurité de la Défense (DPSD) délèguent la gestion de leur boîte e-mail à ce type de sociétés privées (Yahoo, Hotmail, Gmail). "On dénombre ainsi près de 55 000 mentions d'adresses utilisant des webmails piratables sur l'ensemble des sites en .gouv.fr." On peut émettre les plus grandes réserves sur ces affirmations d'Owni (personnellement, je n'ai jamais vu chez des collaborateurs des organisations citées par Owni de tels comportements. Et je les ai même plutôt vus souffrir avec résignation des protocoles de sécurité qui leur étaient imposé).

On rappellera pour finir quelques règles de base : ne jamais demander ni donner de paire comprenant un identifiant de compte associé à son mot de passe par téléphone ou par e-mail ; choisir des identifiants de mot de passe robustes ; ne pas accepter pour "ami" dans Facebook des personnes que vous ne connaissez pas.

Les boutons et les liens

On l'a vu, le likejacking est une méthode qui fonctionne bien sur Facebook. Il sera parfois difficile de ne pas vous faire prendre dans ce type de piège lorsque l'un de vos amis vous invite par exemple à répondre à un sondage. Pourtant, vous devez vérifier ces offres avec la plus grande célérité. De manière générale, lorsque ces offres quelles qu'elles soient (bouton J'aime ou Répondre) mènent à une application vous devez être alerté.

À vrai dire, l'idéal serait de ne jamais répondre favorablement à l'installation d'une application dans Facebook lorsque vous n'êtes pas allé localiser vous-même cette application. Dites-vous bien que les auteurs de scams ne reculeront devant rien pour vous séduire, abaisser vos défenses, au besoin en jouant sur vos instincts : le plus performant des scams (au sens où il a eu le plus de succès d'infection) est celui qui propose une application vous permettant de savoir qui a consulté votre profil… alors que Facebook a depuis toujours annoncé que cette possibilité ne serait pas offerte !

De manière générale, si vous installez quand même une application :

- Assurez-vous que vous êtes bien sur le réseau social (Facebook, Twitter, etc.) avant de cliquer sur un bouton J'aime.
- Lorsque vous cliquez sur un bouton J'aime ou Re-tweet depuis un site extérieur, assurez-vous qu'il mène bien sur le réseau social de destination (en vérifiant l'URL dans la barre de navigation du haut de votre explorateur).
- Méfiez-vous des applications en ligne, y compris dans Facebook, qui vous invitent à regarder une vidéo racoleuse ou à bénéficier d'un tirage au sort avantageux. Y compris si vos amis sont mentionnés par cette application.
- N'acceptez jamais d'installer un programme à la suite d'un clic sur un lien dans un réseau social, de quelque nature que soit ce lien.

Les protections

Il existe quelques applications performantes de sécurisation de Facebook.

L'application web Safego proposée par BitDefender sert à protéger le mur des liens et messages indésirables et à sécuriser le compte Facebook en avertissant l'utilisateur lorsque les réglages de ses paramètres de confidentialité sont susceptibles de laisser passer trop d'informations personnelles (*via* cnet.com).

L'information

Quelques sites et groupes de réseaux sociaux suivent bien l'actualité nocive. Consultez-les régulièrement.

La page d'information de BitDefender, par exemple (**http://www.bitdefender.fr/site/News/newsArchive/**), indique régulièrement l'apparition de nouveaux scams.

Ainsi, en mai 2011, BitDefender a diffusé très rapidement l'information sur une fausse page prétendument envoyée par l'administrateur Facebook qui incitait les utilisateurs à communiquer leurs e-mails et adresses postales (ce que vous ne devriez jamais faire, quel que soit l'éditeur, si vous avez suivi les conseils indiqués plus haut).

Les groupes Facebook suivants sont très pratiques. Vous pouvez rester informé sur les dernières méthodes de likejacking en vous abonnant à l'une de ces pages :

- **http://www.facebook.com/SophosSecurity**. Le groupe de Sophos, qui suit particulièrement bien les problèmes de Facebook.
- **http://www.facebook.com/bitdefender**. BitDefender possède également un groupe très bien entretenu.
- **http://www.facebook.com/websense**. Site d'information bien mis à jour. Plutôt orienté sécurité des réseaux sociaux pour les entreprises.
- **http://www.facebook.com/pages/Spybot-Search-Destroy/108833799151890**. Le groupe de Spybot (l'URL est infernale mais il semble qu'il n'existe pas mieux, malheureusement).
- **http://www.facebook.com/Malwarebytes**. Le groupe de Malwarebytes, peu actif.

Contrôler la subsistance de ses traces

Il vous est toujours possible de limiter la présence des traces que vous avez laissées, y compris lorsque ces dernières sont associées à un compte de réseau social dormant ou que vous ne parvenez pas à fermer (c'est le cas des comptes ouverts sur Wikipédia, par exemple, qu'il est quasiment impossible de faire désarchiver).

8

La vulnérabilité des réseaux

Jusqu'ici, nous avons étudié la pénétration de systèmes isolés et l'espionnage de session, qu'il s'agisse de logiciels serveur ou de PC individuels. Mais les groupes d'ordinateurs, reliés entre eux via un réseau, sont eux aussi vulnérables.

Accessibilité = vulnérabilité

Pour commencer ce chapitre, exposons une vérité de La Palice : un réseau n'est vulnérable que s'il est accessible. En d'autres termes, un réseau local d'entreprise totalement isolé du monde (c'est-à-dire sans Internet, sans passerelles, sans rien d'autre que des stations) est difficilement piratable puisqu'il impose une présence physique du pirate, qui relève plus du cambriolage que du hacking.

Évidemment, aujourd'hui, rares sont les réseaux qui ne sont pas ouverts sur le monde d'une manière ou d'une autre. Mais selon la technologie de liaison adoptée, le groupe d'ordinateurs sera plus ou moins vulnérable. Pour bien comprendre cette influence de la technologie sur les risques d'intrusion, étudions comment un réseau peut être relié avec l'extérieur :

- La ligne spécialisée Internet : c'est l'option la plus basique. ADSL, abonnement illimité à Internet, ou – plus cher – grosses lignes spécialisées (comme dans les universités ou les organisations), par exemple. Le réseau est physiquement relié à Internet en permanence, 24 heures sur 24. C'est sur ce genre de réseau que sont hébergés les serveurs web ou d'e-mail, par exemple.

- La passerelle ou Virtual Private Network (selon la terminologie de Microsoft) *via* une liaison permanente : ici, deux réseaux au moins sont reliés par ligne permanente *via* un "tunnel numérique", c'est-à-dire une connexion sécurisée du même type que celle d'un serveur bancaire, superposé au protocole TCP/IP.

- Le réseau sans fil : convivial pour les utilisateurs d'un réseau local, mais aussi pour les pirates qui peuvent essayer de l'utiliser… depuis la rue d'à côté ! Nous allons développer cet aspect de la sécurité d'un réseau que trop d'administrateurs et surtout d'utilisateurs méconnaissent encore.

Selon la technologie choisie parmi les possibilités énoncées ci-dessus, le réseau privé sera visible depuis Internet tout le temps ou uniquement lors des accès de ses membres. L'identification du réseau sur Internet répondra à plusieurs cas de figure :

- Soit le réseau ne possède pas de numéro IP propre, auquel cas il en change régulièrement, et c'est un serveur DHCP du fournisseur d'accès à Internet qui l'attribue. Dans ce cas, et si l'adresse est modifiée plusieurs fois par jour, le réseau est délicat à localiser.
- Soit le réseau possède au moins une adresse IP propre, et il est localisable tout le temps depuis Internet, ou seulement pendant ses communications dans le cas du réseau Dial Up.

Par ailleurs, en plus de la visibilité du point d'accès au réseau, chaque machine de ce même réseau pourra être plus ou moins "vue" de l'extérieur. Cette visibilité dépendra du plan de numérotation IP adopté sur le réseau.

- Le plan de numérotation fixe : chaque ordinateur du réseau possède sa propre adresse IP et donc son identité sur Internet.
- Le plan de numérotation intranet : cette numérotation comprise entre 192.168.0.0 et 192.168.0.255 est inutilisée sur le réseau Internet. Elle sert à attribuer des numéros à des machines non officielles. Ce numéro sert à dialoguer de manière interne sur un réseau IP, mais l'extérieur ne peut pas accéder à ces numéros qui ne sont routés nulle part. Seul le routeur du réseau local sait faire transiter les communications entre les adresses IP d'Internet et les adresses IP factices de l'intranet (on parle de "translation").
- Le plan de numérotation fixe couplé à un pare-feu (ou firewall) : ici chaque machine possède sa propre identité mais est – très théoriquement – protégée contre les intrusions en provenance d'Internet par le logiciel protecteur.

Quelques remarques sont nécessaires pour établir les avantages et inconvénients de chaque solution :

Premier inconvénient, un numéro IP fictif du plan de numérotation intranet est par nature inconnu, et l'ordinateur qui l'utilise ne peut faire fonctionner des serveurs (http, FTP, e-mail, Telnet, etc.) visibles depuis Internet. Rien n'interdit en revanche de faire fonctionner ces serveurs en limitant leur portée à l'intranet (un serveur web d'entreprise, par exemple).

Ce même numéro IP fictif pose encore de nombreux problèmes pour faire fonctionner des applications multimédias (visioconférences, téléphonie IP). Sur un réseau intranet avec plan de numérotation fictif par exemple, un seul logiciel KaZaA peut fonctionner simultanément puisqu'il utilise un port fixe et que ce port ne peut être partagé avec l'unique numéro IP officiel du réseau. Ce n'est pas forcément un bon exemple, mais il est quand même significatif. Encore que cette dernière difficulté soit en voie de résolution *via* l'adoption de la norme UPnP (*Universal Plug and Play*). Il n'en reste pas moins que, malgré les possibilités qu'offre cette nouvelle norme, l'utilisation d'une numération intranet non officielle peut limiter les possibilités d'un réseau.

Remarques en matière de sécurité

Tout cet exposé de faits nous permet de relever quelques points en matière de sécurité.

À partir du moment où ils ne sont pas officiels, les postes d'un réseau intranet adoptant le plan de numérotation fictive de la norme IP sont peu vulnérables puisqu'ils sont invisibles depuis Internet. Les fichiers qu'ils contiennent, les clients qu'ils utilisent, ou même les chevaux de Troie qu'ils pourraient contenir sont assez peu dangereux.

Dès que les stations de l'intranet se voient attribuer des adresses IP officielles (qu'elles soient dynamiques ou statiques d'ailleurs), chaque ordinateur devient potentiellement plus performant : il peut faire fonctionner des serveurs web, d'e-mail, FTP localement, et ne pose aucun problème avec les applications multimédias. Mais en devenant officiel, il devient aussi visible d'Internet et donc plus vulnérable.

L'attribution d'adresses IP dynamiques rend plus délicate la localisation d'un intranet puisque, par nature, cette adresse peut changer régulièrement.

Disons aussi, pour finir, que quel que soit le choix d'un administrateur, il existera toujours au moins un point de vulnérabilité sur un réseau local relié à Internet : sa station de routage qui a obligatoirement besoin d'au moins une adresse IP officielle statique ou dynamique pour créer une passerelle entre l'intranet et Internet.

Utiliser une faiblesse de Windows ou d'un système

Ceci étant dit, le premier point de faiblesse d'un réseau, c'est généralement sa protection : tous les dispositifs mis en œuvre pour créer une muraille de Chine entre un intranet et Internet sont généralement si compliqués qu'ils recèlent forcément des défauts.

Pour bien comprendre cette problématique, parlons de Windows XP, par exemple.

Pourquoi ce système ? Parce qu'il existe une constante dans les applications que Microsoft vend : dès leur mise sur le marché, les pirates cherchent comment exécuter un programme illégal sur ces produits en particulier. Ce qui est logique puisqu'une faille, lorsqu'elle est trouvée, concerne des millions de victimes potentielles. Dites-vous bien qu'on a trouvé au cours des années passées des points d'exécution de code possible dans toutes les versions de Windows, dans Outlook, dans presque toutes les versions d'Explorer, sur l'IOS des iPad, plus rarement dans Android, dans des téléphones sophistiqués. Or, dès qu'un hacker peut exécuter un code, il peut s'introduire dans n'importe quel système. C'est en quelque sorte le Graal du piratage ! Le seul système qui semble être nativement construit pour échapper à cette "faille standard" est Linux, et encore, son noyau est fiable par architecture (le cœur du système), mais des logiciels qu'il exécute (serveur web Apache, Wordpress) sont régulièrement victimes d'attaques par dépassement de pile.

Pour ne pas déroger à cette règle qui colle à la peau de sa famille, l'une des versions du système de Microsoft, Windows XP, permettait lui aussi l'exécution d'un code non désiré. Cette fois, c'était à travers les fonctions multimédias que Windows ouvrait grandes ses portes aux pirates.

Dans les grandes lignes, disons pour décrire cette faille que Windows, lorsqu'il extrait les informations d'un fichier audio, ne protège pas correctement le fonctionnement de l'un de ses buffers (une zone tampon utilisée pour stocker des données).

Pour exploiter cette vulnérabilité, le pirate va créer un fichier MP3 ou WMA (*Windows Media Audio File*) contenant un attribut – l'un des descriptifs du fichier audio – erroné, puis il va mettre ce fichier en téléchargement. Dès que l'utilisateur victime passe sa souris au-dessus du fichier sonore (depuis une page web ou même sur un fichier local) ou ouvre le dossier dans lequel le fichier réside, le code indésirable est exécuté.

Que fera le pirate de cette possibilité ? Exécuter un code pour un programmeur, c'est ouvrir la porte à pratiquement n'importe quoi. Une vraie caverne d'Ali Baba ! Imaginons que le code en question soit un chargeur de cheval de Troie. En quelques minutes, la belle machine qui a récupéré le descriptif d'un fichier MP3 se retrouve bien équipée ! Et les fichiers MP3 sont on ne peut plus simples à faire circuler : il suffit de les laisser en libre diffusion sur Internet ou sur un réseau Peer to Peer pour être assuré, si le titre est bien choisi, de voir une bonne centaine d'utilisateurs les récupérer en quelques heures !

La réponse de Microsoft a rapidement suivi : dans son *Bulletin de sécurité* n° MS02-072, il a immédiatement recommandé le téléchargement d'un patch correctif. Ce patch est un morceau de programme à exécuter qui supprime le défaut. N'empêche, un piratage par survol d'icône avec une souris, quand même !

Cette vulnérabilité de Windows XP n'est pas unique : une autre permet à n'importe quel pirate de détruire n'importe quel fichier ou dossier en construisant une simple page web (*Bulletin de sécurité* Microsoft MS02-060). Une fois encore, un patch est disponible.

Ce genre de faiblesse affecte à des degrés divers tous les Windows, y compris le tout dernier système Seven en version 64 bits (mais dans une moindre mesure). Le problème est que ces systèmes sont très souvent mis en œuvre sur des serveurs de réseau ou des routeurs. Le téléchargement de code sur un serveur permet à un pirate compétent de faire ensuite tout et n'importe quoi sur ce réseau, y compris si ce dernier n'a pas de plan de numérotation officielle d'intranet !

On pourra se lamenter pendant des heures sur l'inconstance de Microsoft. On pourra aussi, plus positivement, télécharger sans cesse les dernières mises à jour de sécurité, en utilisant l'outil Windows Update (voir Figure 8.1).

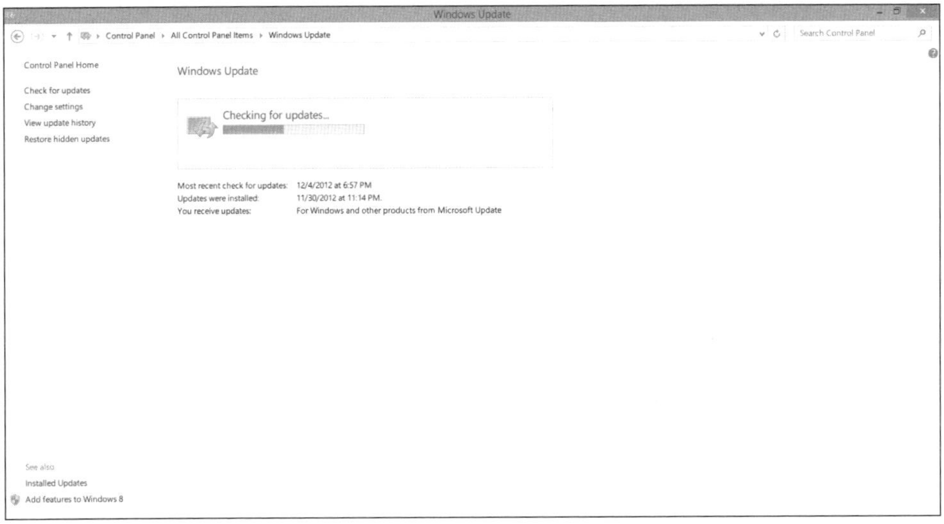

Figure 8.1
Windows Update.

Les systèmes de mise à jour en pratique

Toute version d'un système d'exploitation évolue et doit donc être mise à jour. La mise sur le marché de Windows 98 a introduit une rupture avec les anciennes méthodes de mise à jour dites OSR (*Operating System Release*), constituées d'ensembles de logiciels, de modules ou de patchs à installer. Elle résulte de la volonté de Microsoft de dépasser le concept de mise à jour épisodique, en le remplaçant par le dispositif Update via Internet, plus dynamique et interactif. Ce dispositif a aujourd'hui essaimé, puisqu'on en retrouve le principe dans tous les systèmes tels que Mac OS, Android ou iOS.

Les systèmes d'exploitation rencontrent toujours à un moment ou à un autre des problèmes. Il est possible de classer ces dysfonctionnements en plusieurs catégories. Elles sont présentées ici dans l'ordre chronologique :

- **Les défauts du premier jour.** Un logiciel que l'on met sur le marché pour la première fois n'est jamais exempt de défauts, à plus forte raison lorsque ce logiciel est un système d'exploitation ultrasophistiqué ! Ainsi, la première version de Windows Vista était remplie de bogues. Ces derniers ont été corrigés partiellement par des "services packs", c'est-à-dire des morceaux de programme à installer pour résoudre ponctuellement les défauts.

- **Les évolutions technologiques.** Sont ajoutés des processeurs vidéo sophistiqués, de nouvelles technologies (Plug and Play, bus tel que l'AGP), sous forme de morceaux de logiciels.
- **Les mises à jour de sécurité.** Elles comblent une lacune ou une porte ouverte du système en matière de protection contre les intrusions et les attaques de pirates.

Le problème de tous ces ajouts ponctuels est qu'ils ne résolvent les défauts ou n'ajoutent des fonctions qu'au coup par coup.

C'est pour ce motif que des services sur Internet tels que Windows Update (il en existe de très semblables sous Ubuntu par exemple, avec le gestionnaire Synaptic) ou encore avec Android qui propose automatiquement des mises à jour téléchargées quasiment de façon transparente depuis les serveurs de Google. Le rôle de ces services de mise à jour est d'établir un lien direct et automatique entre le système de l'utilisateur et les services de développement du fournisseur. Ainsi, pour ce qui est de Microsoft, toute la politique de mise à jour de Windows passera désormais par ce vecteur, n'en déplaise à ceux qui n'ont pas d'accès Internet. Windows depuis Vista n'évolue plus que par ce biais, et les dernières versions de Windows 8 sont largement incitatives et vous invitent à autoriser systématiquement les mises à jour automatiques (il en va de même pour Android et iOS).

Info

Windows Update et la confidentialité. Windows Update s'engage à protéger la confidentialité de vos données. Pour vous offrir une liste de mises à jour appropriées, Windows Update doit recueillir un certain nombre d'informations de configuration de votre ordinateur : numéro de version du système d'exploitation, numéro de version d'Internet Explorer, numéro de version des autres logiciels pour lesquels Windows Update fournit des mises à jour, numéro d'identification Plug and Play des périphériques, paramètres régional et linguistique. Aucune de ces informations ne peut être utilisée pour vous identifier. Elles servent uniquement à déterminer les mises à jour appropriées et à générer des statistiques générales. Windows Update ne recueille pas vos nom, adresse, adresse de messagerie électronique et autres informations d'identification personnelle.

Windows Update collecte également l'identificateur et la clé du produit pour confirmer que vous exécutez une copie sous licence valide de Windows. Cette copie permet de recevoir des mises à jour continues à partir de Windows Update. L'identificateur et la clé du produit ne sont pas conservés une fois la session Windows Update terminée.

Désormais, pour mettre à jour Windows, on ne cherche plus des modules logiciels ou des OSR, mais on se connecte sur le site spécialisé. Sur ce site, un dispositif d'applets pour MSIE et de cookies vous référence, prend en charge votre système et évalue les possibilités de mise à jour, le tout dans la plus absolue transparence et dans le plus strict anonymat.

Concrètement, si nous prenons l'exemple de Windows, vous vous connectez à **http://windowsupdate.microsoft.com** qui reconnaît la langue de votre système et vous parle en français. Windows Update vous propose ensuite plusieurs possibilités : les mises à jour critiques, les recommandations du jour, les sélections et mises à jour du mois et les produits "coups de cœur". Une rubrique Mise à jour de pilotes de périphériques vous permet de surveiller en permanence l'évolution des dispositifs de gestion des interfaces de votre PC. Les différentes rubriques rassemblent toutes les possibilités d'évolution dc votre Windows.

Le côté sophistiqué du dispositif est que l'on ne vous invite pas, comme jadis, à consulter une liste de patchs, de pilotes ou de modules, et à faire votre choix (l'opération était d'ailleurs compliquée puisque l'utilisateur devait être certain que les versions des divers morceaux de code installés sur son système n'étaient pas à jour, comparativement à celles disponibles sur le site !). Désormais, on vous propose d'abord de télécharger un module chargé d'analyser votre système. Cette opération ne prend que quelques secondes avec un bon modem. Ensuite, il faut demander un examen de votre machine depuis le site Windows Update. L'intervention est aussi très rapide. En fonction de cet examen, un catalogue de mises à jour est généré. Il ne vous reste plus qu'à faire votre choix !

Le catalogue est particulièrement bien conçu, puisqu'il liste les suggestions sous forme de "mises à jour critiques", c'est-à-dire celles qui sont vraiment importantes pour la stabilité du système, les mises à jour non critiques mais recommandées par Microsoft, les mises à jour pour Internet.

Chaque mise à jour est suivie d'une description de son utilité et de son temps de téléchargement, calculé sur mesure pour votre PC en fonction de sa liaison Internet. Bien évidemment, le dispositif tient compte des versions déjà installées sur votre machine : diagnostic préalable aidant, vous ne consultez sur le catalogue que ce qui correspond à vos besoins. Si votre PC contient déjà quelques composants parmi les plus récents, ces derniers sont signalés par un "déjà installé".

Une fois ce catalogue généré, cochez ce qui vous intéresse, lancez le téléchargement et installez les composants. Vous disposez alors d'un Windows mis à jour sur mesure !

Si votre Windows n'est pas configuré pour la mise à jour automatique, consultez le site Windows Update à intervalles réguliers. Vous êtes connu et rien ne vous empêche en théorie de mettre à jour votre système quotidiennement, au gré des bogues trouvés et résolus par Microsoft. Le système devient dynamique avec des "recommandations du jour". Les cookies bien exploités vous informent automatiquement des nouveautés qui correspondent à votre machine. L'utilisateur devient acteur de l'évolution de son système et Internet est son ingénieur !

Reste une question : est-ce nuisible ou bénéfique pour la stabilité ? La réponse est oui. Prenez l'exemple des pilotes : livrés uniquement par paquet de milliers avec les dernières versions de Windows une fois par an, ils deviennent désormais disponibles instantanément. Or l'on sait que nombre de problèmes de fonctionnement viennent des pilotes. Des équipes spécialisées sur ces sujets œuvrent chez Microsoft ; avec Windows Update, tout devient simple et vous bénéficiez immédiatement des fruits de leur travail.

Évidemment, le principe soulève quelques questions de fond. Citons le problème de la mise à jour de machines multiples : un gestionnaire de parc ne peut laisser chaque utilisateur modifier son Windows comme bon lui semble ! Pour ce cas précis, il faut mettre au point une machine de référence avec Windows Update, récupérer les modules de mise à jour suggérés et acceptés, les stocker sur le disque dans un répertoire "Update", puis les installer sur chaque machine. Cela ne retire rien à l'extraordinaire avancée que représente ce dispositif.

La mise à jour en ligne avec Windows Update

La procédure est la suivante :

1. Lancez Internet Explorer.
2. Validez le menu Outils, puis l'option Windows Update.
3. Vous accédez automatiquement à la page Update de votre système.
4. Acceptez d'installer les modules de diagnostic de Microsoft.
5. Cliquez sur Chercher une mise à jour ou sur Scan for update.
6. Windows Update vous propose automatiquement les mises à jour les plus urgentes.
7. Lorsqu'un composant vous intéresse, activez sa case à cocher. Avant de le télécharger, cliquez éventuellement sur le lien À lire.
8. Si vous changez d'avis alors que le produit est déjà sélectionné, cliquez de nouveau sur la case à cocher pour supprimer la sélection.
9. Après avoir sélectionné tous les composants souhaités, cliquez sur le bouton Télécharger.
10. Sur la page suivante, vérifiez que tous les composants voulus figurent dans la liste.
11. Cliquez sur le bouton Démarrer le téléchargement. Tous les composants sélectionnés se téléchargent et s'installent sur votre ordinateur. Pendant l'installation de certains d'entre eux, vous devez fournir des informations complémentaires et remplir des fenêtres.
12. Le message "Installation terminée" indique la fin de l'opération. En fonction des composants demandés, vous devrez éventuellement redémarrer votre ordinateur après l'installation de tous les produits.

Ne négligez jamais la mise à jour de votre système Windows. Ce dernier est sans arrêt exploré par les pirates à la recherche d'une faille. Installé sur un serveur de réseau, il peut vite devenir une porte ouverte ! N'hésitez pas non plus à visiter à intervalles réguliers les pages sécurité de Microsoft :

- **http://www.microsoft.com/france/securite/** fournit toutes les informations de sécurité relatives à Windows en général.
- **http://www.generation-nt.com/** est un bon site indépendant sur la sécurité de Windows.

La mise à jour en ligne avec une tablette ou un smartphone

Vos tablettes et téléphones intelligents sont eux aussi susceptibles de se mettre à jour automatiquement. Le système iOS d'appel est assez peu intrusif et vous laisse l'initiative de valider ou non les mises à jour de vos applications et du système lui-même. Celui d'Android est un peu plus invasif et par défaut, procède à la mise à jour automatique de vos applications et avec confirmation, du système d'exploitation.

Ces mises à jour sont souvent l'occasion de réparer des failles de sécurité, voire de supprimer des applications malicieuses ayant passé le barrage de sélection des marchés d'applications.

Si vous n'avez pas de raison valable de les désactiver (sur mon iPad par exemple, je refuse de charger la nouvelle application Map d'Apple, et je conserve mon ancien iOS 6), laissez faire ces processus automatiques. Votre appareil fonctionnera mieux (de nombreux défauts sont corrigés par ces mises à jour) et vous bénéficierez de toute la puissance de réaction de ces grandes entreprises pour prévenir les failles et les infections.

La bêtise humaine et les pare-feu…

Mais les faiblesses des systèmes Microsoft ne sont pas tout. En matière de réseaux, les parangons de la sécurité sont bien souvent les plus médiocres concepteurs d'outils de protection ! Ici nous parlerons entre amis de quelques perles, commises par des ténors : Wingate, Alcatel sont les plus forts en la matière…

Par nature, un réseau appartient à une entité (entreprise, organisation, administration) forcément attachée d'une manière ou d'une autre à la confidentialité de ses données. À cette cible commerciale de choix on tentera donc de vendre des outils de sécurité toujours plus onéreux, toujours plus performants. Malheureusement, les experts en sécurité ne le sont pas toujours. Soit que leurs outils ne sont pas si fiables que cela, soit que leurs produits sont eux-mêmes… non sécurisés ! Nous avons vu l'exemple de Microsoft dans les sections précédentes, nous pourrions aussi parler de certains fabricants de matériels.

Ainsi, ces versions de routeurs Alcatel, dont le micrologiciel contient une porte dérobée qui s'ouvre en grand aux hackers ! Nous ne parlons pas ici d'un défaut : il s'agit bien d'un dispositif pirate mis en place par le fabricant ! Cette vulnérabilité donne au hacker un contrôle administrateur total sur les modems Alcatel OmniSwitch 7700/7800. Ces derniers sont équipés d'un port Telnet, piratable, qui écoute sur le port TCP 6778/.

Dévoilée par la presse, cette pratique a donné lieu à quelques excuses du fabricant français et à une recommandation de mise à jour (les utilisateurs sont prévenus : ils doivent passer du logiciel AOS version 5.1.1 à la version AOS 5.1.1.R02 ou AOS 5.1.1.R03 pour sécuriser un système de sécurité qu'ils ont acheté !).

Évidemment, la faille de sécurité implantée par le constructeur, c'est ce qui se fait de mieux pour le pirate. Mais il existe aussi des failles de conception – comme celles de Windows – qui peuvent être mises en œuvre à travers un "exploit". Vous trouverez une liste assez exhaustive de ces outils à l'adresse suivante :

http://www.neworder.box.sk/

Nous ne saurions trop recommander aux administrateurs de consulter cette liste et au besoin de tester quelques-uns des outils présentés pour vérifier la sécurité de leur dispositif !

Les pare-feu sont souvent utilisés sur les réseaux domestiques (voir Figures 8.2 et 8.3) : Wingate, Winroute, ZoneAlarm sont les plus connus. La sécurité de ces logiciels – souvent elle aussi mise en défaut – est plus spécifiquement explorée à cette adresse :

http://www.firewallguide.com/test.htm

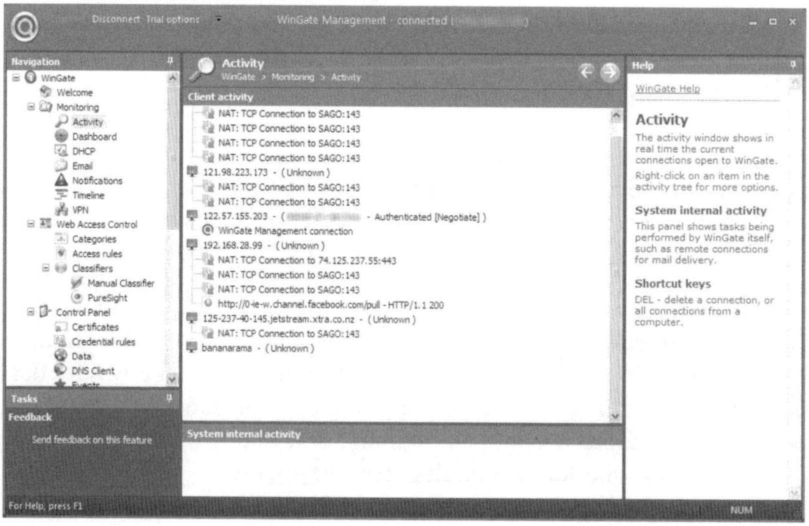

Figure 8.2

Sygate, un pare-feu fiable.

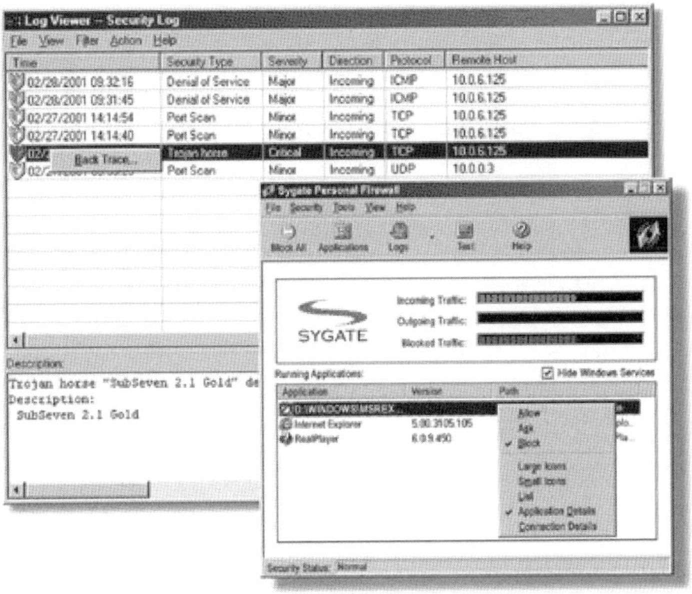

Figure 8.3
Wingate, souvent décrié et plein de failles !

Sygate est un pare-feu gratuit et assez fiable. Vous pouvez l'installer et procéder à des essais.

La méthode d'attaque la plus courante

Que fera le pirate lorsqu'il attaquera un PC protégé par un pare-feu ou le serveur pare-feu lui-même et qu'il n'existe pas de faille permettant d'exécuter un code ? Il essayera de vous envoyer un troyen par un autre moyen : un e-mail, par exemple.

Car, on l'oublie trop souvent, le meilleur moyen de contourner un pare-feu pour attaquer un ordinateur du réseau censé être protégé, c'est de lui envoyer un e-mail ! L'e-mail en effet contourne tous les dispositifs de protection imaginables puisque, par nature, la correspondance est privée et doit arriver à son destinataire !

Cet e-mail soit exploitera une faille de sécurité, soit contiendra un fichier exécutable en pièce jointe. Le but de ces deux techniques étant d'introduire un cheval de Troie sur la station cible. Outlook était jadis particulièrement réputé pour ce genre de faille de sécurité, ses versions récentes sont mieux protégées. Si vous êtes équipé de ce logiciel, n'hésitez pas à personnaliser au maximum votre configuration dans le menu Outils > Options > Sécurité (voir Figure 8.4) :

1. Cochez la case M'avertir lorsque d'autres applications essayent d'envoyer des messages de ma part.
2. Cochez aussi Ne pas autoriser l'ouverture […].

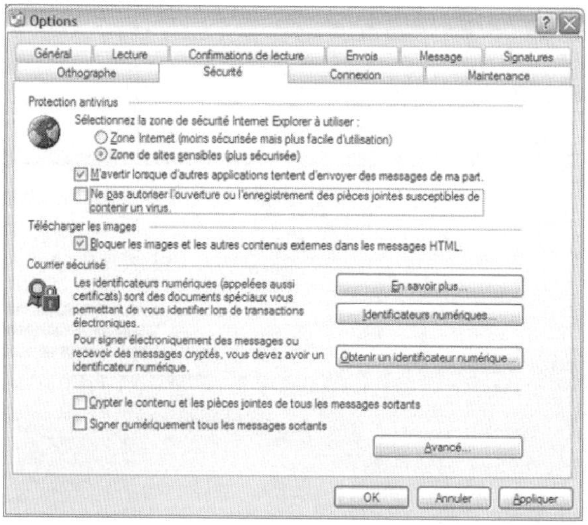

Figure 8.4
Les options de sécurité d'Outlook.

La plupart des failles de sécurité d'Outlook en particulier et des clients d'e-mail modernes en général tiennent dans leur capacité à manipuler des e-mails sophistiqués, utilisant des pages HTML. C'est à travers ces contenus HTML que le pirate cherchera à transmettre un code ou un virus.

Dans tous les cas, derrière un pare-feu, la meilleure des protections consistera en un ensemble de méthodes de travail :

- Ne pas exécuter les pièces jointes reçues par e-mail (voir Figure 8.5).
- Utiliser régulièrement les outils de détection de chevaux de Troie dont nous avons parlé au chapitre précédent.
- Toujours mettre à jour son client d'e-mail (la page sécurité d'Outlook est sur **http://office.microsoft.com**).

Les réseaux sans fil : Internet sans payer !

Bien évidemment, il est très difficile de ne pas parler dans un tel ouvrage de la pénétration des réseaux sans fil.

Disons-le, c'est un point d'accès privilégié pour le pirate mais aussi pour le curieux (comme dans le cas de l'affaire des Google Car renifleuses dont nous parlons plus loin) ! Car la norme en vigueur dans de très nombreux points d'accès aux réseaux sans fil n'est pas réputée pour sa sécurité. Le 802.11b – c'est son nom – a pourtant de nombreux avantages. Il permet des débits élevés (11 Mbit/s dans sa version b, aujourd'hui on parle de 600 Mbit/s pour la version n) sur des distances relativement importantes (plusieurs centaines de mètres).

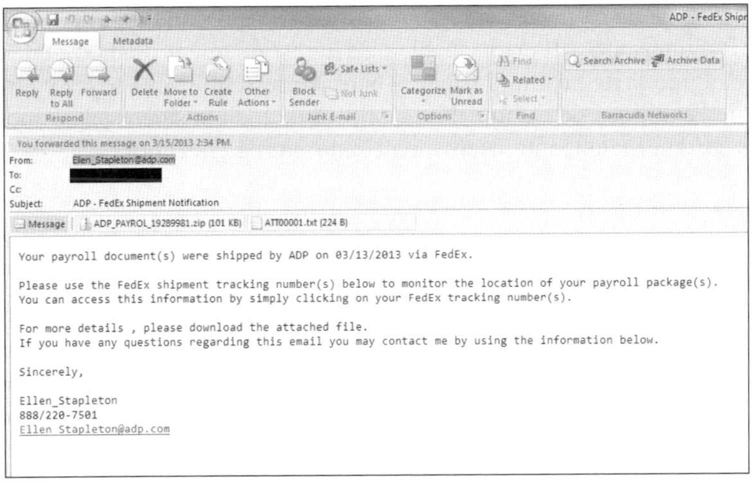

Figure 8.5

Un virus dans un e-mail.

Il intègre en option un protocole de sécurité au niveau de la liaison, le WEP (*Wired Equivalent Privacy*). Celui-ci est très simple à administrer et facile à utiliser, mais malheureusement peu sûr. Nous y reviendrons.

Il existe deux facettes à l'utilisation des nouveaux points d'accès des réseaux sans fil à la norme 802.11. La première, plutôt sympathique, est l'établissement d'un nouveau réseau Internet gratuit coopératif, parallèle au réseau Internet.

La seconde, plus classique, est l'établissement d'un réseau dans un environnement domestique ou professionnel pour éviter les câblages complexes, voire contourner certains problèmes de câblages délicats, impossibles ou interdits (par exemple l'entrepôt séparé des bureaux par une route).

Réseau métropolitain et points d'accès publics

Le réseau coopératif est né de l'initiative de plusieurs personnes en juin 2000 à Seattle. Le réseau Seattle Wireless compte aujourd'hui plusieurs centaines d'antennes relais disséminées dans la ville, avec pour objectif de fournir un réseau haut débit, sans fil, gratuit, libre d'accès et accessible de partout à toute personne dotée d'un ordinateur.

Techniquement, le principe est simple : tous les utilisateurs qui installent un point d'accès sans fil 802.11 ouvert au public s'enregistrent auprès d'un site Internet, qui diffuse leurs coordonnées.

Ce type de réseau est théoriquement interdit en France. Néanmoins, comme le résume bien le propriétaire d'un point d'accès parisien : "Vous n'avez pas le droit d'utiliser mon point d'accès depuis la voie publique, mais il m'est difficile d'empêcher les ondes de franchir les murs de mon appartement…" Ou cet autre qui affirme : "J'essaie de respecter la réglementation française et mon AP est pour l'instant un AP d'intérieur... Il est probable que le rayonnement de mon matériel WiFi standard et agréé sorte néanmoins par la baie vitrée et que vous soyez en mesure de le capter de l'extérieur de l'immeuble. Donc, je ne me considère pas responsable si des ondes sortent malencontreusement à l'extérieur de chez moi."

Info

Le droit. En France, les bandes de fréquences utilisées par la norme 802.11 étaient jusqu'ici dévolues à l'armée. Heureusement, les militaires ont accepté de dégager cette fréquence, et théoriquement, l'utilisation d'un réseau sans fil ne risque plus de provoquer un débarquement des forces de l'ordre (ne mésestimez jamais les capacités goniométriques de la gendarmerie). *A priori*, à ce jour, l'ouverture d'un réseau sans fil à l'intérieur des murs d'un immeuble est totalement libre (conformément à l'article L. 33-3 (5°) du code des Postes et télécommunications, les installations radioélectriques n'utilisant pas des fréquences spécifiquement assignées à leur utilisateur sont établies librement). Jusqu'ici, l'installation à l'extérieur des bâtiments était interdite. Mais le droit évolue.

Voici ce qu'indique l'ART (désormais devenue ARCEP) dans ses dernières propositions de novembre 2002 :

> *"Les fournisseurs de services et les opérateurs autorisés vont pouvoir installer sans autorisation des bornes d'accès utilisant les technologies de la bande 2,4 GHz, dans le respect des conditions techniques suivantes :*
>
> *Dans trente-huit départements :*
>
> *La bande 2400-2454 MHz est utilisable à l'intérieur des bâtiments comme à l'extérieur avec une puissance inférieure à 100 milliwatts (mW).*
>
> *La bande 2454-2483,5 MHz est utilisable à l'intérieur des bâtiments avec une puissance inférieure à 100 mW et à l'extérieur des bâtiments avec une puissance inférieure à 10 mW. Sur les propriétés privées, cette puissance peut atteindre 100 mW à l'extérieur avec une autorisation du ministère de la Défense.*
>
> *Dans tous les autres départements métropolitains, les conditions d'utilisation sont pour l'instant inchangées. La liste des trente-huit premiers départements sera progressivement complétée à partir du 1er janvier 2003."*

Le résumé des recommandations de l'ARCEP est disponible sur son site :

http://www.arcep.fr/

En clair, avec le matériel disponible aujourd'hui, l'utilisation dans un immeuble ou en extérieur ne sera pas soumise à demande tant que les puissances d'émission seront limitées. En revanche, cette souplesse du droit ne s'appliquera pas partout, en tout cas pas dans l'immédiat.

http://www.wireless-fr.org/

En pratique, ces types de projets de réseaux coopératifs tendent à stagner, voire à disparaître : la présence de points d'accès WiFi gratuits dans les bars, les restaurants, les hôtels, les aéroports les a rendus peu à peu obsolètes.

Dans des grandes villes telles que New York ou Montréal, il est possible de se promener avec une tablette et d'attraper des centaines de points d'accès "guest" fournis par les entreprises à leur clients, et qui rayonnent jusqu'à la rue.

Les dangers des points d'accès libres

Ces points d'accès totalement libres qui constituent peu à peu la trame d'un réseau universel, informel et gratuit, ne sont pas sans danger pour vos données et vos comptes.

Nous avons vu dans le chapitre sur le reniflage de réseau que des méthodes existent pour explorer toutes les données qui transitent par ce type de point. Elles sont applicables aussi bien aux réseaux sans fil qu'aux réseaux filaires. Or, il se trouve que la plupart de ces réseaux sont faiblement sécurisés. Et seuls ceux qui établissent une liaison sécurisée sont en mesure de masquer aux yeux d'un observateur les données qui transitent. Les points d'accès de restaurants, d'aéroports ne sont quasiment accessibles que par tunnel sécurisé, pour des besoins de simplicité. Dans les universités ou les organisations, c'est plus fréquent. On a vu dans l'affaire des captures WiFi intégrées dans les Google Car, dont nous parlerons plus loin, que ces données pouvaient être d'une richesse inouïe. Vous devez donc être très vigilant lorsque vous vous connectez via l'un de ces points.

En tout cas, le point d'accès sans fil public n'est pas du hacking, mais un Internet gratuit astucieux ! C'est aussi un point d'accès pour les pirates, facile, furtif et discret, dont nous risquons malheureusement d'entendre parler (voir Figure 8.6).

Figure 8.6
Le réseau sans fil : Internet à haut débit gratuit ?

Le réseau sans fil... par la force

Et puis il existe le réseau sans fil privé mais qui par la force des choses est public puisque, redisons-le, vous pouvez voter autant de lois que vous le souhaitez, seules les lois de l'univers pourraient intimer l'ordre aux ondes de ne pas franchir le seuil d'une fenêtre !

Résultat ? Techniquement, un pirate installé dans la rue, en bas de votre immeuble, peut en théorie devenir membre de ce réseau puisqu'il bénéficie par la voie des airs d'une ligne à 11 Mbits à laquelle il accède librement depuis le café du coin. Ce pirate utilisera à vos frais votre ligne Internet, vos ressources – serveur de messagerie par exemple – et tout cela sous votre identité !

Cette technique de surf sur Internet au gré des réseaux à pirater porte déjà un nom : le wardriving ! Son site web est **www.wardriving.com** (voir Figure 8.7).

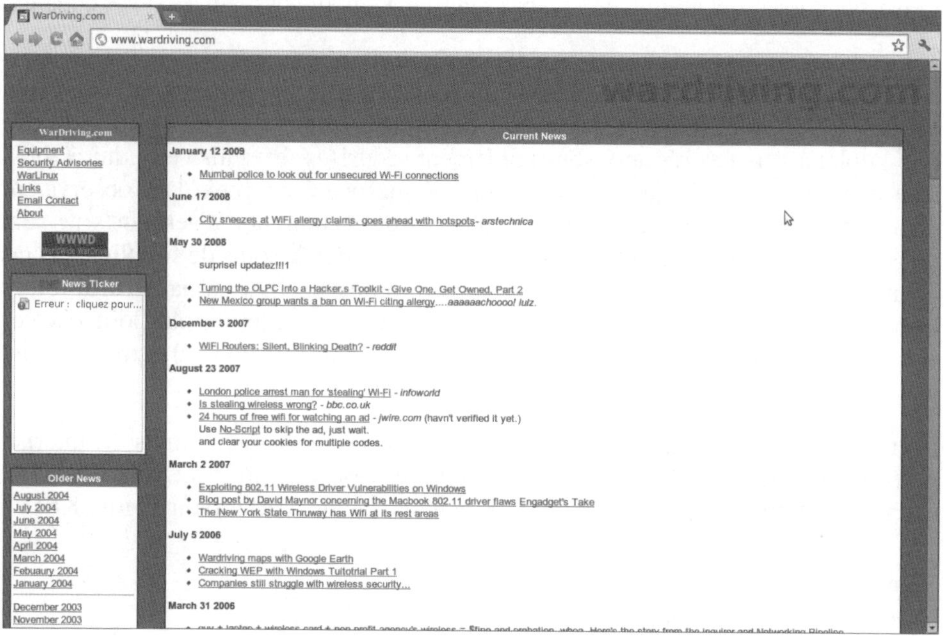

Figure 8.7

Le wardriving, piratage de l'air !

Évidemment, les réseaux sans fil peuvent (et devraient) être protégés contre cette technique. Chaque périphérique 802.11 (cartes, etc.) est protégé par une clé qui est soit un mot de passe, soit une clé dérivée de ce mot de passe. Cette même clé est utilisée par toute station ou périphérique accédant au réseau *via* la norme 802.11.

Évidemment aussi, ce type de codage présente plusieurs failles. La première, c'est l'algorithme de chiffrement RC4. Bien connu car assez facile à décoder (nous en reparlerons dans le chapitre sur les outils de décodage de mots de passe).

La deuxième faille réside dans la méthode d'implémentation du chiffrement RC4, et plus précisément dans le mode de mise en œuvre de ses vecteurs d'initialisation (IV). Nous ne nous étendrons pas sur le sujet. Résumons simplement par cette constatation : certaines clés RC4 de la norme 802.11 sont dites "faibles" (donc plus rapides à décoder), et d'autres, en circulant sur le réseau, peuvent servir de base à un outil de reconstitution mathématique. Un logiciel de "force brute" peut donc briser la confidentialité de ces clés.

Dernier point faible : en offrant un accès à 56 Mbits, voire plus, sur une station extérieure, la norme 802.11 permet de faire tourner à distance, de manière quasi indétectable, des logiciels de décodage de clés très rapides, capables de tester plusieurs centaines de milliers de clés par seconde, diminuant d'autant le temps de décodage.

Plusieurs équipes de chercheurs ont testé une attaque sur ce genre de réseau : celle de Stubblefield, Ioannidis et Rubin a pris une semaine pour développer les logiciels de décodage de mots de passe, requis 2 heures de calcul et 100 € d'investissement. Ces auteurs ont également optimisé leur méthode d'attaque et ont estimé qu'un jour ou deux suffiraient à un attaquant inexpérimenté pour arriver au même résultat (vous trouverez plus d'informations sur **http://www.securiteinfo.com/**).

Tout ceci est longtemps resté très théorique. Le pire restait à venir, car forts de ces informations issues de chercheurs, les outils de piratage de réseau sans fil – encore rares – sont en train de débarquer sur Internet… Cela dit, le pirate n'aura pas forcément besoin d'eux pour accéder à un réseau de manière sauvage : la plupart des réseaux adoptent un mot de passe par défaut du constructeur et laissent donc eux aussi une porte ouverte aux pirates ! Voilà bien la faille du réseau sans fil : sa configuration. Quelques précisions.

Les trois étapes de configuration de la sécurité sur un réseau sans fil concernent les paramètres suivants :

- affectation de la SSID (clé du réseau) ;
- détermination du filtre MAC (couche de bas niveau) ;
- cryptage WEP (cryptage d'accès au réseau).

Or, trop souvent, ces données qui sont fixées par défaut en usine ne sont pas modifiées par les administrateurs (voir Figure 8.8). Résultat, vous vous retrouvez en général face à une configuration type de ce genre :

Configuration par défaut	*Configuration légère*
IP Address : **192.168.2.1** **ou 192.168.0.1**	**192.168.2.1** **ou 192.168.0.1**
Password : none	mot de passe d'usine
SSID : default	testSMC (exemple de SSID d'usine)
WEP : disabled	64-bit enabled
Passphrase : n/a	identique au mot de passe d'usine
Channel : 6	6
MAC Filters : (up to 4) none	00.07.F2.63.32.9E

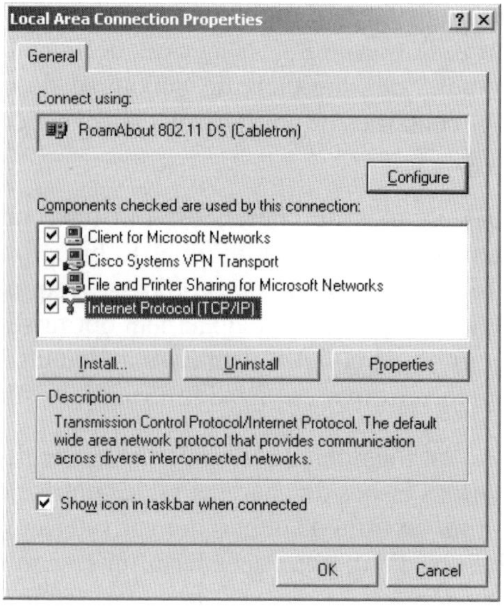

Figure 8.8
La configuration qu'il ne faut pas laisser sur un réseau sans fil.

Conséquence ? Il suffit de trouver un réseau avec un scanner et de tester quelques configurations d'usine pour entrer sans autre forme de procès sur un réseau ! Et, évidemment, le scanner existait déjà dès 2002 : pour Unix, nous trouvions DSTumbler **http://www.dachb0den.com/projects/dstumbler.html**. Il y avait aussi Wellenreiter, à télécharger sur **http://www.remote-exploit.org**, disponible en Perl. Ce dernier a introduit une petite nouveauté : un "casseur de mot de passe" par force brute.

C'est à cause de réseaux non protégés que Google, dont un ingénieur avait intégré une carte WiFi et un capteur de paquets sur les Google Car (celles qui prennent des photos des rues du monde entier), s'est retrouvé en 2010 avec des centaines de gigaoctets de données confidentielles (mots de passe, numéros de cartes de crédit, références de comptes en banque), géolocalisées de surcroît (lire en particulier **http://www.clubic.com/application-web/actualite-337074-collecte-donnees-wi-fi-google-mal-vue-allemagne.html**) ! En voulant recenser tous les hot-spots WiFi ouverts (ou non, d'ailleurs), Google s'est retrouvé avec des milliers de données personnelles !

Pour Windows, plusieurs outils sont disponibles : les plus connus sont Aérosol, qui porte bien son nom (téléchargement *via* le site **http://wiki.personaltelco.net/index.cgi/WirelessSniffer**), et le très bon NetStumblerInstaller.exe (à télécharger sur le site **www.stumbler.net**) (voir Figures 8.9 et 8.10).

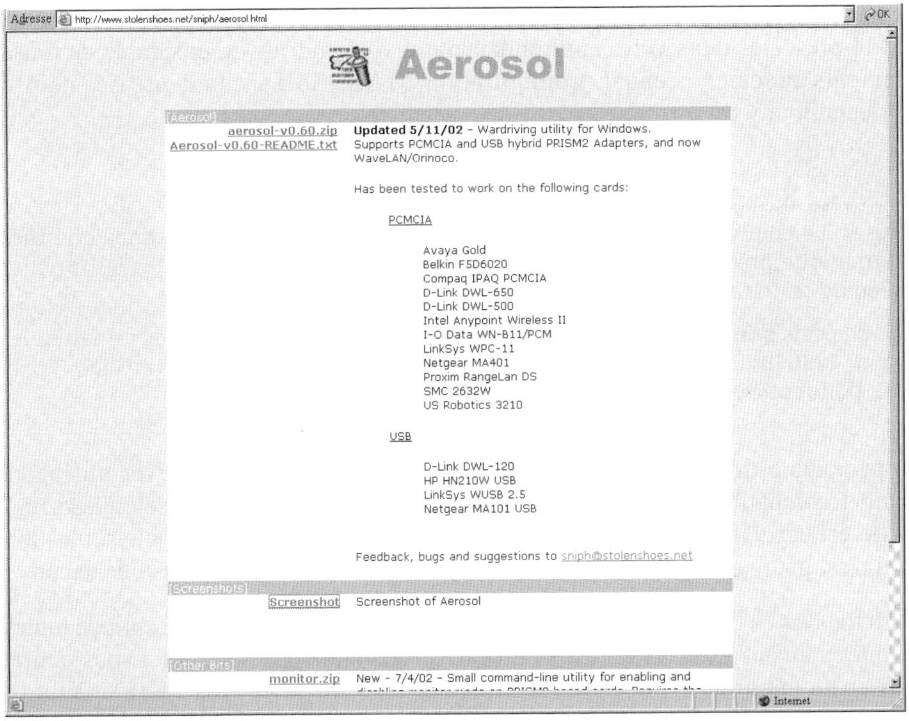

Figure 8.9

Aérosol, scanner de réseau sans fil.

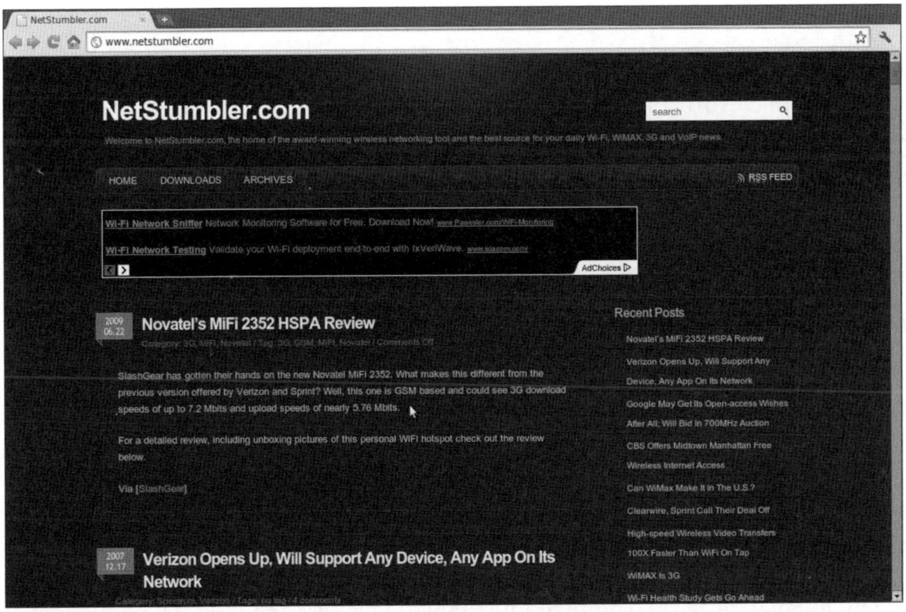

Figure 8.10

NetStumbler, scanner vedette des wardrivers.

Ce logiciel, une fois qu'il est installé sur votre portable, va explorer les fréquences 802.11 présentes dans votre environnement et vous fournir un ensemble de renseignements précieux : canal, configuration MAC, SSID, canal utilisé, nom du fabricant, tout y est !

DICO

Chipset. Le chipset est un ensemble de microprocesseurs spécialisés dans une tâche informatique précise. Le chipset d'une carte réseau sans fil gère toutes les fonctions réseau de cette carte, ainsi que sa sécurité.

Trois chipsets principaux sont utilisés par les wardrivers : Hermes (cartes réseau sans fil Lucent, Dell, IBM, Sony), PRISM (cartes réseau sans fil Intel, LinkSys, NetGear, Proxim, SMC, USRobotics, Zoom) et Aironet (utilisé par Cisco).

La principale difficulté au cours des derniers mois était de trouver un logiciel scanner compatible avec le chipset de la carte réseau sans fil utilisée. Désormais, l'offre est devenue tellement pléthorique (lire nos descriptifs de logiciels, plus loin) qu'il n'est guère compliqué de trouver un produit adapté aux besoins de chacun.

Dans tous les cas, lorsque vous serez confronté à une incompatibilité entre le logiciel scanner convoité et la carte réseau 802.11 qui équipe votre machine, vous pourrez utiliser un autre outil. Aérosol par exemple, basé sur le chipset PRISM 2 (utilisé notamment par les cartes D-Link), remplace avantageusement NetStumbler. Vous trouverez de très nombreuses références de logiciels sur **http://www.wardriving.com/code.php**.

INFO

Windows XP, premier système scanner de réseau sans fil ! Windows XP fut le premier système de Microsoft à inclure les fonctions réseau 802.11. Dans ces fonctions sont également prévus des outils de scan. De nombreux scanners exploitant les fonctions de scan de Windows XP sont mis en libre diffusion sur Internet. Certains sont même associés à des fonctions de décryptage de mot de passe et de clé ! On retrouve aujourd'hui des fonctions similaires dans Android et Ubuntu.

Les logiciels de scanner de réseau sans fil

Examinons maintenant quelques-unes des propositions de logiciels scanners pour réseaux sans fil. Ceux que nous vous présentons ci-après sont pour la plupart gratuits et à télécharger sur Internet (adresse jointe). Ils sont simples à mettre en œuvre et très performants. Assurez-vous que le chipset qu'ils supportent correspond à celui de votre carte réseau sans fil. Certains de ces logiciels sont fournis désormais pour des tablettes. Vous pouvez avec eux vous promener dans une grande ville ou une zone industrielle et collecter des centaines de références de réseaux. Un rapide essai avec un logiciel de ce type équipant une tablette Nexus 7 de Google, négligemment laissée allumée dans un sac à dos dans le centre-ville de Montréal, m'a permis de collecter plus de 300 réseaux sur la longueur d'une rue. Nombre de ces réseaux étaient ouverts, permettant de constituer rapidement une véritable carte de surf gratuit !

Aérosol

Aérosol est un remarquable outil, rudimentaire mais efficace, compatible avec le chipset PRISM. Il fonctionne sous Windows et est à marier avec la librairie WinPcap si vous souhaitez réaliser un reniflage de réseau. Il n'est malheureusement plus supporté officiellement et est difficile à trouver en ligne.

AirSnort

http://airsnort.shmoo.com/

Les administrateurs qui désirent auditer leurs réseaux sans fil disposent d'un outil très intéressant : AirSnort. Il s'agit d'un renifleur complètement intégré à l'environnement des réseaux sans fil. Il fonctionne sous Linux et dispose de nombreuses fonctionnalités en matière d'analyse de paquets. Il est disponible en versions Windows et Linux. Il fonctionne avec les chipsets suivants :

- Cisco Aironet ;
- Cartes Prism 2 ;
- Cartes Orinoco.

AirSnort a fait beaucoup parler de lui puisqu'il a été le premier outil de scanner WiFi… (et encore l'un des rares en 2007) muni d'une fonction de décryptage des codes WEP. Il est donc capable non seulement de détecter les réseaux, mais aussi de briser leurs codes de protection. L'utiliser pour vérifier en combien de temps vos clés peuvent être décodées serait donc très probablement une bonne idée ! AirSnort, bien que toujours disponible, est aujourd'hui considéré par son auteur comme obsolète. Il recommande – pour décoder les clés WEP ou WPA – l'utilitaire AirCrack-NG dont nous parlerons plus loin.

Airopeek

http://www.netwalker.fr/airopeek.html

Fonctionnant sous Windows, Airopeek est le premier et seul analyseur de trafic réseau radio qui dispose des fonctions de capture, de décodage et d'affichage des paquets en temps réel. Cette capacité révolutionnaire est également présente dans toute la gamme des produits Airopeek et EtherPeek.

La fonction Keep Most Recent des options de dialogue des captures permet à l'administrateur de conserver les plus récentes captures et de forcer Airopeek à n'utiliser qu'un jeu défini de fichiers lors de l'enregistrement des captures par l'intermédiaire de l'option Save to disk. Lorsque la taille maximale de la capture est atteinte, Airopeek passe alors automatiquement au fichier de capture suivant, remplaçant ainsi la capture la plus ancienne.

Support des réseaux radio utilisant le protocole 802.11a. Cette nouvelle norme assure des transmissions plus rapides, plus efficaces que le populaire 802.11b. Par ses capacités à analyser ces deux normes, Airopeek est donc le meilleur outil d'analyse et d'audit de tous les réseaux radio.

Le codage WEP (*Wired Equivalent Privacy*) est pris en charge. Il correspond à une technique de codage optionnelle à la norme 802.11, utilisée comme base pour la sécurisation des données. Airopeek supporte désormais les clés WEP de 152 bits, telles que celles définies par la norme 802.11a.

Airopeek permet de décoder au vol, par le biais des multiples clés, tous les paquets. Vous pouvez également, par l'intermédiaire d'un utilitaire de type ligne de commande, automatiser le décodage de paquets particuliers ou de sessions capturées.

Airopeek est livré avec un gabarit spécial pour les audits de sécurité. Ce gabarit crée une capture qui envoie une notification dès l'apparition d'un paquet correspondant à l'un des filtres de sécurité préconfigurés. Les filtres préconfigurés correspondent aux trous de sécurité les plus communs en environnement radio. Airopeek est payant et cher…

NetStumbler

http://www.netstumbler.com

NetStumbler est l'un des logiciels les plus utilisés à ce jour. Il est extrêmement convivial et facile à mettre en œuvre (voir la mise en pratique plus loin). Attention : NetStumbler ne fonctionne pas avec toutes les cartes réseau bien qu'il ait été considérablement amélioré sur ce point ces dernières années. À vrai dire, tous les logiciels de scanner de réseau sans fil sont spécialisés pour fonctionner avec un chipset dont ils exploitent les fonctions et ont généralement des restrictions avec certains matériels.

Signalons aussi l'existence d'une version Windows CE de NetStumbler : Ministumbler. Ce logiciel démoniaque vous permet de scanner les réseaux tout en vous promenant tranquillement avec votre Notepad ! Ministumbler est compatible avec le chipset Hermes et celui de PRISM. Consultez la liste des adaptateurs réseau compatibles (très variable) sur le site de ses promoteurs.

Wardrive

£££url ?£££

Cette application est prévue pour les tablettes et smartphones Android. Elle est gratuite et proposée sur Google Play. Il s'agit d'un logiciel de wardriving très bien intégré aux appareils portables, utilisant notamment leur fonction GPS. Le principe de fonctionnement de Wardrive est simple : une fois activé, et par exemple laissé dans un sac à dos, Wardrive va collecter toutes les coordonnées et références des points d'accès WiFi qu'il rencontre. Vous pouvez le configurer pour qu'il n'archive que certaines familles de points d'accès. Les accès non sécurisés par exemple, ou ceux avec une clé WEP. La collecte achevée, l'application vous propose de télécharger un fichier de coordonnées et de références (avec puissance du point d'accès selon la position) ou de positionner les accès sur une carte Google.

Ce logiciel est très performant, et particulièrement bien servi par la qualité matérielle des tablettes Nexus 7. Un simple parcours d'une artère de grande ville comme Montréal ou New York vous procure une liste de points d'accès très impressionnante, et particulièrement bien triée et présentée en s'aidant des informations de puissance et de localisation GPS.

WiFi Finder

https://itunes.apple.com/fr/app/wi-fi-finder/id300708497?mt=8

Après une période de flottement, Apple a finalement laissé passer sur son Store quelques bases de données de points d'accès WiFi. Il demeure néanmoins difficile de trouver un bon scanner sur iPad. WiFi Finder est l'une de ces applications. Il fonctionne sur le même mode que Wardrive, exploitant les informations de géolocalisation pour constituer une base de points d'accès WiFi gratuits. Mais surtout, et c'est là son intérêt, il est muni d'une base de points d'accès déjà répertoriés dont il vous fait bénéficier. Ce n'est pas un scanner à proprement parler. Très franchement, pour ce type d'application, il est probablement plus avisé de se tourner vers les applications pour tablettes Android.

Les outils complémentaires

Pour information, nous décrivons ci-après quelques utilitaires complémentaires, qui pourront vous aider dans votre démarche d'analyse réseau ou de recherche de points d'accès gratuits.

StumbVerter V0.1.0

http://mikepuchol.com/stumbverter/

StumbVerter est un logiciel très intéressant si vous souhaitez mettre sur une carte les points d'accès disponibles sur votre ville, par exemple. Il permet d'importer les résultats issus de NetStumbler, de les convertir au format Microsoft MapPoint 2002 et de fournir une carte exacte des points d'accès pour une zone donnée.

WarLinux

https://sourceforge.net/projects/warlinux

WarLinux est une nouvelle distribution Linux disponible sur disquette et CD-ROM bootable. Comme son nom l'indique, cette distribution regroupe un système Linux dédié à l'analyse et au dépannage des réseaux sans fil. Elle est disponible en version Alpha 0.4.

Aircrack-NG

http://www.aircrack-ng.org/doku.php

Aircrack est le logiciel interdit par excellence, à réserver aux étudiants en sécurité des systèmes. C'est un outil fonctionnant sous Linux (très délicat à faire fonctionner sous Windows) qui vous permettra de briser les clés WEP et WPA. Il est régulièrement mis à jour.

Fing

Disponible sur Apple Store et Google Play

Fing est un logiciel d'analyse réseau disponible à la fois pour tablettes Android et iPad. Son intérêt est qu'il scanne tous les périphériques présents sur le réseau sur lequel il se trouve. Il peut ainsi aisément localiser les imprimantes ou les autres tablettes, ce qui sera très utile si vous souhaitez localiser des présences non désirées (un reniflage en cours, par exemple). Fing vous permet aussi de regarder tout ce qui est visible d'un appareil connecté (notamment son numéro d'adresse Mac, l'identifiant unique de sa carte réseau). Un bref regard sur les machines qui vous entourent devrait vous faire réfléchir sur votre degré de discrétion lorsque vous surfez depuis un réseau public.

Network Analyzer

https://itunes.apple.com/fr/app/network-analyzer-ping-traceroute/id557405467?mt=8

Cette application très comparable à Fing est dédiée aux iPad. Son interface est moins intuitive et conviviale.

En pratique avec NetStumbler

Le principe du scanner de réseau sans fil est compris. Nous avons vu aussi avec quels logiciels de scan les associer. Il est temps de passer à la pratique ! Installez Network Stumbler en lançant le programme :

```
phone\wireless\NetStumblerInstaller_0_4_0.exe
```

Le logiciel est installé dans le menu Démarrer.

1. Ouvrez-le (voir Figure 8.11).
2. Dans la fenêtre du bas, le logiciel indique que votre carte réseau sans fil a été reconnue. Si ce n'est pas le cas, c'est que cette dernière n'est pas compatible. Adoptez un outil de scan compatible avec votre carte, Aérosol par exemple (voir Figure 8.12).
3. Promenez-vous à proximité de votre réseau avec votre ordinateur portable (pas dans les rues comme le font les wardrivers : c'est illégal !).

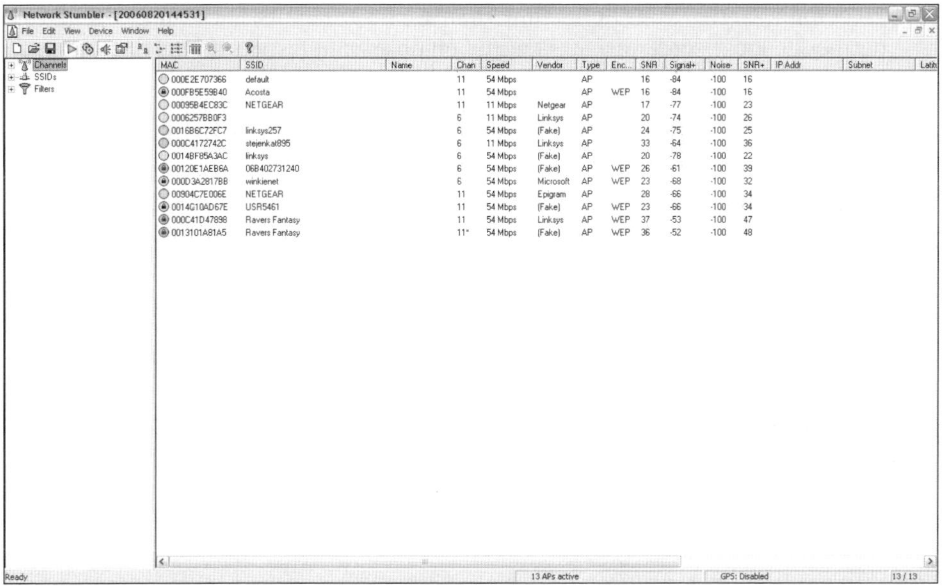

Figure 8.11

NetStumbler en action.

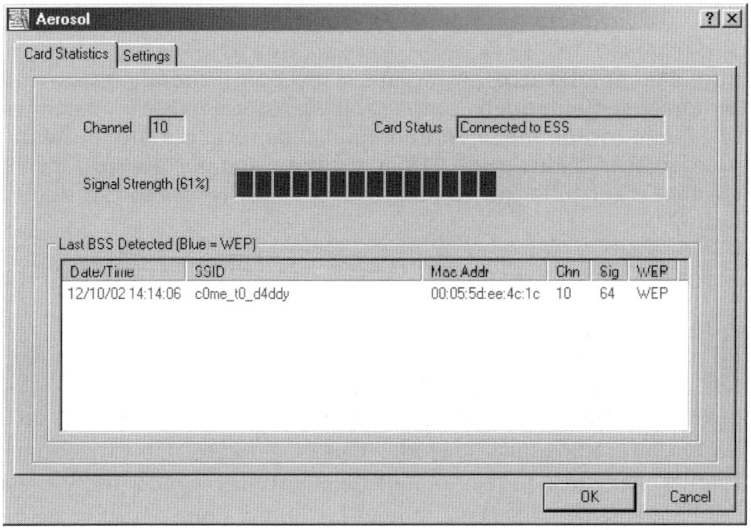

Figure 8.12

Aérosol en action.

4. Dès qu'un point d'accès est repéré, le tableau de droite identifie ses données techniques : adresse MAC, SSID, nom, canal et référence de carte (dans la colonne Vendor).

5. La colonne Signal vous donne une indication sur la puissance du signal et vous permet de localiser le réseau identifié en observant les variations de puissance. Plus vous êtes proche, plus la vitesse d'accès au réseau sera grande.

Si votre réseau est correctement configuré, rien à craindre à ce stade. Un pirate essaiera avec ces informations de créer une configuration réseau en utilisant les configurations d'usine de votre carte. Si vous avez correctement configuré les options WPA et SSID, il ne pourra pas accéder à votre réseau. Pour le moment, les logiciels capables de briser une clé sont assez peu répandus (à l'exception de Aircrack-NG, mais sous Linux, et qui ne fonctionne pas avec tous les chipsets WiFi).

Mais soyez assuré que d'ici à quelques temps des scanners de réseau sans fil pour tablettes (donc discrets) avec des outils de décodage de mots de passe intégrés seront proposés. Ami lecteur, nous vous sentons maintenant pressé, paniqué, et avec un urgent besoin de savoir comment sécuriser votre réseau ! C'est l'objet des prochaines sections.

Info

À propos de l'option GPS. Les meilleurs logiciels scanners de réseau 802.11 sont capables de fonctionner avec une option GPS. Cette dernière sert à mettre en parallèle la mesure de la puissance du réseau par le scanner avec une position géographique. Le GPS est un système de localisation de position fondé sur les satellites. En associant la latitude et la longitude d'un réseau scanné, le GPS permet de localiser très précisément ce dernier : il arrive parfois que NetStumbler ne perçoive l'existence d'un réseau sans fil que de manière très fugace. Par exemple, quand le scanner a effleuré la zone de couverture d'un point d'accès. Avantage, si un GPS est connecté au portable, cette localisation fugace sera marquée dans le tableau, associée avec les colonnes Latitude et Longitude à une coordonnée géographique. Il ne reste plus au pirate qu'à revenir sur cette position avec l'aide de son GPS pour affiner son positionnement ! Pour cette raison, les scanners sur tablettes tels que Wardrive sur Nexus sont probablement les plus conviviaux.

En pratique avec AirSnort

Évidemment, NetStumbler, incapable de briser les clés des réseaux WiFi, paraîtra bien fade pour certains. Il leur reste la solution de tester AirSnort qui, lui, sait scanner les réseaux, mais aussi décoder leurs cryptages. Un cauchemar pour les administrateurs système, qu'il convient de relativiser : plus une clé est longue, complexe et bien conçue, plus il est long et fastidieux pour AirSnort de la décoder. Nous ne pouvons donc que vous recommander de tester cet outil sur votre propre réseau pour en vérifier le niveau de sécurité : s'il parvient à le scanner et à casser ses cryptages en quelques minutes, vous avez un vrai problème de sécurité. S'il peine à trouver un quelconque code après plusieurs heures, vous pouvez rentrer chez vous… presque tranquille !

Installez AirSnort et assurez-vous que la carte WiFi associée à AirSnort est bien compatible avec lui.

1. Après avoir activé le réseau à tester, lancez AirSnort (voir Figure 8.13).
2. Validez Scan, choisissez l'interface WiFi, indiquez une profondeur de clé de 3 pour 40 bits, et 2 pour une clé de 128 bits.
3. Validez le bouton Scan et localisez le réseau à tester.
4. Attendez le résultat !

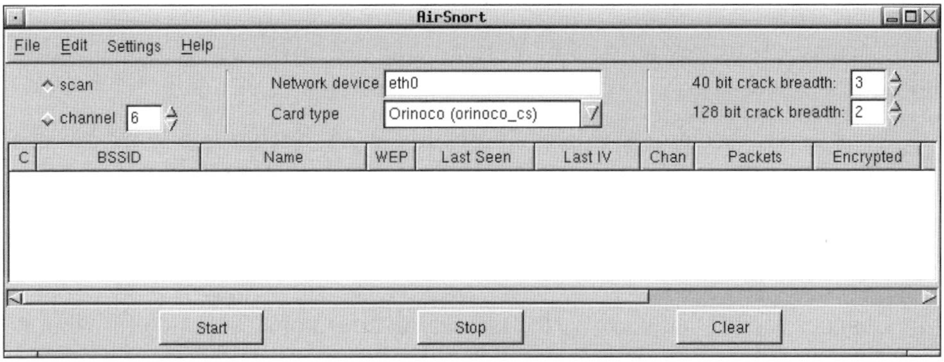

Figure 8.13
AirSnort en action.

Attention, AirSnort utilise, pour décoder les clés, des mesures statistiques appliquées sur les paquets qui circulent sur le réseau. Ce qui signifie que plus le réseau est actif, plus AirSnort peut localiser une clé rapidement. Par conséquent, un réseau "dormant" demandera des siècles de calculs à AirSnort, par manque de données à analyser tout simplement. En pratique, l'algorithme de décodage part du principe qu'il faut analyser 10 millions de paquets pour en extraire environ 4 000 bits "significatifs" qui seront suffisants pour briser une clé de 40 à 64 bits. Comptez quand même, dans ces circonstances, un ou plusieurs jours…

Contre-mesure

En guise de conclusion ? Disons qu'AirSnort est un adversaire intéressant, mais n'est pas encore la solution parfaite pour briser les protections d'un réseau WiFi, quoi qu'on en dise. Ce principe de l'analyse de 4 000 paquets significatifs le rend quasiment inopérant sur un petit réseau domestique correctement protégé, et légèrement plus dangereux sur un réseau de PME actif. L'adoption et le changement hebdomadaire d'une clé WEP de 128 bits rendent cet outil totalement inopérant. Changez vos configurations !

Sécuriser un réseau sans fil

Vous venez d'installer un réseau sans fil chez vous ou un point d'accès sur l'intranet de votre PME, vous savez maintenant comment le pirate pourrait l'utiliser à votre insu et vous voudriez vous prémunir contre ce genre de mésaventure. Vous avez raison, car à ce jour sachez que la plupart des réseaux sans fil – tout particulièrement ceux qui sont installés chez les particuliers – sont configurés avec le minimum d'options de sécurité.

Ce qui en pratique signifie que n'importe quel individu équipé d'un portable et d'une carte réseau sans fil PCM/CIA sera en mesure d'utiliser votre accès Internet, d'accéder aux données de votre ordinateur, ou pire de renifler votre trafic IP, avec toutes les conséquences que ces intrusions peuvent avoir.

Pour sécuriser votre réseau sans fil, essayez donc de suivre les recommandations suivantes :

- Vous devez absolument valider la fonction WPA. Sachez que le mode WEP (*Wireless Equivalent Privacy*) peut voir ses clés brisées en quelques minutes. Les pirates savent que 77,33 % des points d'accès ont un WEP ou WPA non validé, et lorsqu'ils sont face à un cryptage WEP, disposent des outils pour briser les clés !
- Changez le SSID de votre carte : utilisez un code non descriptif, et surtout ne conservez jamais les options par défaut. Un bon scanner identifie le modèle et la marque du point d'accès réseau, et le pirate sait quel SSID d'usine est affecté à ce produit : le nom Tsunami sur les points d'accès Cisco Aironet par exemple, ou encore LINKSYS qui représente 41,33 % des SSID adoptés. Puisqu'on vous dit qu'ils savent tout !
- Pour l'instant, rares sont les pirates équipés de GPS : ne leur simplifiez pas la tâche de localisation en utilisant en tant que SSID le nom de votre rue (genre "10_rue_Rivay", ou "Place_cdg").
- Remplacez le mot de passe par défaut de votre point d'accès par un mot de passe personnel.
- Validez l'option MAC Filtering.
- Fermez votre point d'accès lorsqu'il n'est pas utilisé (la nuit dans une entreprise, ou pendant vos déplacements à votre domicile).
- Essayez, par un scan, de vous assurer que la portée radio de votre réseau est confinée au maximum dans vos locaux.

Et, si vous souhaitez cultiver votre paranoïa, vérifiez lorsque vous êtes dans la rue, en bas de vos bureaux ou de votre appartement, s'il n'y a pas un portable avec une fenêtre de NetStumbler ouverte sur les genoux du passager de toutes les voitures qui circulent…

Ces conseils augmentent la sécurité de votre réseau sans fil, mais seront toujours insuffisants face à l'activité et à la créativité des pirates. Tenez-vous donc informé des découvertes de ces derniers en visitant les sites suivants :

- Le site du logiciel NetStumbler. Outil de référence pour le hacker de réseau sans fil, propose des informations, un groupe de discussion, ainsi que des bases de données de scanning et des liens (**http://www.stumbler.net**).
- Wireless Network Security Reference. Propose de très nombreux articles sur la sécurité de la norme 802.11b (**http://www.practicallynetworked.com/tools/wireless_articles_security.htm**).
- 802.11 Planet. Une véritable référence sur la norme 802.11, avec des informations et de nombreux sujets relatifs à la sécurité (**http://www.wi-fiplanet.com**).
- Sans Institue Ressources. Nous avons trouvé sur cette page web un ensemble de documentations indispensables sur la sécurité des réseaux 802.11 (**http://www.sans.org/newlook/resources/IDFAQ/wireless_ids.htm**).

Signalons pour la petite histoire que les wardrivers et les warchalkers utilisent un ensemble de codes visuels pour se renseigner entre eux ! Non, vous ne rêvez pas, c'est bien une reprise de l'idée des "codes graphiques" que dessineraient les cambrioleurs à proximité des maisons pour échanger des renseignements !

Ce code est dessiné à la craie ou à la peinture (voir Figures 8.15 et 8.16). Ces symboles – que vous observez à la Figure 8.14 – sont au nombre de trois. Ils sont inscrits sur les murs ou sur le sol pour aider les autres warchalkers ! Ils indiquent qu'un nœud est ouvert, fermé, protégé mais accessible. Le cas échéant, les mots de passe sont inscrits dans la rubrique de notes !

Figure 8.14

Les codes des wardrivers.

Figure 8.15

Un wardriver est passé par là...

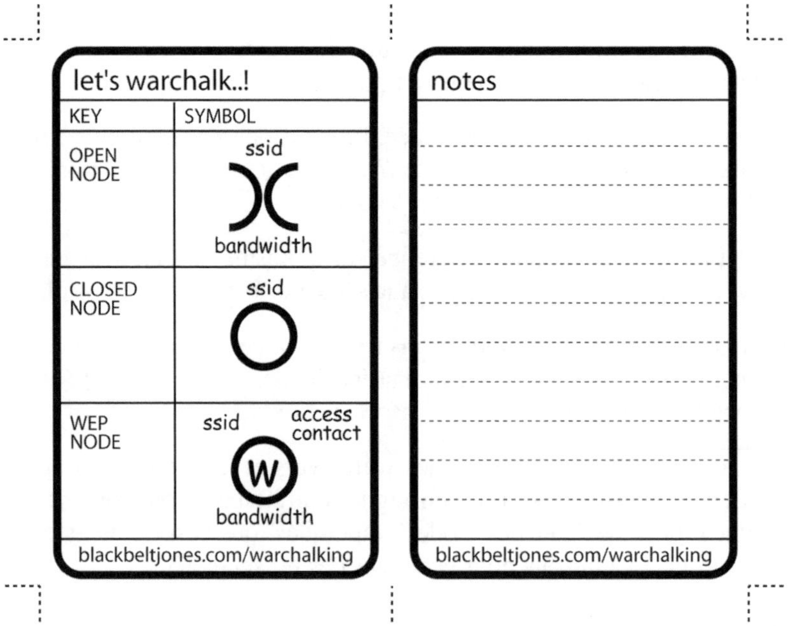

Figure 8.16
... et aussi par ici !

Ces petits dessins sont en bas de chez vous ? Bravo, vous êtes célèbre ! Non seulement des dizaines de warchalkers l'ont peut-être déjà utilisé, mais en prime, votre généreux point d'accès est déjà publié sur tous les sites Internet underground !

Le mot de la fin ? La commande Linux qui permet depuis un portable sous Unbunto d'observer la totalité des échanges d'une borne WiFi, si le WAP ou le WEP ne sont pas activés sur elle :

```
sudo tcpdump -Aqs 4096 [nom_de_host]
```

Avec ça, vous lisez en clair mots de passe, e-mails, pages web et autres que le malheureux connecté mal protégé va visiter. Effrayant, non ?

9

Les failles des systèmes

Le mythe du hacker est celui du programmeur génial, capable de trouver en fouillant les recoins et méandres des systèmes d'exploitation le trou béant de sécurité, qui rendra possible une intrusion. Alors, hacker, programmeur, bidouilleur, chercheur, expert ? Oui, mais pas seulement ! Car, dans la grande famille des pirates informatiques, il existe de simples utilisateurs qui se contentent d'outils existants. Explications !

Le pirate a localisé un PC individuel, un serveur ou un réseau : pour l'instant, il n'est qu'à la porte. Mais il a lancé son scanner IP, son scanner de failles, et il a commencé à collecter des informations. Ce sont ces informations qui vont maintenant servir à mettre en œuvre l'intrusion à proprement parler.

Analyser le résultat d'un scan

Car il n'est pas nécessaire de connaître le mot de passe d'un administrateur réseau pour pirater un système ! Nous avons vu dans les chapitres précédents que nous pouvions renifler un point nodal de réseau pour en consulter le trafic : c'est la voie royale du piratage, la lecture des mots de passe et des noms de serveurs sensibles en clair. Nous avons vu aussi que nous pouvions "dérouter" un réseau pour espionner son trafic.

Mais bien évidemment ces solutions sont lourdes, relèvent parfois de l'espionnage industriel ou militaire quand les cibles sont trop bien protégées. Le pirate peut faire bien plus simple. Ce dernier va employer trois grandes techniques :

- Utiliser une faille ou un défaut de sécurité du logiciel pour pénétrer complètement le système : c'est l'exploit.
- Utiliser une faille du système pour exécuter du code : c'est installer un troyen, par exemple.
- Utiliser une faille par accès distant répertorié : par exemple NetBIOS ou SSH.

Pour déterminer laquelle de ces techniques il utilisera, le pirate va d'abord lire le résultat de son scan. Il va consulter la liste des ports scannés et vérifier que sur ces ports existent un ou plusieurs logiciels connus pour leur défectuosité.

N'oubliez pas que ce scan peut avoir lieu sur n'importe quel appareil, dans n'importe quel environnement. Votre tablette iOS, reliée par WiFi au point d'accès d'un restaurant, peut faire l'objet d'un scan et d'une recherche d'exploit.

Ainsi, dans l'exemple de la Figure 9.1, le pirate (pas méchant, c'est l'auteur avec son réseau) a lancé un scan sur un serveur web : il a d'abord cherché à localiser tous les ports ouverts avec l'option All Port.

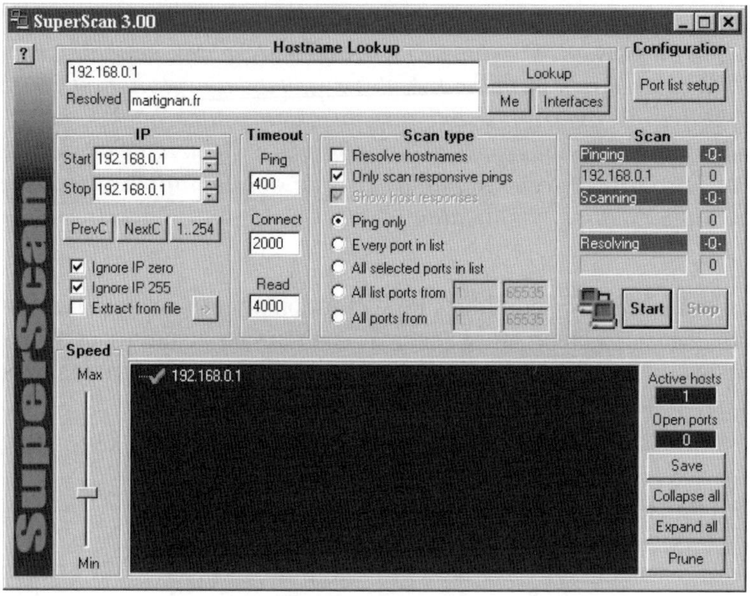

Figure 9.1

Un scan sur une machine donnée.

Il a localisé sur ce serveur un ensemble de services sur des ports connus : http sur le port 80, Telnet sur le port 23. Il a ensuite affiné son scan (voir Figure 9.2) en utilisant la liste Updated du logiciel SuperScan. Il connaît maintenant la version et l'éditeur de quelques-uns des logiciels ouverts sur cette machine.

En face du serveur http, par exemple, est apparu le signe "+". En cliquant sur ce signe, il constate que le serveur est de type Sambar, version 4.3. Il sait aussi qu'il existe sur l'ordinateur cible un service NetBIOS, ouvert sur le port 139.

Le pirate va maintenant chercher dans les documentations d'Internet un exploit ou une faille qui concerneraient l'une de ces deux applications. Deux sources d'informations possibles :

- un site de sécurité tel que **http://www.exploit-db.com/**;
- une recherche directe avec un métachercheur comme Google (voir Figure 9.3).

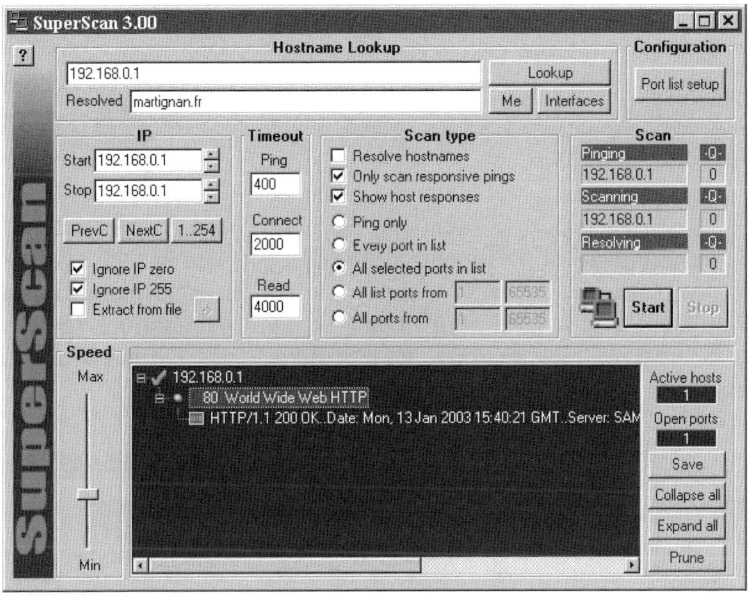

Figure 9.2

Le même scan affiné.

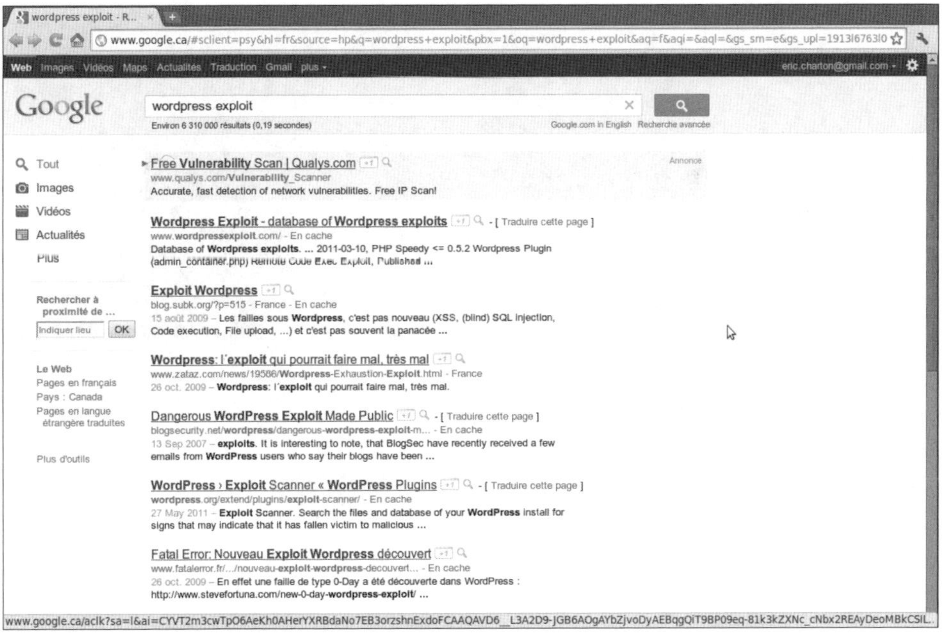

Figure 9.3

Une recherche d'exploit sur Google.

Ici, pour utiliser Google par exemple, il suffira de taper dans le champ de recherche les critères :

```
sambar exploit
```

Ou encore :

```
Sambar 4.3 vulnerability
```

Signalons que l'anglais est de rigueur chez la plupart des hackers. Originaires de pays aussi divers que la Russie, la Chine ou le continent nord-américain, ils sont obligés d'utiliser cette langue pour échanger leurs publications (car les pirates échangent beaucoup d'informations). Et le résultat ne se fait pas attendre, la liste des vulnérabilités est impressionnante (voir Figure 9.4) !

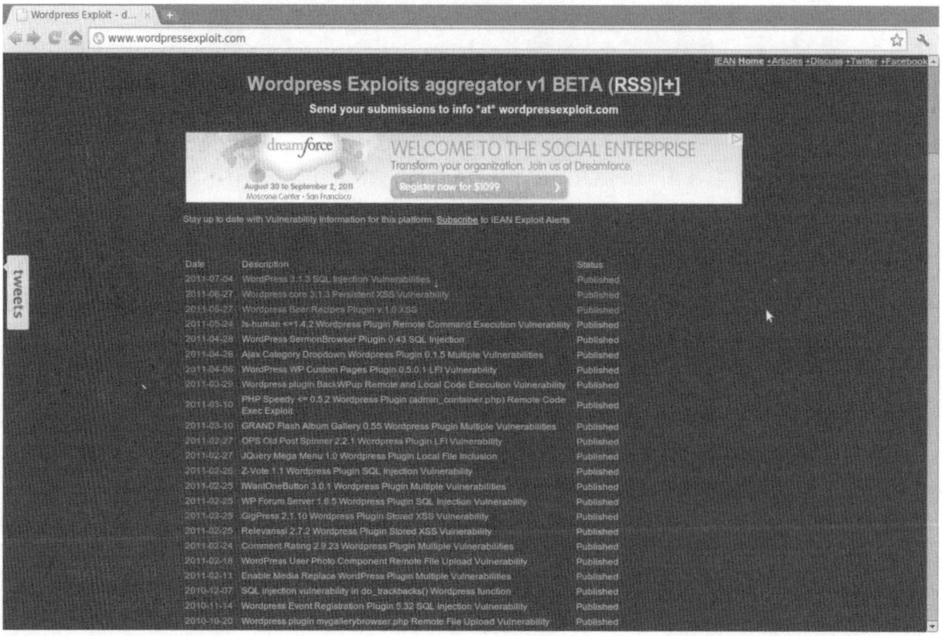

Figure 9.4
Le résultat d'une recherche.

Il ne reste plus qu'à explorer ces pages pour trouver la ressource convoitée ! Ce que nous cherchons ? Pour commencer, un exploit ! Explications.

INFO

Attaque sur le serveur bêta de Microsoft ! Le 17 octobre 2002, le serveur de bêta versions de la société Microsoft a été piraté. Ce serveur contient tout de même tous les logiciels de la firme en cours de développement, et probablement quelques codes sources (sans importance).

À la suite de cette attaque, Microsoft a demandé à tous ses testeurs de changer leurs mots de passe. Le porte-parole de Microsoft s'est empressé de minimiser l'affaire, affirmant que les logiciels bêta, très bogués, ne seraient pas d'une grande utilité aux pirates. C'est une façon de voir les choses... Il est certain qu'un concurrent de l'entreprise sera très heureux de se procurer ces fameux programmes prototypes.

Bref ! Ce n'était de toute façon pas la première fois que Microsoft était victime d'une attaque sur ce genre de cible : en janvier 2001, des hackers avaient déjà bloqué les sites de Microsoft, ainsi que le réseau, en saturant les routeurs et les serveurs de données. Déjà, quelque temps plus tôt, un hacker aurait eu accès aux codes sources des logiciels de la firme (ce qui est pire que tout !).

Les exploits

Les exploits, ce sont des procédures ou des programmes que l'on exécute pour atteindre un ordinateur dont on connaît les failles. Il n'est guère difficile d'utiliser un exploit : il suffit de savoir ce que l'on cherche – avec le scan – et de lancer la procédure. Absolument tous les exploits sont en libre diffusion sur Internet, avec mode d'emploi détaillé.

Dans la communauté des pirates, le simple utilisateur d'exploits est considéré comme un débutant : ce qui est compréhensible puisque n'importe qui – pour peu qu'il ait quelques rudiments sur l'utilisation d'un système – est capable de mettre en œuvre un exploit.

C'est bien là qu'est le problème ! L'exploit, bien que facile à utiliser, n'en permet pas moins des intrusions spectaculaires aux conséquences dévastatrices !

Pour être franc, lorsqu'on consulte la liste des exploits de **insecure.org** ou **de exploit-db** (**http://www.insecure.org/** n'est malheureusement plus mis à jour depuis plusieurs mois), on en vient même à se demander si certains auteurs de logiciels n'ont pas volontairement implanté des points de faiblesse dans leurs créations pour favoriser une politique de mise à jour payante !

Que des logiciels open-source sous Linux soient vulnérables, nous le comprenons (encore que proportionnellement, les exploits sous Linux soient finalement assez rares) ; mais que des logiciels tels que Quake aient des trous de sécurité béants et que des serveurs d'administration tels que phpMyAdmin donnent jusqu'à un accès complet à un serveur de réseau (étonnant, non ?), cela incite franchement à se poser des questions !

Évidemment, les exploits présentés sur le serveur d'**exploit-db**.com dont nous venons de parler sont dans la majeure partie des cas en décalage avec leur utilisabilité. En général, un exploit découvert fait l'objet d'une mise à jour de sécurité très rapide par l'auteur du logiciel ciblé. Il suffit donc d'être muni de la dernière version des logiciels et d'adopter une politique de mise à jour régulière et suivie pour se prémunir des effets des exploits. Vous, lecteur, êtes rigoureux comme moi, et êtes parfaitement à jour. Ce n'est pourtant pas le cas de tout le monde... Dans l'immense majorité des défaçages (y compris certains de ceux très spectaculaires du célèbre LutZec sur des sites gouvernementaux), ce sont des exploits simples qui ont été utilisés, totalement inapplicables si les dernières versions de logiciels serveurs avaient été en place.

Astuce

Les listes de diffusion des fournisseurs de services. Les nouveaux exploits et failles de sécurité sont surveillés par les fournisseurs de services et prestataires de services. Ils informent leurs clients de leur existence *via* des listes de diffusion. Si vous êtes opérateur d'un serveur sur Internet, abonnez-vous à ces listes et consultez-les attentivement, elles fourmillent d'informations précieuses.

Pour vous en convaincre, lisez cet e-mail, puisé dans la liste de diffusion d'OVH (un des plus gros centres hébergeurs français) en octobre 2002 :

> *"Salut, juste pour vous signaler qu'actuellement les réseaux sont scannés en permanence par les hackers à la recherche des ssh avec des failles de sécurité. Concernant notre réseau il y a environ 1 connexion par seconde !"*

... ce qui signifie qu'un ordinateur est complètement scanné chaque seconde. Jusqu'ici rien de bien dangereux nous direz-vous, le scanner de réseau ne présente guère de danger quand il n'existe aucune faille dans les systèmes. Vous avez raison, mais il semble que rares sont ceux qui le savent. Lisez plutôt :

> *"Les hackers cherchent les serveurs avec des vieilles versions de ssh pour [s'introduire] facilement dans la machine. [Nous tenons] juste [à vous] rappeler [que] vous devez [être équipé de] la version 3.4p1 [...]. Si vous [n'êtes pas équipé de] la dernière version, dites-vous bien que votre machine sera hackée sous 1 h, 2 h, 24 h, 3 jours ou [une vingtaine] de jours. C'est qu'une question de temps."*

Le ton est donné ! Et combien de machines étaient mal configurées ? Difficile à savoir, mais voici ce que disait aussi sur ce sujet le message d'OVH :

> *"Un client vient de se faire [pirater] sa machine parce qu'il n'a pas pris 5 minutes pour lancer rebuild-ssh.sh [lorsque nous l'avons] posté. La version ssh 2.9. [sa version] était piratable en moins de 60 sec avec un exploit." (N.D.A.)*

Six mois après la découverte du défaut, les pirates étaient donc encore en mesure de faire fonctionner les anciens exploits ! Et pour ce client, les conséquences étaient lourdes :

> *"[dès que nous] trouvons une machine hackée, [nous la coupons] pour protéger notre réseau. La seule solution [pour remettre la machine en marche] est de tout réinstaller ! Vous aurez donc à nous régler le temps passé sur la machine [plus] le coût de réinstallation de la machine."*

Tout est dit ici ! L'exploit SSH est vraiment des plus communs, et pourtant terriblement efficace : en prenant le contrôle des ordinateurs équipés de l'ancienne version de ce protocole de gestion à distance, les pirates pouvaient soit contrôler l'ordinateur et ses ressources (par exemple pour saturer le réseau, d'où l'empressement d'OVH à éteindre les machines), soit, plus bêtement mais ça arrive aussi, tout effacer !

La faille NetBIOS

Nous avons aussi trouvé sur ce système de test d'autres possibilités d'attaque en utilisant le port NetBIOS. Ouvert. Un grand classique !

Cette faille de Windows peut révéler à n'importe qui votre nom d'utilisateur, votre nom d'ordinateur et de groupe de travail. Le serveur NetBIOS – couche logicielle implantée sur les cartes réseau par toutes les versions de Windows jusqu'à XP et encore disponible sur certaines machines sous Linux – répond *via* TCP/IP à toutes les demandes *via* le port 137. Ces demandes, lorsqu'elles sont émises par Advanced IP Scanner, retournent les informations nécessaires à la connexion à votre serveur de partage sur le port 139.

Dans Advanced IP Scanner, ces données s'affichent le plus simplement du monde dans les colonnes Netbios User, Netbios Computer et Netbios Group.

En d'autres termes, si votre serveur NetBIOS est ouvert et si vous avez activé le partage de fichier, tout le monde ou presque peut explorer votre disque dur depuis Internet ! Un opérateur Internet peut bloquer les ports NetBIOS 137 et 139 pour assurer la sécurité de ses utilisateurs.

Ce n'est néanmoins pas une obligation, et par ailleurs, la vraie compatibilité Internet veut qu'un opérateur ne bloque aucun port pour ne pas gêner les applications de ses clients (Tiscali par exemple ne bloquait pas jusqu'à la rédaction de cet ouvrage les ports NetBIOS). Après tout, c'est à vous qu'il incombe de ne pas activer le partage de fichier si vous ne voulez pas être vulnérable !

Dans notre exemple, le logiciel Advanced IP Scanner sera diaboliquement efficace pour exploiter la faille NetBIOS.

1. Nous positionnons le curseur sur l'adresse IP : ici 192.168.0.1 (voir Figure 9.5).

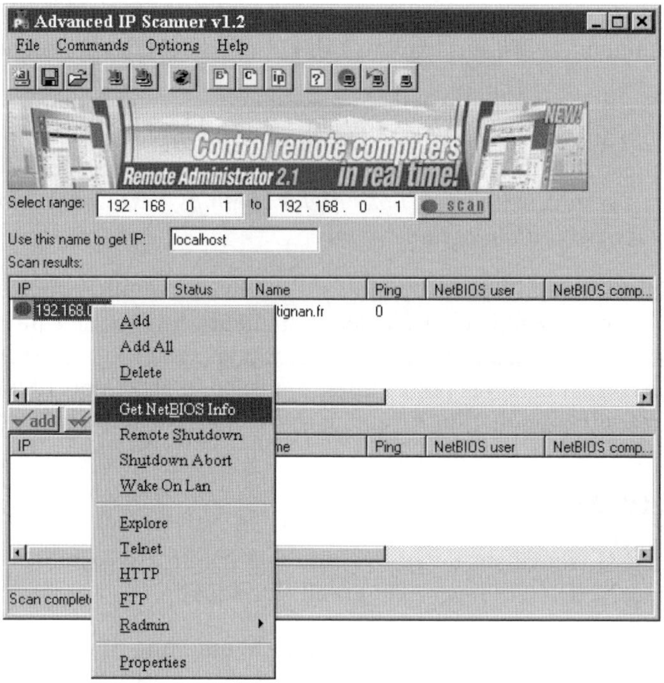

Figure 9.5
Obtenir les informations NetBIOS.

2. Nous déroulons le menu contextuel et validons Get Netbios Info.

3. Nous pouvons maintenant utiliser les options d'administration : la fonction Explore, par exemple, pour observer le contenu des disques durs de cet ordinateur (voir Figure 9.6).

Notez que cette faille NetBIOS est également utilisée par des pirates *via* l'utilitaire nbtstat. Il suffit de taper la commande :

```
Nbtstat -a numéro_ip_de_machine_distante
```

Vous pouvez obtenir des informations sur la carte réseau distante, en tapant la commande sous cette forme :

```
NetBIOS Remote Machine Name Table
   Name               Type         Status
TOTO          <20> UNIQUE      Registered
FAMILLE    <00>  GROUP      Registered
TOTO          <03> UNIQUE      Registered
MAC Adress = 00-00-00-00-00-00
```

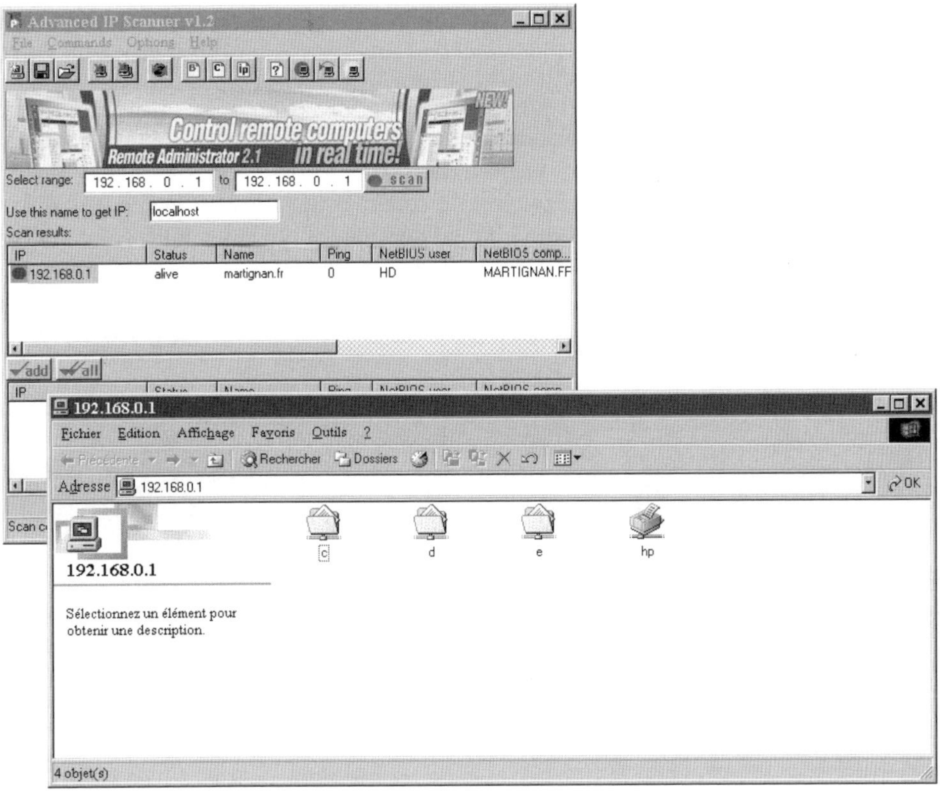

Figure 9.6

Explorer le disque dur.

Ces informations, associées à des manipulations de la configuration réseau de votre ordinateur, vous permettent de créer un lien vers la machine et d'exploiter ses ressources partagées. Elle est néanmoins beaucoup plus compliquée que celle qui met en œuvre l'Advanced IP Scanner.

Terrible, non ? Plusieurs dizaines de milliers d'ordinateurs reliés à Internet recèlent cette porte béante, pourtant corrigée par les diverses mises à jour de Windows depuis très longtemps…

Être drôle avec le défaçage

Nous ne pouvions pas non plus parler d'exploit sans relater l'existence d'une catégorie particulière de ces derniers : le défaçage. Quid ? Le défaçage, c'est l'aspect le plus spectaculaire (mais aussi le plus drôle) du hacking. Et pas bien méchant (sauf pour l'ego de celui qui en est la victime).

Le défaçage consiste tout simplement à remplacer la page d'accueil d'un site web par une autre. Les défaçages les plus célèbres ont concerné Yahoo! et le site de la Maison-Blanche.

Les captures d'écran de nombreux "défacements" de sites français sont disponibles sur le musée des sites piratés de zataz.com (plus de 1 500 exemples sur **http://www.zataz.com/defaced/**). Vous pouvez y voir des poèmes installés sur le site web d'Air Liquide, le site du Front national qui change de look, et quelques autres. Les défaceurs sont parfois drôles, parfois grossiers (voir Figure 9.7).

Figure 9.7

Défaçage sur Zataz.

La plupart du temps, ces exploits ont la caractéristique d'avoir réussi du fait de la négligence des administrateurs système : c'est généralement l'exploitation d'un ou plusieurs bogues d'un serveur tournant sur la machine visée et mal mis à jour qui permettra de lancer des commandes théoriquement réservées à l'administrateur ou au super-utilisateur, et donc d'accéder aux disques durs de cette machine. Heureusement, un site dont la machine est correctement mise à jour a assez peu de chances de se voir pirater de cette manière.

Cela dit, même avec un système à jour, méfiez-vous. L'utilisation d'un scanner de failles n'est guère compliquée, exploiter ses résultats l'est un peu plus. Consultez cette page (**http://www.explorehacking.com/2011/01/sql-injection-step-by-step-deface.html**) pour obtenir des informations plus concrètes. Dans cet exemple, le défaceur a utilisé la technique dite de l'injection SQL pour se procurer un accès aux bases de données d'un serveur *via* de simples accès http.

Cet article décrit donc un hacking complet : ici, le pirate (travaillant pour démontrer la validité de la méthode) obtient un accès qui va lui permettre certes de modifier une page HTML, mais qui permettrait aussi d'aller beaucoup plus loin.

Il n'existe pas à proprement parler d'outils de défaçage (heureusement !), juste quelques techniques et l'appui de logiciels de scan de failles tels que CGIS4, ou éventuellement des exploits logiciels qui attaquent des failles (le plus souvent, celles des serveurs web Apache et des éditeurs de blogs tels que WordPress).

Les scanners de failles

L'action du scanner IP est purement matérielle : même s'il fournit des informations sur les logiciels et la configuration système d'une machine, c'est uniquement au niveau de la couche réseau que les scanners IP agissent.

C'est déjà bien, mais le pirate peut obtenir mieux ! Imaginons maintenant un scanner de failles qui explore non plus les ports ouverts et fermés d'une carte réseau TCP/IP, mais les interfaces utilisateur d'un système distant. On ne cherche plus à dresser un état de la machine, on cherche directement les défauts des logiciels. Et ils existent ! Car Internet est une telle accumulation d'outils, de normes, de logiciels open-source plus ou moins fiables qu'il est parfaitement envisageable de développer un scanner de failles logicielles.

Ces outils exploreront l'ordinateur cible à travers ses points de faiblesses logicielles : les scripts notamment (programmes écrits pour être lisibles dans un explorateur HTML mais en exploitant le système du serveur). Il existe des scripts ASP, CGI. Ces derniers sont les plus répandus puisque le plus souvent gratuits. Une liste de scanners de vulnérabilité est maintenue à l'adresse **http://sectools.org/vuln-scanners/**. Certains scanners d'exploit sont officiellement recommandés par des éditeurs de logiciels réputés tels que Wordpress, qui propose (**http://wordpress.org/extend/plugins/exploit-scanner/**) carrément un plug-in à installer pour sécuriser la version installée.

Le logiciel CGIS4 est particulièrement dédié à l'exploration de ces scripts. Pas seulement d'ailleurs !

Pour comprendre comment fonctionne cet outil, lancez-le (il n'est pas associé à une procédure d'installation, vous pouvez l'exécuter directement). Observez maintenant la Figure 9.8 qui présente l'interface de CGIS4.

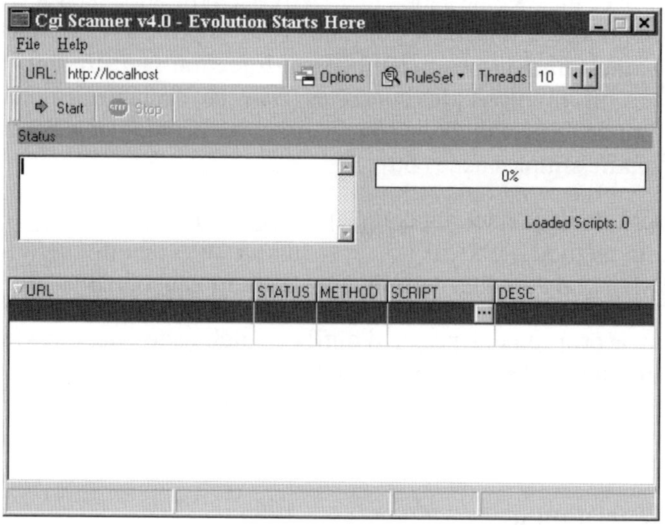

Figure 9.8
CGIS4 et son interface.

À ce stade, le logiciel est très classique : dans la zone URL, vous entrerez l'adresse d'un ordinateur cible. Pour que l'analyse de cette cible puisse commencer, vous devrez définir une "règle d'attaque". Cette règle est choisie à travers le menu RuleSet.

Si l'ordinateur à tester est de type Unix, vous validerez l'option Unix. Si l'ordinateur est de type NT, vous choisirez l'option NT, et ainsi de suite. Les autres options permettent de tester des failles spécifiques d'autres logiciels (ColdFusion, sécurité "habituelle" d'un site web – option Common Web).

Sur un serveur Unix, par exemple, la recherche la plus classique concerne les zones CGI qui potentiellement recèlent le plus de failles (les webmasters configurent souvent très mal les options de sécurité de leurs scripts). Cette option est activée depuis la ligne Unix et dans le sous-menu Releated www Cgi security (voir Figures 9.9 et 9.10).

Le nombre de "threads" correspond au nombre de failles qui peuvent être testées simultanément ; 10 est un bon compromis sur une machine de puissance moyenne.

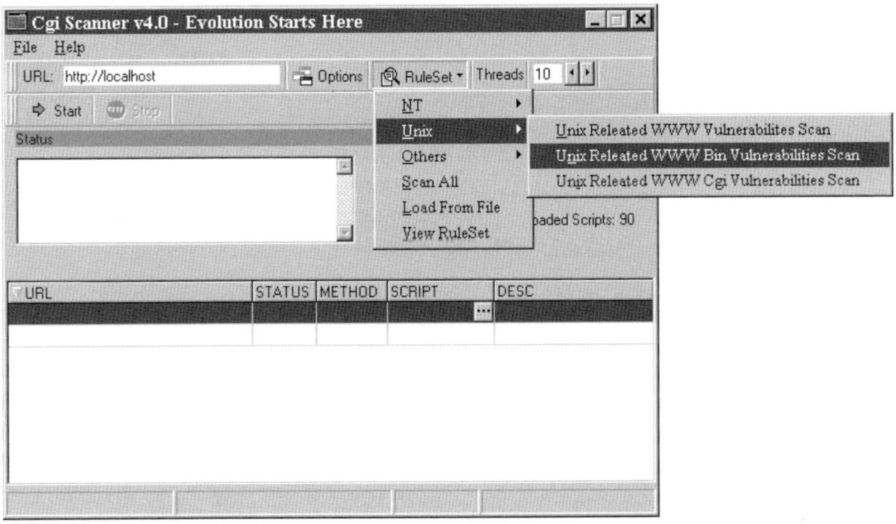

Figure 9.9
Le fichier de règles.

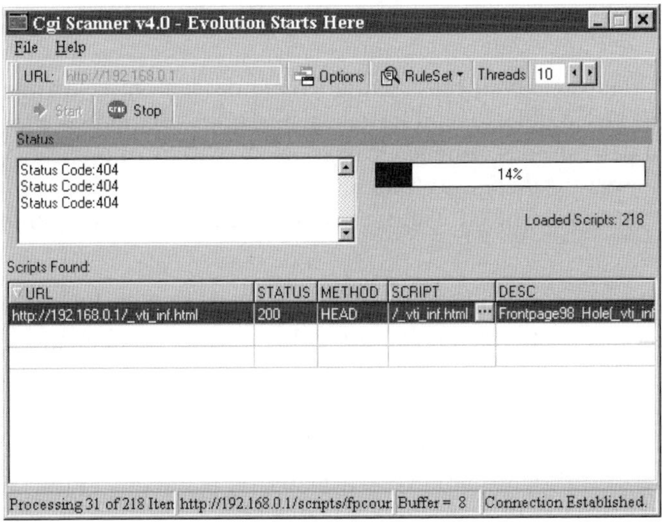

Figure 9.10
L'analyse CGI.

Une fois que les options sont choisies, il suffit de cliquer sur Start pour lancer l'analyse d'une cible. Le résultat de cette analyse s'affichera dans les fenêtres du bas (voir Figure 9.11). Lorsque les failles seront localisées, il ne restera plus qu'à les exploiter pour entrer dans le système… avec quand même un minimum de compétences Unix ou Windows.

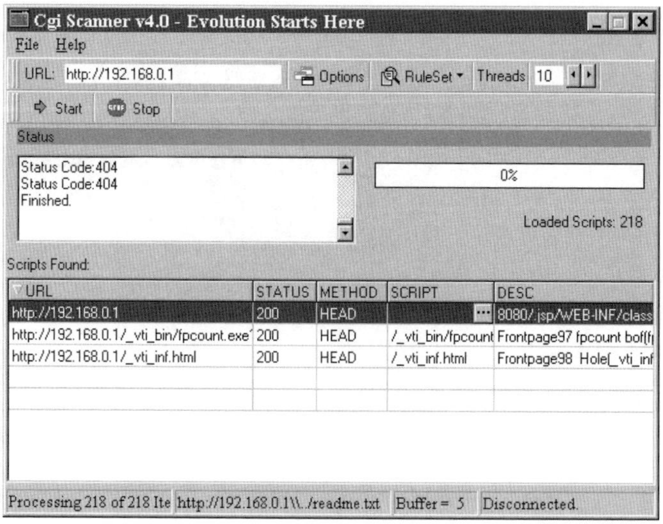

Figure 9.11
Le résultat de l'analyse.

Il existe aussi – nous ne pouvions les éviter – des exploits destructeurs ou de mise hors service.

Le but de ce genre d'exploit est essentiellement de démontrer qu'une machine ou un réseau sont vulnérables. Pas d'intrusion, pas d'installation de cheval de Troie : il s'agit ici de détruire des données (cas assez rare, mais qui existe), ou de couper le réseau ou le serveur du réseau Internet. C'est typiquement l'exploit mis en œuvre lors des attaques dont ont été victimes Yahoo!, eBay et plus récemment les root serveurs DNS.

Ces attaques reposaient presque toujours sur la technique du Denial of Service (DoS) ou déni de service. Cette technique utilise le potentiel de défectuosité de TCP/IP (voir Chapitre 2) pour rendre muette une machine en la submergeant de trafic inutile.

Parmi les attaques propres à créer un déni de service, les plus connues sont :

- Les buffers overflows (par envoi d'e-mails, ou le fameux "PING de la mort").
- L'attaque SYN.
- L'attaque Teardrop.
- L'attaque SMURF.
- L'utilisation de virus : en saturant le réseau par une propagation rapide, le virus Melissa a provoqué de très nombreux dénis de service, principalement sur des serveurs de messagerie.

Ce genre d'attaque demeure très difficile à contrer ou à éviter, surtout lorsqu'il est de type DDoS. Le Distributed Denial of Service ou déni de service distribué est une attaque de type DoS lancée depuis plusieurs machines simultanément. Ce type d'attaque sophistiquée vise à arrêter ou à rendre muette une machine en la submergeant de trafic de type DoS.

Quel que soit son type (DoS ou DDoS), le code d'attaque en lui-même n'est jamais très sophistiqué ; il est en revanche très créatif. Le pirate doit connaître parfaitement les normes d'Internet pour mettre au point un paquet de données à la fois destructeur et capable aussi de contourner les protections mises en œuvre par les administrateurs des ordinateurs cibles.

Pour ces raisons, il n'est pas simple de se prémunir contre ces attaques par déni de service. Dans le cas d'une attaque simple (DoS émis depuis une seule machine), il suffit généralement de bloquer l'adresse IP de l'ordinateur d'où proviennent les paquets.

Mais lorsque l'attaquant utilise un réseau offensif pour mener une attaque de type DDoS, il devient quasi impossible de bloquer toutes les adresses IP d'où proviennent les paquets. Pire, ces machines peuvent être innombrables et changer régulièrement d'IP. Pour être franc, dans ce genre d'attaque, les administrateurs débranchent leurs serveurs, analysent les paquets IP ou les e-mails tueurs, et attendent que ça passe tout en reprogrammant les sockets IP ou les serveurs pour supprimer la faille.

Signalons aussi que, si votre système fait partie d'un réseau d'attaquants (à votre insu), par exemple suite à une pollution par un cheval de Troie, il est probable qu'il sera débranché par votre opérateur ou votre fournisseur de services le temps de réinstaller tout son contenu et d'éradiquer les troyens et autres "démons" (tâches fonctionnant sous Linux ou Unix) impliqués dans l'attaque.

Pour mieux comprendre comment fonctionnent les utilitaires qui créent les attaques DoS ou DDoS, nous vous invitons à consulter le document du CERT (l'original n'est plus mis à jour mais maintenu pour des besoins de documentation sur **http://www.cert.org/reports/dsit_workshop.pdf**).

10

Les mots de passe d'Internet

Le pirate chevronné se procurera tous les mots de passe qu'il souhaite en "sniffant" un réseau ou en espionnant un point de passage IP (nous en avons parlé au Chapitre 2). Il utilisera souvent aussi des tactiques d'ingénierie sociale pour se procurer un mot de passe lui permettant d'accéder à toutes les ressources d'un utilisateur. Mais, lorsque le réseau ou la station sont bien protégés, que l'utilisateur bien formé ne mord pas aux hameçons de phishing, le pirate doit trouver d'autres solutions : le décodage de mot de passe en est une.

Si, par les failles et les exploits, le pirate n'a pas réussi à pénétrer dans le réseau, il lui reste toujours la possibilité d'entrer par la grande porte, en utilisant le mot de passe d'un utilisateur légitime ! Les mots de passe, tout le monde en a au moins un. Ces dernières années, ils se sont multipliés : accès Internet, code de carte de crédit, de porte palière, d'alarme, de voiture.

Cette profusion n'est pas sans poser de nombreux problèmes car, avec cette abondance, les capacités de mémorisation des individus sont mises à rude épreuve, et la qualité d'un mot de passe devient difficile à établir. Et pourtant, cette qualité est essentielle.

Les mots de passe qui ne protègent rien

Résultat, on note les mots de passe sur des bouts de papier, on les simplifie abusivement, et ils deviennent vulnérables. Sachez-le, il existe au moins deux moyens de vous voler un mot de passe : lire le papier sur lequel vous l'avez écrit, ou utiliser un logiciel spécialisé (ça existe). Ça, c'est de votre faute.

Mais il y a aussi la responsabilité de l'administrateur système. En atteste la désastreuse faille de sécurité de l'hébergeur gratuit IFrance, découverte par le magazine *The Hackademy Journal*. La méthode employée pour localiser cette faille était horriblement simple.

Dans un premier temps, deux comptes e-mail gratuits ont été créés *via* la messagerie anonyme de Yahoo! France. Le premier correspondait au nom de l'utilisateur "légitime" victime, le second à celui du "pirate" théorique (le journal a utilisé cet artifice pour ne pas avoir à pirater un "vrai" compte, ce qui aurait pu conduire à des poursuites pénales).

Un premier site officiel a donc été créé. Puis le "pirate" s'est rendu sur la page de modification de compte IFrance, sans passer par l'arborescence du site. Cette URL (qui n'est plus utilisable) était la suivante :

http://www.ifrance.com/_site/inscrip.recap?Nom=nom_du_site_officiel

Et là, découverte : si en lieu et place du `nom_du_site_officiel` le pirate indiquait le nom de n'importe quel site IFrance, l'URL en question provoquait l'affichage d'informations confidentielles relatives à ce compte. C'était déjà grave, mais il y avait pire, car dans cette page il suffisait de remplacer l'adresse e-mail officielle de la victime par celle du pirate pour attribuer au compte piraté de nouvelles coordonnées.

Le reste devenait pure formalité : il suffisait, après avoir modifié le mot de passe de l'utilisateur légitime, de se rendre dans la page d'accès au compte IFrance, puis de demander la réexpédition du mot de passe. C'est alors à l'adresse entrée par le pirate qu'on envoyait, très classiquement, le code d'accès ! Cette technique de vol de mot de passe n'est pas nouvelle : elle existe depuis que les ordinateurs existent.

L'auteur a relaté sur son blog une expérience semblable qui est arrivée en 2006 à la RATP (**http://www.echarton.com/blog/archives/cat_scurit.html**).

Données du problème : tout commence par un usager (Arthur M.) de Navigo curieux et bidouilleur qui aurait pu accéder à plus de 1 000 formulaires contenant des données personnelles et privatives d'abonnés à ce système de ticket électronique. Sur chaque formulaire, on pouvait observer notamment la photo de l'usager concerné, son état civil, son adresse postale, son e-mail et son numéro de téléphone : pas bien méchant, mais quand même ennuyeux. La méthode d'Arthur M, trouvée par hasard en observant une URL de formulaire, est celle que nous venons de décrire pour IFrance : substituer un numéro d'identifiant à un autre dans une requête. Inquiet de ce qu'il découvre, Arthur signale immédiatement cette faille de sécurité à la RATP et à Comutitres, le groupement d'intérêt économique qui gère les différents transports en commun pour la RATP.

Là, ça se corse. En guise de réponse, la RATP supprime les fiches décrites par l'internaute ! C'est la phase "disparition de preuve" – acte d'ailleurs totalement stupide puisqu'il suffit de mettre d'autres identifiants pour trouver d'autres preuves ! Et après ? Chez Microsoft, par exemple, on aurait traité la faille et modifié le service. Pas à la RATP : la régie fait la morte ! Et notre utilisateur bidouilleur bien embêté, qui insiste, qui ne sait plus quoi faire de sa faille de sécurité…

À bout d'arguments, il s'est finalement tourné vers l'association des consommateurs Que Choisir. Et c'est sous la pression de ce puissant organisme que la RATP a finalement mis un terme à cette aventure par une action d'éclat : en faisant purement et simplement disparaître le site.

On signalera que la carte Navigo avait fait grand bruit à sa sortie, lorsque la RATP avait fait connaître son intention de faire payer 5 euros le fait de fournir un Navigo sans fichage (les fameuses données qui viennent – justement – d'être hackées). La Commission nationale de l'informatique et des libertés s'en était émue en décembre, affirmant dans une interview : "Chaque fois que l'on met en place un système de carte à puce qui permet de tracer des déplacements, il faut proposer aux gens une alternative, qui est l'alternative de l'anonymat. Cette alternative doit être gratuite." Signalons que la Cnil avait aussi beaucoup travaillé sur l'utilisation abusive qui pouvait être faite du Navigo pour "tracer" les déplacements des usagers.

Ceci dit, quand ce n'est pas le fournisseur de services ou de sites qui est en cause, ce sont bien souvent les utilisateurs qui sont en faute. Quelques exemples de ce qu'il faut éviter de faire pour ne pas se retrouver avec un mot de passe circulant sur tous les Warez de la planète !

- Les Post-it collés sur un écran contenant nom d'utilisateur et code d'accès (d'où l'intérêt qu'il faut porter aux propriétés mnémotechniques des mots de passe pour éviter à tout prix que leurs propriétaires ne soient tentés de les consigner par écrit). Il est très facile de parcourir un bureau : êtes-vous certain que le livreur de pizza est bien un livreur de pizza ? Que le coursier est bien un coursier ?

- Lorsque les mots de passe ne sont pas collés sur un Post-it, il faut éviter de les stocker dans un fichier Word ou Excel enregistré sur le disque dur. Et ne dites pas que votre feuille Excel est cryptée et protégée elle-même par un mot de passe ! Vous verrez au chapitre suivant à quel point ce mot de passe est parfois insignifiant ! La prolifération des stockages en nuage crée d'importants problèmes de sécurité dus à cette fâcheuse habitude de stocker tous ses mots de passe dans un fichier. Imaginez : un hacker brise ou achète le mot de passe de votre compte LinkedIn. Il découvre ainsi que vous avez un compte Gmail. Utilisant quelques combinaisons de votre mot de passe LinkedIin, il brise celui de votre compte Gmail. Ayant accès à ce compte Gmail, il observe que vous recevez des mails depuis le service de stockage en nuage DropBox. Il se rend sur DropBox, et demande la réexpédition de votre mot de passe. Celle-ci a lieu vers le compte Gmail que le hacker a déjà brisé. Le hacker possède maintenant aussi un accès à votre compte DropBox ; de là, il va récupérer tous vos fichiers, incluant celui contenant tous vos mots de passe, et c'est fini : votre identité numérique est compromise. C'est comme cela qu'un hacking se passe.

- L'agenda papier, direz-vous, est donc moins vulnérable, mais est-il vraiment toujours sous vos yeux ? "Ah oui ! dit le lecteur offusqué, mais les mots de passe contenus dans mon agenda sont codés, dissimulés par des chiffres ou des lettres." Vous avez sans doute raison, mais moi si je vous volais votre agenda pour rechercher un mot de passe, je suis certain que vos codages, je les trouverais en moins de 10 minutes… en explorant vos listes de numéros téléphoniques et en localisant ceux qui n'existent pas, par exemple ?

Sans oublier, pour finir, le mot de passe universel, unique, qu'il suffit de vous voler une fois pour accéder à toutes vos données. Exemple contestable, encore aujourd'hui, des banques proposent à leurs clients la possibilité de choisir leur propre mot de passe (parfois avec 6 chiffres et lettres, comme en Amérique du Nord, ce qui est très faible). Initiative louable en termes de convivialité, mais très dangereuse en termes de sécurité : il y a fort à parier qu'avec ce système, fondé par ailleurs sur un codage médiocre (il faut moins d'une seconde pour briser un mot de passe à quatre chiffres non crypté), les utilisateurs ayant adopté un mot de passe à quatre chiffres universel sont devenus légion (peut-être vous, lecteur ?). Et voici que ces quatre chiffres vous servent à accéder au distributeur de billets, à votre compte e-mail, à Internet, à passer votre porte cochère, à activer votre téléphone portable.

Dans ce cas de figure désastreux, il devient vraiment facile pour un pirate de vous voler votre vie ! Et si – comme un bon tiers de la population – votre mot de passe à quatre chiffres est aussi votre année de naissance, le pirate en question n'a même plus besoin d'outillages sophistiqués ! Il connaît votre âge à dix ans près, il sait que les deux premiers chiffres sont 19, il n'a donc que dix combinaisons à tester.

Contourner les mots de passe

Bigre ! Mais alors comment trouver un moyen de mémoriser ces fichus mots de passe ? Pas évident : il faut trouver un moyen mnémotechnique de les retenir sans les noter, tout en évitant d'employer des informations trop personnelles. Car même un mot de passe compliqué – mais proche de vous – peut être retrouvé : il suffit d'utiliser trois techniques qui font appel à l'ingéniosité, à l'investigation ou à la technologie :

- L'investigation consiste en une recherche d'informations sur un individu, pour en déduire le cas échéant un ensemble de mots de passe possibles : c'est la technique de l'ingénierie sociale.
- L'ingéniosité consiste à savoir quelle forme peut avoir un mot de passe : il suffit pour cela d'étudier les mots de passe qu'un administrateur système pourra utiliser.
- La solution technologique consiste à tester un ensemble de mots de passe de manière automatique à l'aide d'un logiciel spécialisé : cette démarche peut être ciblée (on n'essaie qu'une certaine catégorie de mots de passe) ou brutale (on essaie tout en utilisant la puissance d'un ordinateur).

L'ingénierie sociale contre les casseurs de mots de passe

L'ingénierie sociale n'est pas en tant que telle une attaque informatique. C'est plutôt une méthode pour obtenir des informations. Elle est très efficace et nous en avons vu quelques exemples applicatifs particulièrement frappants dans le chapitre sur les réseaux sociaux.

La technique d'ingénierie sociale la plus basique exploitera la naïveté et la bonne volonté des individus. C'est cruel mais c'est comme ça. Un exemple ? Vous téléphoner en se faisant passer pour un administrateur système et vous demander votre mot de passe d'ordinateur pour vérification. Évidemment, l'administrateur est un pirate car, par définition, l'administrateur système connaît votre mot de passe ! C'est un premier piège dans lequel il ne faut pas tomber.

Mais l'ingénierie sociale, c'est aussi – à un niveau supérieur – une investigation proche du travail de la police, qui consiste à obtenir un profil social. Ce profil tient en une série de données qui peuvent faire office... de mots de passe ! Ces données sont (liste non exhaustive) :

- les prénoms des proches (père, mère, enfants, épouse, grand-mère, maîtresse, petite amie...) ;
- les numéros "sociaux" (numéro de carte d'identité, de permis de conduire, de sécurité sociale, numéro de plaque d'immatriculation...) ;
- les coordonnées "sociales" (nom de rue, numéro de rue, numéro de téléphone, code postal, nom de ville d'habitation...) ;
- les informations civiles (date de naissance de la cible, date de naissance des proches de la cible, généralement celle des enfants...) ;
- les informations civiles liées aux loisirs (passion sportive ou hobbies, nom du club sportif...).

Et ainsi de suite. Il suffira ensuite de créer d'après ces données un groupe de "possibles", d'entrer ces possibles dans un logiciel tel que Brutus (que nous allons voir plus loin), et de les tester.

Contre-mesure la plus évidente : ne pas utiliser systématiquement les prénoms, dates de naissance, ville de naissance, nom de petite amie, nom du chien ou du modèle de voiture (ah ! les passwords Mégane ou Mercedes...), de nom de rue, et ainsi de suite.

Au moins quand ces informations vous concernent directement et peuvent être récupérées *via* l'ingénierie sociale !

Les générateurs de mots de passe

Conscients de ce risque, certains utiliseront des générateurs de mots de passe aléatoires tels que Advanced Pass Generator.

Ces logiciels partent d'un certain nombre de règles qui veulent qu'un mot de passe soit difficile à percer quand il mixe caractères, nombres et ponctuation : un mot de passe uniquement chiffré ne permet que dix combinaisons par caractère, un mot de passe alphabétique en permet vingt-six, un mot de passe alphanumérique offre trente-six combinaisons par caractère, ce qui sur un mot de passe de six caractères demande des centaines d'années pour un crackage par force brute !

Vous pouvez vérifier la qualité de votre mot de passe sur **http://geodsoft.com/cgi-bin/pwcheck.pl**. Ce programme vous indiquera, par un niveau allant de 0 (le plus mauvais) à 5 (le plus fort), à quel point votre mot de passe est sûr ou vulnérable.

Encore que les générateurs de mots de passe eux non plus ne soient pas infaillibles : les mots de passe qu'ils génèrent ne sont pas simples à casser par force brute certes, mais en contrepartie on est toujours tenté de les noter quelque part pour ne pas les oublier… On en revient à la case départ !

Pire, certains de ces générateurs de mots de passe sont prévisibles ! C'est tout particulièrement le cas des générateurs de mots de passe "prononçables" (voir Figure 10.1), tels que ceux que vous trouverez à ces adresses :

http://www.pctools.com/guides/password/

http://www.multicians.org/thvv/gpw.html

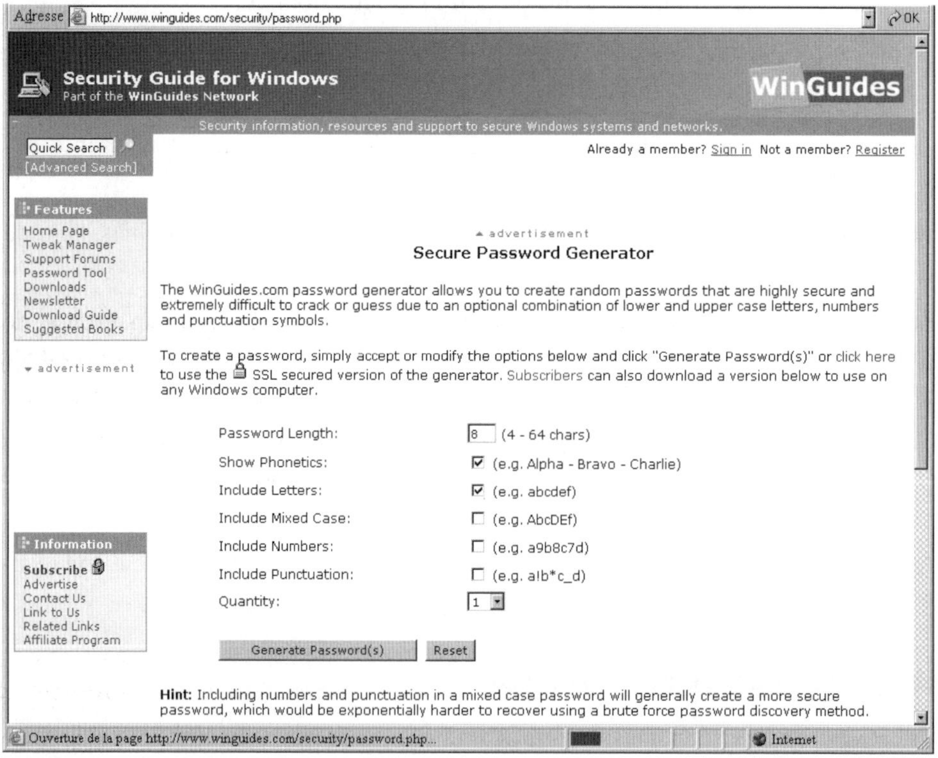

Figure 10.1
Les mots de passe prononçables sont souvent prévisibles.

À ce sujet, signalons que tous les administrateurs que nous avons rencontrés jusqu'ici ont une fâcheuse habitude : ils utilisent pour attribuer des mots de passe les mêmes règles et les mêmes générateurs. Résultat ? Pour cracker un ensemble de comptes placés sous la responsabilité d'un administrateur unique, il suffit de connaître ses habitudes : c'est de cette manière qu'un hébergeur canadien qui vendait beaucoup de sites en France a vu en une nuit la moitié de ses clients piratés ! Ici, l'habitude était de mettre le nom de domaine en tant que nom de compte, et la moitié des noms de domaines dans les passwords. Fastoche pour le crackeur…

Très franchement, le meilleur générateur de nombres aléatoires du monde, c'est l'homme ! Quitte à utiliser un générateur de mots de passe, autant vous servir de votre cerveau plutôt que d'un ordinateur. Un bon mot de passe difficile à déchiffrer tiendra sur six à huit chiffres et mixera caractères majuscules et minuscules, chiffres et éventuellement symboles : le mot de passe xvG64eZa que nous venons d'inventer est très difficile à casser avec un logiciel de force brute !

La technologie et les statistiques contre les mots de passe

Pour mieux comprendre la fragilité des mots de passe, entrons maintenant dans la peau d'un pirate. Comment fait-il ? Utilise-t-il des technologies spécifiques ?

En premier lieu, oui, il existe des technologies de "cassage" de mots de passe. Cette technologie est constituée de logiciels conçus pour "forcer" tous les mots de passe possibles. Cette approche du problème étant directement dépendante de la puissance machine (plus le mot de passe est complexe, plus il faut essayer de combinaisons, plus il sera long à percer et entraînera donc un risque de détection du pirate), il faut presque toujours la compléter par une étude de la cible afin de limiter le nombre de tentatives.

Données du problème !

Pour violer un accès protégé, il faut un numéro de compte et son mot de passe. Imaginons que le nom du compte contienne six lettres et chiffres, et le mot de passe, six lettres et chiffres : ce sont 36×12 combinaisons qu'il faut tester (douze caractères et trente-six combinaisons pour chaque caractère) ! Comptez un bon millier d'années, et encore avec une liaison à 1 Gbit ! Nous allons donc tenter de restreindre ce champ en étudiant les habitudes d'un administrateur, ou en utilisant des dictionnaires ciblés.

Ici nous ciblons un compte administrateur. Nous savons que cette catégorie d'utilisateurs a ses habitudes, ses classiques. Voici par exemple la liste des noms de compte "classiques" fournie par Brutus pour attaquer un compte administrateur (les plus courus) :

- admin:
- password
- admin1
- admin12
- admin123

- adminpass
- guest:
- guest1
- guest12
- guest123
- guestpass
- administrator:

Nous pourrions en ajouter d'autres : superuser, maître, webmaster, administrateur, webadmin, root, test, et ainsi de suite. Sachez que, sur les serveurs dédiés d'un grand fournisseur d'hébergement français, 100 % des nouveaux ordinateurs livrés ont pour mot de passe "admin". D'après nos investigations, neuf fournisseurs de serveurs cobalts sur dix laissent le mot de passe d'administrateur admin sur les machines qu'ils livrent !

Vous comprenez donc à quel point les dictionnaires sont utiles : on sait qu'en attaquant un compte "admin", on peut diviser le nombre de tests de mots de passe par 1 000 ! Évidemment, chaque opérateur vous prévient qu'il faut changer le mot de passe admin par défaut dès la mise en service du système, et bien sûr personne ne le fait !

D'autres dictionnaires vont tester les noms de comptes contenant un prénom (voir Figure 10.2) : ah ! les comptes "Sophie", "Alain", "Henri", "Éric"... Et quand on sait que, non contents d'attribuer à leur compte un prénom, la plupart de ces mêmes utilisateurs utilisent comme mot de passe leur second prénom : il suffit de tester un bon dictionnaire de prénoms pour cracker des dizaines de comptes en quelques minutes.

Mieux (ou pire), un pirate vraiment efficace créera son dictionnaire personnalisé en utilisant des "statistiques de prénoms" (lire encadré) : avec cette solution, ce sont des centaines de comptes qu'il crackera en quelques secondes !

Info

Si vous souhaitez savoir à quel point votre prénom est vulnérable en tant que mot de passe ou code d'accès, visitez donc www.aufeminin.com, et explorez le hit-parade des prénoms. Vérifiez ensuite autour de vous combien de gens ont utilisé des prénoms pour leurs comptes et leurs mots de passe... C'est édifiant !

L'ingénierie sociale peut ensuite être remplacée ou complétée par une investigation technique. Prenons un exemple : vous souhaitez accéder au compte d'une personne sur un site de vente aux enchères. Particularité de ce site, il attribue lui-même des mots de passe à ses utilisateurs. Vous connaissez le nom d'utilisateur de cette personne, mais pas son mot de passe.

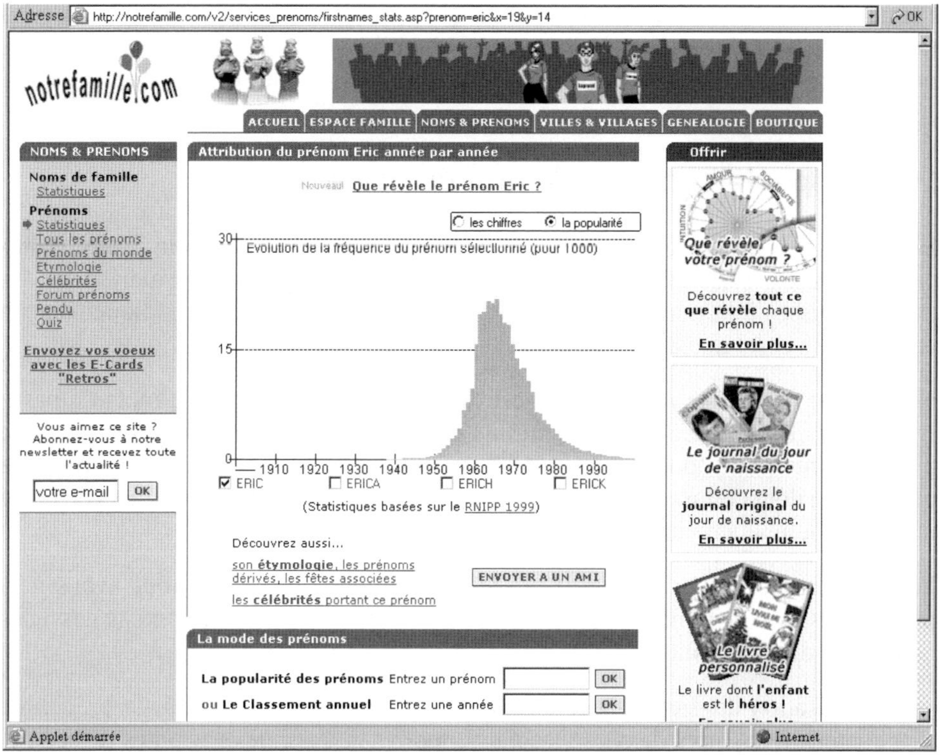

Figure 10.2

Le hit-parade des prénoms permet de créer des probabilités statistiques d'utilisation d'un prénom dans un nom de compte ou un mot de passe.

Vous avez quand même parcouru la moitié du chemin. En vous inscrivant vous-même sur ce site de vente aux enchères, vous allez prendre connaissance de la structure des mots de passe automatiquement délivrés : par exemple, quatre lettres ou encore quatre caractères alphanumériques. Dans ce cas de figure, évidemment idéal, il ne vous reste plus qu'à utiliser un logiciel de force brute (tel que Brutus dont nous allons parler plus loin) pour casser le mot de passe : quatre caractères alphanumériques ne représentent que 9 999 combinaisons. Avec une bonne liaison, l'opération ne devrait pas prendre plus d'une heure ou deux…

Les contre-mesures sont simples : ne jamais utiliser de mots de passe trop classiques (prénoms, noms, et mots du dictionnaire). Au pire, pour les retenir plus facilement, vous pouvez mixer deux prénoms ou plusieurs syllabes de prénoms.

Pour ce qui est des administrateurs, n'indiquez jamais sur une page d'aide combien de caractères contient un mot de passe. N'indiquez pas non plus sa structure (exemple à ne pas suivre : "Entrez votre mot de passe de six caractères lettres et chiffres"). Ne descendez jamais en dessous de six caractères pour un mot de passe (à quatre ou cinq caractères, la puissance d'un simple PC et d'une ligne ADSL est plus que suffisante pour cracker n'importe quel mot de passe).

Pour ce qui est des mots de passe attribués par des services ou des sites, changez-les rapidement pour éviter qu'un pirate connaissant les habitudes des administrateurs ou la structure des mots de passe de ces sites ne puisse les briser trop rapidement.

Le principe de l'attaque de mot de passe

Et en pratique, comment fait le pirate pour tester toutes ces combinaisons, toutes ces possibilités ? Bien évidemment, à notre époque, un pirate n'essaie jamais des mots de passe "à la main". Il utilise des logiciels pour tester méthodiquement un ensemble de combinaisons.

Nous avons vu que le préalable ici est de "cadrer" une gamme de mots de passe "possibles". Le pirate a un problème de puissance machine et de débit de ligne d'accès à Internet. Il doit donc limiter le nombre des "possibles" et les entrer dans une base de données associée à un logiciel qui se chargera de tester les mots de passe un par un de manière automatisée.

Pour déterminer les possibles, il y a les profils classiques dont nous avons déjà parlé (utilisation de noms de compte standard : admin, root, etc.). Il existe aussi des fichiers de données tout prêts :

- L'utilisation de dictionnaires. Le mot testé est pris dans une liste prédéfinie contenant les mots de passe les plus courants et aussi des variantes de ceux-ci (à l'envers, avec un chiffre à la fin…) Les dictionnaires actuels contiennent dans les 50 000 mots et sont capables de faire une grande partie des variantes.
- Les dictionnaires de "mots de passe prononçables". Dans un but mnémotechnique, certains générateurs de mots de passe produisent des compositions de lettres et de chiffres qu'il est possible de prononcer (zazou12, fikou13, gazou21 par exemple).
- Les dictionnaires de prénoms hiérarchisés par ordre statistique.

Simuler un utilisateur

Une fois que ces bases de données sont prêtes, il faut un logiciel capable de simuler la saisie du mot de passe d'un utilisateur : un robot, mais intelligent.

Intelligent car capable à la fois de générer une suite de mots de passe en partant d'une règle ou d'un dictionnaire, et aussi d'envoyer ces mots de passe en utilisant les protocoles d'Internet.

On saisit en effet des mots de passe dans une multitude de contextes.

- En mode http : typiquement, c'est ce mode qui est utilisé quand une boîte de dialogue grise s'affiche (voir Figure 10.3).

Figure 10.3

Le mot de passe en mode http.

- En mode HTML : lorsque vous entrez un mot de passe dans une page HTML (voir Figure 10.4).

Figure 10.4

Le mot de passe en mode HTML.

- Avec un client FTP : lorsque vous utilisez un client pour accéder à un serveur de fichiers FTP (voir Figure 10.5).

Figure 10.5
Le mot de passe en mode FTP.

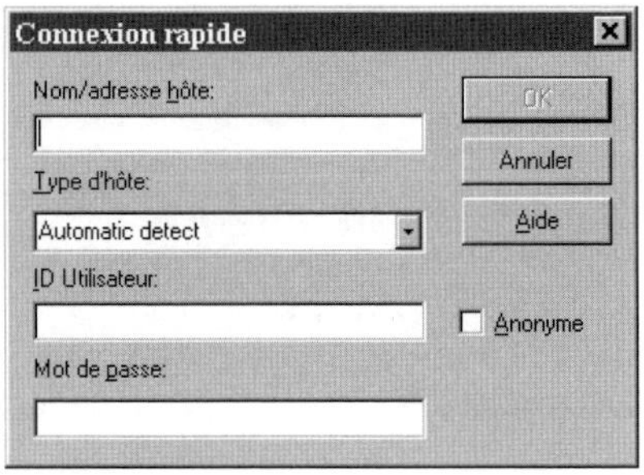

- Avec un logiciel de messagerie : lorsque vous interrogez le serveur de messagerie pour lire votre courrier, cette interrogation comprend une transmission de votre mot de passe *via* le protocole POP (voir Figure 10.6).

Figure 10.6
Le mot de passe en mode POP.

- Avec Telnet, lorsque vous administrez un système distant.
- Et plus généralement dans toutes les applications qui utilisent un système de mot de passe à travers un réseau ou sur un ordinateur personnel.

Pour briser un mot de passe avec un robot, il faut donc que le robot soit capable de créer une entrée de mot de passe, comme le ferait un utilisateur (avec HTML ou Telnet) ou un logiciel client (par e-mail ou FTP). Certains de ces clients échangeant des données à travers des ports TCP/IP particuliers ou non standard (voir Chapitre 2), il faut aussi que ces ports TCP/IP puissent être définis dans le logiciel d'attaque de mot de passe.

Le logiciel doit ensuite être capable de gérer l'action robotisée à proprement parler : l'envoi séquentiel de mot de passe. Il existe deux méthodes :

- La méthode brute : toutes les possibilités sont testées dans l'ordre jusqu'à trouver la bonne solution.
- La méthode intelligente : les mots de passe sont envoyés d'après des bases de données.

À ce stade, il existe des contre-mesures aux techniques d'envoi de mots de passe robotisées. Les experts en sécurité affirment généralement que, pour éviter une telle attaque, il suffit d'obliger l'utilisateur (et par voie de conséquence le robot dans le cas d'une attaque) à attendre entre deux essais et de limiter le nombre de tentatives autorisées. Si le temps d'attente est dépassé, ou si plus de trois essais sont infructueux, on procède à un blocage du compte. De cette manière, une attaque par crackage serait – selon ces experts – quasi impossible car beaucoup trop longue à réaliser.

C'est partiellement vrai : en ce qui concerne le temps d'attente entre deux essais, un bon logiciel de crackage robotisé (comme Brutus que nous allons utiliser) permet de procéder à un réglage. Évidemment, ce réglage a un inconvénient : il augmente le temps nécessaire pour passer en revue tous les mots de passe possibles. Cyniquement, nous dirons que, lorsque le temps d'attente existe, pour cracker un ensemble de mots de passe d'après un dictionnaire de prénoms, Brutus mettra une heure au lieu d'une minute…

Soyons honnêtes, le temps d'attente complique effectivement la tâche du pirate et de son logiciel de crackage. Ce dernier va donc se tourner vers une autre solution.

Il est en effet possible de lancer un crackeur de mot de passe en association avec un logiciel furtif à base de proxy (nous reparlerons de cette technique au Chapitre 13). Dans ce cas, le logiciel n'appelle plus directement le serveur à attaquer, mais passe à travers des serveurs intermédiaires, les proxy (lire encadré). Il est aussi possible d'utiliser des adresses IP usurpées (voir Chapitre 13).

Avec ces techniques, le robot de crackage enchaîne donc les tentatives mais en changeant chaque fois de session : il n'apparaît donc plus comme un utilisateur unique essayant une série de mots de passe, mais comme des milliers d'utilisateurs venant des quatre coins de la planète et n'essayant chaque fois qu'un seul mot de passe. Dans ces conditions, les temps d'attente et la limitation des essais sont totalement inutiles. Avec des proxy suffisamment rapides, il est même possible d'enchaîner plusieurs centaines d'essais par seconde.

Autant dire qu'un administrateur système qui voudrait bloquer son système lors d'attaques de ce genre devrait par la même occasion empêcher ses utilisateurs légitimes d'accéder à leur compte ! Impossible ! D'où l'intérêt de bien choisir son mot de passe pour augmenter le temps de calcul et, par là même, limiter les possibilités offensives d'un logiciel de crackage.

En dernier ressort, et dans un certain nombre de cas, il est possible de créer une protection – presque – infaillible, en autorisant les accès que lorsqu'ils viennent d'adresses IP authentifiées (lire encadré). Cette méthode lourde est efficace mais ne peut pas protéger tous les serveurs.

Notez que des fournisseurs de services tels que Google ou Facebook possèdent aujourd'hui des mesures extrêmement performantes contre ce type d'attaque. Facebook, par exemple, modélise vos déplacements et active un ensemble de protections lorsque vous vous connectez depuis un endroit improbable. Google utilise les mêmes techniques et les complète par des vérifications de la probabilité qu'un utilisateur ait réellement saisi un mot de passe avec une adresse IP donnée. C'est très performant : avec Google, une seule tentative suffit parfois à déclencher une alerte.

INFO

La protection par adresse IP autorisée. L'une des protections les plus fiables est de n'autoriser la saisie des mots de passe que s'ils proviennent d'une seule adresse IP. Seul le propriétaire autorisé d'un compte peut alors saisir son mot de passe. Cette technique est malheureusement assez limitative puisqu'elle ne permet pas le déplacement (un autre poste que celui qui détient l'autorisation ne donnera pas accès à un compte e-mail ou FTP). Par ailleurs, bien que fiable, cette méthode n'en est pas moins vulnérable.

La force brute de Brutus

Le héros des "crackeurs de mots de passe" a un nom : il s'appelle Brutus ! Ce logiciel de référence possède toutes les qualités et fonctionnalités énoncées dans les sections précédentes. Il est – bien – supporté par son site **www.hoobie.net** et est gratuit.

Téléchargez-le, lancez-le et observez son interface (voir Figure 10.7).

Brutus, encore très efficace, n'est plus mis à jour depuis assez longtemps. Il existe d'autres outils semblables tels que ceux de **www.sparkleware.com**. Vous pouvez aussi suivre l'actualité de ce type de logiciel en saisissant le critère "Brute Force" dans votre moteur de recherche habituel.

Examinons cette interface. Dans le cadre du haut (voir Figure 10.8), la cible de Brutus est matérialisée par une adresse (un numéro IP ou un nom de domaine), et une norme d'attaque (http, l'interface de saisie de mot de passe grise, HTML, la saisie dans une page, FTP, POP, etc.).

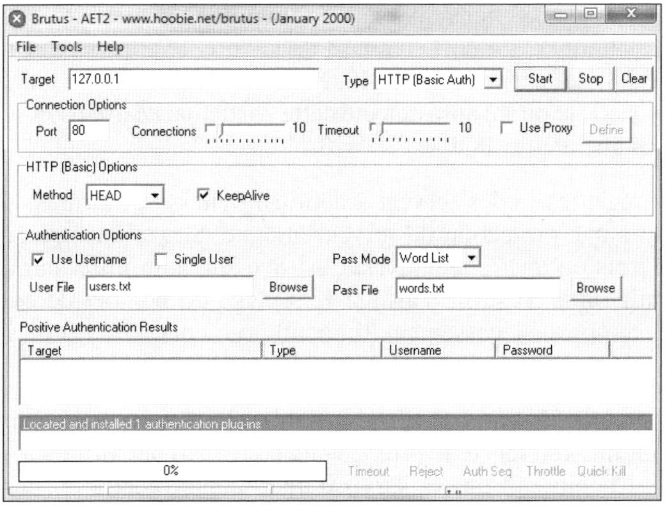

Figure 10.7

L'interface de Brutus.

Figure 10.8

La cible de Brutus.

Info

Les Brutus Bad File. Brutus dans sa dernière version dite AET2 peut être enrichi de nouveaux protocoles. Ces derniers peuvent être téléchargés sur **http://www.hoobie.net/brutus/brutus-application-definition-files.html**. Ils ont l'extension .bad et ajoutent à Brutus une nouvelle possibilité d'attaque pour un protocole donné.

Vous trouverez par exemple sur le site des protocoles pour attaquer les mots de passe des routeurs (le Graal des pirates en ce moment, tant leur violation permet d'obtenir de nombreuses informations).

Dans les deux zones du dessous (voir Figure 10.9), nous pouvons affiner la méthode mise en œuvre par le robot de Brutus.

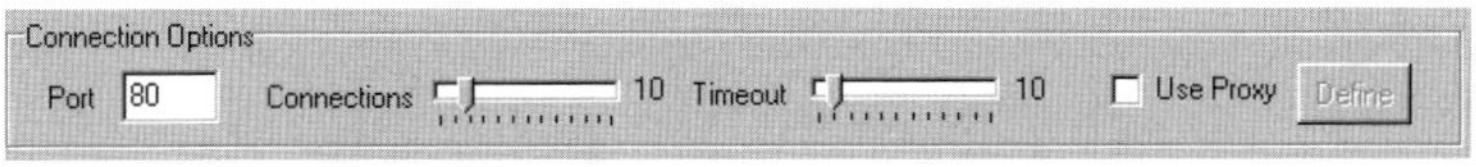

Figure 10.9

Affiner la configuration de Brutus.

Commençons par Connections options : l'option de port nous permet de définir le port TCP/IP à attaquer. Un port standard de lecture de courrier sur un serveur de messagerie (POP) par exemple est le 110. Mais un administrateur malin l'aura peut-être placé sur 1110 (le pirate aura détecté cette particularité avec son scanner). Nous indiquerons ici que le port POP est le 1110.

À côté, deux réglettes : elles servent à définir la vitesse de Brutus, pour l'adapter le cas échéant à une protection du serveur attaqué. Si, par exemple, un serveur se bloque après trois ou quatre tentatives, c'est que son administrateur a installé une protection antiBrutus. Il suffit d'affiner le réglage du nombre de connexions par seconde et du temps de dépassement (timeout) pour contourner cette protection.

Il s'agit ici de ralentir Brutus. Évidemment, cette limitation de vitesse va augmenter la durée de l'attaque. Brutus a donc prévu d'utiliser un proxy. En cochant cette case et en indiquant une référence de proxy, vous pourrez relier Brutus à un logiciel de furtivité (voir Chapitre 13 qui va servir d'intermédiaire entre le robot et sa cible. C'est avec cette option que toutes les protections de serveurs par application d'un délai entre les tentatives de saisie de mots de passe sont contournées.

Dans la zone [norme] options (voir Figure 10.10), Brutus nous propose un ensemble de possibilités de personnalisation à adapter en fonction des caractéristiques des cibles.

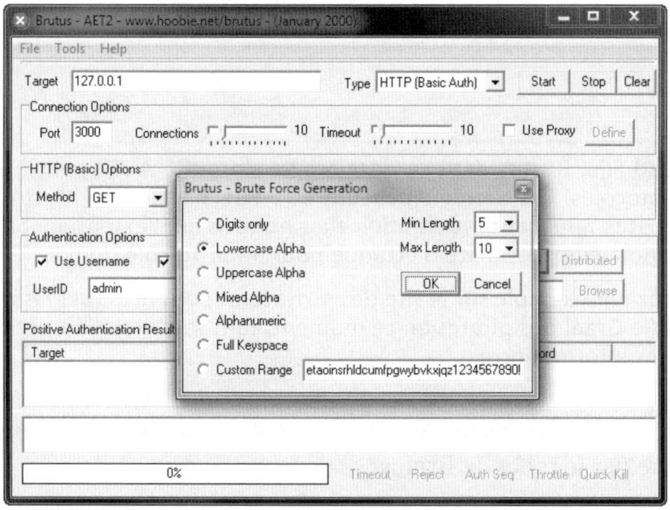

Figure 10.10
Les options de cibles.

En mode HTML par exemple, nous pourrons adapter l'envoi de séquences de mots de passe en fonction des caractéristiques d'un formulaire de page HTML (lire l'exemple pratique, plus loin).

Viennent pour finir les options les plus importantes : celles de dictionnaires. Ces options sont présentées à la Figure 10.11. Il s'agit ici d'indiquer comment le robot de Brutus va enchaîner les séquences de noms d'utilisateurs et de mots de passe :

- à gauche, les options de noms d'utilisateurs (le nom du compte dont nous cherchons le mot de passe, par exemple "admin") ;
- à droite, les options de mots de passe.

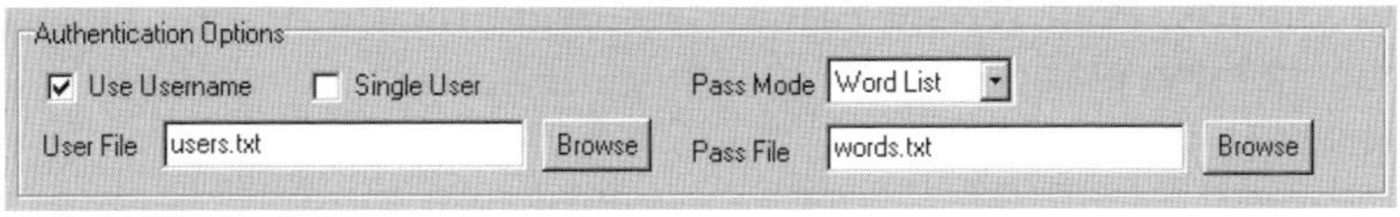

Figure 10.11
Les options de dictionnaires.

C'est à ce stade que nous prenons conscience des limites de Brutus : plus le spectre indiqué dans ces deux options (administrateur et mot de passe) est large, moins Brutus est efficace.

Première option. Nous utiliserons un fichier de dictionnaire : l'un pour les noms de comptes (User Files), l'autre pour les mots de passe (Pass File). Chacun de ces fichiers de dictionnaires contient 50 000 mots courants. Dans ce cas de figure, ce sont 50 000 comptes avec 50 000 possibilités de mots de passe qui seront testés par Brutus : soit 2 milliards 500 millions de combinaisons.

Disons que, pour tester autant de combinaisons sur une machine classique, Brutus pourra au mieux expédier 100 à 500 essais par seconde (plus souvent 10...). Il faudra donc ici réaliser 100 tentatives par seconde en environ 6 944 heures pour couvrir tout le spectre du dictionnaire. Plus de 289 jours pour cracker un compte, sans être sûr du résultat : pas rentable pour Brutus !

Info

La capacité de Brutus. Brutus est capable d'ouvrir 60 connexions en même temps. Ce qui signifie qu'avec un ordinateur puissant et une liaison à haut débit (1 Mbit/s), Brutus peut ouvrir 500 à 600 connexions par seconde et tester autant de mots de passe. C'est peu et beaucoup.

C'est pour ce motif que l'utilisation simple de deux bases de données de mots sera forcément limitée à quelques classiques : 100 prénoms les plus usités par exemple. Dans ce cas, Brutus ne fait plus que 10 000 tentatives, à dix essais par seconde. Il suffit de seulement 16 minutes pour tester 100 comptes.

D'autres combinaisons sont possibles : tester une base de données de 500 prénoms sur une base de données de dix noms d'administrateurs (admin, admin1, administrator, webmaster, superuser, admin123, root, test, master, administrateur). Ici, 5 000 tentatives suffisent : il faut donc moins de 8 minutes à dix essais par seconde, moins d'une minute à 100 essais par seconde.

Devant cette évidence, déjà, aux quatre coins de France, j'entends les claviers qui crépitent sous l'action des administrateurs dont le prénom est "Sophie", "Valérie", "Éric", "Olivier", "François", "Marc", qui viennent de comprendre à quel point leur système est vulnérable…

Vous avez compris. Pour rendre Brutus vraiment efficace, il vaut donc mieux le faire fonctionner non plus en seule force brute, mais avec une force virile… nourrie d'intelligence !

Brutus nous permet d'ailleurs d'affiner encore le processus. Pour des cas plus ardus, nous pouvons tester un mot de passe unique (généralement admin ou un prénom) avec un enchaînement de mots de passe.

Dans ce cas, nous cocherons la case Single User et nous indiquerons face à User Id ce nom unique (voir Figure 10.12). Ici encore, vous pouvez tester une liste contenue dans un fichier avec l'option Word List (voir Figure 10.13). Le nombre de tentatives sera égal aux possibilités ouvertes par le spectre de mots de passe choisi.

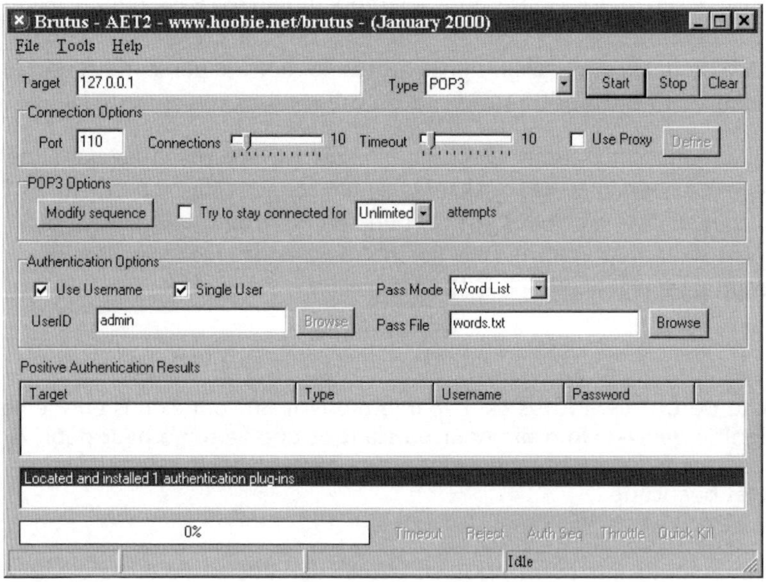

Figure 10.12

Tester les mots de passe d'un utilisateur dont vous connaissez le nom.

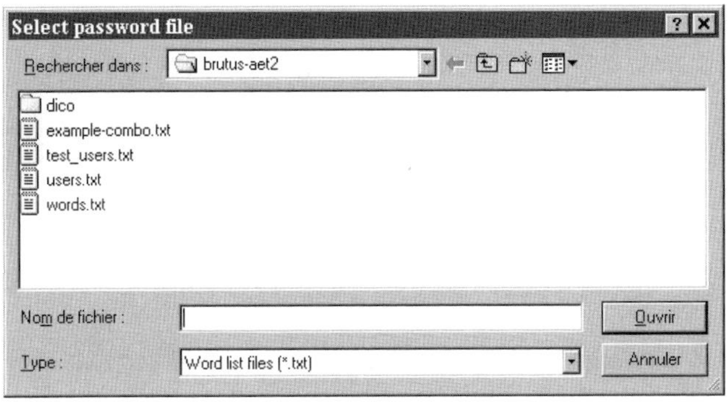

Figure 10.13
Tester une liste de mots de passe sur un utilisateur unique.

Mais il est aussi permis d'utiliser la force brute sur un nom de compte connu : lorsque le pirate sait que le nom d'un compte est admin et que la structure des mots de passe en vigueur sur le réseau est fixe (six lettres, six chiffres, six caractères lettres ou chiffres par exemple), il va enchaîner les combinaisons (voir Figure 10.14).

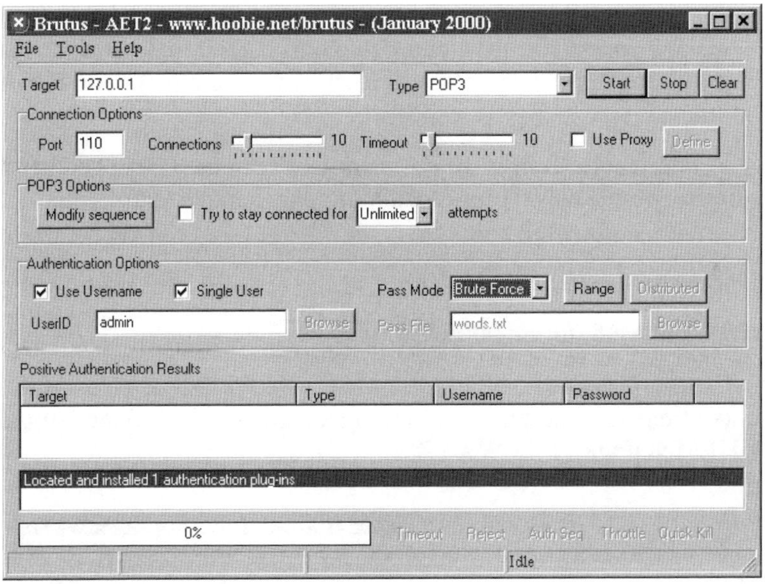

Figure 10.14
Tester une liste de mots de passe sur un utilisateur unique avec la force brute.

Imaginons un compte utilisateur dont vous connaissez le nom et qui, par ailleurs, est régi par un mot de passe à quatre chiffres : vous indiquerez le nom de cet utilisateur, puis vous validerez Brute Force et cliquerez sur Range (voir Figure 10.15).

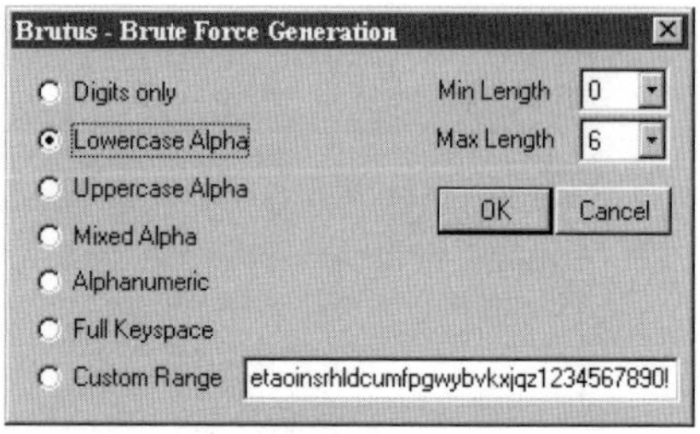

Figure 10.15
Le spectre d'essais (option Range de Brutus).

Vous indiquerez la catégorie de ce mot de passe : dans notre exemple, des chiffres, donc Digits Only en anglais. Vous savez que ce mot de passe est d'une largeur fixe de quatre chiffres, donc vous précisez "taille minimale de 4" (option Min Lenght) et "taille maximale de 4" (option Max Lenght) : à 100 essais par seconde, vous savez à coup sûr que Brutus brisera le mot de passe en 100 secondes (10 000 possibilités de mot de passe divisées par 100 essais par seconde).

Effrayant, non ? Surtout quand vous savez que plusieurs centaines de sites Internet utilisent des mots de passe à quatre chiffres – une réalité difficilement admissible –, quand ce ne sont pas les utilisateurs eux-mêmes qui adoptent ces mots de passe classiques de la vie quotidienne (carte de crédit, code d'alarme par exemple) ! Franchement, si vous voulez vraiment garder comme mot de passe votre date de naissance ou votre code d'alarme, ajoutez au moins deux initiales devant ou derrière (celles des noms et prénoms de votre grand-mère par exemple) pour compliquer la tâche de Brutus !

Revenons à cette fenêtre Range. Elle fourmille d'options. Pour chercher les mots de passe inspirés de plaques d'immatriculation par exemple (autre grand classique), vous choisirez les options suivantes :

- Minimum range 6 (forme 00AA00).
- Maximum range 8 (forme 0000AA00).
- Dans Custom Range (voir Figure 10.16), vous indiquerez les caractères qui se rencontrent sur une plaque d'immatriculation, soit 1234567890ABCDEF GHIJKLMNOPQRSTUVWXYZ.

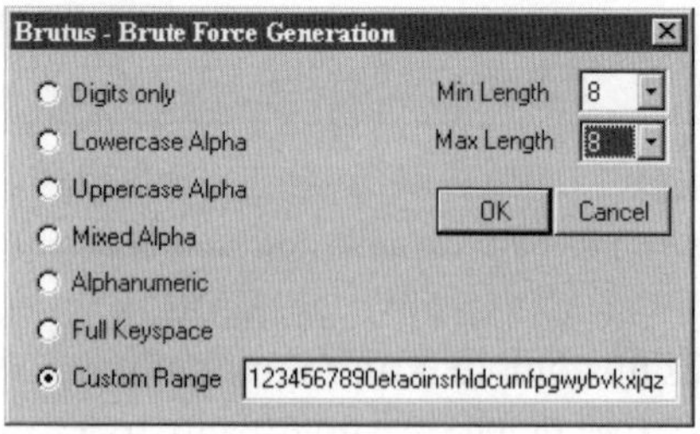

Figure 10.16
Brutus pour les mots de passe en forme de plaques minéralogiques…

Pour ce cas, sachez que Brutus manque d'efficacité. Il est impossible avec ce logiciel – qui en fait déjà beaucoup, remarquez – d'indiquer la position des chiffres et des lettres.

Résultat, dans l'exemple des plaques minéralogiques, il y a trop de combinaisons possibles, et le manque d'intelligence du Custom Range fait que Brutus va tester la bonne syntaxe (0000ABC75, par exemple), mais aussi la mauvaise (A0BC12DE, par exemple) : une perte de temps importante dans ce cas précis. Néanmoins, un programmeur moyen ou même un utilisateur d'Excel n'aura guère de difficultés pour créer un fichier texte contenant toutes les plaques possibles d'un département qu'il suffira ensuite de charger en tant que Word List. À proscrire quand même, le numéro de plaque dans le mot de passe !

Nous ne vous donnerons pas d'autres exemples, mais n'oubliez pas que les pirates sont intelligents, créatifs et malins. Les idées, ils les ont déjà !

Pour en finir avec Brutus, parlons des fichiers de mots de passe qui peuvent être téléchargés sur de nombreux sites Internet. En standard, ce logiciel est déjà livré avec un bel ensemble de listes, malheureusement anglophones :

- Word est un dictionnaire de noms très utilisé.
- User est une liste de noms de comptes assez classique.

Examinons maintenant quelques exemples de mises en pratique de Brutus.

Attaquer un mot de passe de page HTML

L'un des grands atouts de Brutus est de pouvoir adopter des profils pour casser les mots de passe de toutes les normes. Les fameux Brutus Bad File dont nous avons parlé plus haut. L'une des difficultés en matière de décodage de password était, avant l'arrivée de Brutus, que la plupart des logiciels en circulation se contentaient d'attaquer les ports classiques (FTP, Telnet) et laissaient de côté toutes les applications de mot de passe *via* des pages HTML ou des applicatifs CGI.

Or, Telnet et FTP ne sont plus les seuls moyens d'atteindre un système. Il existe désormais sous Unix, avec des outils de développement tels que Perl, des logiciels très sophistiqués qui permettent de transformer un explorateur Web en véritable console (bien plus conviviale d'ailleurs que Telnet ou FTP).

Donc ? Brutus les attaque aussi ! Ce logiciel sait attaquer pratiquement toute interface qui utilise le HTML pour récupérer des mots de passe. Et la plupart des mots de passe étant transmis à travers des formulaires gérés par des programmes écrits en Perl, Brutus sait aussi attaquer les formulaires !

Il suffit de le valider en mode http Form (voir Figure 10.17), d'indiquer l'adresse de la page cible, le mode d'envoi des données, et le tour est joué ! Brutus est, par ailleurs, capable "d'apprendre" *via* le bouton Learn Form comment fonctionne le formulaire et d'en déduire comment l'attaquer…

Essayons d'abord de forcer un simple formulaire avec nom d'utilisateur et mot de passe. Nous utiliserons la procédure suivante :

- Vous identifiez un formulaire HTML.

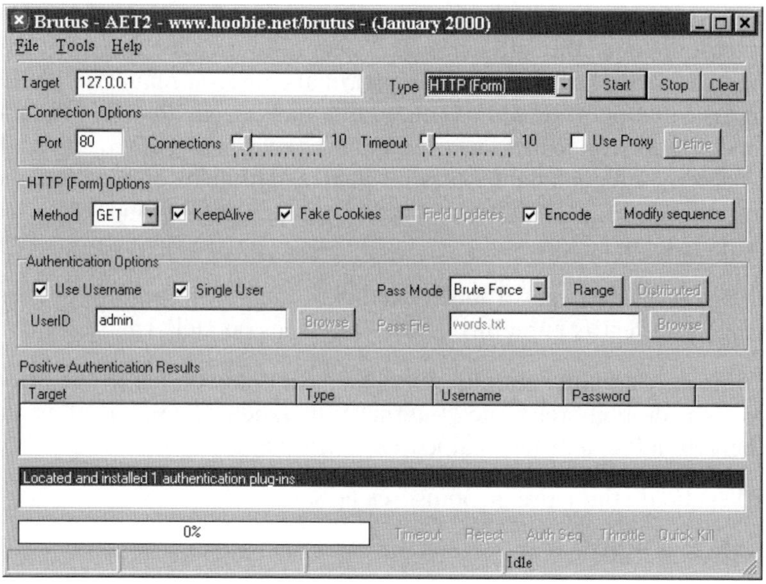

Figure 10.17
Le mode http Form.

- Vous indiquez dans Target l'adresse de ce formulaire.
- Vous explorez le source du formulaire pour vérifier son mode de fonctionnement (Post, Get) et vous l'indiquez (voir Figure 10.18).

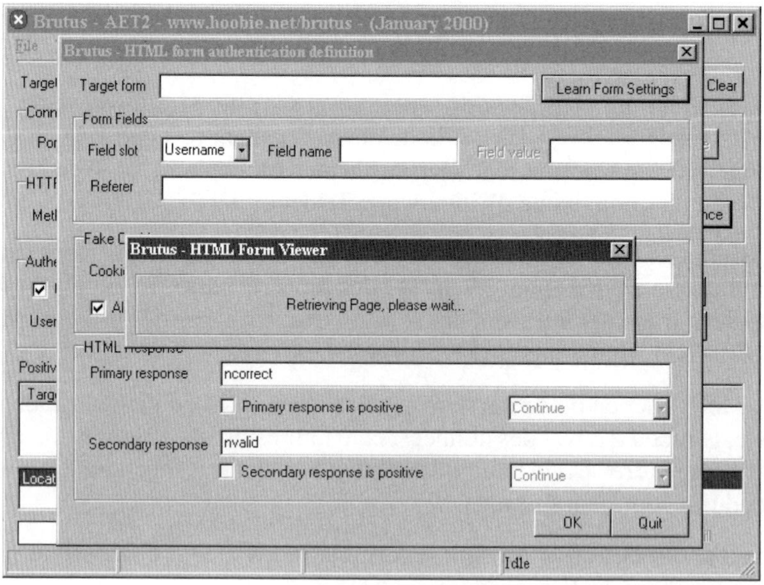

Figure 10.18
L'analyse de la page.

- Vous lancez l'attaque et réglez le nombre de connexions par seconde et le timeout pour rester en dessous des procédures de sécurité du serveur (qui provoquent des affichages en rouge ou jaune en bas de l'écran). Tant que les messages de timeout ne s'affichent pas en rouge et jaune en bas, vous pouvez augmenter la vitesse (voir Figure 10.19).

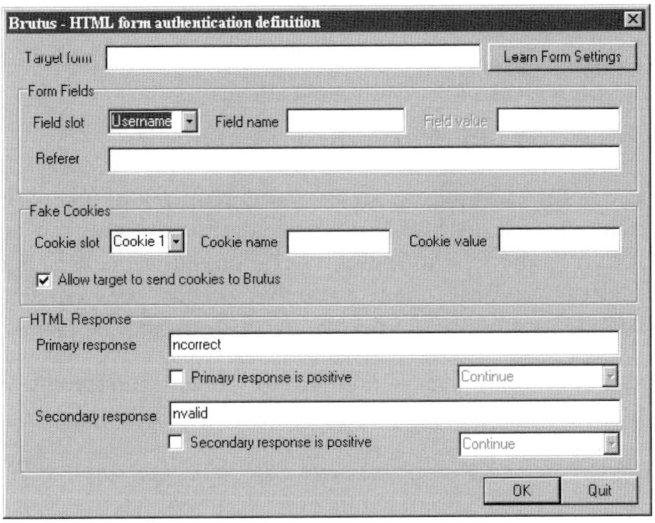

Figure 10.19
La configuration de Brutus.

- Brutus vous indique l'état d'avancement des travaux et surtout le temps restant (voir Figure 10.20) !

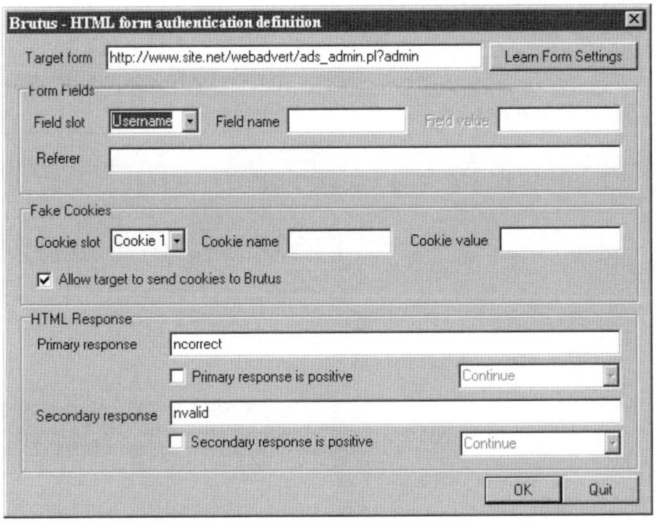

Figure 10.20
Le réglage de Brutus.

Évidemment, tous les formulaires HTML ne sont pas égaux : certains ont un seul champ, d'autres plusieurs. Il faut donc parfois analyser plus finement la page en utilisant la fonction Modify Sequence de Brutus.

Un exemple ? Prenons un logiciel de gestion publicitaire dont nous tairons le nom par charité : très célèbre, très utile, gratuit (en Open Source) et donc très prisé, qui pourtant serait toujours accessible *via* la même interface d'administration par des adresses de type :

http://www.site.net/cgi-bin/ads_admin.pl?admin

http://www.site.net/webadvert/ads_admin.pl?admin

Figurez-vous que ce logiciel (qui permet de configurer et d'administrer les campagnes publicitaires d'un site) est accessible en mode Administrateur par ce simple petit paramètre "?admin" indiqué à la fin de l'URL donnant accès à l'interface d'administration. Et figurez-vous aussi que ce paramètre donne accès à une page contenant un unique champ de formulaire qui permet de saisir un mot de passe...

Pas besoin de s'embêter à trouver le nom de compte administrateur ; il est servi au pirate sur un plateau *via* le champ "?admin". Première faille !

Ensuite, il suffit à travers cette fameuse page *ads_admin.pl ?admin* de tester tous les mots de passe possibles en utilisant la fonction Modify Sequence (voir Figures 10.21 et 10.22) :

1. Entrez dans le menu.
2. Dans Target, entrez l'URL de la page, puis cliquez sur Learn Form Settings.
3. Cliquez sur Field Name Password, puis sur le bouton Make Selected [...] Password pour localiser le champ correspondant au mot de passe.

Figure 10.21

La saisie de l'URL avec son paramètre admin.

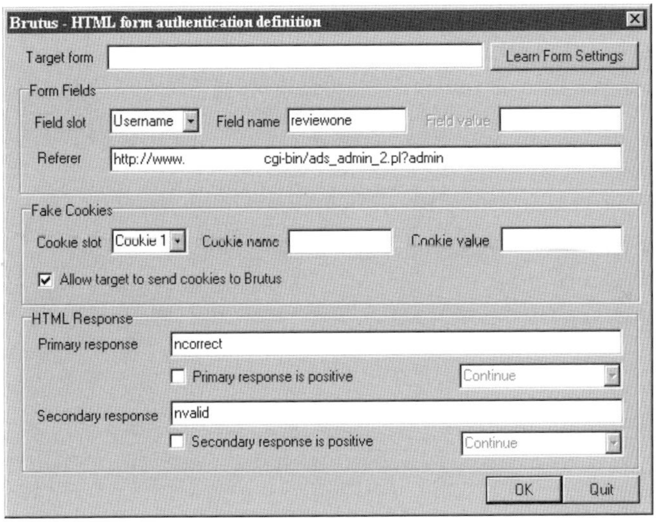

Figure 10.22
Cliquez sur Modify Sequence.

4. Cliquez sur OK. Une fenêtre s'affiche pour vous proposer de passer en mode Password Only. Acceptez en cliquant sur OK.

À ce stade, vous devez configurer la zone réponse : en effet, Brutus doit être en mesure de savoir si la réponse du serveur est "erreur" ou "bon mot de passe" pour identifier les mots de passe valides. C'est la chaîne d'authentification HTML, qu'il faudra intégrer dans les champs HTML Response. Les deux réponses par défaut de Brutus sont "ncorrect" et "nvalid".

Dans de nombreux cas, ces réponses suffiront. Parfois, la procédure sera plus complexe. Il faudra alors identifier la réponse fournie par le logiciel lorsque le mot de passe est correct et l'indiquer dans ces champs.

Si vous êtes utilisateur de ce logiciel publicitaire que vous avez reconnu ou de tout autre outil open-source analogue écrit en Perl, tremblez : il nous a fallu moins de 3 heures pour cracker le mot de passe administrateur de notre propre version de ce logiciel, et en passant par une interface Numéris en prime ! Sur un script de ventes aux enchères, moins d'une heure ! Il existe des centaines d'autres logiciels du même type sur le Web, que Brutus saura cracker sans trop de difficultés.

Un conseil pour terminer : n'essayez pas d'appliquer Brutus à un réseau social ou un compte du nuage : ces services sont désormais parfaitement protégés contre ce type d'outils qu'ils mettent en déroute en quelques secondes.

Info

Contre-mesure possible. Pour protéger les scripts CGI, vous pouvez restreindre l'accès aux répertoires qui les contiennent *via* un fichier .HTACCESS. Demandez à votre fournisseur de services de vous créer cette protection classique des systèmes Unix.

11

Les mots de passe des PC

Lorsqu'il a physiquement accès au système, le pirate peut être confronté à un second niveau de sécurité : le mot de passe qui protège un fichier, une ressource ou un document. Ce Brutus qui s'en sort très bien pour franchir des barrages "en ligne" n'est alors plus adapté pour ce genre de décodage. Pour ce qui est des fichiers ou des PC physiquement accessibles, il existe d'autres formes de mots de passe qu'il est possible de forcer, mais en employant d'autres techniques. Explications.

Nous avons vu dans le chapitre précédent comment Brutus décode les mots de passe : son principe est celui d'un robot qui teste toutes les possibilités de mots de passe avec méthode. Solution uniquement applicable pour les applications distantes.

Car, bien évidemment, lorsque vous avez le PC ou le logiciel sous la main, vous ne pouvez pas utiliser Brutus : quand la machine est là, sous vos yeux, il faut procéder à un décryptage à la fois plus simple et plus sophistiqué.

Il existe un ensemble de techniques et d'outils qui permettent de briser les mots de passe des fichiers ou des ressources d'ordinateurs. Nous allons les passer en revue. Pas pour vous apprendre à voler le contenu de l'ordinateur de votre voisin, plutôt pour vous aider à comprendre à quel point vos données confidentielles sont mal protégées.

En à peine quelques années passées dans le monde de l'entreprise, un responsable en sécurité informatique pourrait vous dire comment tous les ordinateurs de travail peuvent être l'objet d'intrusions de la part du collègue, du voisin, du supérieur hiérarchique…

Bref retour en arrière. Dans les années 1990, le monde de l'entreprise était particulièrement féroce. Aussi féroce que la crise économique qui sévissait… Rares sont les salariés d'entreprises – aujourd'hui largement informatisées par nécessité – qui pourraient affirmer ne jamais avoir vu circuler tel document issu d'une machine d'un supérieur, ou tel tableau de données décrivant le chiffre d'affaires du voisin, quand ce n'est pas le salaire du "collègue".

Ces intrusions sauvages – qui sont monnaie courante – existent tout particulièrement dans les sociétés de haute technologie ou liées à la technologie, dans lesquelles il y a forcément un ou plusieurs collaborateurs ayant une bonne connaissance des techniques de piratage.

Bien évidemment, c'est aussi dans ces entreprises que l'on rencontre des salariés de jour comme de nuit. Travail à finir, journal à boucler, projet charrette, arrive toujours un moment où un ou plusieurs salariés se retrouvent isolés et ont ainsi accès à une ou plusieurs machines contenant des données confidentielles, ou – au moins – privées.

Nous avons pu recueillir des témoignages de ce genre de violation de confidentialité à plusieurs reprises. Ainsi, dans un groupe de presse spécialisée très connu, un "chef" aussi autoritaire et détesté que peu travailleur et assidu n'a jamais su que son "journal personnel" circulait dans deux rédactions. Un comble ! Un cas type : le vrai journal – mal organisé – de ce chef-là obligeait les collaborateurs à rester travailler tard la nuit… sans lui ! Le mot de passe du Macintosh n'a pas fait un pli !

Ailleurs, dans une de ces fameuses start-up où l'argent coulait à flot mais pas avec le même volume pour tous – il faudra bien dire un jour qu'on a passé plus de temps dans les start-up à penser à l'argent qu'à "inventer Internet" qui n'en demandait pas tant –, on aura récupéré une nuit sur l'ordinateur du directeur financier le tableau Excel convoité, qui permettait de revendiquer une augmentation substantielle.

Pour ces cas nous ne pourrons donner les noms des entreprises, puisque personne ne s'est plaint… Mais la justice française juge régulièrement ce genre d'affaire. Prenons pour exemple l'histoire d'un employé qui aurait pu violer votre intimité… en espionnant les fichiers de sa propre banque. Ce salarié, auditeur du Crédit Agricole, a été licencié pour faute grave parce qu'il avait consulté de nombreux comptes individuels par pure curiosité personnelle ! Mais comment l'employeur a-t-il pu savoir que ce collaborateur explorait par jeu les comptes clients ? Avec un système d'espionnage ! Pour la petite histoire, il s'agissait d'un système d'espionnage secret que la justice n'a pas condamné (Cour de cassation, Chambre sociale, 18 juillet 2000).

Vous voulez d'autres exemples ? Monsieur Onof, par exemple, engagé par la société Nikon et licencié le 29 juin 1995 pour faute grave. Dans son réquisitoire, l'avocat de ce salarié indique que son client "reproche à la société Nikon d'avoir, en son absence, ouvert et reproduit sur disquette le fichier "personnel" et le fichier "fax" du Macintosh qui avait été mis à sa disposition". Devant la cour d'appel, il avait soutenu que les documents ainsi trouvés avaient été obtenus de façon illicite alors que, n'ayant pas d'horaires à proprement parler, il pouvait consacrer quelques minutes à ses activités personnelles dans les locaux de l'entreprise. Ici encore, en premières lectures, la justice avait décidé que l'employeur pouvait procéder à ce genre d'extraction. Mais la Cour de cassation a cassé ce jugement (n° 4164 du 2 octobre 2001) en ces termes :

> *"[…] le salarié a droit, même au temps et au lieu de travail, au respect de l'intimité de sa vie privée ; que celle-ci implique en particulier le secret des correspondances ; que l'employeur ne peut dès lors sans violation de cette liberté fondamentale prendre connaissance des messages personnels émis par*

le salarié et reçus par lui grâce à un outil informatique mis à sa disposition pour son travail et ceci même au cas où l'employeur aurait interdit une utilisation non professionnelle de l'ordinateur."

Ouf ! Justice est rendue ! Néanmoins, les temps sont durs pour l'intimité de nos ordinateurs. Que les employeurs aient raison ou non, que d'autres soient curieux ou non, peu importe ! Ce qui compte, c'est de savoir que ça existe, de comprendre comment ça marche et de se prémunir contre ce genre de situations !

Les catégories de mots de passe

Que cherchera à attaquer un pirate – en l'occurrence, nous savons maintenant que ce pirate peut être votre chef ou votre collègue – lorsqu'il accède physiquement à une machine ? Tout ce qu'un ordinateur peut contenir comme mots de passe. Et il y en a ! Divisons-les en trois couches superposées :

- Les mots de passe dits de bas niveau, contenus dans le BIOS de l'ordinateur. Ces mots de passe empêchent de démarrer le système.
- Les mots de passe du système, gérés par Linux ou Windows, par exemple. Ces mots de passe empêchent d'accéder au système, mais aussi au réseau ou encore aux ressources (disques durs, mémoires de masse en général).
- Les mots de passe des applications – Excel, Word, Access –, qui empêchent d'accéder à un fichier créé avec ces applications.

En brisant ces trois niveaux de protection, il est possible de prendre connaissance de tout ce qui existe sur un PC.

Dico

BIOS. Le BIOS est l'intelligence de base de l'ordinateur, un logiciel de bas niveau qui fait fonctionner tous les éléments d'un PC. On peut le comparer à la moelle épinière, qui commande le fonctionnement du corps.

Pour comprendre les subtilités qui régissent les mots de passe d'une machine physiquement accessible, comparons-les aux mots de passe d'une machine distante. Lorsqu'il attaque un ordinateur avec Brutus *via* TCP/IP, un pirate doit au choix :

- identifier une faille du système qui permet de contourner le mot de passe ;
- simuler un client logiciel avec Brutus pour tester tous les mots de passe possibles ;
- simuler un client logiciel avec Brutus pour tester un spectre de mots de passe obtenus par ingénierie sociale.

Cette attaque distante (par sa nature) n'est pas sans inconvénients :

- Le temps nécessaire pour obtenir un résultat dépend de la vitesse de calcul de l'ordinateur, mais surtout de la ligne de communication qu'il utilise. Plus la liaison est lente, plus l'attaque est longue (elle est quantifiée en nombre d'essais par seconde).
- Les méthodes robotisées de force brute ne sont pas efficaces à 100 %, loin s'en faut. Les échecs sont bien plus nombreux que les réussites en ce domaine, quoi qu'on en dise.

Comparons maintenant cette attaque d'un mot de passe distant avec celle qui pourrait être menée sur une machine physiquement présente :

- La machine peut utiliser sa puissance de calcul contre elle-même : plus de problème de bande passante, on peut en local tester des milliers de combinaisons chaque seconde.
- La machine est physiquement accessible : on peut se faire prendre (c'est l'inconvénient), mais on peut aussi (c'est l'avantage) l'ouvrir pour en extraire une pièce, ou utiliser ses périphériques (le lecteur de CD-ROM).
- On sait exactement à quel modèle d'ordinateur on a affaire, et quels sont ses logiciels et son système. On peut donc plus rapidement utiliser les outils les mieux adaptés.

Forts de ces avantages, qu'allons-nous faire ? Nous allons tout simplement utiliser – une fois encore – des outils logiciels spécialisés, ou mieux des fonctions méconnues de nos ordinateurs. Le but sera de contourner ou de briser les protections qui pourraient exister. Tour d'horizon, en commençant par celles du BIOS.

Les mots de passe du BIOS

Sur tous les ordinateurs de type PC, le BIOS peut recevoir un mot de passe. Ce mot de passe système, assez rarement utilisé, permet de bloquer le lancement de la machine. Pour le mettre en place, il suffit d'activer le BIOS au démarrage de la machine (en appuyant sur la touche F1 ou Suppr, selon les PC), d'entrer dans l'option Mot de passe ou User Password du BIOS et de confirmer son choix.

Astuce

Sur certains systèmes, le mot de passe est de type Superviser ou User et ne protège que le menu du BIOS. Vous devrez modifier l'option Security Option de la rubrique Bios Setup pour qu'elle protège le système.

Après cette manipulation, le PC ne peut donner de nouveau accès aux menus du BIOS ou lancer l'amorce de système d'exploitation (le morceau de programme qui charge Windows depuis une disquette ou un disque dur) que si le mot de passe est correctement saisi.

Coupez tout !

Il existe un premier niveau d'attaque pour désactiver cette protection : le mot de passe du BIOS est stocké dans une mémoire dite CMOS, dont le contenu est conservé grâce à une petite pile électrique implantée sur la carte mère.

Or, depuis l'apparition des premiers PC, celui qui oubliait son mot de passe savait qu'il suffisait d'ouvrir la machine, de retirer la pile, d'attendre quelques minutes, puis de refermer le tout et de relancer pour anéantir le mot de passe.

Mais ne comptez plus trop sur cette méthode. D'abord, elle est trop voyante :

- L'utilisateur qui redémarre sa machine voit bien que son mot de passe n'existe plus et sait immédiatement que son ordinateur a été visité.
- Désosser un ordinateur n'est pas une opération très discrète, surtout dans un bureau.

Par ailleurs, cette manipulation ne fonctionne pratiquement plus sur les ordinateurs actuels : la petite pile est désormais complétée (voire remplacée purement et simplement) par un ensemble de condensateurs capables de conserver les données quand l'ordinateur est débranché pendant plusieurs heures ou plusieurs jours.

Donc, technique obsolète. Obsolescence bien regrettable tout compte fait, car si le mot dc passe BIOS n'est plus mis à mal par cette technique, il n'en demeure pas moins que des utilisateurs perdent leurs mots de passe BIOS et qu'il faut bien trouver un moyen pour leur donner accès à leurs données dans ce cas de figure !

Un cheval de Troie dans votre PC !

Et là, le serpent se mord franchement la queue ! Car en partant du principe que vous ne pouvez plus violer le mot de passe de votre propre ordinateur, les constructeurs ont prévu, comme dans le cas des téléphones portables, un moyen pour vous redonner accès ! Une porte dérobée ! Le principe de cette porte est simple.

En gros, les constructeurs se sont dit que, puisque vous alliez oublier votre mot de passe et que vous ne pouviez pas le réinitialiser par la "vieille méthode", il allait falloir coder dans le BIOS un mot de passe secret ou "magique" qui serait utilisé par un technicien pour réactiver votre machine. Une backdoor, quoi !

Idée maligne mais qui fait bien peu de cas de la mentalité très particulière des techniciens en question. Si c'est secret, il faut le dire à quelques amis pour montrer que l'on est très fort. Les amis vont le dire aux amis, qui le diront encore, et le tout se retrouvera sur Internet sur :

http://www.labmice.net/articles/BIOS_hack.htm

Ou là :

http://www.uktsupport.co.uk/reference/biosp.htm

http://www.phenoelit-us.org/dpl/dpl.html

ASTUCE

Attention, certains mots de passe "magiques" fonctionnent avec un clavier Qwerty. Vous devez donc taper sur votre clavier Azerty comme s'il s'agissait d'un clavier Qwerty.

Ou mieux, dans les livres spécialisés sur le BIOS ! En d'autres termes, les backdoors des constructeurs de BIOS ont transformé les mots de passe des BIOS en véritables passoires totalement inutiles !

L'utilisation de ces mots de passe est simple :

1. Lancez votre machine.
2. Identifiez le nom du BIOS et sa version au démarrage.
3. Cherchez le mot de passe correspondant (par exemple *bell9* sur un ordinateur Packard Bell).
4. Entrez-le en tant que mot de passe.

   Tout est débloqué ! Vous pouvez accéder au système.

Par principe, nous vous avons fourni quelques mots de passe en annexe. Mais vous aurez tout aussi vite fait, pour trouver votre backdoor, de taper sur le métachercheur google.com le critère de recherche suivant :

```
Bypass password [nom_ordinateur ou nom_bios]
```

En moins de 3 secondes, une page contenant l'information convoitée sortira. Et si vous ne trouvez pas de mot de passe "magique", ne vous inquiétez pas, il existe aussi des logiciels casseurs de mots de passe de BIOS ! Néanmoins, ces outils sont moins efficaces que les mots de passe backdoor puisqu'ils imposent que le PC soit démarré.

KillCmos est le plus brutal et le moins discret. En remettant la mémoire CMOS à 0, il évite d'avoir à ouvrir un PC ou à identifier un mot de passe secret. Mais assurément, il permet de briser définitivement le mot de passe BIOS du PC. Par ailleurs, pour lancer KillCmos, il faut avoir accès au PC démarré : or, un bon mot de passe de BIOS empêche théoriquement le démarrage depuis une mémoire externe telle qu'une clé USB par exemple (**http://majorgeeks.com/KillCMOS_d2969.html**). BIOS fonctionne sous DOS. Il est assez sophistiqué (il est accompagné d'un fichier d'aide) en permettant par exemple les backups ou les dumps de BIOS. Mais ici encore, il faut impérativement avoir accès à la machine après saisie du mot de passe pour le mettre en œuvre.

Ces outils sont en réalité utilisés pour profiter d'un accès à un PC en cours d'utilisation : on lance l'utilitaire, on note, et on disparaît !

Il n'existe aucune contre-mesure contre les "mots de passe secrets" du BIOS : faites-vous une raison, le mot de passe de BIOS ne sert strictement à rien. Gardez-vous donc de l'utiliser... ou reprogrammez la ROM de votre machine !

Contourner des mots de passe de système

Une fois le barrage du BIOS franchi, l'utilisateur frauduleux va être confronté à d'autres mots de passe. Celui du système pour commencer. Il faudra dans un premier temps en connaître la version : Windows XP, NT, 2000, 95, 98, Linux et Android pour les systèmes.

Pour ce qui concerne Windows 9x, il n'est pas utile de se compliquer exagérément la tâche : tout le monde sait qu'il suffit d'insérer une disquette de démarrage dans le lecteur une une clé USB bootable pour accéder à une fenêtre DOS, et pour se promener à son gré sur le disque dur !

À ce stade, si c'est un logiciel et ses fichiers que le pirate attaque, il devra aussi connaître sa version. Ici, comme avec les exploits d'Internet, à chaque logiciel et à chaque fichier correspond un crackeur spécifique.

Selon le niveau de sécurité d'un mot de passe, le pirate va avoir recours à deux techniques :

- Pour les mots de passe les plus simples et les plus mal codés, il procédera à une analyse mathématique qui va permettre de restituer, d'après un fichier de mots de passe cryptés, des informations en clair. Le tout en quelques secondes. C'est cette technique qui permet de récupérer par exemple le contenu d'un fichier de mots de passe du client FTP Cute FTP.
- Pour les mots de passe les plus complexes et les mieux protégés (le mot de passe d'accès à Windows, par exemple), la technique de la force brute sera mise en œuvre, comme dans le chapitre précédent avec Brutus. Avantage ici, la force brute est plus rapide, puisque sur un PC moderne on peut facilement dépasser les 250 000 tentatives par seconde !

Le fonctionnement des mots de passe sous Windows

Avant d'aller plus loin, commençons par étudier la structure des différents mots de passe gérés par les systèmes que nous pourrons être amenés à rencontrer. En commençant par ceux de Windows.

Ils peuvent être contenus dans des fichiers système, des bases de registres, ou intégrés à des fichiers de données.

Schématiquement, le fonctionnement d'un mot de passe associé à un système ou à un logiciel est toujours le même. Son principe de sécurité est d'ailleurs assez semblable à celui qui est mis en œuvre pour dissimuler les quatre chiffres d'une carte de crédit :

- L'utilisateur choisit un mot de passe. Une norme de cryptage (mathématique) est appliquée aux caractères qui composent ce mot de passe.
- Une fois que la norme est appliquée, le mot de passe qui vient d'être créé est crypté : un mot de passe qui ressemblerait à `mot_de_passe` sera donc contenu quelque part sur l'ordinateur (dans un fichier, sur le disque dur) sous sa forme cryptée.
- Par la suite, lorsque l'utilisateur saisit ce mot de passe, le système explore les fichiers qui le contiennent. Les mots de passe sont stockés dans ces fichiers sous leur forme cryptée pour éviter qu'un utilisateur malintentionné ne les consulte avec un éditeur de texte ou un débogueur.
- En pratique, lorsque vous tapez votre `mot_de_passe`, un morceau de programme de Windows vérifie en appliquant une formule mathématique que `mot_de_passe` correspond bien à sa forme codée.
- Notons que, dans les systèmes récents, cette technique est remplacée par des dispositifs à clé (lire encadré plus loin).

Pour le pirate, la difficulté est de résoudre le problème suivant : plus la formule mathématique est sophistiquée, moins le mot de passe est facile à trouver. Selon l'efficacité du mode de cryptage, il utilisera donc soit un contre-programme mathématique, soit un outil de force brute.

Signalons que ces techniques de la force brute ou de la formule mathématique appliquées au décodage d'un mot de passe sur un système sont une constante sur tous les systèmes de l'informatique !

Nous retrouvons par exemple ces deux solutions qui cohabitent dans les méthodes de déblocage des disques DVD vidéo !

Les particularités des anciens Windows

Revenons aux PC. Sur les systèmes Windows 9x et antérieurs, les formules de cryptage étaient vraiment rudimentaires. Résultat, les premiers logiciels de décodage de mot de passe se contentaient d'appliquer une formule mathématique et vous fournissaient la liste des mots de passe en clair en quelques secondes. Nous verrons que cette faiblesse persiste dans certains codages de mots de passe de Windows, ainsi que dans ceux des documents créés avec toutes les versions françaises de la suite Microsoft Office (Excel, Word…). Pour contourner ce problème, Microsoft a considérablement amélioré ses dispositifs de protection de mot de passe. Dans Windows, ces derniers sont désormais contenus sous une forme cryptée :

- dans des fichiers PWL, qui sont en quelque sorte une norme de mots de passe pour Windows ;
- dans les bases de registres.

Selon le niveau de cryptage adopté, ils seront plus ou moins longs à percer, en utilisant ou non la force brute.

Les fichiers PWL de Windows sont cryptés par des clés RC4 de 32 bits (lire encadré). Ces clés sont en théorie assez complexes à trouver : 32 bits correspondent à 4 octets, soit 256 × 256 × 256 × 256 combinaisons, donc un peu plus de 4 milliards de possibilités. Schématiquement, il faut pour forcer un mot de passe crypté par clé 32 bits et stocké dans un fichier PWL de Windows tester 4 milliards de clés.

En pratique, c'est un peu plus compliqué que cela, les clés employées étant mathématiquement plus complexes à décrypter (la clé *n'est pas* le mot de passe, elle est créée d'après le mot de passe). Pourtant, la puissance machine aidant, c'est quelques secondes qu'il faut au maximum pour casser aujourd'hui n'importe quelle clé RC4 de Windows 95 !

Car, bien évidemment, pour arranger les choses, Microsoft est souvent fâché avec la sécurité. Résultat, cette clé de 32 bits était sous Windows 95 déjà très largement défaillante. Et bien que Microsoft ne fournisse aucune information sur ces fichiers PWL et les librairies qui les gèrent, les chercheurs ne se privent pas de documenter largement les techniques qui entourent les dispositifs de protection de la gamme des systèmes Windows (2000, Vista et suivants). Désormais, une clé à 256 bits de l'écosystème Windows peut être cassée en quelques heures sur un PC récent !

Vérifiez-le vous-même en visitant ces deux publications qui fournissent des liens très intéressants sur la cryptographie et surtout sur les algorithmes qui permettent de décoder n'importe quel mot de passe :

http://lastbit.com/mso/default.asp

http://www.password-crackers.com

Avantage de ces deux sites, les produits qu'ils présentent sont très professionnels (vous n'avez pas trop de risques avec ces outils de décodage de voir les mots de passe décryptés faire le tour de la planète). Inconvénient de l'avantage, les logiciels sont souvent payants…

Conclusion, même les mots de passe de notre PC ne sont pas fiables ! Et nous n'allons pas nous contenter de l'écrire, nous allons vous le prouver par la pratique ! Pour le démontrer, examinons les quelques logiciels disponibles sur le marché.

Les crackeurs Windows qui utilisent votre machine

En commençant par les outils de décryptage des mots de passe standard de Windows. La plupart des outils que nous vous présentons sont disponibles sur le site **www.password-crackers.com**.

Vous constaterez que nombre d'entre eux sont utilisés à travers une boîte MS-DOS. Nous reconnaissons bien volontiers l'archaïsme de cette interface utilisateur, mais nous vous invitons à considérer que ces programmes sont le fait de chercheurs qui, par nature, manquent de temps pour créer une interface "esthétique". En d'autres termes, s'ils voulaient que le logiciel soit beau, il serait aussi très probablement payant ! Dont acte.

Commençons notre exploration par le logiciel PWLVIEWER :

PWLVIEW 1.0 à été conçu pour Windows 95 et 98. Il suffit de le lancer avec une ligne de commande DOS. Ce logiciel lancé exploite les API de Windows et vous communique tous les mots de passe sauvegardés pour utiliser la fenêtre d'accès grise http (voir Figure 11.1). Si, comme moi, vous perdez régulièrement vos mots de passe avec cette fenêtre (voir Figure 11.2), ce qui est ennuyeux lorsque vous passez d'une machine à l'autre, vous trouverez cet outil très utile. Essayez-le sur votre machine : c'est assez simple, mais, pour être franc, vraiment terrifiant d'efficacité !

PWLInside est beaucoup plus méchant… Lui attaque directement les fichiers PWL (pour localiser ces fichiers, entrez dans le répertoire "Windows" avec une fenêtre DOS (commande `cd \windows`) et tapez `dir *.pwl`).

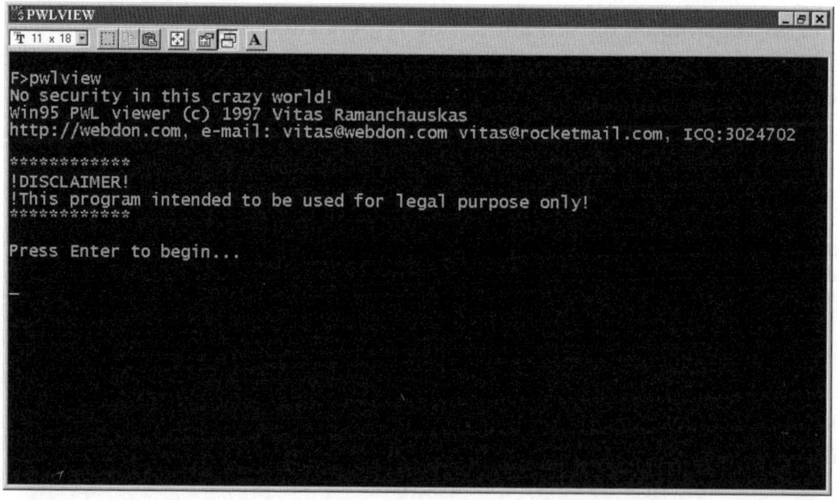

Figure 11.1
PWLVIEW en action.

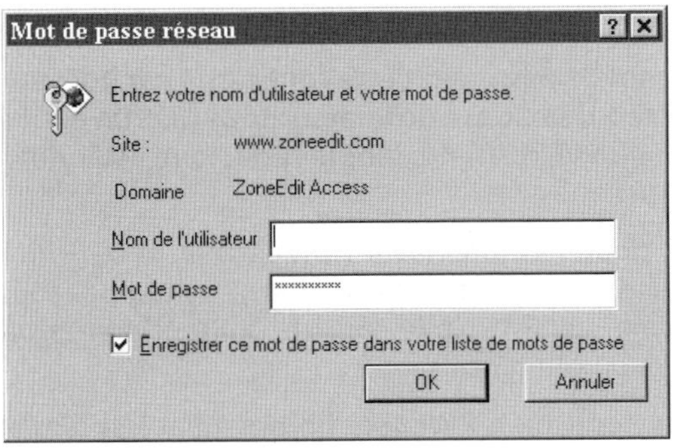

Figure 11.2

C'est ce type de configuration que PWLVIEW décrypte.

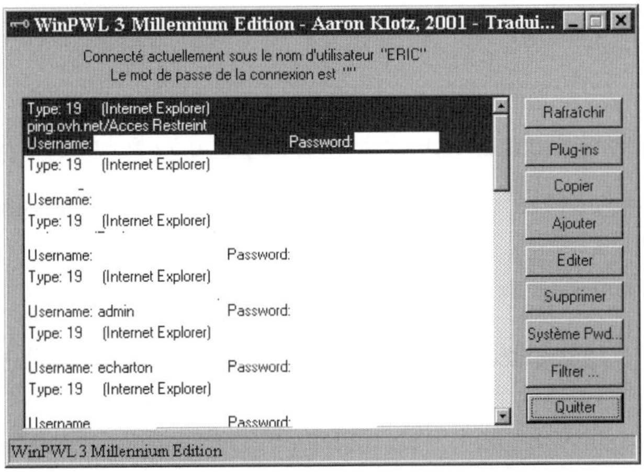

Figure 11.3

WinPWL3, plus convivial, mais bogué.

PWLInside ne se contente pas de décoder les mots de passe les moins protégés. Il sait aussi décoder les clés RC4 de Windows. Il utilise donc la force brute pour parvenir à ses fins. Évidemment, installé sur votre PC, il en exploite toute la puissance. Sur un hAMD à 3 Ghz, nous avons réussi à obtenir plus d'un million de mots de passe testés par seconde en n'utilisant pourtant qu'un infime pourcentage de la puissance machine qui était disponible.

Concrètement, le mode d'attaque du logiciel consiste en une extraction de tous les mots de passe relatifs à un compte utilisateur donné. Ce qui, entre nous, ne sera guère compliqué puisque le compte utilisateur en question est stocké dans un fichier dont le nom est aussi celui du compte (par exemple, le compte bernard est stocké dans le fichier bernard.pwl) !

Astuce

Sous Windows 9x, le mot de passe peut être contourné par une multitude de méthodes. La plus connue consiste à démarrer l'ordinateur sous DOS (avec une disquette), de localiser le fichier votrenom.pwl (contenu dans le répertoire "Windows"), où *votrenom* est le nom de l'ordinateur.

À ce stade, plusieurs options : l'éditer (avec Notepad). Dans ce fichier, effacer la séquence "°MFN", puis relancer. Cette manipulation ne fonctionne pas sous Windows Me, mais une autre, plus radicale, persiste : elle consiste à supprimer le fichier PWL et à redémarrer avec un nouveau nom d'utilisateur.

Sachez par ailleurs que les fichiers PWL sont librement accessibles et copiables. Résultat, ils peuvent être récupérés sur votre ordinateur, puis installés sur un autre pour être tranquillement percés à l'aide d'un logiciel de force brute...

Examinons les différentes commandes offertes par PWLInside.

Il peut montrer le contenu d'un fichier PWL sous Windows 9x. La commande sera :

```
PWLInside.exe Source.PWL Login /P:password (Or after password found)
```

Où `source.pwl` est le nom du fichier de mot de passe à décrypter.

Pour gagner du temps et limiter le nombre de clés à tester, il est possible de travailler avec un vocabulaire :

```
PWLInside.exe Source.PWL Login /V:vocabulary_file
```

Où l'option `/V:vocabulary_file` pointe sur un fichier texte contenant un dictionnaire de mots à tester.

Ce logiciel peut aussi employer un alphabet extérieur pour tester des caractères inhabituels.

```
PWLInside.exe Source.PWL Login /A:alphabet
```

Où `/A:alphabet` indique la référence de cet alphabet.

Il peut utiliser la force brute, comme Brutus, et tester tous les mots de passe.

```
PWLInside.exe Source.PWL Login
```

Pour finir, il peut analyser les fichiers de bases de registres pour en extraire les ressources :

```
PWLInside.exe Source.REG
```

La version que nous vous livrons est de type démo : elle ne peut décoder que les mots de passe composés des lettres A à Z. Pour essayer les autres signes et les chiffres, vous devrez vous enregistrer !

Les mots de passe de Windows, Mac OS X et Linux

Constatant à quel point ces mots de passe de système étaient faciles à contourner, Microsoft a fourni un travail important sur le développement de son dispositif depuis Windows NT, puis a poursuivi ses efforts avec Windows 2000 et postérieurs. Cette famille de systèmes impose donc l'utilisation d'outils spécifiques – et beaucoup plus performants – pour décoder des mots de passe.

C'est un vrai progrès des systèmes de Microsoft, et on peut ainsi dire aujourd'hui que le niveau de sécurité des familles depuis XP et 2000 est très proche de celui de Linux en termes de verrouillage des fonctions système de haut niveau, par mots de passe. En termes de temps de calcul, pour décoder par force brute un mot de passe depuis Windows XP (et a fortiori avec les versions récentes de Vista, Seven ou Windows 8), il faut quand même cent à mille fois plus de temps, à processeur égal, que sous Linux...

Ce qui ne veut pas dire qu'il est inviolable pour autant ! Il y a bien longtemps, en effet, que les utilisateurs de Linux savent comment contourner ses mots de passe d'utilisateur et de superutilisateur. Conséquence, ce qui est valable pour l'un est aussi valable pour l'autre !

D'ailleurs, pendant très longtemps, l'un des moyens utilisés pour retrouver les mots de passe de Windows NT (dont le noyau est l'ancêtre de celui de Windows XP et de Windows 2000 et suivants) fut d'utiliser une disquette ou un CD de démarrage Linux, qui contenait un pilote de système de fichier pour Windows NT, associé à un logiciel de lecture des registres et de réécriture des mots de passe ! Ce système très efficace fonctionne encore très bien avec XP. Il est redoutable puisqu'il permet de prendre le contrôle de n'importe quelle machine (dont le système EFS n'est pas activé), en se contentant de l'allumer (les mots de passe sont réinitialisés) et de demander un boot sur CD-ROM ou clé USB depuis le BIOS.

Vous trouverez une explication détaillée de cette procédure et les fichiers ISO à télécharger à l'adresse **http://ebcd.pcministry.com**.

Attention

Soyez vigilant avec les systèmes qui utilisent EFS (*Encrypted File System*) pour protéger leurs dossiers et leurs fichiers. Cette fonction de Windows 2000, reprise par Windows XP, est associée au système de gestion de fichiers NTFS (les systèmes de fichiers sur votre disque dur peuvent être organisés, avec Windows, *via* plusieurs normes : on avait le FAT 16 et le FAT 32 avec Windows 9x, et on a maintenant le NTFS avec les séries 2000 et XP). Le dispositif EFS associe au mot de passe et à une clé privée le cryptage des données sur le disque dur. Ce qui signifie que le simple décryptage du mot de passe, sans connaître la clé privée, ne vous permet pas d'accéder au contenu du disque dur, et peut même conduire à une destruction de ces données.

L'un des meilleurs outils (gratuit) pour décrypter les mots de passe de cette génération de systèmes est John the Ripper. Il est disponible en téléchargement sur **http://www.openwall.com/john** et est aussi fourni avec de nombreuses distributions de Linux (onze au total, dont Debian, Mandrake, SuSE). Il peut être associé à un patch intitulé NTLM. Ce patch est essentiel, car John the Ripper est une application conçue à la base pour Linux et pour Unix, et elle ne sait pas accéder aux mots de passe de la série NT/2000/XP et suivantes de Windows, qui sont stockés dans des bases de registres. Bien que puissant, John the Ripper est plutôt complexe à utiliser (il ne fonctionne que sous console MS-DOS).

Nous l'avons complété par un second programme à interface utilisateur, qui fonctionne sous Windows XP et se révèle lui aussi très performant. Avantage, il est simple à utiliser : c'est l'outil Cain 2.5, livré sur votre CD-ROM. Il s'agit d'un ensemble complet d'outils de décryptage de mots de passe, applicable aussi bien aux applications (accès aux pages web, documents protégés) qu'aux mots de passe système, voire à ceux qui circulent sur le réseau (en association avec WinPcap que nous avons vu précédemment).

1. Pour l'expérimenter, installez-le sous Windows XP. Activez le logiciel. Accédez ensuite à l'onglet Cracker (voir Figure 11.4).

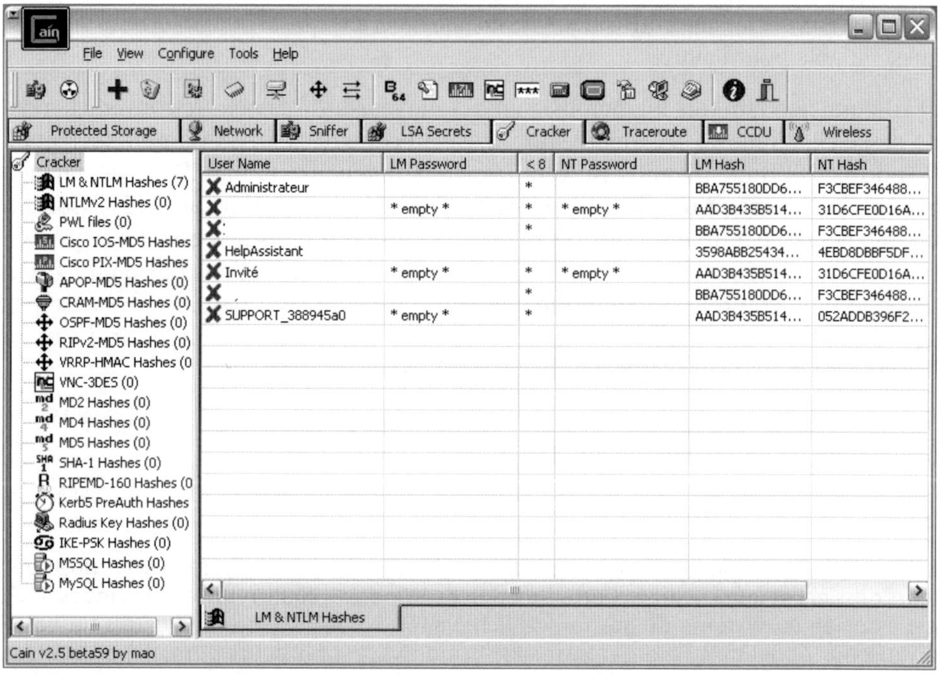

Figure 11.4
L'onglet Cracker.

2. Positionnez le curseur sur la première ligne libellée "LM & NTLM Hashes". Cliquez sur le signe + (voir Figure 11.5).

3. Le logiciel recherche les mots de passe disponibles, mais sous leur forme cryptée. Dès qu'un mot de passe est localisé (champ vide dans la colonne LM Password), validez-le et déroulez le menu contextuel (voir Figure 11.6), puis choisissez l'option brute Force attack NTLM.

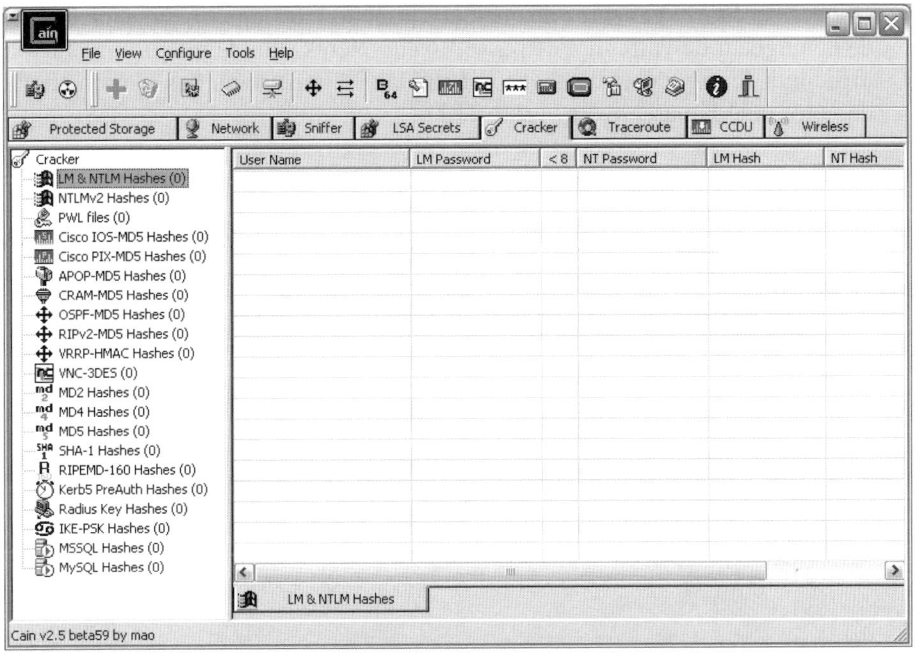

Figure 11.5

Recherche de mot de passe.

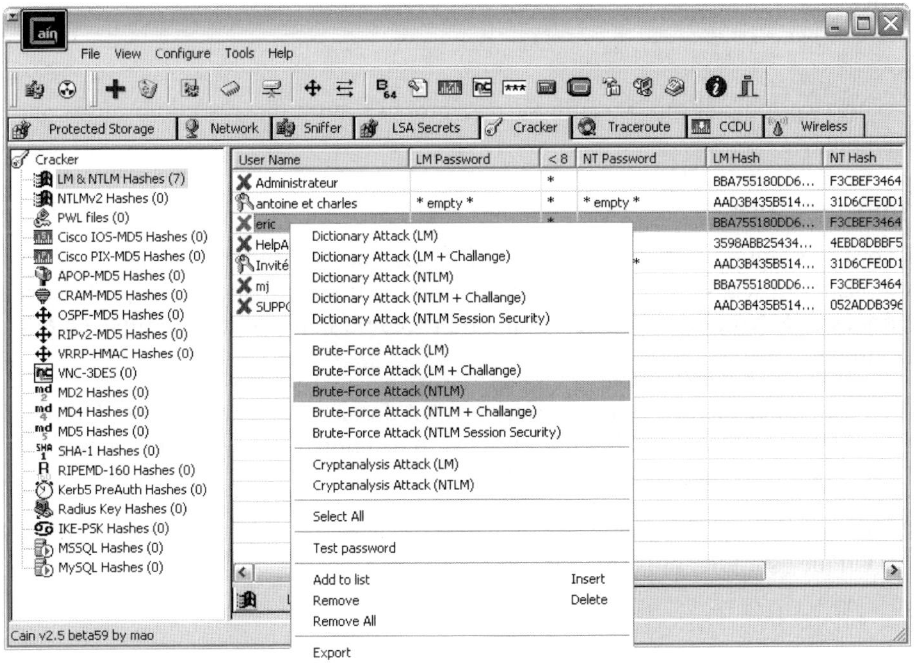

Figure 11.6

Le mode de décryptage du mot de passe est choisi.

4. Cliquez sur Start : patientez de quelques minutes à quelques heures (en fonction de la longueur de votre mot de passe, 16 caractères étant le maximum et le plus difficile à décrypter) et vous observerez dans la fenêtre du bas le nom en clair de votre mot de passe (voir Figure 11.7) !

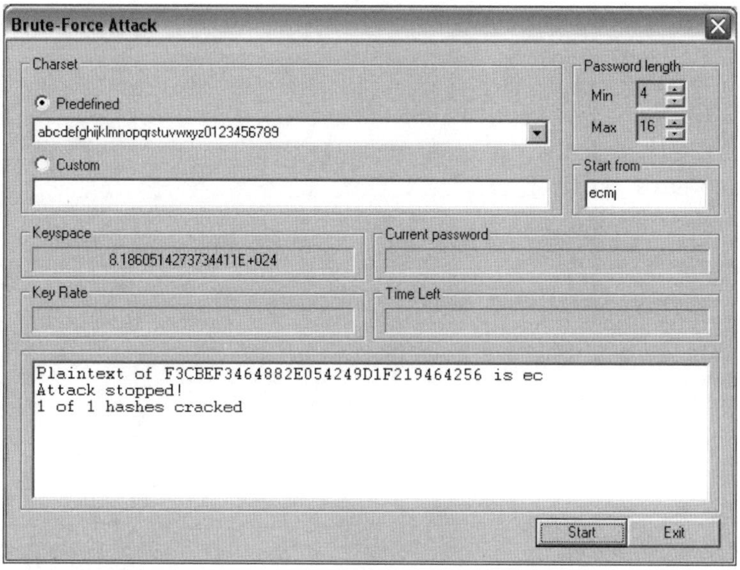

Figure 11.7
Le mot de passe est trouvé !

Explorez ce logiciel qui, vous le verrez, propose aussi de très nombreuses autres fonctions.

Contre-mesure

Si vous êtes équipé de Windows XP/2000 et suivants, vous pouvez considérablement complexifier l'accès à vos données sensibles en activant le dispositif de protection de données EFS (voir encadré Attention qui précède) : la procédure de mise en œuvre est simple.

1. Positionnez le curseur de la souris sur un dossier ou sur un fichier, déroulez le menu contextuel et validez Propriétés, puis cliquez sur l'onglet Général et sur le bouton Avancé (voir Figure 11.8).

2. Cochez la case Crypter le contenu pour sécuriser les données (voir Figure 11.9). Cliquez sur OK, puis sur Appliquer.

Figure 11.8
Activez le menu contextuel.

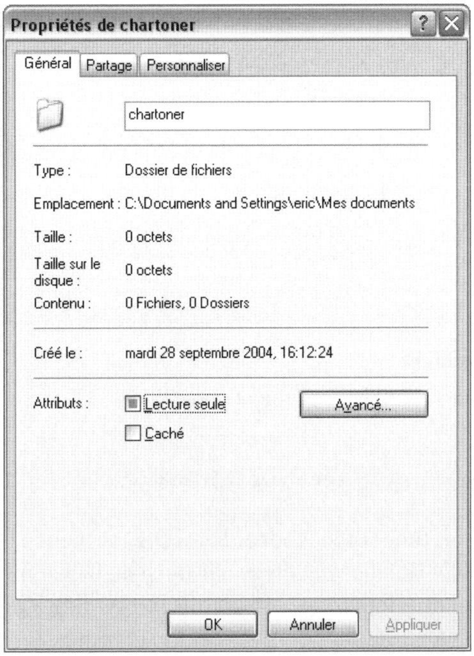

Figure 11.9
Cochez la case Crypter le contenu.

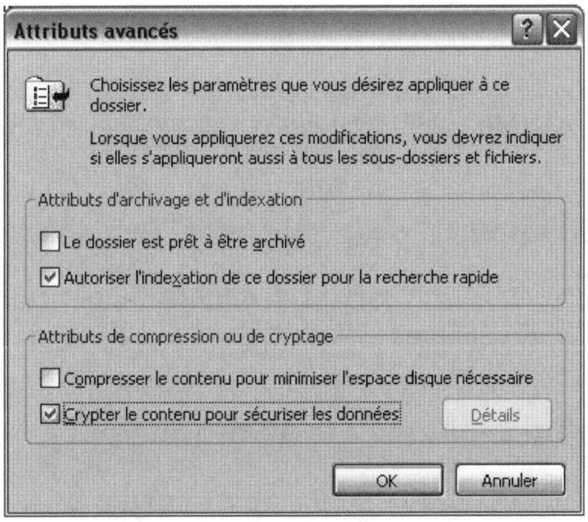

3. Une fenêtre de confirmation s'affiche. Choisissez d'appliquer le cryptage uniquement au dossier, ou à tous les sous-dossiers qu'il contient (voir Figure 11.10).

   Désormais, tout mot de passe appliqué à la session associée à ce dossier provoquera son cryptage. La simple ouverture d'une session DOS ou l'accès au contenu du disque dur par une disquette de démarrage ne permettra plus de violer les données qu'il contient.

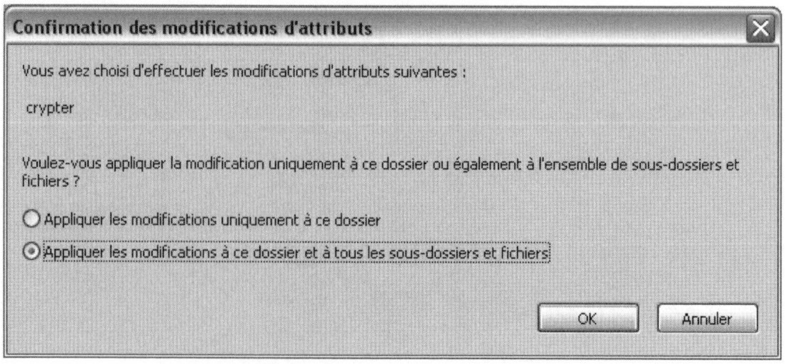

Figure 11.10
Choisissez comment appliquer le cryptage.

Les mots de passe de tablettes

Les tablettes sous Android et iOS peuvent elles aussi être protégées par mot de passe. Ce dernier est en général assez facile à briser (pour des raisons de convivialité essentiellement, c'est un choix des fabricants). Sur Android, il existe plusieurs techniques : la plus connue est la suivante.

1. Connectez-vous sur l'Android Market avec un PC.
2. Installez l'application Screen Lock Bypass depuis le Web.
3. Installez n'importe quelle application ; ceci aura pour effet d'activer Screen Lock Bypass. Votre appareil sera déverrouillé.
4. Attention, l'application ne remet pas à 0 votre code PIN ; elle se contente juste de supprimer temporairement l'écran de blocage.

Sur iPad, il n'existe pas de procédure simple à ce jour. Il faut reconfigurer la machine à son état de départ.

La solution ultime : le démasquage !

Il existe aussi des solutions plus rapides et expéditives pour décoder les mots de passe. Vous avez perdu votre mot de passe ? Et si vous pouviez démasquer les étoiles des boîtes de dialogue de Windows ? Le résultat serait rapide, non ? Cette manipulation est rendue possible par le logiciel Password Thief. Évidemment, vous pouvez aussi l'utiliser pour démasquer les mots de passe de vos voisins, mais c'est très mal…

Son fonctionnement est simple (voir Figures 11.11 et 11.12) :

1. Activez Password Thief.
2. Activez une boîte de dialogue avec mot de passe.
3. Lisez son nom (en haut de la fenêtre).

4. Affichez ce nom dans la liste déroulante haute de Password Thief.
5. Cliquez sur le bouton Unmask et le tour est joué !

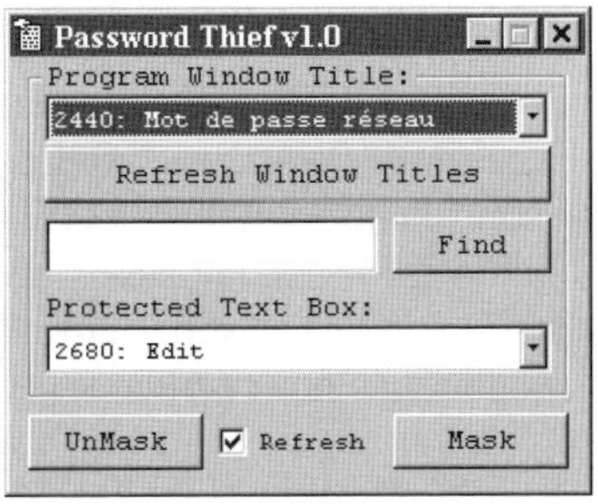

Figure 11.11
Le logiciel Password Thief en action…

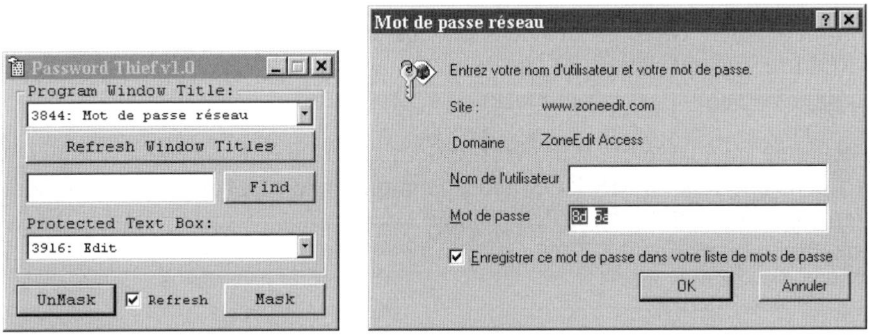

Figure 11.12
… et son résultat instantané !

À propos de la bureautique

Jusqu'ici, nous avons principalement porté atteinte (c'est le moins qu'on puisse dire) aux mots de passe du système Windows. Mais, nous le disions au début de ce chapitre, il existe aussi des mots de passe dont le rôle est de verrouiller l'accès à des fichiers.

À PROPOS DES ANCIENNES VERSIONS DE FICHIERS

Ne soyez pas étonné de trouver dans ce chapitre des explications pour décoder les mots de passe d'anciens fichiers. De très nombreux outils produisent encore des formats d'Office 95/97 ou 2000 lorsqu'ils vous proposent une fonction "sauver sous". L'évolution des méthodes de protection rend au fil du temps les décrypteurs de code de plus en plus sophistiqués. Les derniers décrypteurs (adaptés aux décodages de mots de passe pour Office 2013, par exemple) ne fonctionnent plus que sur des systèmes multicœurs ou avec processeurs graphique GPU. Il n'est pas indispensable d'exploiter des méthodes aussi sophistiquées pour décoder un mot de passe d'un fichier conçu avant 2011 mais protégé par une technologie issue d'Office 95 (c'est entre autres le cas avec Open Office).

Et, bien évidemment, ces mesures de protection ont elles aussi leurs contre-mesures ! Examinons quelques cas de figure sous forme de question-réponse.

Les mots de passe des anciens formats d'Office

La suite bureautique Office 95 concerne les applications Word 6.0/7.0 (dit aussi Word 95), Excel 5.0/7.0, Access 5.0. Les mots de passe des fichiers conçus avec ces applications sont-ils décryptables ? Oui, instantanément ! On notera d'ailleurs que la plupart des fichiers à mots de passe sauvés avec les récentes versions d'Open Office sont de format .doc (3.2 et supérieures disponibles depuis 2010) décryptable avec des méthodes conçues pour Office 95 (voire 97).

Les mots de passe de cette version d'Office sont en effet d'un très faible niveau de sécurité. De nombreux utilitaires ont été créés pour les décoder.

Parmi toute l'offre de freewares de décodage, nous avons choisi de livrer sur votre CD-ROM le logiciel msof0104.zip. Nous l'avons installé dans la rubrique bureautique du répertoire "Password cracker".

Il fonctionne sous DOS et est d'une simplicité enfantine ! Pour vous en convaincre, entrez dans une fenêtre MS-DOS, tapez la commande Msofpass, suivie du nom du fichier (un fichier DOC, XLS, MLB) dont vous voulez récupérer le mot de passe. Voyons l'exemple suivant :

```
C:> msofpass test.xls
```

Cette commande fonctionne pour décoder le mot de passe d'un fichier Excel. Pour décoder un mot de passe de fichier Word, la commande est exactement la même :

```
C:> msofpass test.doc
```

Le logiciel vous répondra comme ceci, le plus simplement du monde :

```
MSOFPASS  Version 2.0.1.4  Copyright (C) 1995,1997 by Dmitry Sumin
Compiled on: Jan 31 1998 18:30:03. Homepage - http://www.math.msu.su/~sumin
Working............................... done
Password: 'bonjour' (without the enclosing single quotes)
```

Signalons que de très nombreuses entreprises radines (ou fatiguées des mises à jour incessantes de Microsoft) sont encore équipées d'Office 95. Nous imaginons qu'après la lecture de cet ouvrage les nouvelles séries d'Office devraient connaître un record de bons de commande. Ce qui nous amène à la question qui suit. Est-il possible de décoder les mots de passe des Office plus récents : 97 et 2000 ?

Les mots de passe d'Office 97/2000

Bien évidemment, après avoir vu la désarmante facilité avec laquelle nous pouvions cracker un mot de passe Office 95, vous imaginez que Microsoft a quand même amélioré son dispositif de mots de passe !

Soyons clairs : Microsoft a fait de son mieux, mais côté sécurité, ce n'est pas vraiment génial !

- Les mots de passe d'Access 97 et d'Outlook 97 demeuraient décryptables instantanément.
- La version française d'Office 97 n'est pas munie d'un très haut niveau de protection, et ses mots de passe peuvent donc être récupérés eux aussi instantanément !
- Les mots de passe de lecture seule de toutes les versions nationales de Word/Excel, les protections individuelles de feuilles de calcul sous Excel, les mots de passe VBA (*Visual Basic pour Application*) peuvent eux aussi être récupérés instantanément !

Pour tous les autres fichiers, il faudra utiliser un outil de force brute, tel que GuaWord, sachant que :

- En raison des lois anticryptages (dont nous reparlerons au prochain chapitre) américaine et européenne, un document informatique ne peut être crypté par une clé dont la longueur est supérieure à 40 bits, règle à laquelle Microsoft s'est plié.
- Tous les décodeurs de mots de passe pour Excel ou Word qui utilisent la force brute sont conçus pour tester 170 000 à 200 000 mots de passe par seconde sur un ancien Pentium III/800. Ce qui revient à dire que, pour décoder un mot de passe de huit caractères composé de minuscules et de chiffres sur un PC multicœur moderne, quelques heures suffisent le plus souvent.

Les outils que nous allons vous présenter dans les lignes qui suivent, parfaitement optimisés, sont capables de décoder plus rapidement les fichiers en exploitant les failles du dispositif de clé à 40 bits. Avec un algorithme qui teste 240 clés (et non les mots de passe), les outils GuaWord et GuaExcel garantissent le décryptage de n'importe quel fichier Excel ou Word en moins d'une journée avec une puissance équivalente à un AMD multicœur (30 à 60 jours sur un ancien Pentium III).

Ce qui fait la qualité de ces logiciels, c'est qu'ils peuvent voir leur puissance démultipliée par une utilisation en mode distribué ou mieux, exploiter la puissance des processeurs GPU des cartes graphiques. Avec eux, si nous disposons d'une machine moderne, nous n'avons donc plus besoin de 30 jours pour briser les clés, mais de quelques heures, voire de quelques minutes !

Cette fonctionnalité est proposée en option moyennant une contribution modeste. C'est une vraie merveille !

Généralement d'ailleurs, c'est moins de la moitié de ce temps de calcul qui est nécessaire puisque la clé valide est presque toujours trouvée dans les deux premiers tiers des clés testées.

Décoder les mots de passe de Word 97/2000

L'utilitaire de force brute pour décoder les mots de passe de Word 97/2000 est GuaWord (http://www.password-crackers.com/crack/guaword.html). Pour l'utiliser, il suffit de lancer une commande DOS comme ceci :

```
C:>Guaword nom_fichier.doc
```

Sur les processeurs Intel vous pouvez employer l'option Fast sous cette forme :

```
C:>Guaword nom_fichier.doc /f
```

Dans la version freeware (sans architecture distribuée), considérez qu'il faut probablement une semaine sur un PC récent pour examiner tout le spectre de clés possibles d'un fichier Word, par exemple. Mais une fois que la clé est identifiée, GuaWord libère le fichier de son mot de passe et il ne vous reste plus qu'à le lire sous Word !

La technologie de GuaWord, bien qu'efficace, doit être considérée comme obsolète si vous ne possédez pas une machine multicœur équipée d'une carte graphique à GPU. Notez que la dernière version 1.8 de cet outil est compatible avec les GPU associés aux libraires OpenCL.

Décoder les mots de passe d'Excel 97/2000

Le petit frère de GuaWord s'appelle GuaExcel. Pour l'utiliser, il suffit de lancer une commande DOS comme ceci :

```
C:>Guaword nom_fichier.doc
```

Sur les processeurs de la famille Intel, vous pouvez employer l'option Fast sous cette forme :

```
C:>Guaword nom_fichier.doc /f
```

Dans la version freeware en architecture non distribuée, il faut aussi une dizaine de jours au maximum sur un équivalent monocœur pour examiner tout le spectre de clés possibles. Comptez moins d'une semaine sur un cœur de processeur récent. La technologie de GuaExcel, comme celle de GuaExcel, bien qu'efficace, doit être considérée comme obsolète si vous ne possédez pas une machine multicœur équipée d'une carte graphique à GPU. Notez que la dernière version 1.8 de cet outil est compatible avec les GPU associés aux libraires OpenCL.

Info

À propos de la puissance machine distribuée. Avec la force brute, qui examine toutes les combinaisons possibles d'une clé ou d'un mot de passe, la puissance machine devient véritablement le nerf de la guerre : des outils tels que GuaWord ou GuaExcel peuvent mettre quelques jours à décrypter un mot de passe à clé 40 bits... sur un unique PC, mais moins d'une journée avec une grappe de dix ordinateurs haut de gamme ou en utilisant OpenCL, voire beaucoup moins sur plusieurs dizaines d'ordinateurs. Ces outils sont en effet capables de travailler en "puissance distribuée" y compris sur les processeurs GPU des cartes graphiques.

C'est la grande technique actuelle de décryptage de mots de passe : elle veut qu'en utilisant toutes les ressources d'un réseau il soit possible d'atteindre des puissances machine extraordinaires.

Pour fonctionner en puissance distribuée, il faut acheter une licence pour GuaWord et GuaExcel.

http://www.password-crackers.com/crack/guaexcel.html

Signalons que les librairies de décryptage qui permettent au programmeur de créer n'importe quel logiciel en puissance distribuée sont proposées gratuitement par ce site, à l'adresse :

http://www.password-crackers.com/pcl.html

Cracker le mot de passe d'une base de données Access

AccessPassThief est un petit logiciel dont la spécialité est de récupérer les mots de passe de bases de données Access (fichiers MLB, codés en versions 97 et 2000). Ce logiciel est assez efficace, bien que parfois délicat à configurer sur certains systèmes Windows (Me notamment nous a posé des problèmes).

La mise en circulation des outils de décodage de mots de passe pour les versions postérieures à Office XP a été plus complexe en raison de la complexité des formats de codages adoptés. Les outils les plus anciens sont payants et proposés par la société ElcomSoft. Ils exploitent les coprocesseurs de calcul des cartes graphiques (GPU) pour répondre aux énormes besoins de calcul posés par les formats d'Office 2007 à 2010. À titre d'exemple, Elcomsoft affirme pouvoir tester 39 045 mots de passe par seconde pour MS Office 2007 et 20 184 mots de passe par seconde pour Office 2010, avec une carte ATI Radeon HD 5970. Ce qui est beaucoup, mais prendra quand même plusieurs jours de calcul avec des mots de passe à clé longue.

Consultez cette page pour plus de précisions sur ce logiciel payant :

http://www.elcomsoft.com/aoxppr.html ?from=passcr

On notera aussi l'existence d'un site capable de retrouver des mots de passe perdus pour tous les types de fichiers Word, avec téléchargement du document pour analyse en ligne. Il s'agit de **http://www.decryptum.com**.

Ce dernier garantit théoriquement un décryptage en moins de 3 minutes. On s'oriente très probablement, pour ce type de document, vers cette seule solution du "en ligne" pour ce qui est de retrouver des mots de passe de fichiers (Excel, Word, etc.). La clé de cryptage adoptée par Microsoft dans ces outils bureautiques de dernière génération est en effet très longue à décrypter avec de simples PC.

Des sharewares sont proposés sur le site **http://www.passwordrecoverytools.com/** mais, malheureusement, les logiciels proposés – compatibles avec les logiciels de la suite Office 2010 – ne sont pas opérationnels avec des mots de passe de plus de 4 caractères (la taille est évidemment débloquée dans la version payante).

Les mots de passe d'Outlook

Les clients e-mail sont eux aussi soumis aux mots de passe. Et eux aussi sont attaquables ! Vous pouvez télécharger le logiciel de décodage Outlook Password v15.0.9217 . Ce logiciel en version payante à 29 dollars (vous trouverez plus d'informations sur **http://lastbit.com/outlook/default.asp**) décode tous les mots de passe d'Outlook. La version limitée vous permettra de tester le décodage de mots de passe de 3 caractères.

Info

Les spécialistes de la récupération de mots de passe. En installant des mots de passe à peu près fiables dans Windows et sa suite Office, Microsoft a évidemment créé un risque pour l'utilisateur ! Car l'utilisateur honnête peut aussi perdre son mot de passe ! Résultat, de nombreuses entreprises proposent des librairies de logiciels (payants) pour décrypter les mots de passe.

http://www.elcomsoft.com/ est l'une d'elles, avec de très nombreux outils qui couvrent quasiment tous les besoins de récupération. Liste très complète des fichiers concernés à consulter sur le site. Vous le verrez, tout y est presque, du fichier PDF aux mots de passe des logiciels de compression !

Globalement, ces logiciels sont assez chers (de 30 à 60 euros), mais quand on est pressé...

Les mots de passe des suites bureautiques 2013

Après une brève période où il était difficile de décoder les mots de passe à clé longue par manque de puissance disponible, l'arrivée des ordinateurs multicœurs et des librairies de calculs sur processeurs GPU (les processeurs haute performance des cartes graphiques) a restitué à l'utilisateur la capacité de décoder la plupart des mots de passe.

Accent Office Password Recovery (**http://passwordrecoverytools.com/office-password.asp**) est l'un des outils récents qui tirent parti de la puissance des GPU Nvidia. Cet outil récupérera les mots de passe de vos documents Microsoft Office 2-2013, mais aussi Libre Office et Open Office 1-3.3 sans difficultés.

Les contre-mesures

Devant cette avalanche de solutions, l'utilisateur ou l'administrateur se demanderont légitimement s'il existe au moins un dispositif de cryptage fiable sous Windows. Et, très franchement, nous lui répondrons qu'absolument tous les mots de passe créés par des logiciels fonctionnant sous Windows (mais aussi sur Mac et sur des ordinateurs sous Linux) peuvent être décodés par un contre-logiciel de décryptage spécialisé : il suffit de le trouver sur Internet, et il est souvent gratuit.

Nous n'en rajouterons pas, mais nous aurions pu aussi vous présenter des *Password Cracker* pour fichiers PDF, pour sources Visual Basic, pour Cute FTP, pour PC Anywhere, pour Lotus, etc. Vous avez toutes les adresses Internet nécessaires dans ce chapitre pour trouver la suite !

Arrivés ici, nous ne pouvons être que catégoriques : aucun contenu informatique crypté par mot de passe avec des applications du commerce ne peut être considéré comme sécurisé. Absolument tout fichier et toute donnée cryptés peuvent être décryptés.

On a cru un moment, dans les années 2000, que l'augmentation de la taille des clés allait rendre le besoin de calcul induit par ces décryptages hors de portée des utilisateurs individuels. L'arrivée des architectures multicœurs et des GPU a complètement changé la donne. À nouveau n'importe quel utilisateur peut décoder en quelques heures les clés de 128 ou 256 bits des suites bureautiques de cette période !

Il existerait bien des solutions de quasi-inviolabilité, mais nous allons voir au chapitre suivant que, quand un code devient inviolable, les gouvernements se mettent de la partie… et tout devient très compliqué !

12

La protection des données

Nous avons démontré qu'aucun mot de passe de Windows n'est inviolable. Il faut donc, pour assurer la confidentialité d'une donnée, utiliser un logiciel de cryptage complémentaire. Ici, tout se complique car, si le cryptage presque inviolable existe, il est malheureusement interdit par la loi ! Explications.

Arrivé ici, vous savez qu'aucune des informations présentes sur votre PC n'est confidentielle ! Mots de passe Windows ? Moins d'une seconde pour y avoir accès ! Fichiers Word ou Excel en français ? Pas mieux ! Codes d'accès à Internet ? Décryptage instantané !

Comment pallier cette incapacité chronique du PC à rendre les données qu'il contient sûres ?

Une solution est de recourir à d'ancestrales méthodes de protection de données, comme la stéganographie (l'art de dissimuler un document dans un autre document). Une autre solution consiste à utiliser au maximum un outil de cryptage de type PGP à clé forte pour crypter les données confidentielles.

Mais, si le niveau de sécurité d'un PGP est si fort, pourquoi n'est-il pas implanté dans Windows ou ses logiciels ? Bonne question ! Pour y répondre, retraçons l'épopée PGP…

Protégez-vous… mais pas trop

Avant PGP, tous les systèmes de cryptage proposés avaient leur talon d'Achille : dans les systèmes de chiffrage, il n'y avait qu'une unique clé privée.

Et les clés, c'est bien joli mais encore faut-il que tout le monde n'en possède pas une copie ! Cette clé privée que l'on donne à un, puis deux correspondants, plus les secrétaires, sans compter les Post-it collés sur le bureau et autres pense-bêtes, circule et peut être interceptée.

Le RSA, dispositif de clé de Windows

Partant de ce constat, deux chercheurs américains, Whitfield Diffie et Martin Hellman, ont proposé une autre approche : au lieu d'utiliser une clé connue de l'expéditeur et du destinataire d'un document, il serait plus intéressant d'employer une clé publique, disponible sur Internet par exemple, et une clé privée, connue du seul destinataire, qui lui permettrait de déchiffrer ses messages.

C'est le principe de la boîte aux lettres : tout le monde peut y glisser quelque chose, mais seul celui qui possède la clé peut récupérer le courrier. Le nom de cette technique de verrouillage, c'est le RSA, né en 1979 au Weizmann Institute, en Israël. Il porte les initiales du nom de famille de ses inventeurs (Ronald Rivest, Adi Shamir et Leonard Adleman). Le RSA permet de distribuer librement la clé publique, mais sans que personne ne puisse décrypter les messages ainsi cryptés.

Le RSA ne vous dit rien ? C'est le dispositif de clé adopté par Windows ! Seulement ce RSA de Windows ne propose que des clés de 384 à 512 bits. Or une clé de 512 bits, nous l'avons vu, peut être brisée par un ordinateur ou une grappe d'ordinateurs. Erreur de Microsoft ? Non, obligations légales ! Continuons notre panorama historique de PGP pour comprendre ce mystère.

Nous sommes le 5 juin 1991. Après plusieurs années de travail, Philip R. Zimmermann, ingénieur informaticien et militant pacifiste, met une touche finale à un petit logiciel révolutionnaire, PGP 1.0. Caractéristique ? Cet outil s'appuie sur la technologie RSA et peut crypter n'importe quel document. Son algorithme est révolutionnaire et, associé à une clé longue, 128 bits, est très difficile à décoder – y compris avec une grappe d'ordinateurs. PGP 1.0 est tellement puissant… qu'aucun ordinateur gouvernemental n'arrive à percer les clés de cryptage. Le document presque 100 % secret accessible à tous est né !

Premier problème : le gouvernement américain et la NSA, son agence spécialisée dans l'espionnage technologique, ne voient pas d'un œil bienveillant cette nouvelle technologie débarquer librement (utopiste et pacifiste, Philip Zimmermann diffuse son outil… en freeware !). La raison de vivre de la NSA est le décryptage et si elle ne peut plus violer toutes les correspondances publiques ou privées, elle se trouve bien embêtée !

Rapidement un projet de loi menace d'interdire la cryptographie libre. Au même moment, la société RSA Data Security Inc. somme Philip Zimmermann de stopper la diffusion de PGP 1.0, argumentant que cet outil utilise l'algorithme breveté RSA sans avoir acheté de licence. Nul ne sera assez niais pour ne pas voir la main de la NSA derrière l'action judiciaire de RSA Data Security…

En tout cas, face à ce déferlement légal, un des amis de Zimmermann, Kelly Goen, militant pacifiste lui aussi, commet l'irréparable : il poste dans l'urgence PGP 1.0 sur des BBS téléphoniques (le futur Internet) répartis dans tous les États-Unis. En quelques heures, tout le monde ou presque est équipé de PGP. Les universités du monde entier – celles qui travaillent sur la cryptographie en particulier – se procurent la pépite logicielle.

Mauvais joueur, le gouvernement américain poursuit Zimmermann, qui se retrouve accusé d'avoir frauduleusement exporté des États-Unis une technologie sensible. Passons sur tous les démêlés revendicatifs qui suivront. On ira jusqu'à imprimer le code source de PGP sur des T-shirts pour permettre sa diffusion : l'expression écrite est en effet un droit constitutionnel inaliénable aux États-Unis, et il n'existe aucune loi qui interdit à quelqu'un de se déplacer avec ses sous-vêtements, même s'ils sont décorés du code source de PGP.

Depuis, les ennuis juridiques de Philip Zimmermann sont terminés, et il a créé sa propre société, mettant à jour son PGP et le diffusant sur Internet… en version moins performante. Le cas Zimmermann a créé un précédent aux États-Unis et a été suivi d'un arsenal législatif anticryptage : c'est à ces lois que Microsoft se plie avec ses clés 40 bits.

Et l'acharnement gouvernemental américain contre PGP continue, mais relayé désormais par toutes les nations industrialisées !

Réunis à Vienne le 3 décembre 2001, les 33 pays signataires de l'accord de Wassenaar limitant les exportations d'armement (dont le Japon, l'Allemagne et la Grande-Bretagne) se sont accordés pour imposer des contrôles sur les technologies de cryptage les plus puissantes, y compris – et pour la première fois – lorsque les logiciels sont grand public. L'annonce en a été faite par l'envoyé spécial américain pour la cryptographie, David Aaron (source : Reuters).

En 2002, le général Desvignes, chef de l'ANSSI (Agence nationale sur la sécurité des systèmes d'information, service officiel du gouvernement français sur cette question, que vous pouvez visiter sur **http://www.ssi.gouv.fr/**), commentait cette décision en ces termes : "Les pays qui ont signé ne peuvent plus autoriser l'exportation par téléchargement de logiciels [comme PGP]. On n'a plus le droit [à partir des 33 pays qui ont signé] de mettre en ligne ce type de produits."

Pourquoi tant de "beau linge" et tant de gesticulations pour faire cesser un simple freeware de cryptage ? Parce que l'inviolabilité de PGP pose un vrai problème de sécurité militaire. Que craint-on ? Qu'avec le code source de PGP en libre diffusion n'importe quel ingénieur ou programmeur de n'importe quel pays, voire un État voyou ou une organisation terroriste, soit capable de créer des fichiers sécurisés, des flux de communication sécurisés absolument incassables par les services de contre-espionnage des principaux pays industriels. Une catastrophe pour les services de renseignements… Surtout pour l'Amérique, qui mise largement sur son infrastructure technologique pour assurer ses missions de renseignement.

Voilà bien résumé le problème principal de PGP. Mais ce n'est pas le seul. Ce qui explique aussi la position du gouvernement français, c'est que tout délinquant est également en mesure de chiffrer ses données avec un cryptage fort. C'est particulièrement gênant si on considère que les cartels de la drogue, le crime organisé et l'économie qui en découle ont toujours été familiarisés avec les nouvelles technologies. Avec un bon cryptage, on aura beau saisir un disque dur ou un ordinateur pendant une perquisition, il sera bien difficile d'en connaître le contenu.

Cela dit, on a un peu exagéré la situation : tout le monde a quand même le droit de protéger ses données. On aurait aussi pu admettre que, comme on ne peut faire parler quelqu'un qui ne le souhaite pas (à moins de le torturer), un fichier correctement protégé peut être inviolable ! Après tout, si un délinquant – doté par la nature d'une bonne mémoire – conserve toutes ses données dans sa tête, va-t-on interdire à la nature de créer des humains ayant de bonnes facultés de mémorisation ? Évidemment non !

Tout journaliste (ou pirate ou policier) sait bien que quel que soit le cryptage de données employé il existe un moyen d'obtenir de toute façon des preuves ou des informations : par l'investigation. Bien sûr, il faut être malin et y passer du temps...

Tout juge d'instruction sait qu'il dispose d'une panoplie de moyens de pression lorsqu'il veut obtenir un document bien caché (celui-là est-il plus ou moins vulnérable qu'un fichier crypté avec PGP ? évidemment non !). Le point faible de ce qui est caché, c'est toujours l'homme, et une clé de cryptage n'échappe pas à cette règle ! Sans oublier, comme nous le verrons au Chapitre 13, qu'il est possible de créer une communication furtive et difficilement détectable sans passer par le cryptage ! La NSA semble l'avoir oublié...

En attendant, la contre-offensive s'est développée et la situation a été un temps encore pire que celle qui a précédé l'autodafé numérique contre PGP ! PGP a toujours été disponible sur l'International PGP homepage (**http://www.pgpi.org/download**) et pouvait être librement téléchargé en codes sources sur la plupart des FTP universitaires français. Pire (ou mieux), il existe des outils de cryptage encore plus puissants, encore plus gratuits !

Si vous ne résidiez pas en France (lire encadré), vous pouviez aussi utiliser pour crypter vos documents le logiciel Cryptofree, qui était lui totalement freeware et en libre diffusion. Ce logiciel (aujourd'hui disparu) avait une clé de chiffrage sur 256 à 1 248 bits et offrait un niveau de sécurité jamais atteint pour le grand public.

Info

Jusqu'en 2004, l'utilisation de logiciels de cryptage exploitant des clés supérieures à 40 bits était très précisément réglementée dans de nombreux pays où cet ouvrage était diffusé (Suisse, Belgique, Canada, France, Afrique du Nord, Afrique). Aujourd'hui, en France, l'usage de procédés de cryptage classiques est totalement libre, sauf lorsqu'ils dépassent 512 bits. En revanche, la fourniture et l'importation de systèmes sont parfois réglementées. Vous ne pouvez donc pas télécharger un dispositif de cryptage supérieur aux limites fixées par la loi s'il est non agréé puisque cette manipulation est assimilée selon le droit à de l'importation (lire la documentation fournie sur **http://www.ssi.gouv.fr**).

Dans tous les cas, documentez-vous sur la législation en vigueur dans votre pays avant d'utiliser ou de télécharger des logiciels de cryptage à clé longue (supérieure à 512 bits pour les algorithmes à factorisation et à 56 bits pour les systèmes asymétriques). De manière générale, gardez à l'esprit que la législation concernée évolue très rapidement en ce domaine.

En conclusion, dans notre pays, crypter correctement une lettre envoyée à une petite amie avec une clé factorisée (la méthode mathématique la plus courante) supérieure à 512 bits est potentiellement illégal si le logiciel utilisé... n'a pas été autorisé par l'administration. Et, ce qui est certain, c'est que si ce logiciel était fourni avec cet ouvrage son auteur serait passible en France d'une forte amende et d'une peine de prison.

GnuPGP en pratique

Néanmoins, nous ne pouvions clore ce chapitre sans vous présenter au moins un logiciel de cryptographie personnelle autorisé en France.

Rappelons-le : le seul moyen vraiment fiable de protéger les données que vous conservez sur un PC, c'est PGP ou l'un de ses dérivés. Et il peut exister des millions de raisons justifiant que vos données soient cryptées !

GnuPGP est un de ces logiciels. Autorisé par la loi (il a fait l'objet d'un communiqué officiel sur ce sujet) et totalement freeware, cet outil – que vous pouvez télécharger sur **www.gnupg.org** – répond à un niveau moyen de sécurité tout en ayant l'avantage d'être légal.

Ce logiciel remplace gratuitement l'historique PGP. Pourquoi cet outil-là est-il plus autorisé qu'un autre ? Parce qu'il n'utilise pas l'algorithme IDEA, soumis d'ailleurs à copyright. En d'autres termes, GnuPGP est "crackable" par un groupe correctement équipé. Des hackers expérimentés assurément, la police, l'armée et la gendarmerie, ça ne fait pas de doute. Votre patron, vos salariés ou vos ennemis en général, c'est beaucoup moins sûr. Voilà pourquoi nous qualifions la sécurité des documents cryptés avec ce procédé de "niveau moyen". Suffisant, mais pas inviolable.

La version 1.0.0 a été publiée le 7 septembre 1999. La version actuelle la plus stable est la 1.2.1.

Pour l'installer après l'avoir téléchargée :

1. Créez un répertoire intitulé "c:\gnupg". Attention, si vous utilisez un autre nom de répertoire, vous devrez probablement modifier une clé de la base de registres (pour les initiés, HKEY_CURRENT_USER > Software > GNU > GnuPG ; modifiez le chemin pointé sous homedir).

2. Copiez les fichiers contenus dans le répertoire "gnupg-w32cli-1.2.0" sur votre disque dur.

3. Entrez en mode Commande DOS dans le répertoire "gnupg".

Tapez la commande `GPG`, le logiciel est lancé et affiche le message suivant :

```
gpg: keyring `c:/gnupg\secring.gpg' created
gpg: keyring `c:/gnupg\pubring.gpg' created
gpg: Go ahead and type your message...
```

Avant de commencer à crypter un document, le dispositif de clé de sécurité doit être généré. Cette opération va créer deux clés : la clé publique, et la clé privée.

- La clé privée doit être conservée à l'abri des regards indiscrets et ne doit jamais être communiquée.
- La clé publique sera fournie au correspondant qui pourra ainsi décoder les fichiers échangés. Ce même interlocuteur pourra également recrypter un fichier et vous le retourner. Ce décryptage obtenu d'après la clé publique ne sera valable que sur les fichiers créés d'après votre clé privée.

De surcroît, et dans tous les cas, le nom d'utilisateur et le mot de passe associé au fichier crypté devront être utilisés pour décrypter ce fichier ou tout document émis par un détenteur de votre clé publique.

Nous avons donc quatre éléments pour garantir la confidentialité : un nom d'utilisateur, un mot de passe, et deux clés, l'une publique, l'autre privée. Passons à la pratique.

Tapez le nom du chemin dans lequel la clé résidera :

```
C:gnupg\>gpg -homedir c:\gnupg - -gen-key
```

Générez la clé avec cette commande :

```
C:gnupg\>gpg --gen-key
```

Le logiciel vous pose un ensemble de questions. A What Kind of Key, donnez le type de clé à générer : 5 pour RSA. Pour la taille de la clé, indiquez Par défaut (touche Return, valeur par défaut). A Key is valid for, répondez par Return (valeur par défaut). Répondez Y pour oui à Key do not expire.

Phase suivante, le logiciel construit un identifiant d'utilisateur : il utilise pour cela un nom réel. Tapez ici votre nom sous cette forme :

```
"henri martin"
```

Entrez ensuite votre adresse e-mail. Par exemple :

```
Henri.martin@wanadoo.fr
```

Tapez ensuite un commentaire (ce dernier est optionnel). Par exemple :

```
Ecrivez-moi en cas de problèmes
```

Tapez maintenant "O" pour valider vos choix. Puis entrez une phrase secrète pour protéger votre mot de passe. Par exemple :

```
Soleilrouge
```

Retapez pour confirmer. La clé est générée et le logiciel affiche ceci :

```
We need to generate a lot of random bytes. It is a good idea to perform
some other action (type on the keyboard, move the mouse, utilize the
disks) during the prime generation; this gives the random number
generator a better chance to gain enough entropy.
.+++++
+++++
gpg: c:/gnupg\trustdb.gpg: trustdb created
public and secret key created and signed.
key marked as ultimately trusted.
pub  1024R/08B1AD69 2002-12-20 henri martin (Mon commentaire)
➥<henri.martin@wanadoo.fr>
     Key fingerprint = 082A 0598 DADE 74E8 EDB3  F375 3462 C499 08B1 AD69
```

Votre clé est générée (en gras ci-dessus), mais elle ne peut encore être utilisée pour le cryptage. Vous devez créer une seconde clé avec cette commande :

```
C:\gnupg>gpg --edit-key henri martin
```

Tapez :

```
Command> addkey
```

Répondez aux questions Passphrase :

```
soleilrouge
```

Puis définissez les paramètres de la seconde clé en répondant aux questions. Le logiciel affiche ceci :

```
Is this correct (y/n)? y
Really create? y
We need to generate a lot of random bytes. It is a good idea to perform
some other action (type on the keyboard, move the mouse, utilize the
disks) during the prime generation; this gives the random number
generator a better chance to gain enough entropy.
...+++++
...+++++

pub  1024R/08B1AD69  created: 2002-12-20 expires: never      trust: u/u
sub  1024R/9F982C1D  created: 2002-12-20 expires: never
(1). henri martin (Mon commentaire) <henri.martin@wanadoo.fr>
```

Nous avons ici deux clés :

```
pub  1024R/08B1AD69  created: 2002-12-20 expires: never      trust: u/u
sub  1024R/9F982C1D  created: 2002-12-20 expires: never
```

Il est temps maintenant de crypter un fichier (option –f) :

```
C:\gnupg>gpg -f test.doc
```

Répondez aux questions, notamment en entrant votre nom d'utilisateur. C'est terminé : le fichier test.doc est crypté.

Ce logiciel sous DOS n'est pas, c'est le moins que l'on puisse dire, très convivial. Il est le reflet d'une situation encore difficile pour les logiciels de cryptage de type PGP. Néanmoins, les plus expérimentés pourront sans difficulté créer une interface Windows de qualité en utilisant ce module DOS de GnuPGP.

Pour le moment, nous ignorons ce que sera le devenir des outils de cryptage "interdits". Néanmoins, nous aimerions reprendre à notre compte la déclaration de la Coalition internationale pour les libertés sur Internet :

"La cryptographie est un outil défensif, non une arme."

Et, à notre connaissance – tout particulièrement dans les pays qui interdisent PGP –, les armes, elles, sont toujours en vente libre…

INFO

Extrait de **http://www.ssi.gouv.fr** : "Sans préjudice de l'application du Code des douanes, le fait de fournir, d'importer de pays n'appartenant pas à la Communauté européenne ou d'exporter un moyen ou une prestation de cryptologie sans avoir obtenu l'autorisation préalable mentionnée au I ou en dehors des conditions de l'autorisation délivrée est puni de six mois d'emprisonnement et de 200 000 F d'amende (soit 30 500 € environ).

Le fait de gérer, pour le compte d'autrui, des conventions secrètes de moyens ou de prestations de cryptologie permettant d'assurer des fonctions de confidentialité sans avoir obtenu l'agrément mentionné au II ou en dehors des conditions de cet agrément est puni de deux ans d'emprisonnement et de 300 000 F d'amende (soit 45 800 €).

Le fait de fournir, d'importer de pays n'appartenant pas à la Communauté européenne, d'exporter ou d'utiliser un moyen ou une prestation de cryptologie en vue de faciliter la préparation ou la commission d'un crime ou d'un délit est puni de trois ans d'emprisonnement et de 500 000 F d'amende (soit 76 200 € environ)."

La contre-mesure envers PGP : le renifleur de clavier !

Et contre la protection PGP, existe-t-il une contre-mesure ? En plus du décryptage de clé par force brute, présenté au chapitre précédent, oui, il existe une contre-mesure pour anticiper la création et l'utilisation de clés !

C'est le reniflage de clavier qui consiste à enregistrer dans un fichier absolument toutes les touches sur lesquelles un utilisateur a appuyé. Outre que ce dispositif permet de prendre connaissance de tous les documents saisis, de tous les mots de passe échangés, il peut aussi, bien évidemment, collecter les noms des clés définies avec PGP !

Keylogger, par exemple, est un petit freeware qui, une fois installé et activé, enregistre tout ce que vous saisissez au clavier (voir Figure 12.1).

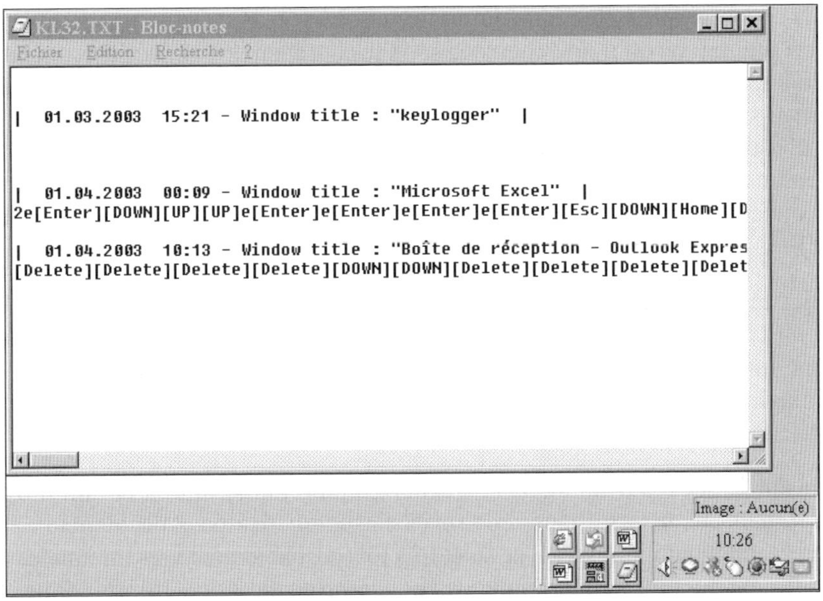

Figure 12.1
Keylogger en action.

Vous n'avez qu'à cliquer sur la barre des tâches pour consulter... vos propres actions ! Attention, ce petit freeware est expérimental et provoque de nombreux bogues.

Keylogger est de la famille des spywares : vous trouverez une liste exhaustive de ce genre de logiciel sur la plupart des sites de téléchargement tout ce qu'il y a de plus officiels. Après avoir senti le souffre pendant des années, ils sont aujourd'hui généralement proposés dans la rubrique "contrôle parental" :

http://download.cnet.com/windows/parental-control/3150-27064_4-0.html?tag=bc

Et, comme il n'y a jamais de mesure sans contre-mesure, vous trouverez aussi des... antikeyloggers sur le site suivant :

http://www.anti-keyloggers.com

Une approche alternative avec la stéganographie

PGP et ses dérivés sont des outils numériques très classiques, qui permettent de coder un fichier en un fichier illisible. Mais on peut aussi procéder plus finement, en associant par exemple une donnée à protéger à un support sans objet. C'est le principe de la stéganographie (du grec *steganos*, "couvert", et de *graphein*, "écriture"), l'art de cacher un message au sein d'un autre message de caractère anodin. Cette technique est remarquable car l'existence même du secret est dissimulée.

Avec la cryptographie classique, le pirate possède un avantage : il détient le document crypté, sait ce qu'il doit chercher et où le chercher, et éventuellement comment le décoder. La sécurité repose sur le fait que le message ne pourra pas être décodé, parce que son codage est fort et que la puissance des outils numériques est insuffisante. C'est le principe de la longueur des clés (étudié dans les sections précédentes). Malheureusement, la puissance machine capable de briser cette clé peut être trouvée et le concept même de clé, mis en défaut (il suffit de la copier, comme dans la réalité).

Avec la stéganographie, on ne risque rien de tel. Avec l'aide d'un ordinateur, on cache un texte, quelque part. La sécurité repose sur le fait que le message est en principe introuvable, indétectable. Or il est impossible de décoder ce qui n'existe pas (imaginez un message gravé à l'intérieur d'un vase ; comment savoir qu'il s'y trouve… sans casser le vase ?).

Bien avant le succès d'Internet, la stéganographie numérique a été un moyen de faire circuler des textes codés. Les services secrets des pays occidentaux se sont vraisemblablement intéressés à ce sujet très tôt (probablement vers les années 1980), dès qu'il a été possible de manipuler des images avec des outils informatiques légers (portables, scanners). La technique a des avantages. Un quidam qui se balade dans un pays étranger peut tout à fait posséder de banales photographies familiales dans son portefeuille, et cacher à l'intérieur de celles-ci des informations confidentielles, et ce avec une discrétion quasi parfaite. Quel service de renseignements a les moyens de vérifier tous les clichés qui circulent dans les bagages des touristes ? À l'heure d'Internet et du téléphone satellite, ces modes de cryptage n'ont plus vraiment lieu d'être dans le domaine des renseignements militaires. En revanche, ils sont toujours pratiques lorsqu'il s'agit, pour un particulier, de protéger des informations personnelles. Pensez aux organisateurs de "rave parties" illégales qui souhaitent publier la date et le lieu de leurs prochaines soirées clandestines sur un banal site Internet contenant une image JPEG, ou aux délinquants confrontés à la grande compétence des forces de l'ordre en matière de décryptage de fichiers ou de disques durs ! On a aussi parlé de messages quasi stéganographiques dans le cadre d'actes de terrorisme : des réseaux auraient dissimulé dans des communiqués de presse des ordres codés (cela rappelle les messages de Radio Londres, pendant la Seconde Guerre mondiale, et les fameux vers de Verlaine "Blessent mon cœur/D'une langueur/Monotone", qui annonçaient le débarquement en Normandie).

Une multitude d'astuces historiques reposent sur la stéganographie : les célèbres encres invisibles (le jus de citron utilisé comme encre et révélé par le passage d'une source de chaleur), les messages cachés dans des œufs durs (en écrivant sur la coquille à l'aide d'une solution de vinaigre et d'alun), les minuscules trous d'épingle dans des caractères sélectionnés, les infimes changements dans l'écriture manuelle des caractères ou dans leur espacement (chaque altération correspondant à un code ou à une lettre), les marques au crayon sur un texte tapé à la machine, les micropoints généralement composés d'un microfilm (une page de texte photographiée et réduite par procédé photographique à un cliché minuscule, apposé ensuite dans une zone encrée d'une lettre en apparence sans intérêt).

Dans des temps plus anciens, les Grecs (grands amateurs d'astuces guerrières avec leur cheval de Troie qui cachait des combattants) rasaient les cheveux d'un esclave et tatouaient sur son crâne un message. Dès que les cheveux avaient repoussé, l'esclave traversait les territoires ennemis sans éveiller les soupçons. Parvenu à destination, il était rasé pour rendre le message de nouveau lisible. Cette méthode stéganographique demandait du temps (la repousse des cheveux), mais était efficace.

Une autre méthode très répandue de stéganographie consiste à dissimuler un message dans un texte. Un des maîtres en la matière fut l'abbé Jean Trithème, qui substituait à chacune de ses lettres un extrait biblique. Le sens final était obscur, mais qui irait s'inquiéter des spéculations religieuses d'un abbé ? Cette méthode classique de cryptage a été adoptée par ailleurs par les alchimistes sous une multitude d'aspects et de formes (la langue des oiseaux, par exemple, qui, dans un texte abscons, dissimule un enseignement précis).

Durant la Seconde Guerre mondiale, la stéganographie s'est développée. Les méthodes étaient parfois assez rudimentaires, comme ce message envoyé par un espion allemand :

Apparently neutral's protest is thoroughly discounted and ignored. Ismam hard hit. Blockade issue affects pretext for embargo on by-products, ejecting suets and vegetable oils.

Cela signifie en français :

Il semble que la protestation des pays neutres n'est pas prise en compte et ignorée. Isman frappe fort. L'issue du blocus fournit des prétextes pour un embargo sur certains produits, à l'exception des graisses animales et huiles végétales.

Le propos semble anodin. Pourtant, si vous prenez la deuxième lettre de chaque mot de la version anglaise, vous obtenez :

Pershing sails from NY June i

Soit "le Pershing part de New York le 1er juin" ("i" est considéré comme le chiffre 1).

En matière de stéganographie, beaucoup d'astuces ont déjà été développées et il en reste autant à inventer !

La stéganographie aujourd'hui

Revenons à présent aux possibilités stéganographiques de l'ordinateur personnel.

Récemment, la stéganographie s'est adaptée au monde de l'informatique. Des auteurs de logiciels (souvent gratuits) ont eu l'idée de cacher des messages, transformés en longues suites de bits, au milieu d'un fichier. Bien évidemment, image, son, vidéo sont autant de documents en apparence anodins qui peuvent servir de support pour des messages codés.

Pour transmettre un document confidentiel, on peut le crypter et le protéger par mot de passe. Néanmoins, la surveillance d'une session TCP/IP, l'exploration intelligente d'un répertoire de médias, ou la consultation des contenus d'e-mails permettent de localiser rapidement ces documents cryptés.

Les logiciels de stéganographie, eux, créent un troisième niveau de sécurité. Quand bien même un utilisateur renifle un réseau, comment saura-t-il, face à des milliers de documents multimédias (images, sons, vidéos, textes), lequel d'entre eux dissimule un contenu codé ? La tâche est titanesque. La supériorité des codages stéganographiques est une fois de plus vérifiée sur un classique micro-ordinateur !

En pratique, pour dissimuler puis transmettre ou stocker des documents sensibles sans éveiller les soupçons, il suffit d'utiliser un logiciel de stéganographie (version moderne et électronique de l'encre invisible ou du message imprimé sur un crâne rasé !). Les logiciels de stéganographie dissimulent tout type de document confidentiel dans un second fichier texte ou image, sans altérer ses propriétés. Une image JPEG par exemple, qui contient un message caché, reste lisible par un tiers, sans laisser transparaître l'existence d'un contenu secret. Pour accéder au fichier dissimulé, c'est-à-dire pour décoder le contenu, le destinataire doit utiliser le même logiciel de stéganographie que son correspondant.

Les documents qui font l'objet d'un tel traitement circulent principalement à travers des médias numériques (réseau, disquettes, CD-ROM). L'échange d'e-mails, la publication d'informations sur un site web, la transmission de documents de type image ou texte ou leur partage sur un réseau, par exemple, sont autant d'occasions de faire circuler un message codé.

La méthode stéganographique la plus utilisée – notamment dans les logiciels que nous allons voir – consiste à camoufler chaque bit du message dans le dernier bit significatif de chaque point d'une image.

Une image est constituée d'une suite de points, dont la couleur est codée dans des octets. Il faut 8 bits pour coder un point de 256 couleurs, 16 pour 65 536 couleurs, et 24 pour 16 millions de couleurs. Les variations du dernier bit d'une image codée sur 16 millions de couleurs n'ont aucune influence sur l'aspect visuel de cette image : le point en question varie d'intensité ou de teinte, mais cette variation est si infime que l'œil humain ne peut la distinguer. Il en est de même s'il s'agit d'un fichier vidéo ou sonore. L'oreille humaine est rarement capable de déceler une infime variation de son sur une séquence codée sur 16 bits par exemple. Il est ainsi possible de stocker un message de 64 Ko (un peu plus de 64 000 caractères) dans une image 1 024 × 1 024 en niveaux de gris.

Mais ce que l'œil ou l'oreille ne savent pas faire, l'ordinateur, en revanche, en est capable. Il fait la différence et sait analyser un fichier bit par bit : c'est ainsi que sont décodés les contenus codés !

Les Figures 12.2 et 12.3 illustrent cette technique. À la Figure 12.2, aucun texte n'est caché. À la Figure 12.3, nous avons codé le texte "Bonjour aux lecteurs du Hacker's Guide". Qui voit la différence ?

Figure 12.2
Une image sans codage.

Figure 12.3
Une image contenant un texte.

Les variations de couleurs entre les deux photos sont si infimes qu'elles sont totalement invisibles à l'œil nu. Cette technique peut être appliquée sur une multitude de fichiers multimédias.

Attention : un codage stéganographique numérique impose un parfait respect de l'intégrité du fichier qui supporte le message. Si vous augmentez la compression d'un fichier JPEG, si vous convertissez un fichier d'une norme à une autre (JPEG vers GIF, ou WAV vers MP3), vous perdez les informations stéganographiques et le contenu original ne peut plus être restitué.

INFO

La protection des droits d'auteur à l'heure de la stéganographie. Le marquage numérique de documents, encore appelé watermarking ou data tattooing, consiste à insérer des informations à protéger au sein de documents électroniques. Ces informations sont rendues imperceptibles et indétectables, pour tout système ignorant leur mode d'insertion. Les techniques utilisées relèvent de la stéganographie, qui étudie les divers mécanismes de transmission d'informations cachées sur des supports anodins.

Les algorithmes de watermarking sont conçus pour résister à diverses tentatives d'altération de la marque par manipulation du document. Par exemple, dans le cas du marquage d'une image, la marque doit demeurer intacte après rotation ou inversion de l'image, rognage, compression puis décompression, etc.

Les logiciels de stéganographie

Examinons quelques logiciels stéganographiques proposés en libre essai sur Internet. Certains d'entre eux sont interdits d'utilisation en France et dans certains pays d'Europe pour les motifs juridiques vus précédemment (les outils stéganographiques sont souvent intégrés dans des logiciels de sécurité complets, qui contiennent par ailleurs des fonctions de cryptage à clés interdites).

Ainsi, Invisible Secrets intègre, en plus de ses fonctions stéganographiques, des algorithmes de cryptage long, interdits de diffusion dans de nombreux pays où cet ouvrage sera mis en circulation. Le lien vers le site de leur créateur est réservé à l'usage des utilisateurs ne résidant pas en France et au Canada.

Dound's Steganography

Gratuit, Dound's Steganography (voir Figure 12.4) permet d'encoder des messages par l'intermédiaire de mots clés. Le processus est simple : vous entrez un mot clé, un texte, et chargez une image, Dound's Steganography encode le tout ! Le message résultant se présente sous la forme d'une image qui peut être envoyée par courrier électronique, téléchargée, etc. Il est décodé par le destinataire grâce au mot clé initial à l'aide de Dound's Steganography. Simple d'emploi, mais aussi très rudimentaire, Dound's Steganography crée des images codées, quasi impossibles à distinguer des originales. Malheureusement, seul le format BMP est supporté, ce qui est limitatif.

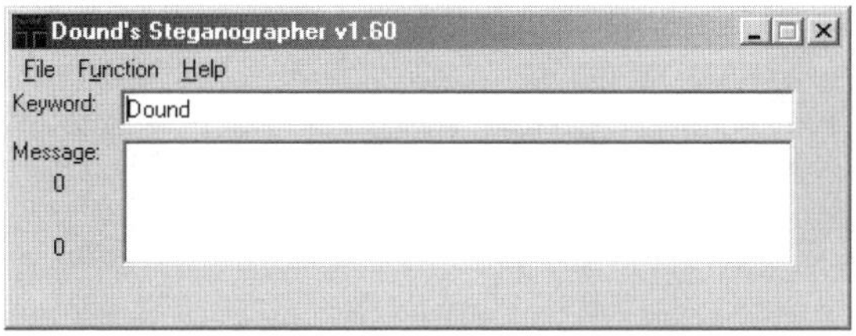

Figure 12.4
Dound's Steganography.

Téléchargez cet outil sur **http://www.dound.com/Progs/Steg.htm**.

Invisible Secrets

Invisible Secrets est un shareware (logiciel en libre essai) qui intègre une fonction de stéganographie. Servi par une interface remarquable (voir Figure 12.5), il permet de coder des fichiers (normes hautes interdites en France), d'envoyer des mots de passe d'adresse IP à adresse IP (méthode très sûre de transfert). Il sait aussi dissimuler des messages dans des fichiers graphiques au format GIF, PNG, JPEG, ainsi que dans des fichiers sonores WAV, avec sa fonction Cacher (Hide). L'intérêt d'Invisible Secrets est qu'il applique également un algorithme pour chiffrer le message, avant de le coder dans un fichier. Il est donc impossible de récupérer le texte sous sa forme claire sans détenir le mot de passe original, utilisé pour le cryptage initial. Ce produit est capable de cacher n'importe quelle donnée dans un fichier. Vous pouvez par exemple coder une séquence sonore dans une image ou l'inverse. Il permet aussi de coder des "faux fichiers", c'est-à-dire des fausses pistes pour d'éventuels candidats au décodage.

Ce logiciel est un véritable cauchemar pour les espions (même si la méthode n'est pas infaillible). En effet, pour localiser un document caché, un pirate doit repérer le média qui le contient (une photo, un son), puis savoir quel logiciel de codage a été utilisé, faire la part des fausses données et des vraies dans le contenu et, une fois les vraies données localisées, les décoder en retrouvant le mot de passe original ! La tâche est inhumaine, même si le créateur du message chiffré s'est servi de la version de démonstration d'Invisible Secrets, dont les codages sont limités par une clé de 40 bits, assez simple à briser.

Le destinataire doit donc disposer à la fois de ce programme et d'un mot de passe pour accéder aux données dissimulées dans l'image. Invisible Secrets propose aussi un module FTP pour envoyer les fichiers par exemple sur un site web. Pour l'envoi par courrier électronique, il s'appuie sur un logiciel de messagerie compatible Mapi, comme Outlook et Eudora.

L'outil est à télécharger sur **http://www.invisiblesecrets.com**. Nous utilisons cet outil dans nos exemples pratiques présentés plus loin.

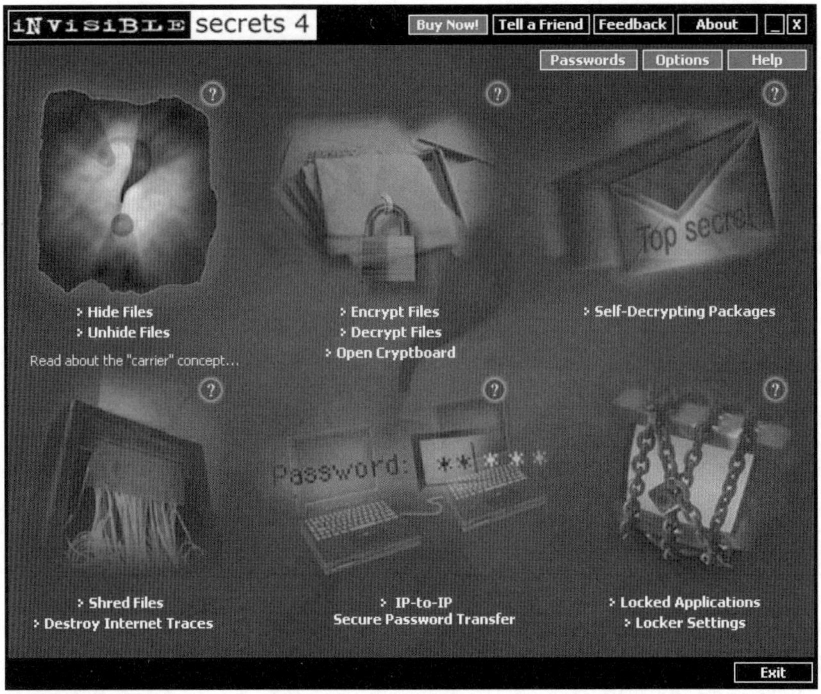

Figure 12.5
Invisible Secrets.

SecurEngine

SecurEngine, actuellement disponible en version 4.0, est un logiciel freeware (totalement gratuit) de sécurité capable de cacher (par stéganographie) des données sensibles dans des fichiers de type image ou son (TXT, BMP, JPEG et WAV). Il propose cinq méthodes de chiffrement par bloc :

- GOST (*Gouvernemental Standard*) utilisé par le gouvernement russe ;
- Vernam (One Time Pad) ;
- 3-Way (très robuste) ;
- CAST256 (chiffrement de 256 bits) ;
- MARS256 (chiffrement de 256 bits).

La possibilité de créer un fichier crypté autonome (Self Decrypting Archives) offre une grande souplesse pour l'échange de fichiers sécurisés *via* Internet, puisque le destinataire n'a pas besoin de SecurEngine. SecurEngine 3.0 (voir Figure 12.6) intègre un Password Manager (gestionnaire de mots de passe) extrêmement facile d'utilisation et robuste. Les fichiers contenant les codes sont cryptés avec une clé allant de 48 bits jusqu'à 800 bits, ce qui interdit *a priori* la diffusion de cette version en France et au Canada. Ce programme peut aussi détruire physiquement des fichiers de disque dur, et les logiciels de récupération de données sont inefficaces face à une telle attaque (il utilise la norme américaine DOD 5220.22-M).

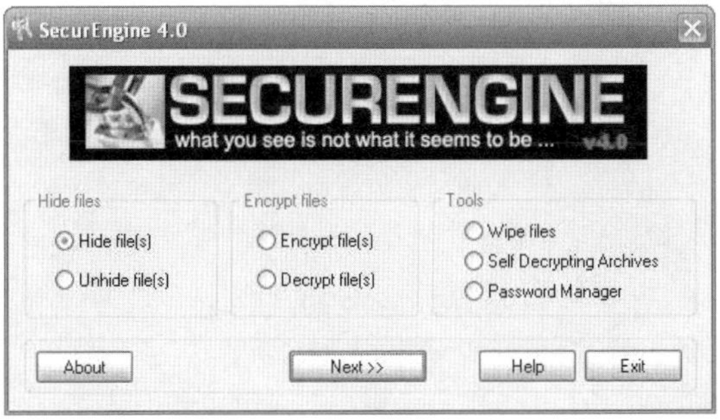

Figure 12.6
SecurEngine.

L'outil est à télécharger sur :

http://www.zdnet.fr/telecharger/logiciel/securengine-11010868s.htm.

En pratique

Pour bien comprendre les possibilités de la stéganographie, vous allez tester Invisible Secrets, que vous aurez préalablement téléchargé et installé.

1. Lancez le logiciel.

   L'interface de l'outil (voir Figure 12.7) s'affiche.

Figure 12.7
Le logiciel Invisible Secrets.

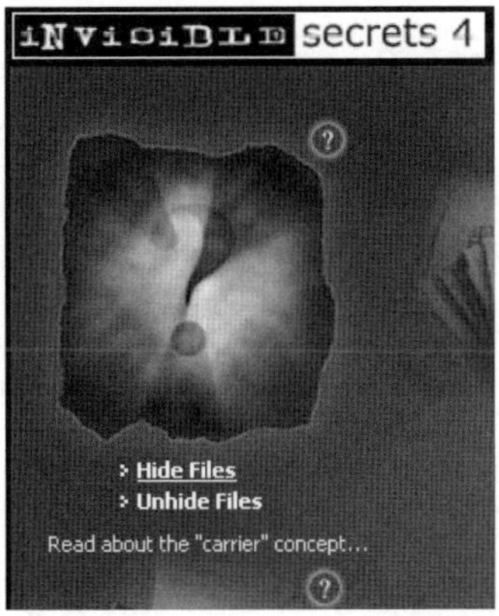

2. Le codage dans des documents multimédias est réalisé avec l'option Hide File. Cliquez sur ce lien.

La fenêtre d'un assistant apparaît (voir Figure 12.8).

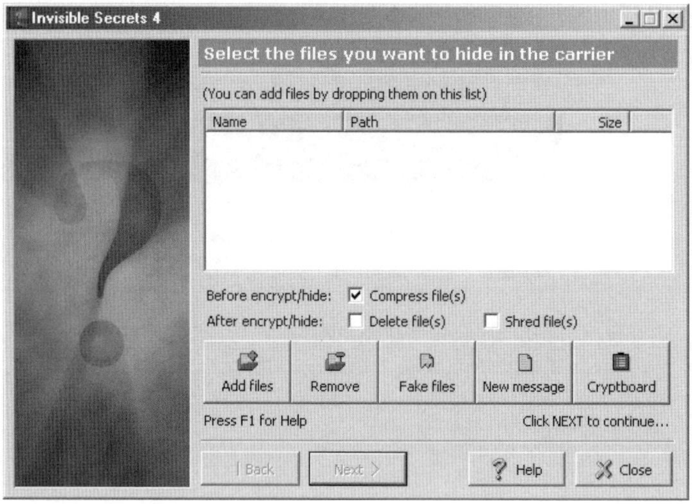

Figure 12.8
L'assistant.

Le concept de dissimulation repose sur la double notion de "document porté", c'est-à-dire le contenu à cacher, et de "document porteur", c'est-à-dire le fichier le plus anodin possible dissimulant le "document porté". Les fichiers pouvant "porter" un document crypté (voir Figure 12.9) sont les suivants :

- **Les fichiers JPEG et PNG.** Il s'agit d'images, qui peuvent être échangées par e-mail ou installées sur une page web. Invisible Secrets n'impose aucune restriction de taille pour les contenus à associer à ce type de fichier. Une image noyée au milieu de milliers d'autres est une bonne méthode de dissimulation.
- **Les fichiers BMP.** Ils offrent une grande sécurité (ce format facilite la dissimulation de contenus), mais sont très volumineux.
- **Les fichiers WAV.** Il s'agit de fichiers sonores. C'est le plus haut niveau de dissimulation, particulièrement lorsque le fichier sonore porteur est de grande taille.
- **Les fichiers HTML.** Ce format est discret. Toutefois, si la longueur d'une page contenant un fichier codé devient trop importante, cela peut la rendre suspecte.

Attention : toute conversion ou modification du fichier porteur altère son contenu et rend les documents cachés inaccessibles.

Choisissez un fichier porteur en explorant le disque dur à l'aide du bouton Add File. Cliquez sur Next pour passer à l'étape suivante. Explorez le disque à la recherche du fichier à dissimuler. N'importe quel fichier peut être porté : par exemple, une image peut être cachée dans une séquence sonore (voir Figures 12.10 et 12.11).

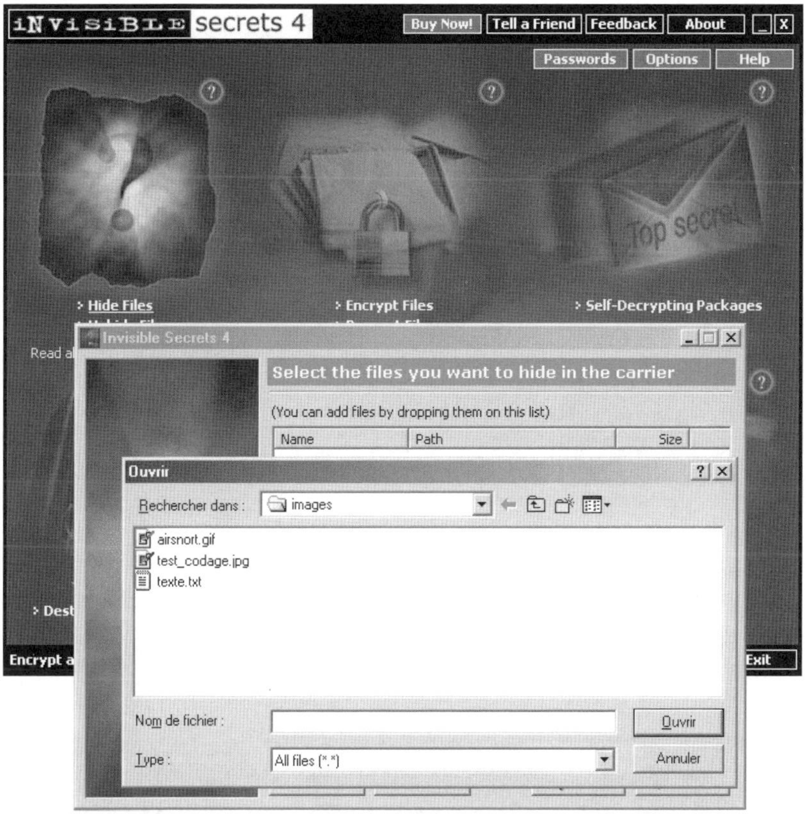

Figure 12.9
Le fichier porteur.

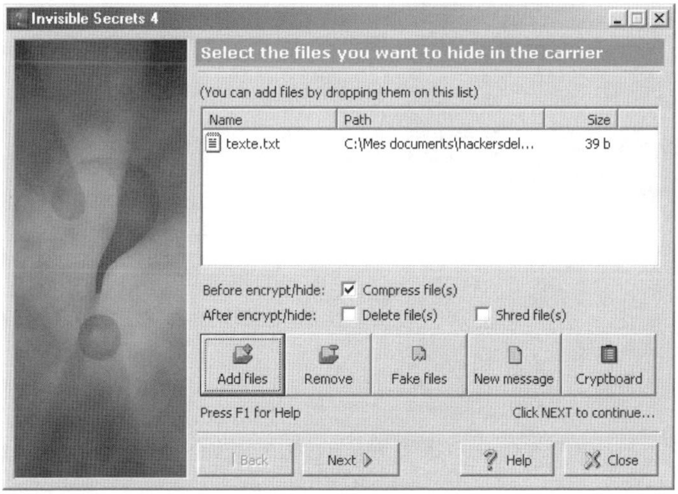

Figure 12.10
La recherche du fichier à porter.

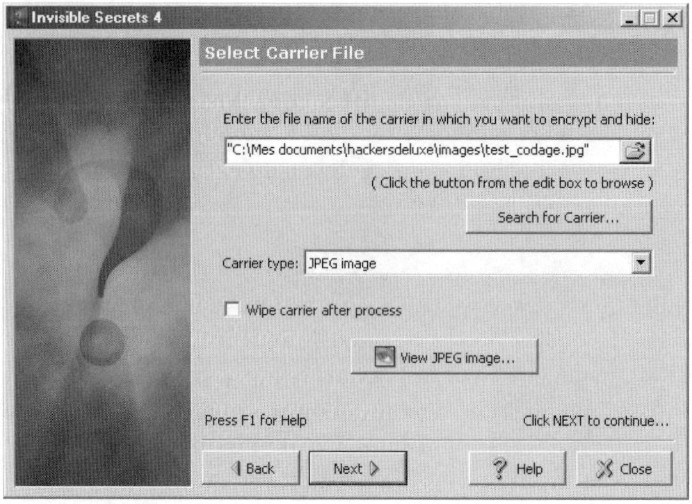

Figure 12.11
Le fichier à porter.

Cliquez sur Next. Indiquez le mot de passe qui va protéger le fichier, et le mode de cryptage de ce fichier (voir Figure 12.12).

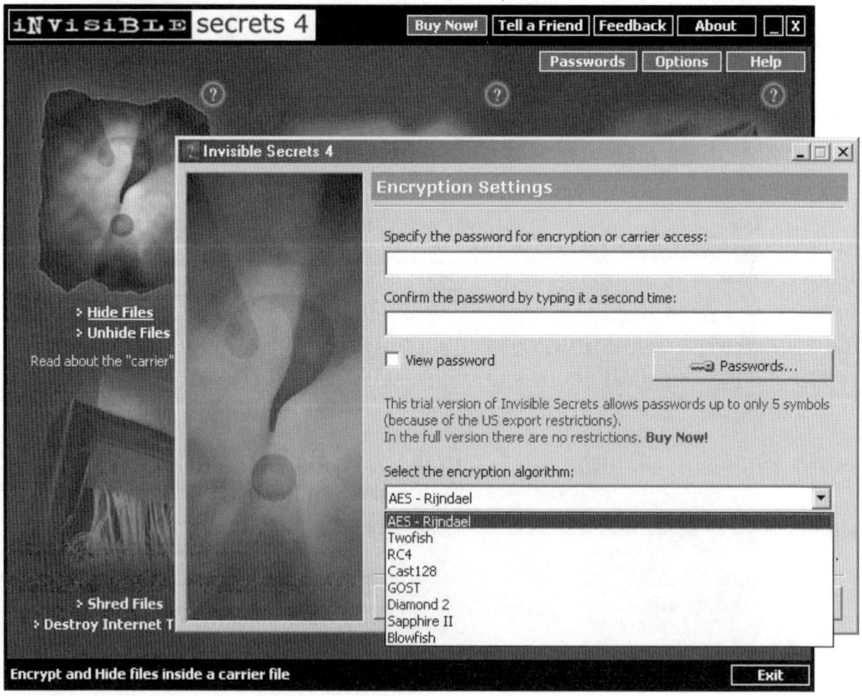

Figure 12.12
Le cryptage et la protection du fichier à cacher.

Cliquez sur Next. Indiquez le nom du nouveau fichier, c'est-à-dire du porteur contenant le fichier crypté (voir Figure 12.13).

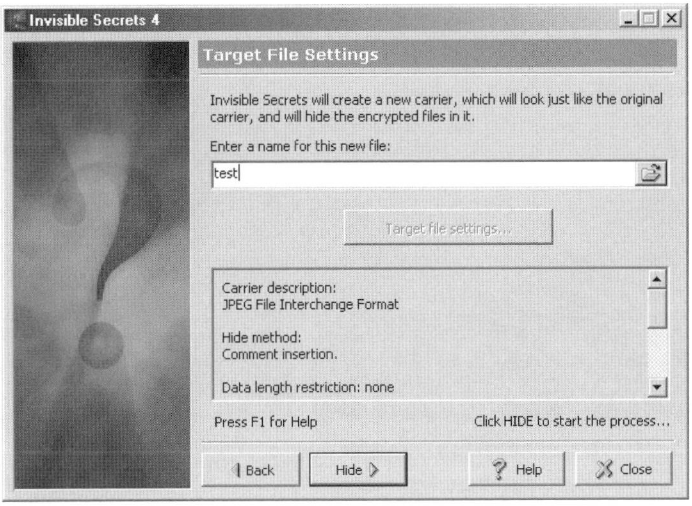

Figure 12.13
L'enregistrement du fichier.

Cliquez sur Hide. Le nouveau fichier est créé. Cliquez sur Next. Vous pouvez voir le fichier, l'envoyer par e-mail, par FTP, ou cliquer sur Finish pour revenir au menu. Faites votre choix. Vous pouvez maintenant observer le fichier porteur avec un éditeur classique d'image ou de son : vous ne voyez aucune différence avec l'original (voir Figures 12.14 et 12.15), et pourtant… le secret est dedans (voir Figure 12.16) !

Figure 12.14
L'original.

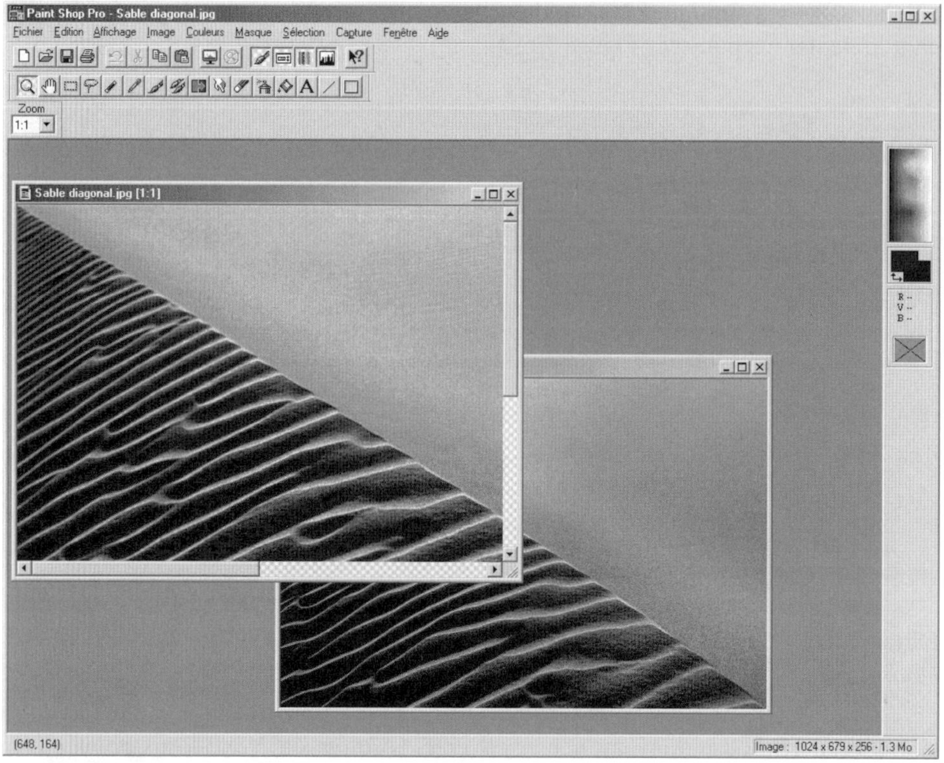

Figure 12.15

L'original devenu porteur.

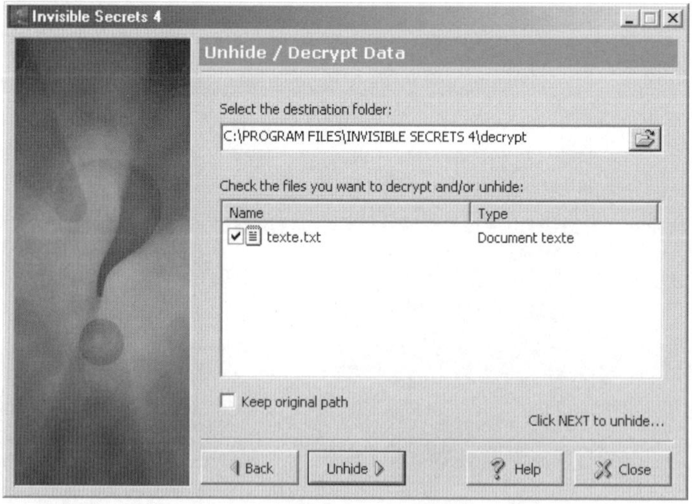

Figure 12.16

Le fichier image caché dans le porteur.

INFO

Invisible Secrets n'est pas disponible en téléchargement sur le site de son éditeur et sa distribution n'est pas autorisée dans tous les pays du monde en raison de la puissance de son algorithme de cryptage. Il faut donc parfois chercher au sein de plusieurs sources avant de se le procurer. Voici une adresse de téléchargement stable depuis plusieurs années : **http://www.zdnet.fr/telecharger/logiciel/invisible-secrets-11006550s.htm**

Pour décoder le contenu, le récepteur du fichier porteur doit lui aussi activer Invisible Secrets, puis cliquer sur l'option Unhide Files.

1. Cherchez le fichier porteur, chargez-le, puis cliquez sur Next.
2. Indiquez le mot de passe et l'algorithme de cryptage d'origine. Cliquez sur Next.
3. Cliquez sur Unhide : le contenu du porteur est extrait et enregistré sur le disque !

Les coffres-forts logiciels et le stockage en nuage

La sécurisation de documents concerne essentiellement la transmission de données. Néanmoins, on a parfois besoin de crypter des données locales, par exemple de faire en sorte qu'un disque dur ne soit pas lisible par un tiers. Il est possible d'opérer avec les outils de Steganos (**http://www.steganos.com/fr**), importante suite logicielle entièrement dédiée à la sécurité.

Cette suite, à télécharger sur le site de son éditeur, regroupe plusieurs outils de cryptage et de sécurité. Elle permet avec l'outil Safe 14 de sauvegarder des applications et des données sur des lecteurs de disques durs virtuels d'une taille de 1 TB maximum chacun. Les disques virtuels ainsi créés sur le disque dur réel exploitent un module intitulé Portable Safe, qui chiffre les données sur 128 bits. Security Suite de Stéganos inclut également un "broyeur électronique" de fichiers, un gestionnaire de mots de passe et un utilitaire pour effacer des traces de navigation sur le Web.

Un disque dur entièrement sécurisé est une excellente solution pour protéger des données. Steganos Safe désigne ce principe sous le nom de "coffre-fort". Vous enregistrez les données sensibles directement dans le coffre-fort. Celui-ci contient quatre disques durs virtuels, qui disparaissent d'un clic de souris. Le coffre-fort utilise un nouveau cryptage en temps réel. Il s'agit d'un disque dur crypté, mais qui se comporte exactement comme un disque dur réel. Lorsque le coffre-fort est ouvert, un lecteur supplémentaire est ajouté à la liste des disques de l'Explorateur Windows. Vous pouvez utiliser celui-ci comme n'importe quel autre, c'est-à-dire lancer des applications, modifier des documents, créer des dossiers, etc. Dès que vous enregistrez des données dans le coffre-fort, elles sont cryptées en temps réel. Le lecteur disparaît automatiquement de l'Explorateur Windows lorsque le coffre-fort est fermé. Grâce au cryptage en temps réel, l'ouverture et la fermeture du coffre-fort sont très rapides : vous pouvez crypter 1,2 Go de données en une seconde.

1. Téléchargez et installez le logiciel Security Suite. Lancez le module principal (voir Figure 12.17).

Figure 12.17
Security Suite.

2. Cliquez sur l'icône Coffre-fort Steganos. Dans la fenêtre qui s'affiche, cliquez sur Créer. Indiquez un nom de lecteur : par exemple, coffre (voir Figure 12.18).

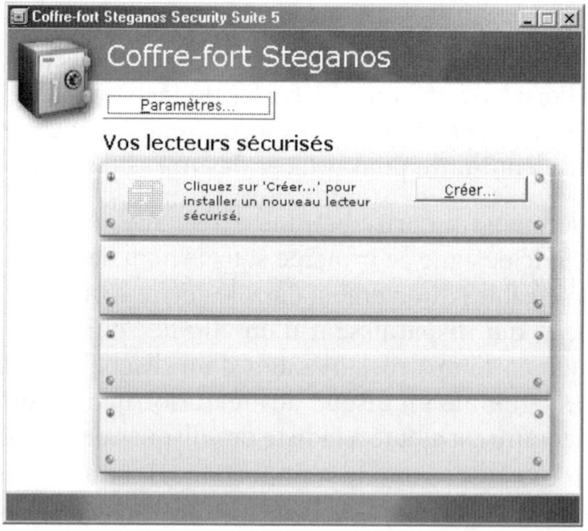

Figure 12.18
Création d'un coffre-fort.

3. Validez Créer un nouveau lecteur sécurisé et cliquez sur Suivant. Acceptez dans la fenêtre suivante le nom de fichier proposé par Steganos. Il contiendra les données de votre disque dur virtuel sécurisé.

4. Cliquez sur Suivant. Acceptez la taille proposée ou modifiez-la (voir Figure 12.19).

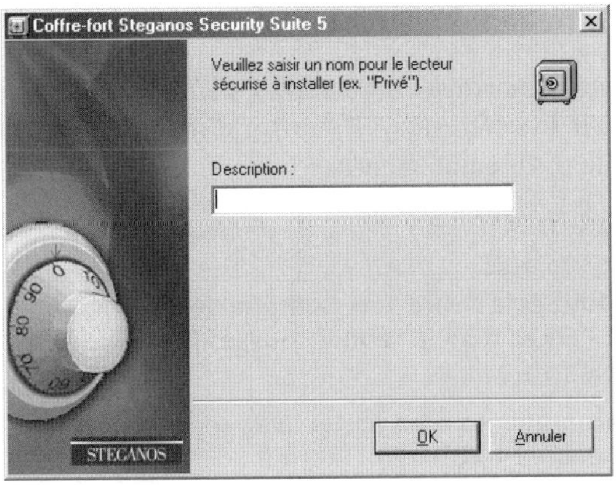

Figure 12.19
Options du coffre-fort.

5. Cliquez sur Terminer. Indiquez le mot de passe de votre nouveau disque dur virtuel protégé. Le disque est créé. Répondez Oui aux questions suivantes pour qu'une nouvelle lettre figure dans l'Explorateur Windows (voir Figure 12.20).

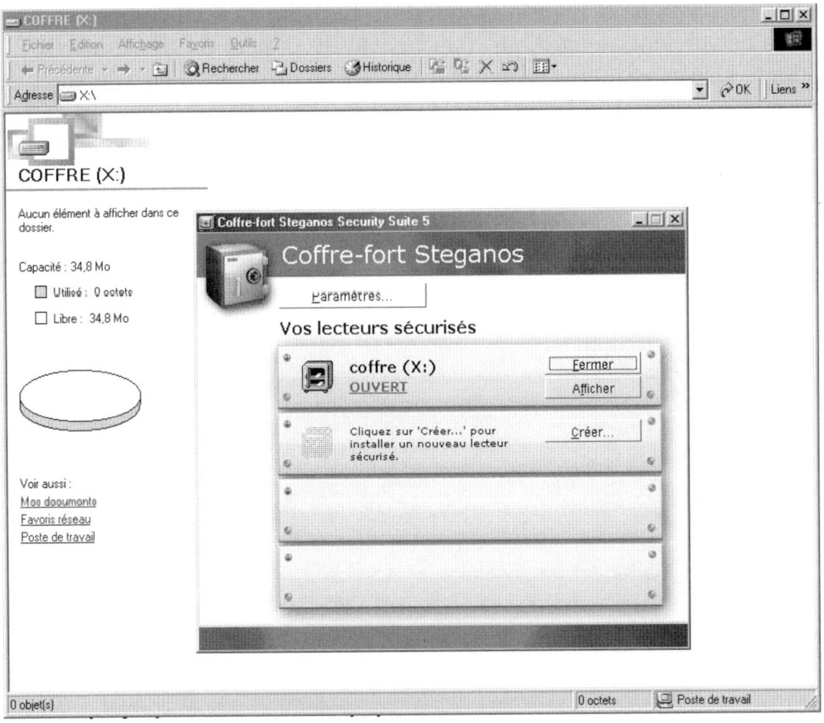

Figure 12.20
Le coffre-fort sous forme de disque dur.

6. Quittez Steganos. Vous pouvez maintenant utiliser le nouveau disque dur sécurisé avec l'Explorateur Windows. Pour fermer le disque, cliquez sur Fermer dans la liste Coffre-fort de Steganos.

Désormais, à chaque démarrage de Windows s'affichera une boîte de saisie de mot de passe pour ouvrir le coffre-fort. Il suffira d'indiquer votre mot de passe pour ouvrir de nouveau le disque dur sécurisé.

Attention

Il est impossible de fermer le coffre-fort tant que des fichiers sont encore ouverts dans un lecteur sécurisé. Pensez donc à fermer tous les fichiers de chaque lecteur sécurisé avant de "boucler" le coffre-fort.

N'installez pas de programmes dans les lecteurs sécurisés car ils peuvent être endommagés si vous les exécutez le coffre-fort fermé.

Notez que vous ne pouvez pas modifier la taille d'un lecteur sécurisé après la création initiale.

Le stockage en nuage

L'arrivée de nombreuses offres telles que DropBox, Google Drive, Microsoft SkyDrive amènent à se poser la question de la pertinence des coffres-forts numériques tels que ceux de Steganos. À vrai dire, ces disques durs en ligne de plusieurs gigaoctets bénéficient aujourd'hui d'un niveau de protection très attractif. L'accès aux Google Drives et autres se fait par tunnel sécurisé, les lieux de stockage des grandes majors sont parmi le plus sûrs du monde. Le seul problème… c'est de savoir ce que leurs propriétaires vont faire de vos données qui y sont stockées !

13

La dissimulation de ses propres traces

Pourquoi les pirates peuvent-ils commettre leurs méfaits impunément ? Parce qu'ils emploient des techniques de furtivité ! Car ce même réseau Internet qui tout au long de ces chapitres vient d'être décrit comme mal sécurisé, vulnérable et facile à pénétrer peut – avantage de sa souplesse – être d'une redoutable discrétion !

En décembre 1998, un site web dédié aux webmasters s'est retrouvé "défacé" : la page d'accueil et toutes ses rubriques laissaient place à une page noire remplie d'insultes en allemand et en anglais et qui était signée du nom d'un hacker. Ce piratage est probablement le fait d'un débutant ayant profité d'une faille du système : un hacker qui déface laisse généralement une page plutôt drôle ou poétique.

À vrai dire, dans ce cas précis, le défaçage était mérité. À cette époque, tous les comptes administrateur du fournisseur de services canadien qui hébergeait ce site avaient des noms très faciles à identifier par ingénierie sociale.

En tout cas, le webmaster furieux a demandé à son fournisseur de lui donner la copie des fichiers de logs pour identifier le responsable de cette attaque (pas bien méchante au demeurant). L'administratrice a répondu en riant qu'il était techniquement impossible de localiser un hacker. Vu la nullité de ses mots de passe, cette dernière aurait mieux fait de ne pas rire, mais elle avait raison sur au moins un point : un bon pirate est impossible à localiser.

Comment ? Avec toutes ces traces, tous ces espions, tous ces renifleurs, il serait impossible de retracer l'origine d'une attaque ? Oui, c'est un fait certain. Même Kevin Mitnik, le héros des pirates qui vivait et téléphonait gratuitement grâce à sa virtuosité numérique (et probablement surtout grâce à ses précieux informateurs), s'est fait prendre parce qu'il avait trop parlé. Techniquement, personne ne l'avait jamais localisé.

Bien évidemment, vous expliquer comment être discret n'a pas pour but de vous aider à vous lancer dans des attaques d'envergure. De toute façon, la furtivité nécessite une certaine expérience pour mériter véritablement le qualificatif "d'intraçable". Néanmoins, plus les techniques de discrétion sont sophistiquées, plus il est difficile de localiser un utilisateur du réseau Internet.

Certaines techniques simples vous permettront au moins de protéger votre vie privée, sans pour autant être absolument impossible à repérer : tout est une question d'échelle.

Si vous utilisez l'une des techniques de furtivité décrites ici, le niveau de protection sera par exemple suffisant pour rendre vos communications secrètes vis-à-vis d'un employeur ou d'une petite amie. En revanche, ces mêmes communications pourraient être tracées par un organisme policier.

Dans tous les cas, si vous opérez depuis le territoire national, il existera toujours et forcément un moyen de vous écouter et de vous localiser : les moyens à mettre en œuvre seront plus ou moins conséquents, et on décidera de les utiliser ou pas selon l'importance du délit. Ce qui après tout n'est que justice : n'espérez donc pas pouvoir faire tout et n'importe quoi en totale impunité grâce à ce qui va être décrit ici !

Comment les pirates font-ils pour être discrets ? Explications !

Info

On a pu s'inquiéter récemment, et à de nombreuses reprises, des dispositifs mis en place par les États pour empêcher leurs internautes d'accéder à l'intégralité d'Internet. C'est le cas en Chine, cas le plus connu, mais aussi, et on y pense moins, aux États-Unis qui pendant un temps ont bloqué toutes les adresses IP françaises sur un certain nombre de sites gouvernementaux (pendant la deuxième guerre d'Irak, notamment). La méthode du proxy ou celle du routage en oignon que nous décrivons dans cet article sont parmi celles qui permettent aussi de contourner ce type de "restrictions" envers la liberté de consultation. On notera que cette méthode est aussi utilisable pour contourner les restrictions commerciales (il était ainsi possible d'accéder *via* des proxy américains aux sites de la chaîne ABC qui diffusent des séries télévisées, alors que, là encore, les adresses européennes étaient bloquées). Quand les pirates favorisent la démocratie et la liberté d'informer et de s'informer...

Les techniques de camouflage

Voici les principales techniques mises en œuvre pour se camoufler :

- Le piratage de session IP : le pirate utilise la connexion d'un autre et apparaît avec l'IP de cet autre utilisateur (vous, moi). C'est l'usurpation d'identité.
- Le routage téléphonique : avant, on utilisait des modems reliés à des "passerelles téléphoniques" (lire encadré suivant) en cascade pour se connecter.
- L'utilisation de points d'accès wireless : un pirate connecté *via* un réseau sans fil est quasi impossible à localiser physiquement.

- L'exécution de programme sur des machines distantes : un ordinateur piraté dans le passé et équipé d'un troyen est utilisé pour attaquer ou se connecter à un autre ordinateur. C'est l'ordinateur piraté qui apparaît, et le troyen permet de nettoyer les logs pour effacer toutes traces.
- La furtivité basée sur les proxy : on enchaîne les serveurs proxy entre eux de manière plus ou moins complexe, et on passe de l'un à l'autre rapidement. Le proxy joue alors le rôle de masque. Bien utilisée, cette technique, très à la mode, est presque parfaite et il est impossible de remonter à l'attaquant.
- La furtivité basée sur le Peer to Peer avec des surcouches anonymes du réseau Internet telles que Tor.

INFO

Les passerelles téléphoniques. De tout temps, il a existé des passerelles téléphoniques : il s'agit de numéros de téléphone que vous composez... et qui vous donnent la tonalité ! Vous n'avez qu'à composer ensuite votre vrai numéro, qui bien évidemment peut être partout dans le monde. Vous appelez donc de Moscou à Tombouctou gratuitement (si la passerelle est un numéro vert), ou pour le prix d'une communication locale (si la passerelle est un numéro local). Jadis, les passerelles étaient mises en œuvre dans les centraux des PTT par des techniciens de l'ancêtre de France Télécom pour téléphoner gratuitement. Gratuitement pour le service, mais bien évidemment, le service était notablement élargi au cercle des proches et de la famille. Parfois, un numéro de passerelle circulait dans des cercles de pirates parisiens, vite abusé et qui se retrouvait assez rapidement fermé.

Aujourd'hui, ce sont les centraux téléphoniques (PABX) utilisés par les plates-formes d'appel qui eux aussi se voient munis de ce genre de passerelle. Les numéros et les codes utilisés pour employer ces passerelles circulent sur Internet.

Si vous les trouvez, ne les utilisez pas ! D'abord parce que cette manipulation est un délit puni par la loi. Ensuite, parce que vous serez repéré ! Si hier les utilisateurs de passerelles étaient quasi impossibles à localiser avec des centraux mécaniques, il n'en est plus rien aujourd'hui avec les centraux numériques qui tracent l'origine de n'importe quel appel.

Le routage téléphonique

Le routage téléphonique, c'était la règle jadis. Ça devient compliqué aujourd'hui, voire techniquement obsolète : cette technique n'est maintenant pratiquement plus utilisée puisqu'elle oblige à employer un modem RTC classique à 56 Kbit/s, voire 33 Kbit/s, trop lent. Par ailleurs, les centraux numériques rendent le routage téléphonique traçable.

On peut encore se connecter à Internet presque anonymement *via* des opérateurs Internet "sans abonnement", mais c'est de plus en plus rare. Au Royaume-Uni, il existe quelques fournisseurs d'accès totalement "ouverts" (c'est-à-dire sans aucune procédure d'enregistrement) tels que **adial.co.uk**, qui sont anonymes.

Mais ne rêvez pas, avec un "accès libre" *via* ces opérateurs, vous laissez quand même une trace : quand vous appelez, votre numéro de téléphone est forcément loggé ! Nous avons donc là un niveau de sécurité moyen et un surf "discret", mais assurément pas secret.

Il est ensuite toujours possible de créer une cascade d'appels en utilisant un numéro de téléphone anonyme tel que ceux de **www.Yac.com** ou **www.selftelecom.fr**. Ces entreprises vous permettent d'ouvrir anonymement une ligne de téléphone routable d'à peu près n'importe où. L'astuce ici sera de faire pointer le numéro Yac sur un accès Internet ouvert comme celui de **adial.co.uk**. Vous appelez votre numéro Yac, qui appelle le prestataire Internet.

Surf limité à 33 Kbit/s, coûts de connexion astronomiques (les numéros Yac ou selftelecom sont surtaxés), mais bon, si vous êtes un obsédé de la sécurité, ce montage-là est presque impossible à tracer… sauf si votre ligne téléphonique est sur écoute, mais là, c'est que vous êtes un méchant, et on ne va quand même pas vous aider !

De toute façon, toutes ces solutions sont bien compliquées et techniquement dépassées. Si vraiment vous souhaitez surfer de manière privée, sans que votre patron ou votre petite amie ne connaisse vos penchants, vous utiliserez plutôt les services d'un "anomyzer d'adresse IP".

Le réseau wireless et le wardriving

En matière d'accès au réseau discret, voire secret, si le routage téléphonique est devenu inefficace, il a été remplacé par un moyen de se relier au Net autrement plus discret et performant : le réseau sans fil (voir Figure 13.1) !

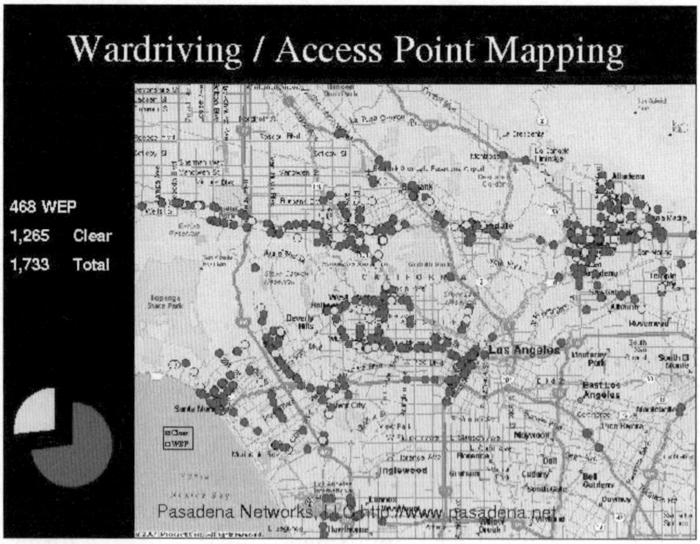

Figure 13.1

Le réseau sans fil, bien pratique pour les pirates…

Nous vous avons décrit les techniques d'intrusion au Chapitre 8. Et une fois entré, le pirate est quand même relié à Internet *via* une ligne à 11 Mbit/s, ce qui n'est pas rien. De cette liaison peuvent partir toutes formes d'attaques ou tentatives de décodage de mots de passe.

Mieux, ou pire, cette liaison par intrusion dans un réseau 802.11 est techniquement indétectable sans utiliser une technique habituellement réservée aux gendarmes et aux militaires : la triangulation.

Quelques explications !

Techniquement, l'ordinateur portable intrus qui est relié au réseau sans fil piraté ne fournit sur les ondes qu'une seule donnée qui pourrait être utilisée pour le localiser : la puissance du signal qu'il reçoit.

Avec cette information de puissance, on peut donc depuis le réseau sans fil connaître approximativement sa distance, c'est-à-dire un rayon qui le sépare du point d'accès, mais pas sa position. L'administrateur du réseau hébergeant l'intrus ne peut donc que tracer un cercle correspondant à ce rayon autour de son point d'accès : ce cercle correspond au périmètre dans lequel se trouvera le pirate. Autant dire qu'il est difficilement utilisable.

Pire, le pirate peut passer d'un réseau à un autre, accentuant encore sa discrétion. Dans une zone industrielle par exemple, il est assez fréquent de localiser en quelques minutes plusieurs dizaines de points d'accès sans fil mal sécurisés. Dans ce cas de figure, en passant d'un point à un autre, le pirate est totalement furtif.

Seule la triangulation permettrait de localiser ce pirate (s'il ne bouge pas) : cette technique met en œuvre trois points de mesure des ondes émises par la carte réseau de l'ordinateur pirate. Avec ces trois points, il devient possible de tracer un triangle dont le centre est la position présumée du pirate. Nous vous l'avons dit, c'est une technique lourde. Elle était utilisée pour détecter les émetteurs radio FM illégaux avant 1981 (et après pour quelques radios underground). Elle est donc fonctionnelle, mais seuls les services de police et de gendarmerie en sont équipés en France.

En conclusion ? Nous pouvons dire que l'accès illégal *via* un réseau sans fil est actuellement la technique la plus furtive et discrète qui soit, et aussi la plus performante et confortable. Le pirate est totalement anonyme (c'est l'identité du propriétaire du réseau qui apparaît pendant les attaques) et profite d'une bande passante généreuse. C'est un point très critique qui pourrait d'ailleurs entraver le développement des réseaux WiFi citoyens dont nous avons parlé au Chapitre 8.

Un bémol doit être mentionné : chaque tablette, chaque PC possèdent un numéro de série visible sur le réseau (l'adresse Mac). Il est fort probable que par un moyen ou un autre, cette adresse Mac puisse être reliée au propriétaire d'une machine, surtout avec les boutiques d'application en lignes et les profils détaillés qu'elles détiennent sur leurs utilisateurs.

Utiliser de fausses adresses IP

Avant que le réseau sans fil ne devienne le moyen privilégié d'accès au réseau des pirates, ces derniers ont aussi utilisé de "fausses adresses IP".

Une fois de plus, c'est la faiblesse – ou plutôt la souplesse – de TCP/IP qui rend possible la création de fausses identités sur Internet. Une fausse identité, c'est tout simplement s'attribuer une adresse IP en remplacement de celle qui est officiellement affectée par le réseau.

Techniquement, l'utilisation de fausses adresses peut poser quelques problèmes. Dans la méthode la plus classique de fausse numérotation, on remplacera l'adresse IP de son ordinateur par une autre en utilisant les outils de configuration de Windows ou de Linux : il sera possible d'envoyer les paquets IP tout à fait normalement, et ces derniers seront associés au numéro usurpé.

Inconvénient de cette méthode assez basique, les paquets retournés le sont au légitime utilisateur de l'adresse IP usurpée. Le pirate peut donc utiliser une adresse IP usurpée pour créer une attaque par déni de service par exemple, mais pas pour un scanner de réseau (puisque le scanner doit récupérer les informations retournées par les ordinateurs explorés).

Cette incapacité du protocole IP à identifier exactement la provenance d'un paquet de données et éventuellement à les trier permet donc l'utilisation de machines que l'on qualifie de "zombies" (simple relais entre l'attaquant et la cible).

Compte tenu de la multiplication des accès Internet permanents (tant chez les particuliers qu'au sein des entreprises et des administrations : câble, ADSL, etc.) et du manque de précaution chez les utilisateurs d'Internet en matière de sécurité informatique, l'utilisation de machines zombies est quand même dangereuse.

Ajoutons qu'il sera aussi possible au pirate – moyennant une opération de déroutage préalable *via* des paquets ICMP – de "voler une session" : en d'autres termes, s'introduire au milieu d'un échange entre un utilisateur d'Internet et son routeur par exemple, puis détourner le numéro IP de l'utilisateur à son profit.

Dans ce dernier cas, le pirate bénéficie d'une véritable session IP anonyme pour commettre ses méfaits. Cela dit, ce qui est à la mode en matière de furtivité, ce n'est pas le détournement ou l'usurpation d'IP (tout compte fait assez complexe à mettre en œuvre), non, ce qui marche, c'est l'utilisation des public proxy et des logiciels d'évasion de proxy qui sont vraiment efficaces.

Les réseaux Peer to Peer et routage en oignon

Depuis la fin des années 1990, de nombreuses propositions pour faire cohabiter une couche logicielle d'anonymisation sur le réseau Internet public ont été proposées. L'idée est simple : considérer qu'il est possible de faire fonctionner un réseau IP simulé sur le réseau IP physique. C'est en gros le principe de l'émulateur matériel, appliqué au réseau. On aura compris que si ce réseau sur le réseau est hautement crypté il offre toutes les fonctionnalités d'Internet, sans les possibilités d'identification qu'offre le réseau officiel : car, lorsque vous utilisez une adresse IP, n'oubliez jamais que celle-ci vous a été attribuée par quelqu'un (généralement un opérateur, ou votre employeur sur le lieu de travail), et que ce quelqu'un sait qui vous êtes.

Ces réseaux diffèrent considérablement des systèmes à base de proxy, que nous verrons plus loin, au sens où ils proposent non pas un moyen de surfer anonymement mais bel et bien un réseau TCP-IP complet avec même parfois ses propres espaces de stockage de données ou même de publications de sites Internet.

Freenet

http://freenetproject.org/

Disponible sous Windows et Linux, Freenet fonctionne en Java. Vous devrez donc vous assurer d'être équipé d'une machine virtuelle Java avant de l'avoir téléchargé. L'installation est automatique et relativement simple.

Freenet installé, ouvrez un explorateur et tapez :

- http://127.0.0.1:8888/wizard/. Vous accéderez toujours à la configuration de Freenet par ce moyen. Ce logiciel est en effet un serveur qui fonctionne en tâche de fond sur votre machine.
- Lancez l'assistant de démarrage, laissez les diverses options (gestion des nœuds freenets, etc.) par défaut.
- Freenet est prévu pour fonctionner sur un réseau restreint de 5 correspondants. Vous pouvez valider "connect to strangers" pour tester le réseau en attendant d'avoir mis en place votre propre groupe.
- Demandez des performances "NORMAL". Remplissez les écrans de niveau de confidentialité selon vos propres besoins (personnellement, l'auteur est peu concerné par les risques de saisie de son ordinateur...).
- Choisissez un quota de bande passante : attention, Freenet utilise votre PC en tant que nœud et se servira de toute la bande passante. Soyez donc modeste si vous l'utilisez dans une entreprise, par exemple, et si vous ne souhaitez pas que votre machine soit identifiée pour trafic anormal.

La configuration est terminée. Votre nœud Freenet va progressivement s'intégrer au réseau et voir ses performances augmenter. Le principe ici est d'utiliser les ressources de Freenet qui sont totalement secrètes et protégées. En d'autres termes, vous pouvez mettre en place un réseau avec vos amis, complètement sécurisé, mais pas accéder à toutes les ressources d'Internet. C'est la principale faiblesse de Freenet et des outils similaires.

Pour accéder vraiment à toutes les fonctions d'Internet dans les meilleures conditions de sécurité, on préférera un dispositif de routage sécurisé, tel que Tor, que nous allons maintenant décrire.

Tor

https://www.torproject.org/i

Tor fait transiter vos communications au sein d'un réseau virtuel hébergé par des volontaires partout dans le monde. Tor a été initialement conçu, mis en œuvre et déployé en tant que projet routage en oignon du Naval Research Laboratory des États-Unis. Il a été conçu dans le but principal de protéger les communications gouvernementales transitant sur un réseau IP initialement non sécurisé.

Sur ce réseau, votre présence est donc totalement virtuelle et anonyme car quiconque observant votre connexion Internet est dans l'incapacité de savoir quels sites vous visitez ou quelles actions vous menez sur le réseau Tor, qui est crypté. Tor est donc un véritable réseau dissimulé dans le réseau et fonctionne avec la plupart des applications compatibles TCP-IP existantes, y compris les navigateurs web, les clients de messagerie instantanée, les connexions à distance.

Bien que son utilisation soit en forte progression, Tor – dont les performances sont très dépendantes du nombre de nœuds disponibles – n'est pas forcément la panacée. Conséquence d'un faible maillage, il peut parfois être extrêmement lent lorsque trop peu de nœuds de volontaires lui servent de support. Mais ce problème disparaît progressivement au fur et à mesure du développement de la notoriété du réseau. Pour ce qui me concerne, j'avoue que Tor me pose un problème moral : si vous étudiez le système, son code source, sa structure, vous arriverez à la conclusion que son degré d'anonymat frise la perfection.

Le problème est que de nombreux acteurs malveillants le savent aussi (malveillant peut aussi rimer avec intelligent). Conséquence, lorsque vous hébergez un nœud Tor, vous ne savez jamais vraiment ce qui transite par son entremise. Ce peut être moralement gênant.

Néanmoins, des groupes militants tels que l'Electronic Frontier Foundation (EFF) recommandent Tor en tant que mécanisme de sauvegarde des libertés individuelles sur Internet. On notera aussi que des sociétés utilisent également ce réseau pour protéger certaines transmissions.

Utilisation et installation de Tor

Tor est disponible aussi bien pour Windows que pour Linux et Mac OS. Il s'installe très simplement en tant que plug-in de Firefox. Il suffit de se rendre sur la page du logiciel (**https://www.torproject.org/download/download.html**) et de suivre les instructions.

Les public proxy

Le proxy (voir Figure 13.2), c'est un dispositif qui sert de tampon entre le réseau Internet et l'internaute : le proxy permet de surfer sur des pages web, d'accéder à des serveurs de toutes formes en gagnant du temps. Le proxy stocke temporairement et localement les pages web les plus consultées d'un réseau par exemple, tout en sécurisant la communication. Enfin en théorie…

Figure 13.2
Un ordinateur proxy.

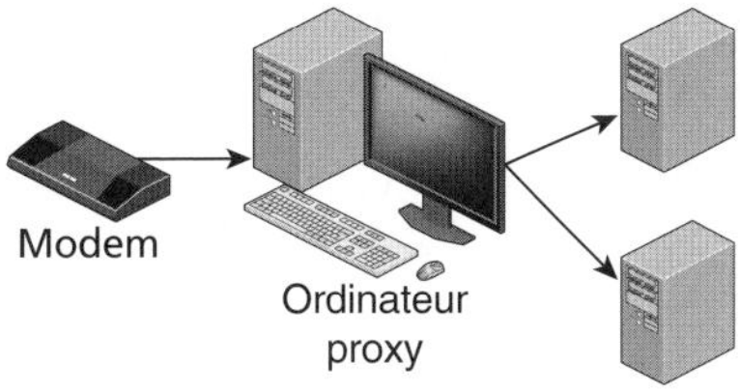

Le proxy est donc un point de passage obligé sur un intranet par exemple, qui offre l'énorme avantage pour le pirate de masquer son identité. Il est impossible de savoir qui surfe sur une page ou teste un mot de passe lorsqu'il passe par un proxy : officiellement, c'est le proxy qui consulte !

Cette faculté a bien vite été réutilisée par les pirates pour créer des liaisons totalement anonymes. On peut parler de technique de "connexion Internet à évasion d'adresse IP". Quid ? Un mot choisi pour évoquer les radios "à évasion de fréquence" qui équipent désormais les armées et parfois les forces de police.

Bref résumé du système : lorsque vous parlez sur les ondes, on peut vous écouter pour ainsi dire comme à la radio ! En matière d'air, c'est comme avec les tuyaux d'Internet, il y a des scanners ! Avec un scanner, on étudie toutes les fréquences d'une zone donnée, et on tombe forcément et au choix sur les policiers, les gendarmes, les contrôleurs aériens, etc.

Bien évidemment, c'est trop facile. Pour sécuriser cela, on a donc inventé la liaison radio numérique – le téléphone GSM en fait partie –, qui véhicule à travers les ondes des données informatiques, éventuellement cryptées et donc plus difficiles à écouter.

On vous fait croire qu'il n'est plus possible d'écouter vos conversations téléphoniques *via* un scanner avec ce système à haute protection (ce qui est vrai), mais on oublie de vous dire qu'il est possible d'écouter tout ça avec – c'est logique – un ordinateur. Bref, l'hertzien, même en numérique, c'est pas vraiment très sûr.

Pour obtenir un niveau de sécurité supérieur, l'évasion de fréquence compense ce défaut : cette fois, la radio ne va plus être utilisée à travers une fréquence unique, mais en changeant sans cesse (plusieurs fois par seconde). Résultat, le scanner ne marche pas et l'ordinateur non plus : ils ne peuvent écouter qu'une fraction de seconde d'une liaison à évasion de fréquence, mais ne peuvent pas suivre cette conversation.

Et figurez-vous que sur Internet, en matière de piratage, on peut faire pareil ! La connexion Internet furtive (voir Figure 13.3) est très simple à réaliser et est accessible à tout un chacun ! Un programmeur moyen peut même créer un outil de connexion furtive sans grande difficulté : il a juste besoin de l'idée.

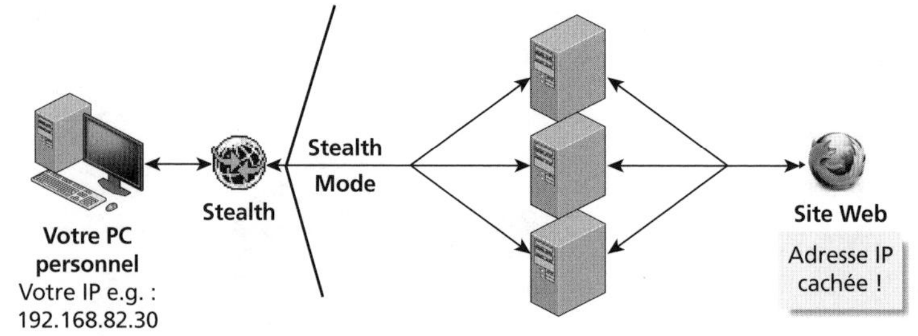

Figure 13.3
Le schéma de furtivité avec une "évasion de proxy".

Comment ça marche ? Plutôt simple :

- On localise un ensemble de services proxy anonymes : ce sont les "fréquences".
- On entre les adresses de ces proxy dans une base de données.
- On crée un logiciel lui-même de type proxy, mais dont la particularité est de fonctionner en "cascade" : le proxy du pirate appelle lui-même un proxy contenu dans la base de données.

C'est une première étape vers la furtivité : si le proxy en cascade est suffisamment anonyme, le pirate a déjà son identité masquée. Néanmoins, un administrateur réseau bien avisé va vite s'apercevoir qu'une opération de décodage de mot de passe *via* Brutus arrive par un proxy. Il peut donc bloquer l'adresse IP de ce proxy.

Ici intervient le principe d'évasion de fréquence.

Le logiciel proxy du pirate ne va plus utiliser un seul proxy, mais en changer à chaque requête TCP/IP (voir Figure 13.4). Résultat, l'administrateur du site en cours de piratage ne voit plus un proxy se comportant comme Brutus, mais des centaines de proxy par seconde qui envoient chaque fois un petit morceau de paquet TCP/IP sans caractéristique précise.

Conséquence, au pire, sur un site à fort trafic, ces paquets sont totalement indétectables car fondus dans la masse de paquets, au mieux, sur un site ou un serveur à faible activité, on constate une augmentation anormale de trafic, mais en étant bien en peine d'en identifier la provenance.

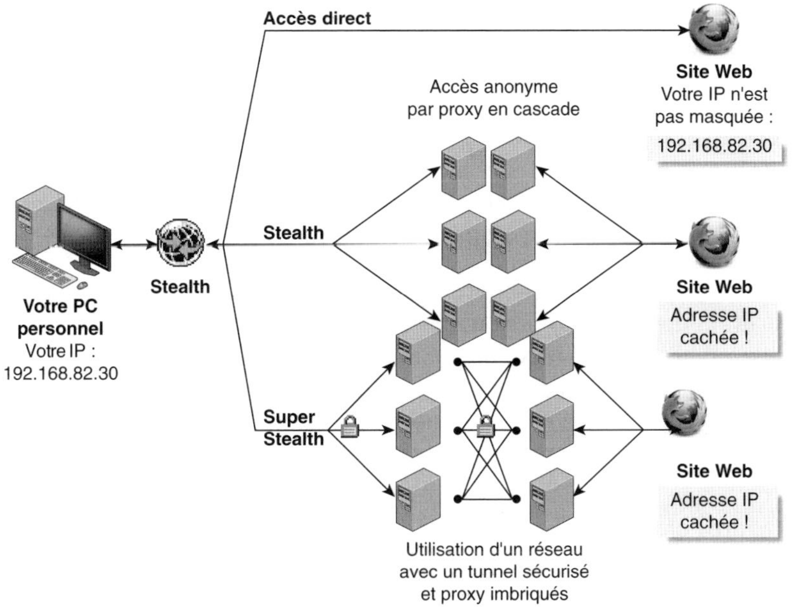

Figure 13.4
La technique encore poussée avec des proxy imbriqués.

De manière générale, le manque de serveurs proxy ouverts a longtemps rendu l'utilisation des navigateurs anonymes par proxy compliquée. Souvent lente, peu fiable, l'anonymisation par proxy laisse désormais sa place aux routeurs tels que Tor, qui devraient progressivement les supplanter dans les années à venir.

Quelques logiciels d'anonymat par proxy sont en libre diffusion sur Internet. Ils sont généralement livrés en version utilisable, avec une option de déblocage payante qui donne accès à des fonctions plus sophistiquées.

On notera pour l'anecdote que l'utilisation de serveurs proxy demeure le seul moyen d'accéder à des contenus multimédias géolocalisés : accéder à une série vidéo publiée en France sur un site de télévision, par exemple, et interdite de diffusion ailleurs qu'en Europe sera visible à travers un proxy localisé en France depuis n'importe où dans le monde. Le système de protection considérera en effet que le spectateur est localisé dans le pays du proxy.

Stealther

Stealther est un agent utilisé avec Firefox, comme un add-on (**https://addons.mozilla.org/en-US/firefox/addon/stealther/**). Il permet d'explorer Internet avec un très haut niveau d'anonymat. Il intègre un grand nombre d'adresses de serveurs proxy anonymes, qui ne sont malheureusement pas toujours opérationnels. Vous pouvez les remplacer par vos propres références de proxy.

Stealther permet de bloquer les cookies d'un clic de souris. Il fournit un ensemble de statistiques relatives à votre connexion et aux informations transmises par votre explorateur.

Pour créer un réseau de serveurs proxy, Stealther vérifie le temps de réponse de chacun des serveurs et établit une liste de points de liaison opérationnels. À partir de cette liste, vous pouvez ensuite partager votre raccordement anonyme au réseau Internet avec d'autres stations, à travers un réseau local.

Vous pouvez aussi utiliser Stealther comme serveur proxy local ! Ce logiciel est une bonne solution de navigation anonyme, qui s'adresse autant aux utilisateurs isolés qu'aux réseaux d'entreprise. Le mode Super Stealth qui garantit un surf quasi indétectable est désactivé après acquittement d'une contribution.

Anomyzer

Le proxy furtif empêche le propriétaire du serveur consulté de vous identifier, mais pas le propriétaire du réseau sur lequel vous êtes connecté de vous observer !

La seule solution totalement furtive pour un surf anonyme – qui est l'une des plus grandes demandes des internautes –, c'est d'utiliser des outils payants tels qu'Anomyzer, qui créent un tunnel sécurisé entre vous et le proxy. Vous trouverez des informations sur ce produit sur **http://www.anonymizer.com**.

Son principe de fonctionnement est le suivant : Anomyzer crée un tunnel sécurisé entre votre explorateur et ses propres serveurs. Pour l'activer, une fois que le logiciel d'installation est lancé, procédez ainsi :

1. Déroulez le menu contextuel au-dessus de l'icône d'exploration (voir Figure 13.5).

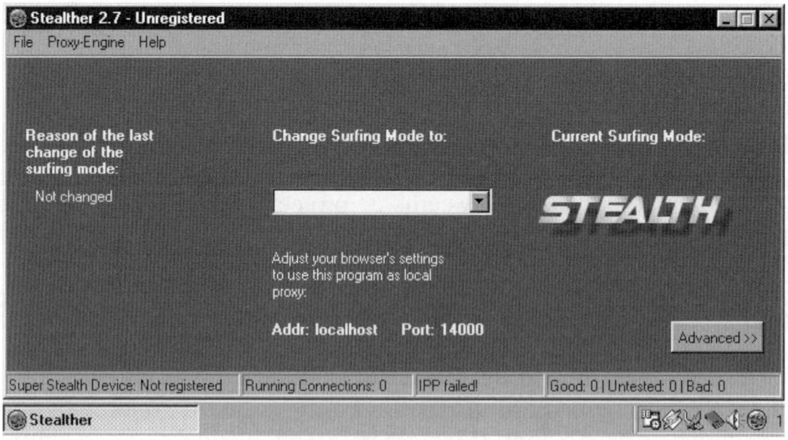

Figure 13.5
Anomyzer installé.

2. Validez l'option Anomyzer Toolbar. La barre des tâches (voir Figure 13.6) s'affiche.

3. Cliquez sur On.

Figure 13.6
Anomyzer en fonctionnement.

Anomyzer sécurise désormais toutes vos connexions et vos consultations de pages HTML.

14

Épilogue : le PC déraille !

Vous avez installé sur votre PC de tous les jours des troyens, des virus, des analyseurs, des renifleurs, le tout en version bêta et peu stable ? Résultat : plus rien ne marche !

Après des heures et des heures d'expérimentation, d'installation d'outils de hacking plus ou moins fiables, d'entretien approximatif, le disque dur de votre PC est encombré et quasi inutilisable. Les pannes sont-elles dues à des virus, à des pilotes, à des bases de registres, à des troyens ? Il est difficile de le savoir. Avez-vous été "hacké" ou votre PC déraille-t-il parce qu'il est pollué par des freewares ou des outils peu recommandables ?

Une seule solution : repartir de zéro. Il nous a semblé essentiel, après vous avoir fait pénétrer dans le monde *underground* de l'informatique, de vous aider à en sortir. Dans ce chapitre, nous allons donc vous expliquer comment transformer une machine défectueuse en un bel et solide édifice.

Première difficulté : il faut savoir évaluer s'il faut tout recommencer ou si des mesures d'urgence peuvent encore être appliquées. Dans les grandes lignes, il faut repartir de zéro (voir Figure 14.1) dans les situations suivantes :

- Le PC génère sans cesse des erreurs système ; une réinstallation de Windows ne permet pas de résoudre le problème.
- Le PC est sans arrêt victime d'erreurs de disque dur ; Scandisk ne peut résoudre le problème.
- Le PC se bloque sans raison, tout le temps ; un nettoyage du disque ou l'installation d'une nouvelle version de Windows n'y changent rien.
- Le PC affiche toutes les 5 minutes des "erreurs de base de registres" ; une restauration de cette dernière avec l'installation de Windows ne règle pas le problème.

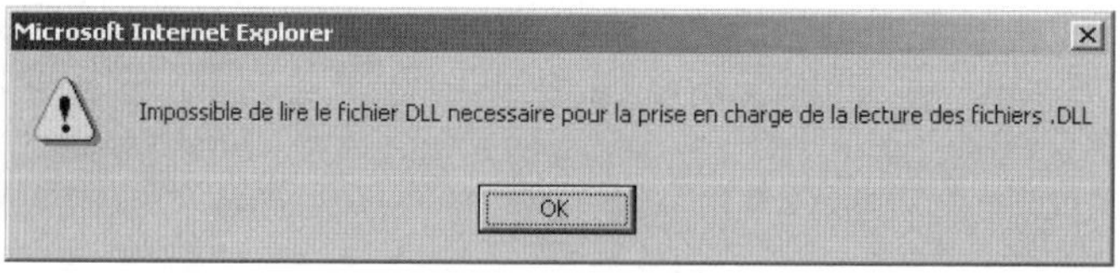

Figure 14.1
Les erreurs se multiplient ? Il est temps de réinstaller !

Quand un PC est "malade" à ce point, aucune thérapie ne peut le "soigner". L'accumulation des petits défauts a définitivement déstabilisé le système, endommagé tout ou partie de l'organisation du disque dur. La plupart des utilitaires de réparation sont en difficulté. De petits fragments restent sur le disque quelles que soient les manipulations. Si des virus sont la cause de vos soucis, ils peuvent dans certains cas survivre aux procédures de type Scandisk ou Format. Bref, il faut tout recommencer.

La procédure consiste en une suite d'opérations assez lourdes, qui prennent beaucoup de temps (mais beaucoup moins que les heures passées à installer et à tester des virus et des outils de diagnostic !). Au final, vous récupérez un ordinateur dans son état primitif, tel qu'il était (ou presque) le jour de sa sortie d'usine ou de sa livraison : rénové, rajeuni, fonctionnant comme une horloge, avec éventuellement un gain de performances important.

Une rénovation complète du contenu d'un PC suppose les opérations suivantes :

- Remise à zéro du disque dur, pour le remettre dans l'état dans lequel il était à sa sortie d'usine : c'est le formatage "bas niveau".
- Préparation du disque dur pour le système avec un second niveau de préparation : c'est le partitionnement avec l'utilitaire FDISK.
- Formatage du disque dur pour le rendre compatible avec le système.
- Remise à zéro par formatage de vos mémoires de masse annexes (clés USB notamment) qui seront souvent une source de logiciels malicieux.
- Réinstallation du système.
- Réinstallation des composants de Windows ou de Linux.
- Réinstallation de certains pilotes.
- Réinstallation de vos logiciels.
- Réinstallation de vos documents.

INFO

Une remise à zéro passe forcément par l'installation de la dernière version de Windows. Vous devez vous procurer une version de Windows à jour pour effectuer votre remise à zéro. Les anciennes versions – celles que vous avez reçues avec votre ordinateur – présentent trop de problèmes et d'erreurs. Prenons par exemple Windows 98 ou Me : il faut réinstaller le système original et faire appel à Windows Update pour qu'il réinstalle toutes les mises à jour publiées depuis l'achat de votre système. C'est long et fastidieux, mais impossible d'y échapper.

Les préparatifs

Pour la remise à zéro d'un PC, quelques préparatifs s'imposent. Tout réinitialiser suppose de détruire absolument tout ce que le PC contient : configuration, système, utilitaires, informations sur les pilotes…

Sauvegarder tout ce qui doit l'être

Avant de remettre à zéro, il faut copier quelques fichiers en vue de leur réinstallation ultérieure (voir Figure 14.2). Cette sauvegarde concerne les fichiers issus de traitements de texte, les tableaux, les images, et tout type de document dont vous avez besoin.

En règle générale, ne sauvez que le strict nécessaire. Abandonnez tout fichier que vous pouvez récupérer sur un autre PC ou disponible sur un support de stockage sain.

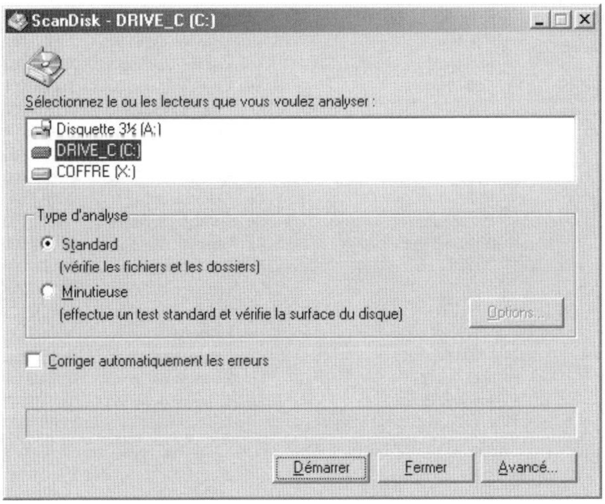

Figure 14.2
Avant de sauver, nettoyez !

Attention

Avant de sauver, nettoyez ! Il faut évidemment éviter de sauver des fichiers endommagés. Les problèmes de fichiers croisés et autres erreurs de structure ou de contenus demeurent sur la sauvegarde. Résultat : lorsque vous réinstallez le contenu de votre PC, les erreurs persistent. Avant de sauvegarder vos fichiers, réalisez une analyse rapide de la structure du disque et des fichiers avec Scandisk. Abandonnez sans hésiter tous les fichiers décrits par Scandisk comme étant définitivement endommagés. Scandisk est toujours présent sous Windows Vista, accessible par un clic droit sur l'icône du disque dur, Propriétés, puis Outils.

Abandonner ce qui doit être rénové

Pour éviter de conserver d'anciens virus, ne sauvegardez aucun fichier (à part les programmes contenus dans la disquette d'installation) ayant les extensions .com, .exe, .ovl, .dll, .drv (voir Figure 14.3). Il s'agit d'exécutables susceptibles d'être infectés. Même les petits utilitaires dont vous avez besoin doivent être réinstallés à partir des supports originaux, ou encore téléchargés depuis Internet.

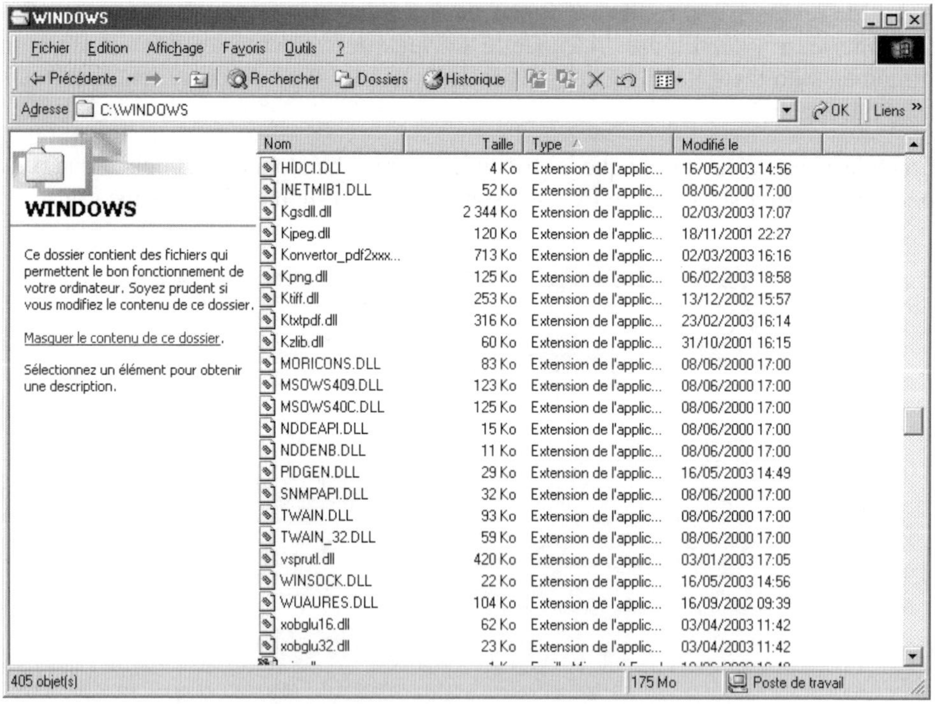

Figure 14.3

Il est inutile de copier les fichiers exécutables.

Bien évidemment, ne conservez aucun programme : tous doivent être réinstallés proprement à partir de leur support original, de leur CD-ROM d'initialisation ou, mieux, téléchargés dans leur dernière version depuis Internet.

À propos de la configuration

Certains ouvrages conseillent de sauvegarder les bases de registres et les fichiers de configuration de votre ordinateur (les fichiers .ini et les fichiers .dat du répertoire "c:\windows") en vue de simplifier la réinstallation. Cette idée semble *a priori* astucieuse, car en recopiant les anciens fichiers système vous récupérez les informations relatives aux périphériques du PC (qui ne changeront pas) et vous évitez une reconfiguration complète. Toutefois, comme certains dysfonctionnements de votre ancienne configuration proviennent éventuellement de fichiers système ou d'initialisation endommagés, en récupérant ces derniers vous risquez de reproduire des erreurs dans le Windows rénové.

La solution ? Elle consiste à noter sur une feuille de papier tous les paramètres de votre PC avant de réinstaller son contenu (voir Figure 14.4). Pour ce faire, parcourez le Panneau de configuration, choisissez l'option Système et affichez l'onglet Gestionnaire de périphériques. Explorez chaque périphérique et composant du PC, un par un, et notez les informations contenues sous l'onglet Ressources (IRQ, DMA, adresses d'entrée-sortie, et adresses IO sont les plus importantes).

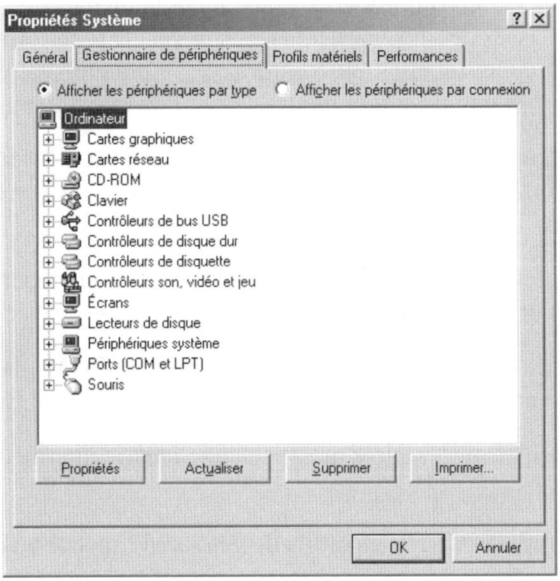

Figure 14.4

Notez toutes les ressources de vos périphériques.

Être équipé d'un dispositif de lancement et de récupération

La dernière étape, très importante, est la création d'un dispositif de lancement. Jadis contenu sur disquettes, ce dispositif peut aujourd'hui être contenu sur n'importe quel périphérique USB activé au démarrage de votre PC. Nous considérerons ici que vous utilisez une clé USB. En reformatant votre disque, vous allez détruire tout son contenu et, par conséquent, effacer les logiciels système et les utilitaires qu'il contient. Il vous faut donc un dispositif de lancement et de récupération qui peut être soit le CD-ROM livré avec votre ordinateur, soit une clé USB que vous aurez vous-même créée.

Examinons les procédures disponibles pour les deux systèmes les plus répandus, à savoir XP et Vista.

Le mode sans échec de Windows XP ne vous sera généralement d'aucune utilité. Dans la situation de pollution avancée d'un PC par des malwares, la procédure de récupération et de réparation d'urgence est la plus appropriée. Vous devez créer dès maintenant une clé USB de réparation d'urgence avant même de rencontrer des problèmes, à l'aide de l'utilitaire de sauvegarde de XP ou en utilisant les outils livrés par le fournisseur de votre ordinateur. Pour le dispositif intégré dans Windows, utilisez les outils proposés dans Démarrer/Programmes/Accessoires/Outils systèmes/Gestion des sauvegardes. Après apparition du message de bienvenue, cliquez sur le bouton Disquette de réparation d'urgence, insérez un dispositif de sauvegarde (une clé USB qui jouera exactement le même rôle que les anciennes disquettes) et choisissez de sauvegarder le registre vers le répertoire de réparation en cochant la zone prévue. La création commence... Étiquetez votre périphérique de sauvegarde, gardez-le en lieu sûr, et mettez-le régulièrement à jour.

La Console de récupération sous Vista fonctionne elle aussi avec un dispositif de lancement et est intégrée dans le dispositif "Windows Recovery Environment" ou encore WinRE ou "Environnement de récupération Windows".

Cette technologie conduit un diagnostic automatique pour réparer les problèmes les plus courants sur votre ordinateur et propose des outils avancés de dépannage.

Insérez le dispositif d'installation (généralement un CD-ROM) dans un lecteur qui aura été configuré comme périphérique de démarrage depuis le BIOS.

Vista charge les fichiers nécessaires ou affiche une fenêtre intermédiaire qui propose les choix suivants :

- Windows Setup, qui active les outils de gestion d'urgence au démarrage ;
- Windows Memory Diagnostic, activé avec la touche Tab, pour diagnostiquer les dysfonctionnements.

Le diagnostic réalisé, appuyez sur la touche Esc pour commencer une nouvelle installation ou une réparation de Windows Vista.

Si tous ces dispositifs de récupération ont été créés préalablement, vous les avez activés pour récupérer votre PC. Vous pouvez commencer à réinitialiser le PC en réalisant plusieurs étapes de préparation de vos mémoires de masse. C'est le formatage.

Les formatages

Formater consiste à préparer un disque dur ou un média magnétique, en vue de sa reconnaissance par une norme. Plus précisément, un disque dur, lorsqu'il vous est livré, est un peu comme une parcelle agricole vierge : il peut tout faire, mais il nécessite au préalable d'être préparé. Pour qu'une parcelle puisse recevoir des semences, il faut l'organiser, tracer des sillons et que ces sillons soient compatibles avec la semeuse, c'est-à-dire de bonne largeur.

Le format est donc l'organisation d'une surface magnétique en pistes et une division de pistes en secteurs, pour la rendre compatible avec un système d'exploitation. Cette manipulation n'est pas réalisée en usine parce que chaque fabricant d'ordinateur ou chaque fournisseur de système d'exploitation choisit lui-même la façon dont seront organisés les pistes et secteurs. Évidemment, les fabricants de PC choisissent tous le même format : celui de Microsoft Windows, qui est livré avec ses machines. Mais il existe d'autres machines : les Macintosh, les ordinateurs avec système Unix, et quelques autres. On distingue plusieurs types de formatages :

- le formatage de bas niveau ;
- le partitionnement ou amorçage ;
- le formatage logiciel.

Ces trois types de formats s'empilent et se complètent. Ainsi, le formatage de bas niveau est un format dit "d'usine" : il s'agit de tracer une piste et des secteurs sur une surface magnétique lisse. Vous utiliserez l'une des variantes de ce format, très pratique, car il est le seul à garantir un effacement total du contenu du disque dur.

Au-dessus de ce format d'usine vient s'ajouter un formatage "primitif" appelé amorçage ou partitionnement, qui consiste à préparer les premiers secteurs de chaque disque dur et à diviser le média en "partitions". L'intelligence de base de votre ordinateur (le BIOS) est composée d'un ensemble de petits programmes, lancés automatiquement à chaque mise en route de la machine. C'est l'un d'entre eux, par exemple, qui affiche le décompte de la mémoire au démarrage du PC. Un de ces programmes du BIOS utilise sa propre méthode pour reconnaître les disques durs du PC, leur affecter une lettre (C, D, E…), savoir s'il doit aller chercher le système sur l'un d'entre eux pour démarrer, et le cas échéant évaluer si certains disques "physiques" sont divisés en plusieurs disques "logiques". En clair, le disque "C" peut très bien être divisé en plusieurs disques "logiques" C, D, E, un peu comme les compartiments d'un wagon de train.

Ainsi préparé, le disque dur peut être "formaté" pour le système, les deux étapes de préparation précédentes ne faisant que tracer des "sillons primitifs" sur le disque : les pistes et les secteurs. Ces espaces sont prévus pour recevoir des données "brutes" et doivent donc être préparés pour être gérés par un système d'exploitation. Le système d'exploitation a des besoins évolués : il gère un système de fichiers (la méthode d'organisation qui permet de dire que le fichier X se trouve sur la zone Y du disque dur), auxquels il attribue des caractéristiques (nom, longueur, date, heure).

Ici, la parabole pourrait être celle d'une route bitumée (la partition) qui doit recevoir une signalisation et un marquage au sol (le formatage) pour autoriser la circulation des véhicules en toute sécurité.

Ces explications sont utiles pour comprendre le fonctionnement d'un PC : un formatage système qui défaille provoque des dysfonctionnements au niveau des fichiers, et un partitionnement de mauvaise qualité empêche le démarrage du système.

Passons à la pratique, en commençant par le formatage de bas niveau.

Les dispositifs de stockage USB

Les logiciels malicieux sont très souvent entrés dans votre PC par l'entremise d'un dispositif de stockage USB. Ils y sont peut-être encore si, par exemple, votre logiciel antispyware ou antivirus n'a pas été en mesure de les éradiquer. Il faut absolument les désactiver.

Dans le cas d'une clé USB, la meilleure solution est de formater complètement la clé. Des fichiers cachés en procédure de démarrage automatique peuvent encore s'y trouver et le formatage les fera disparaître.

Dans certain cas, celui d'un disque de grand volume, par exemple, il n'est pas possible de procéder à un reformatage sans perdre toutes les données dont vous pouvez encore avoir besoin. Dans ce cas, contentez-vous de supprimer toutes les procédures de démarrage automatique (fichiers Autorun notamment) ainsi que les répertoires dont vous ne connaissez pas le contenu (en règle générale, des répertoires situés en racine et avec des noms de fichiers exécutables que vous ne connaissez pas). Pour détecter ces fichiers (qui contiennent peut-être encore le code malicieux), consultez le contenu du fichier Autorun et observez les procédures de lancement qu'il contient : il existe de très fortes chances que ces procédures désignent des programmes vecteurs de logiciels malicieux.

Sachez qu'il n'existe aucune procédure de lancement automatique sous Linux et que ce système permet d'explorer les structures de fichiers au format de Windows (FAT et NTFS). Vous pouvez donc l'utiliser (si par exemple Ubuntu est installé en double démarrage sur votre machine) pour tenter de nettoyer manuellement les périphériques USB.

Le formatage de bas niveau

Jadis, les constructeurs de disques durs ou de PC proposaient aux utilisateurs des fonctions de bas niveau identiques à celles réalisées en sortie de chaîne de fabrication d'une usine. Ces dernières ont quasiment disparu. Désormais, le véritable formatage de bas niveau est un processus industriel qui n'est réalisé que lorsque le disque est créé ; il n'est plus disponible une fois les portes de l'usine Quantum, Western Digital ou IBM franchies !

La plupart des formatages dits "de bas niveau" réalisables sur les PC récents sont en réalité des routines de formatage "total". Lorsque ces routines existent, elles n'organisent pas le support au niveau "magnétique" mais se contentent d'écrire et de lire les secteurs du disque en s'assurant qu'ils sont totalement vides et fonctionnels. Elles sont donc les seules capables d'effacer totalement un disque dur et son contenu (alors que la plupart des autres outils de formatage se contentent de restructurer les pistes, en laissant des traces sur le disque). Elles constituent donc un plus, pour supprimer définitivement des données ou un virus ! Signalons à titre anecdotique que la commande `Format`, appliquée sur une disquette, était également une procédure de format de bas niveau.

INFO

Le formatage d'usine. Ce qu'on appelait jadis le formatage "de bas niveau" n'existe plus sur les disques actuels : le formatage d'usine est fait une fois pour toutes et prévu pour la vie entière du disque.

Comment faire ?

La procédure de formatage de bas niveau n'est pas simple à mettre en œuvre. Elle est importante car elle seule permet une résolution définitive de tous les dysfonctionnements causés par des défaillances magnétiques du disque dur. C'est donc une véritable "stérilisation" du disque. Si cette procédure vous rebute, vous pouvez passer outre. Les étapes qui suivent provoquent un nettoyage suffisant du disque dans 99 % des cas. C'est déjà bien. Sachez toutefois que de nombreux revendeurs affirment, sans honte, qu'un disque dur est à changer alors qu'un formatage de bas niveau suffit pour le rajeunir !

ASTUCE

Le logiciel du constructeur. La plupart des constructeurs proposent leurs propres logiciels de formatage de bas niveau. Essayez de vous les procurer (par exemple sur leur site Internet). L'interface est plus conviviale et le formatage est simplifié.

L'installation de Windows

Il n'est plus nécessaire de formater avec des commandes depuis les dernières versions livrées de Windows, de XP à Vista. Cet aspect de la préparation du PC est totalement pris en charge par la procédure d'installation et est transparente.

Insérez votre CD-ROM dans un lecteur configuré pour le démarrage et laissez l'utilitaire d'installation s'activer. Certaines informations vous sont demandées telles que le numéro de série de Windows, qui est inscrit au dos du boîtier du CD-ROM ou sur une étiquette collée sur votre ordinateur. Dans certains cas, aucun CD-ROM n'est livré avec votre machine : c'est une partition de votre disque dur qui le contient. Faites démarrer votre ordinateur sur cette partition dite de récupération, selon les instructions données par le fabricant.

Choisissez le mode d'installation Par défaut. Nous ne préconisons pas l'installation personnalisée, qui est trop compliquée. Le mode Par défaut est simple et complet. La plupart des périphériques sont détectés automatiquement et leurs pilotes, installés.

Une fois le système définitivement installé, quelques vérifications sont nécessaires. En premier lieu, assurez-vous que tous vos périphériques sont reconnus (modem, scanner), en consultant la liste du gestionnaire de périphériques (option Système du Panneau de configuration). Des problèmes vont peut-être se poser (voir Figure 14.5).

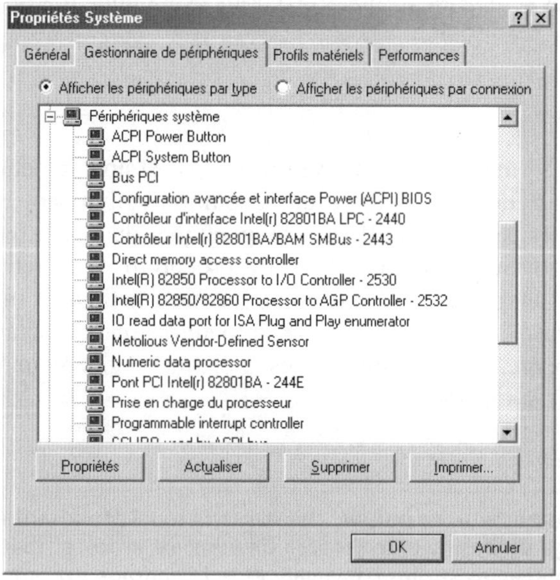

Figure 14.5

Vérifiez l'option Gestionnaire de périphériques une fois Windows installé.

Les points d'exclamation jaunes devant un nom de périphérique

Deux pilotes sont installés pour un même périphérique. Supprimez celui qui est marqué. Si cette suppression provoque un dysfonctionnement, demandez une nouvelle détection de matériel en utilisant la fonction Ajout de périphérique du Panneau de configuration (voir Figure 14.6).

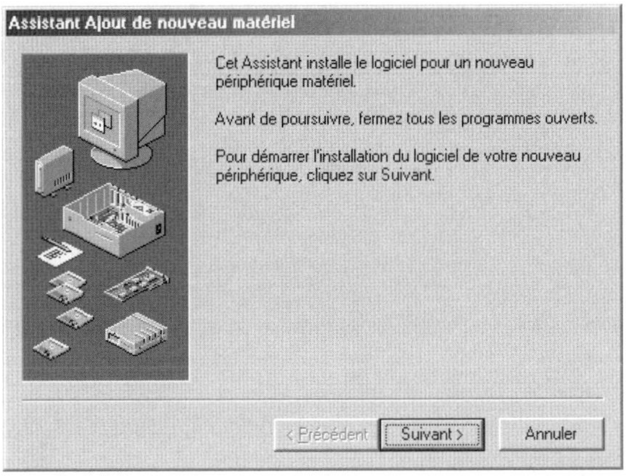

Figure 14.6
Ajoutez les périphériques non détectés avec la fonction Ajout de périphérique.

Problèmes relatifs à des périphériques de haut niveau

Le défaut peut concerner l'un des périphériques de haut niveau de type (liste non exhaustive) :

- carte sonore haut de gamme ;
- carte graphique rapide ;
- carte accélérateur graphique ;
- scanner ;
- carte d'acquisition vidéo.

Lancez la procédure d'installation spécifique, livrée avec votre périphérique, ou le cas échéant une mise à jour acquise ultérieurement – installez toujours le dernier pilote connu (voir Figure 14.7). Entre chaque procédure, pensez à redémarrer votre ordinateur, à retourner dans le Panneau de configuration, option Système, et à vérifier qu'aucun périphérique n'est affecté d'un point d'exclamation. Supprimez au besoin le pilote le moins adapté (le pilote VGA standard de Windows pour une carte graphique, par exemple). Faites appel à Windows Update, qui installera la dernière version de son ensemble de pilotes multimédias DirectX.

Figure 14.7
N'hésitez pas à installer le pilote spécifique de votre périphérique en cas de problème.

Supprimer les pilotes unifiés

Si votre PC est équipé d'un modem ou si Windows a détecté une imprimante, les pilotes standard du système ont été installés en priorité. Remplacez-les par les pilotes livrés par le fabricant du modem ou de l'imprimante.

Affiner la configuration

La visualisation

Par défaut, Windows est installé pour une visualisation en mode standard (résolution et accélération de base). Or la plupart des écrans offrent un confort d'utilisation amélioré en mode haute définition, en HDMI, et avec plusieurs millions de couleurs. Cliquez du bouton droit sur le fond de l'écran, choisissez l'option Propriétés. Sous l'onglet Configuration, validez la résolution qui vous convient. Si c'est le pilote graphique générique qui est installé, vérifiez sur le site du fabricant de votre carte graphique qu'il n'existe pas un pilote spécifiquement conçu pour votre équipement.

Le disque virtuel

Par défaut, le disque virtuel de Windows, accessible depuis l'option Système, sous l'onglet Performances du Panneau de configuration, est installé sur votre disque C:. Il risque de le fragmenter. Nous vous conseillons de l'affecter à un autre disque, si votre PC en est équipé : le D, par exemple. Cliquez sur Disque virtuel, validez la case Me laisser spécifier mes performances, choisissez Taille maximum et la lettre de lecteur D.

Les performances graphiques

Toujours dans le menu Système, sous l'onglet Performances du Panneau de configuration, cliquez sur l'option Graphique, choisissez Accélération matérielle maximum. Votre carte graphique sera exploitée au maximum de ses possibilités. Si vous observez des erreurs d'affichage, cela signifie que le pilote n'est pas adapté. Essayez donc d'installer le pilote correspondant à votre carte graphique. Pour y parvenir, cherchez le nom de son jeu de processeurs dans la documentation, ou sa référence exacte ; cliquez sur Ajout de périphérique dans le Panneau de configuration, activez l'option Cartes graphiques, sélectionnez une entrée dans la liste proposée, et choisissez le bon pilote.

L'installation des logiciels et des documents

Windows est prêt ? Réinstallez maintenant tous vos logiciels. Utilisez pour cela la procédure d'installation associée à l'option Personnalisé.

Récupérez tous vos documents depuis une sauvegarde et copiez-les dans un répertoire "Document", si possible sur un autre disque que celui de Windows.

Réinstallez vos logiciels, si possible dans un autre répertoire que celui de Windows, et sur un autre lecteur de disque.

Les pilotes de vos périphériques sont à présent à jour. Les corrections de Windows et de MSIE sont faites. Votre système et son disque dur sont propres. En d'autres termes, votre PC est vraiment au top niveau !

À partir de maintenant, il vous revient de le garder en bonne santé. Commencez par sauver vos bases de registres et vos fichiers de configuration, à défragmenter et à examiner votre disque avec Scandisk. Pensez à vérifier vos pilotes. Dans quelques jours, nettoyez vos fichiers inutiles et désinstallez ce dont vous n'avez plus besoin.

Bref, recommencez depuis le début. Un PC stable s'entretient ! Et, la prochaine fois, pour tester des virus, n'utilisez pas votre PC de tous les jours !

Annexes

A

Questions et réponses

Après quelques mois de diffusion, cet ouvrage a généré quelques dizaines d'e-mails entre vous, lecteurs, et moi, l'auteur. Je vous invite à continuer à m'écrire, vos questions étant toujours une source d'inspiration. Pour commencer cette série de transcriptions d'échanges, voici un message sympathique :

Bonjour Monsieur,

J'ai entamé la lecture de votre Guide. Je voudrais simplement savoir si vous êtes toujours parmi nous, étant donné l'ultimatum free ?

Cordialement

Ce lecteur a eu la gentillesse de s'inquiéter pour mon accès Internet ! Je l'ai rassuré : la hache de guerre est enterrée !

INFO

Toutes ces questions et réponses sont régulièrement mises à jour sur le site de l'auteur, **http://www.echarton.com**, dans la rubrique Support. Une rubrique spécifique au *Hackers Guide* est accessible à l'adresse **http://www.echarton.com/support_hackers_guide.htm**.

Questions diverses

Protection clé en main !

J'ai lu avec attention votre livre, car avant de connecter le réseau de mon entreprise (dix personnes) via un accès ADSL, je voulais savoir à quels dangers je pouvais être confronté. Mes connaissances en informatique me permettent de mettre en route un réseau, mais pas de le sécuriser.

Je pensais trouver dans votre ouvrage une démarche pas à pas pour sécuriser mon accès et mes machines, mais cela n'a pas été le cas.

Pouvez-vous me donner des informations utiles ou l'adresse d'un site expliquant pas à pas comment fermer tous les ports inutiles et filtrer les e-mails inopportuns ?

Il n'existe pas de "recette clé en main" pour sécuriser un réseau. Cet ouvrage est censé vous transmettre les connaissances nécessaires pour que vous puissiez mettre en œuvre vous-même les mesures de protection.

Chaque chapitre présente une méthode d'attaque sous trois angles :

- la technique de piratage ;
- la mise en pratique (pour vérifier si le réseau est vulnérable) ;
- la contre-mesure (pour supprimer la vulnérabilité).

C'est la "contre-mesure" qui vous protégera. Chaque chapitre présente la contre-mesure adaptée au contexte (protection virale ou protection contre les paquets ICMP, ou encore le scan).

Si nous avions indiqué une recette "globale", il est certain que vous n'auriez pas pu protéger correctement et complètement votre réseau. Il va donc falloir lire le livre dans son intégralité !

ICMP

J'ai lu votre livre Hacker's Guide. Je vous félicite, car c'est un très bon ouvrage. Mais, rendu à la fin de ce livre, je ne sais absolument pas comment utiliser ICMP. J'aimerais (si vous avez le temps) que vous m'adressiez un e-mail, m'expliquant comment ICMP fonctionne et comment faire pour envoyer des messages (dans votre livre, il est question de "ping de la mort", de "déroutage"...). Je souhaiterais savoir comment s'y prendre pour émettre de tels messages. Je vous remercie d'avance. (Sur boîte Voila.fr.)

Bonjour, et merci de votre intérêt pour mes publications. Je réponds rarement à des questions aussi précises lorsque mon interlocuteur utilise une boîte anonyme et ne me fournit pas son nom de famille. Cela dit, pour ce qui est de l'ICMP, tout ce qui peut être dit techniquement se trouve dans le livre, la documentation d'ICMP est librement accessible, et le reste est affaire de programmation. Désolé de ne pouvoir vous aider plus.

Drôle de virus !

Avalanche de questions sur les antivirus… qui détectent de faux virus sur le CD de cet ouvrage ! Pour mettre un terme à ce flot continu, voici quelques questions choisies et les réponses !

J'ai eu le plaisir d'acheter votre livre intitulé Hacker's Guide (Edition Deluxe) ainsi que le CD Kit Campus qui est fourni avec. À ma grande surprise, ce CD est contaminé !! Vous trouverez ci-joint la liste des fichiers infectés. Je vous serais très reconnaissant de bien vouloir m'indiquer comment je peux me procurer ce CD sans virus !

Je viens de faire l'acquisition du livre : Hacker's Guide (Edition Deluxe). Je vous signale que le programme "pinger.exe", sur le CD-ROM, est infecté par un virus.

Sur le CD, après analyse virale, j'ai trouvé trois virus. Le fichier F:\Pinger\divers\pinger\pinger.exe est infecté par le virus Hacktool.DoS. Le fichier F:\Pinger\divers\pingui\pinger.exe est infecté par le virus Hacktool.DoS. Le fichier compressé ddosping.exe dans F:\FoundStone_tools\ddosping.zip est infecté par le virus Hacktool.

Cette édition Deluxe et la précédente mentionnent, au début, qu'un certain nombre de fichiers du CD sont identifiés par les antivirus parce qu'ils sont des outils de piratage (Hack Tools). Mais il ne s'agit évidemment pas de virus, mais bien de logiciels. Je vous invite donc à revoir l'ouvrage pour plus d'informations.

Surf anonyme

J'ai acheté votre ouvrage Hacker's Guide. Je tiens tout d'abord à vous féliciter pour sa clarté ! J'aimerais savoir pourquoi, lorsque j'utilise le programme Stealther en mode "super stealth", lors de mes tests d'envoi d'e-mails, mon IP est toujours repris en clair dans l'en-tête des messages… Est-ce normal ? Comment faire pour que cela ne se produise pas ? (Note : je travaille sous Windows XP et j'utilise Outlook Express.)

Stealther ne masque que les requêtes http. Il ne peut pas agir sur les en-têtes d'e-mails qui sont indiqués par le logiciel de messagerie.

Prise de contrôle à distance

J'ai acheté votre ouvrage Hacker's Guide. Je tiens tout d'abord à vous féliciter pour sa clarté ; je le trouve très abordable malgré mon niveau (plus que) débutant en matière "d'intrusion réseaux".

J'aimerais vous demander si vous connaissez la situation que je vis en ce moment sur le plan micro-informatique.

Je me suis aperçu que mon ordinateur (sous WinXP Pro) était de plus en plus chargé. Après quelques recherches, il s'avère que mon disque dur contient près de 5 Go d'images JPG, stockées dans un répertoire intitulé "C:\ProgramFiles\Accessories\Temp34". Ces images sont des captures d'écran.

À raison d'une capture d'écran toutes les 50 secondes, je vous laisse imaginer la place occupée. J'ajoute qu'un fichier Keylog a été créé aussi, où sont retranscrites toutes mes écritures (tout ce que je saisis au clavier). Auriez-vous l'idée de la manière dont cela m'est arrivé ? Une solution facile consisterait à formater mon disque dur et réinstaller le système. Qu'en pensez-vous ?

Il vous est arrivé le pire : vous avez fait l'objet d'un espionnage de votre écran (probablement *via* un troyen) et de votre clavier. Pour la solution, vous avez raison : lisez le Chapitre 14 pour tout reformater et supprimer toute trace des espions de votre machine. Remplacez aussi tous vos mots de passe : ils ont probablement été volés *via* le keylogger. Vous devez aussi, et surtout, vous assurer que personne n'a accès physiquement à votre ordinateur, car il est possible que votre machine ait subi une intrusion par le biais de son clavier.

Analyser muet

Je suis en train de lire un de vos livres : Hacker's Guide. J'aimerais savoir pourquoi lorsque j'utilise le programme Analyser, je ne reçois apparemment rien. Cela peut-il venir de mon firewall ?

Très probablement. Essayez de passer ce dernier en mode NAT pour qu'il relaie toutes les requêtes IP vers l'extérieur, et procédez à des vérifications sur votre réseau local.

Je viens de me procurer votre livre que je lis avec le plus grand intérêt. J'ai voulu expérimenter le logiciel Analyser, mais sans résultat, car je travaille sur un PC à la maison avec une liaison ADSL. Auriez-vous la gentillesse et le temps de m'indiquer s'il existe un outil pour surveiller les échanges sur le modem ADSL. Je voudrais savoir, comme vous l'imaginez peut-être, si certaines applications (strictement de bureau, non web) communiquent "secrètement" avec leurs – disons – auteurs, pendant qu'elles s'exécutent ?

Analyser peut surveiller toutes formes d'échanges, y compris les paquets qui transitent sur un modem ADSL, si ce dernier est relié par Ethernet à un routeur ou un hub dans les conditions décrites dans l'ouvrage. Je vous confirme que de nombreuses applications communiquent avec leurs éditeurs et ne vous préviennent pas toujours.

Pinger muet

De très nombreux messages font état de l'impossibilité d'utiliser un PING sur certains sites, voire sur des ordinateurs personnels. Cela est dû à la mise en place de protection "antiPING". Il n'y a quasiment rien à faire pour contourner ces protections.

Voici par exemple un message envoyé par le robot Octave de l'hébergeur OVH, qui explique cette démarche antiPING :

J'ai mis plusieurs protections en plus sur les routeurs. Vous ne pouvez, par exemple, plus du tout pinger la passerelle par défaut (ne vous en étonnez pas). Cette protection est mise en place pour faire face aux attaques que nous subissons depuis quatre jours. Elles ne sont pas très graves, mais coupent ICMP (et donc PING). Si vous avez reçu des alertes sans justification, vous savez maintenant pourquoi !

Que s'est-il passé ? Soumis à un bombardement incessant de PING de la mort, l'hébergeur a choisi de protéger ses routeurs, en amont de son réseau. Résultat : plus de PING !

C'est avec beaucoup d'intérêt que j'ai commencé à lire votre ouvrage. Mais je me demande s'il est légal de faire un PING – ou quelques-uns – sur un site ne serait-ce que pour vérifier que sa connexion Internet fonctionne bien (je le fais régulièrement sur le site de la Cnil).

Le PING standard est une opération légale prévue par la norme d'Internet. Il permet de vérifier qu'un ordinateur relié au réseau fonctionne, exactement comme lorsque vous appuyez sur un interrupteur pour vous assurer qu'une lampe n'est pas grillée. C'est l'utilisation de PING reprogrammés pour mettre hors circuit un serveur qui peut tomber sous le coup de la loi.

SSH ne fonctionne plus

Mon accès Telnet sécurisé ne fonctionne plus. Est-ce à cause d'un pirate ?

Pas forcément : il peut s'agir d'une protection mise en place par votre hébergeur, si vous utilisez un SSH dont la version trop ancienne peut être victime d'une attaque.

Questions et réponses sur le WiFi

Qu'en est-il de la sécurité d'un réseau sans fil ?

La sécurité d'un réseau 802.11b est plus que moyenne. En effet, le protocole de cryptage utilisé (WEP) est crackable, même dans sa version 128 bits. Mais la plupart du temps, le problème vient de l'administrateur réseau qui n'active pas les fonctionnalités de contrôle d'accès et de cryptage sur son réseau ; sa sécurité repose donc surtout sur sa bonne configuration. Des sociétés proposent des systèmes de sécurité renforcés pour les réseaux sans fil.

Est-il vrai que le cryptage du réseau 802.11b est crackable sans tester toutes les combinaisons des clés ?

Malheureusement oui ! Il a été démontré que la clé pouvait être identifiée par des mesures statistiques (en observant le trafic réseau pendant quelque temps). Cela signifie que le temps de décryptage de cette clé s'en trouve considérablement réduit.

Le WiFi est-il sûr ?

Selon une étude parue dans un article de "vnunet", menée sur 100 entreprises de grande taille, environ 80 d'entre elles seraient accessibles par WiFi depuis l'extérieur de leurs immeubles… Tout est dit.

(Vous pouvez à ce sujet consulter aussi l'article de Marc Olanié sur **http://www.reseaux-telecoms.com/cso_btree/04_06_10_155139_392/CSO/Newscso_view**.)

Dans la plupart des cas, ces réseaux étaient accessibles par manque de configuration (pas de cryptage, pas de WEP), mais il existe aujourd'hui des outils logiciels qui permettent de scanner les réseaux sans fil et de cracker leurs codes WEP. En conclusion, le seul moyen de fiabiliser à peu près un réseau sans fil est de bien le configurer et, surtout, de maîtriser complètement sa portée d'émission.

Questions et réponses sur les spams et le phishing

Est-il vrai que les e-mails peuvent contenir un spyware ou un code malicieux ?

Oui : ces codes malicieux sont contenus soit dans une image, soit dans une pièce jointe à exécuter. Les dernières versions du client Outlook de Microsoft prévoient de ne pas afficher les images pour éviter que ce vecteur d'infection ne fonctionne (ou que l'image soit utilisée pour localiser votre adresse IP et permette ainsi à un robot de chercher des failles de sécurité sur votre PC).

Pourquoi les spams contiennent-ils des images étranges ou des mots incohérents ? S'agit-il de tentatives d'intrusion ?

Non ! Les images rayées et les suites de mots incohérents sont des stratégies mises en œuvre par les spammeurs pour contourner les classifieurs antispams. Le principe est de leurrer ces systèmes de classification en faisant passer le pourriel pour un message classique entre deux utilisateurs. Ces messages sont malheureusement d'une grande efficacité mais contiennent rarement du code malveillant.

Comment savoir si un courrier de ma banque est une tentative de phishing ?

Les logiciels clients de messagerie les plus récents sont théoriquement capables de vous prévenir qu'un risque de *phishing* est lié à un e-mail. En pratique, ce type de prévention n'est pas efficace à 100 % (il existe un délai entre la vague de *phishing* et sa détection, et certains sont trop peu diffusés pour être identifiés à temps). L'unique solution totalement efficace pour se prémunir contre une tentative de *phishing* consiste à ne jamais accéder à l'un de vos comptes (bancaire, Paypal, eBay, etc.) en cliquant sur un lien contenu dans un e-mail. N'accédez à ces sites que par l'entremise de votre explorateur et de vos "liens favoris". Techniquement, même un e-mail indiquant que le lien proposé dirige bien vers le site concerné (par exemple **www.paypal.com**, qui s'affiche en bas de votre fenêtre Outlook ou Firefox) ne garantit pas que cet e-mail ne tente pas en fait de vous amener vers un site pirate. Il existe de nombreuses méthodes (notamment le déroutage de serveur DNS) pour vous faire croire que vous êtes sur le bon site, alors qu'en réalité vous saisissez vos mots de passe et références de carte de crédit dans un formulaire de site de pirate.

Dans une optique de sécurité acceptable, les entreprises commerciales (SNCF, eBay, Paypal) devraient cesser d'inviter les utilisateurs à cliquer sur des liens contenus dans des publipostages pour donner accès à leurs services. Malheureusement, ces dernières jugent que ces publipostages génèrent un chiffre d'affaires plus important que la sécurité de vos données et les éventuels piratages qu'ils peuvent permettre.

On notera que la quasi-totalité des banques françaises ne recourent quasiment jamais au publipostage avec lien vers un compte bancaire pour, justement, supprimer tout risque de *phishing*. C'est pour cette raison que la plupart d'entre elles vous indiquent désormais qu'elles ne vous "proposent jamais de vous connecter sur votre compte depuis un message envoyé par voie électronique".

Agressions antiCharton !

J'ai trouvé que ce livre survole beaucoup de sujets, mais n'apprend rien qu'un "lamer" ne sache déjà. Je m'attendais quand même à des explications sur Netstat, sur les tables de routage, etc. Bref, un cours de réseau minimal ! Mais non, il s'agit d'un ensemble de modes d'emploi pour logiciels "utiles" aux pirates. Il me semblait pourtant que les pirates n'utilisaient pas Windows... C'est invraisemblable mais vrai : ce livre occulte complètement l'univers Unix. Un titre racoleur pour un livre à éviter (commentaire de Mathusalem paru sur Amazon.fr).

Ce livre n'est pas un cours réseau. Son but est d'aider la plus vaste population possible (donc les débutants, aussi) à se protéger contre quelques méthodes de piratage et d'espionnage. Si ce lecteur avait lu l'introduction et le premier chapitre de l'ouvrage, ou même la quatrième de couverture du livre, il aurait compris la démarche. Il est certain qu'une explication de Netstat ou des tables de routage n'apporterait rien à un utilisateur. Dans ce contexte, occulter l'univers Unix (en réalité, le livre parle beaucoup d'Unix, mais ne donne pas de clés pour pirater avec les outils d'Unix, nuance) tombe sous le sens : les victimes d'actes d'espionnage ou de piratage sont surtout équipées de Windows, bien évidemment !

Pour ce qui est de l'affirmation selon laquelle les pirates n'utilisent pas Windows, nous laissons ce lecteur à sa méconnaissance du milieu du hack. En ce domaine, il n'existe pas de dogme ou de mode ; seul le résultat compte… Bien souvent, le premier code d'un outil de hack est livré "portable", c'est-à-dire compilable sur n'importe quel système moyennant quelques adaptations… Édicter une règle en la matière est donc un peu audacieux : quand on est bon en programmation système, très franchement, on est bon sur tous les systèmes. Les meilleurs virus ou spywares sont ainsi écrits en assembleur (parce que plus compacts et plus indépendants du système, voire multicodes pour fonctionner sur 68 000 familles de processeurs Intel), ce qui exige – cher lecteur – un très haut niveau de technicité, sans doute plus élevé que celui requis pour programmer sous n'importe quel OS (Linux ou Unix compris).

Au fait, utiliser les outils réseau que vous citez pour pirater ne fait pas de l'utilisateur un hacker, mais bel et bien un lamer (faux pirate)… Si vraiment vous voulez en savoir plus sur ce sujet, cette seule page, **http://www.governmentsecurity.org/articles/hackingthebios.php**, par exemple, vous suffira… Pas de quoi écrire un bouquin ! Pour ce qui est des tables de routage et de leur utilisation possible pour attaquer des ordinateurs, ce sujet était abordé dès la première édition, notamment *via* une présentation des protocoles ICMP… Des lunettes pour Mathusalem ?

B

Les articles du Code pénal sur le piratage informatique

Quatre articles du Code pénal concernent la description du délit à proprement parler : il s'agit des articles 323-1 à 323-4. Les articles suivants (323-5 à 323-7) décrivent les peines associées à ces délits.

Article 323-1

Le fait d'accéder ou de se maintenir, frauduleusement, dans tout ou partie d'un système de traitement automatisé de données est puni de deux ans d'emprisonnement et de 30 000 euros d'amende.

Lorsqu'il en est résulté soit la suppression ou la modification de données contenues dans le système, soit une altération du fonctionnement de ce système, la peine est de trois ans d'emprisonnement et de 45 000 euros d'amende.

Article 323-2

Le fait d'entraver ou de fausser le fonctionnement d'un système de traitement automatisé de données est puni de trois ans d'emprisonnement et de 75 000 € d'amende.

Article 323-3

Le fait d'introduire frauduleusement des données dans un système de traitement automatisé ou de supprimer ou de modifier frauduleusement les données qu'il contient est puni de cinq ans d'emprisonnement et de 75 000 € d'amende.

Article 323-3-1

Le fait, sans motif légitime, d'importer, de détenir, d'offrir, de céder ou de mettre à disposition un équipement, un instrument, un programme informatique ou toute donnée conçus ou spécialement adaptés pour commettre une ou plusieurs des infractions prévues par les articles 323-1 à 323-3 est puni des peines prévues respectivement pour l'infraction elle-même ou pour l'infraction la plus sévèrement réprimée.

La participation à un groupement formé ou à une entente établie en vue de la préparation, caractérisée par un ou plusieurs faits matériels, d'une ou de plusieurs des infractions prévues par les articles 323-1 à 323-3-1 est punie des peines prévues pour l'infraction elle-même ou pour l'infraction la plus sévèrement réprimée.

Article 323-4

La participation à un groupement formé ou à une entente établie en vue de la préparation, caractérisée par un ou plusieurs faits matériels, d'une ou de plusieurs des infractions prévues par les articles 323-1 à 323-3 est punie des peines prévues pour l'infraction elle-même ou pour l'infraction la plus sévèrement réprimée.

Article 323-5

Les personnes physiques coupables des délits prévus au présent chapitre encourent également les peines complémentaires suivantes :

1. L'interdiction, pour une durée de cinq ans au plus, des droits civiques, civils et de famille, suivant les modalités de l'article 131-26 ;
2. L'interdiction, pour une durée de cinq ans au plus, d'exercer une fonction publique ou d'exercer l'activité professionnelle ou sociale dans l'exercice de laquelle ou à l'occasion de laquelle l'infraction a été commise ;
3. La confiscation de la chose qui a servi ou était destinée à commettre l'infraction ou de la chose qui en est le produit, à l'exception des objets susceptibles de restitution ;
4. La fermeture, pour une durée de cinq ans au plus, des établissements ou de l'un ou de plusieurs des établissements de l'entreprise ayant servi à commettre les faits incriminés ;
5. L'exclusion, pour une durée de cinq ans au plus, des marchés publics ;
6. L'interdiction, pour une durée de cinq ans au plus, d'émettre des chèques autres que ceux qui permettent le retrait de fonds par le tireur auprès du tiré ou ceux qui sont certifiés ;
7. L'affichage ou la diffusion de la décision prononcée dans les conditions prévues par l'article 131-35.

Article 323-6

Les personnes morales peuvent être déclarées responsables pénalement, dans les conditions prévues par l'article 121-2, des infractions définies au présent chapitre. Les peines encourues par les personnes morales sont :

1. L'amende, suivant les modalités prévues par l'article 131-38 ;
2. Les peines mentionnées à l'article 131-39. L'interdiction mentionnée au 2° de l'article 131-39 porte sur l'activité dans l'exercice ou à l'occasion de l'exercice de laquelle l'infraction a été commise.

Article 323-7

La tentative des délits prévus par les articles 323-1 à 323-3 est punie des mêmes peines.

Des atteintes aux systèmes de traitement automatisé de données

Article 227-23

Le fait, en vue de sa diffusion, de fixer, d'enregistrer ou de transmettre l'image ou la représentation d'un mineur lorsque cette image ou cette représentation présente un caractère pornographique est puni de cinq ans d'emprisonnement et de 75 000 euros d'amende.

Le fait d'offrir, de rendre disponible ou de diffuser une telle image ou représentation, par quelque moyen que ce soit, de l'importer ou de l'exporter, de la faire importer ou de la faire exporter, est puni des mêmes peines.

Les peines sont portées à sept ans d'emprisonnement et à 100 000 euros d'amende lorsqu'il a été utilisé, pour la diffusion de l'image ou de la représentation du mineur à destination d'un public non déterminé, un réseau de communications électroniques.

La tentative des délits prévus aux alinéas précédents est punie des mêmes peines.

Le fait de consulter habituellement un service de communication au public en ligne mettant à disposition une telle image ou représentation ou de détenir une telle image ou représentation par quelque moyen que ce soit est puni de deux ans d'emprisonnement et 30 000 euros d'amende.

Les infractions prévues au présent article sont punies de dix ans d'emprisonnement et de 500 000 euros d'amende lorsqu'elles sont commises en bande organisée.

Les dispositions du présent article sont également applicables aux images pornographiques d'une personne dont l'aspect physique est celui d'un mineur, sauf s'il est établi que cette personne était âgée de dix-huit ans au jour de la fixation ou de l'enregistrement de son image.

La Loi loi du 14 mars 2011 d'orientation et de programmation pour la performance de la sécurité intérieure

La loi n°2011-267 du 14 mars 2011 d'orientation et de programmation pour la performance de la sécurité intérieure est une loi française qui concerne la gestion de la police et de la gendarmerie pour la période 2009-2013. Ce texte, appelé LOPPSI 2 en référence à la LOPPSI de 2002 qui avait le même objet et porte presque le même nom.

La loi LOPPSI 2 contient comme principales mesures qui concernent la sécurité des systèmes d'information :

Lutte contre la cybercriminalité, Informatique et Internet

L'usurpation d'identité sur Internet sera un délit puni d'un an d'emprisonnement et 15 000 euros d'amende.

Il sera possible d'imposer aux fournisseurs d'accès à Internet le blocage de sites Web publiant du contenu pédo-pornographique. Initialement, ce blocage pouvait être décrété par une autorité administrative, mais la commission des lois a imposé le passage par une décision de justice ("L'autorité administrative notifie, après accord de l'autorité judiciaire", article 4). Toutefois, en deuxième lecture, l'Assemblée nationale a de nouveau supprimé le contrôle du juge.

Une liste noire des sites, non rendue publique, sera établie par l'administration. Les FAI seront quant à eux tenus de bloquer l'accès à ces sites.

Une obligation de filtrage des adresses IP désignées par arrêté du ministre de l'Intérieur sera également établie.

La police, sur autorisation du juge des libertés, pourrait utiliser tout moyen (physiquement ou à distance) pour s'introduire dans des ordinateurs et en extraire des données dans diverses affaires, allant de crimes graves (pédophilie, meurtre, etc.) au trafic d'armes, de stupéfiants, au blanchiment d'argent, mais aussi au délit "d'aide à l'entrée, à la circulation et au séjour irrégulier d'un étranger en France commis en bande organisée", sans le consentement des propriétaires des ordinateurs.

Écoutes téléphoniques et mouchards

Dans les enquêtes sur la criminalité organisée, la police disposera de délais plus étendus pour les écoutes téléphoniques.

Les enquêteurs pourront placer des mouchards sur les ordinateurs de suspects, sous le contrôle d'un juge d'instruction. Les données personnelles révélées par ces logiciels espions seraient effacées à la clôture de l'enquête.

Sources : Wikipédia

C

Le protocole ICMP

En-tête de message ICMP

Type
(8 bits) Code
(8 bits) Checksum
(16 bits) Message
(taille variable)

Signification des messages ICMP

Type	*Code*	*Message*	*Signification du message*
8	0	Demande d'ECHO.	Ce message est utilisé lorsqu'on se sert de la commande PING. Cette commande, permettant de tester le réseau, envoie un datagramme à un destinataire et lui demande de le restituer.
3	0	Destinataire inaccessible.	Le réseau n'est pas accessible.
3	1	Destinataire inaccessible.	La machine n'est pas accessible.
3	2	Destinataire inaccessible.	Le protocole n'est pas accessible.
3	3	Destinataire inaccessible.	Le port n'est pas accessible.
3	4	Destinataire inaccessible.	Fragmentation nécessaire mais impossible à cause du drapeau (flag) DF.
3	5	Destinataire inaccessible.	Le routage a échoué.
3	6	Destinataire inaccessible.	Réseau inconnu.
3	7	Destinataire inaccessible.	Machine inconnue.
3	8	Destinataire inaccessible.	Machine non connectée au réseau (inutilisée).
3	9	Destinataire inaccessible.	Communication avec le réseau interdite.
3	10	Destinataire inaccessible.	Communication avec la machine interdite.

Type	*Code*	*Message*	*Signification du message*
3	11	Destinataire inaccessible.	Réseau inaccessible pour ce service.
3	12	Destinataire inaccessible.	Machine inaccessible pour ce service.
3	11	Destinataire inaccessible.	Communication interdite (filtrage).
4	0	Source Quench.	Le volume de données envoyées est trop important, le routeur envoie ce message pour prévenir qu'il sature et demander de réduire la vitesse de transmission.
5	0	Redirection pour un hôte.	Le routeur remarque que la route d'un ordinateur n'est pas optimale et envoie l'adresse du routeur à rajouter dans la table de routage de la machine.
5	1	Redirection pour un hôte et un service donné.	Le routeur remarque que la route d'un ordinateur n'est pas optimale pour un service donné et envoie l'adresse du routeur à rajouter dans la table de routage de l'ordinateur.
5	2	Redirection pour un réseau.	Le routeur remarque que la route d'un réseau entier n'est pas optimale et envoie l'adresse du routeur à rajouter dans la table de routage des ordinateurs du réseau.
5	3	Redirection pour un réseau et en service donné.	Le routeur remarque que la route d'un réseau entier n'est pas optimale pour un service donné et envoie l'adresse du routeur à rajouter dans la table de routage des ordinateurs du réseau.
11	0	Temps dépassé.	Ce message est envoyé lorsque le temps de vie d'un datagramme est dépassé. L'en-tête du datagramme est renvoyé pour que l'utilisateur sache quel datagramme a été détruit.
11	1	Temps de réassemblage de fragment dépassé.	Ce message est envoyé lorsque le temps de réassemblage des fragments d'un datagramme est dépassé.
12	0	En-tête erroné.	Ce message est envoyé lorsqu'un champ d'un en-tête est erroné. La position de l'erreur est retournée.
13	0	Timestamp request.	Une machine demande à une autre son heure et sa date système (universelle).
14	0	Timestamp reply.	La machine réceptrice donne son heure et sa date système afin que la machine émettrice puisse déterminer le temps de transfert des données.

Type	*Code*	*Message*	*Signification du message*
15	0	Demande d'adresse réseau.	Ce message permet de demander au réseau une adresse IP.
16	0	Réponse d'adresse réseau.	Ce message répond au message précédent.
17	0	Demande de masque de sous-réseau.	Ce message permet de demander au réseau un masque de sous-réseau.
18	0	Réponse de masque de sous-réseau.	Ce message répond au message précédent.

D

Quelques backdoors de BIOS

Award BIOS backdoor passwords

ALFAROME

ALLy

aLLy

aLLY

ALLY

aPAf

_award

AWARD_SW

AWARD?SW

AWARD SW

AWARD PW

AWKWARD

awkward BIOSTAR

CONCAT

CONDO

Condo

d8on

djonet

HLT

J64

J256

J262

j332

j322 KDD

Lkwpeter

LKWPETER

PINT

pint

SER

SKY_FOX

SYXZ

syxz

shift+syxz

TTPTHA

ZAAADA

ZBAAACA

ZJAAADC

01322222

589589

589721

595595

598598

AMI BIOS backdoor passwords

AMI

AAAMMMIII

BIOS

PASSWORD

HEWITT RAND

AMI?SW

AMI_SW

LKWPETER

A.M.I.

CONDO

PHOENIX BIOS backdoor passwords

phoenix

PHOENIX

CMOS

BIOS

Mots de passe courants

ALFAROME

BIOSTAR

biostar

biosstar

CMOS

cmos LKWPETER

lkwpeter

setup

SETUP

Syxz

Wodj

Mots de passe de BIOS par fabricants

Fabricant	*Mot de passe*
VOBIS & IBM	**merlin**
Dell	Dell
Biostar	Biostar
Compaq	Compaq
Enox	xo11nE
Epox	central
Freetech	Posterie
IWill	iwill
Jetway	spooml
Packard Bell	bell9
QDI	QDI
Siemens	SKY_FOX
TMC	BIGO
Toshiba	Toshiba

TOSHIBA BIOS

La plupart des ordinateurs portables et de bureau Toshiba peuvent voir leur code de BIOS bypassé par une pression sur la touche Shift de gauche pendant le démarrage.

IBM APTIVA BIOS

Appuyez sur les deux boutons de la souris pendant le démarrage.

Ces mots de passe sont génériques. Notez que, dans la plupart des cas, une version donnée de BIOS ne répond qu'à un seul mot de passe "magique". Pour obtenir ce mot de passe précis en fonction de votre système, consultez les adresses Internet fournies dans cet ouvrage.